Der Verlag wurde von folgenden Personen und Institutionen bei der Herstellung dieses Lehr- und Bildbandes großzügig unterstützt:
Herbert Blöcker, Elmshorn;
Marguerite Brandt, Hamburg;
Dietmar Dude, Hamburg;
Wolfgang Herstein, Mülheim;
Edwin Graf Rothkirch, Rettershof;
Käthe Schmidt-Metzger, Elmshorn;
Hilarius Simons, Bielefeld;
Joachim Tietz, Sommerland;
Deutsches Olympiade-Komitee für Reiterei e.V., Warendorf;
Deutsches Pferdemuseum e.V. – Hippologisches Institut, Verden;
Deutsche Reiterliche Vereinigung e.V., Warendorf;
Lippische Landesbibliothek, Detmold;
Norddeutscher und Flottbeker Reiterverein e.V., Hamburg;
Podzun-Verlag, Dorheim;
Verband der Züchter des Holsteiner Pferdes, Elmshorn.

Die historischen Fotos stammen von Werner Menzendorf, Wilhelm Tiedemann, Fritz Peyer und Werner Ernst. Vom Studio Tavera, Pinerolo, sind die Fotos aus der Caprilli-Zeit. Ein Foto aus der Caprilli-Zeit stellte der Ullstein-Bilderdienst.

Den Lehrteil und die Stilstudien fotografierte Norbert Tölle. Für die Fotografie der Bewegungsabläufe stellte die Euro-Photo Canon GmbH ihre Highspeed Motordrive Camera zur Verfügung

Die Reportage über das Deutsche Springderby 1979 fotografierte Norbert Tölle zusammen mit Mike Christian und Jürgen Volkmann.

Die grafische Gestaltung des Werkes lag bei Volker Wollschläger. Die Fotomontagen und Illustrationen führte das Studio Haberbeck aus. Die Gesamtherstellung erfolgte im Druckhaus Haberbeck. Gesetzt wurde aus der Goudy Old Style. Gedruckt wurde im Offsetdruck auf 170 g/qm Kunstdruckpapier, hergestellt aus 100% chlorfrei gebleichtem Zellstoff.

Dr. H. und Dr. H.-R. Haberbeck Verlagsgesellschaft mbH, D-32791 Lage-Lippe.
4. Auflage 1996.
ISBN 3-921879-06-X

DAS SPRINGPFERD.

VON *Fritz Thiedemann.*

EDITION HABERBECK

Wer sich mit dem Springreiten beschäftigt, ist weitgehend auf sich allein gestellt. Während für die Dressur seit langem ein bewährtes Lehrsystem besteht, fehlt Vergleichbares auf dem Gebiet des Springreitens. Ich habe mich deshalb in diesem Buch darum bemüht, die Vielfalt des Springsports einmal umfassend darzustellen. Ich hoffe, den jüngeren Reitern damit nützliche praktische Hinweise geben und ihnen darüber hinaus auch ein Gefühl für die Tradition des Springreitens vermitteln zu können.

Bei den Fragen der Ausbildung als dem Kernstück dieses Buches bin ich von der grundsätzlichen Überlegung ausgegangen, daß die dressurmäßige Gymnastizierung des Pferdes die Grundlage der Ausbildung sein sollte. Damit werde ich teilweise auf Widerspruch stoßen, und es hat, wie die Geschichte der Reiterei zeigt, hierüber unter den Reitern auch nie eine einheitliche Meinung gegeben. Es gibt auch durchaus andere Wege der Springausbildung, aber für mich bietet das solide dressurmäßige Arbeiten eines Springpferdes noch immer die größtmögliche Sicherheit und Präzision im Parcours.

Als zweite grundsätzliche Überlegung möchte ich vorwegstellen, daß man mit einem Springpferd nicht den schnellen, sondern den dauerhaften Erfolg über viele Jahre hinweg suchen sollte. Wer das aber will, der muß mit den Kräften des Pferdes haushalten, muß es langsam in den Sport hineinwachsen lassen und muß auf Vielstarterei verzichten.

Die Entwicklung des Springsports.

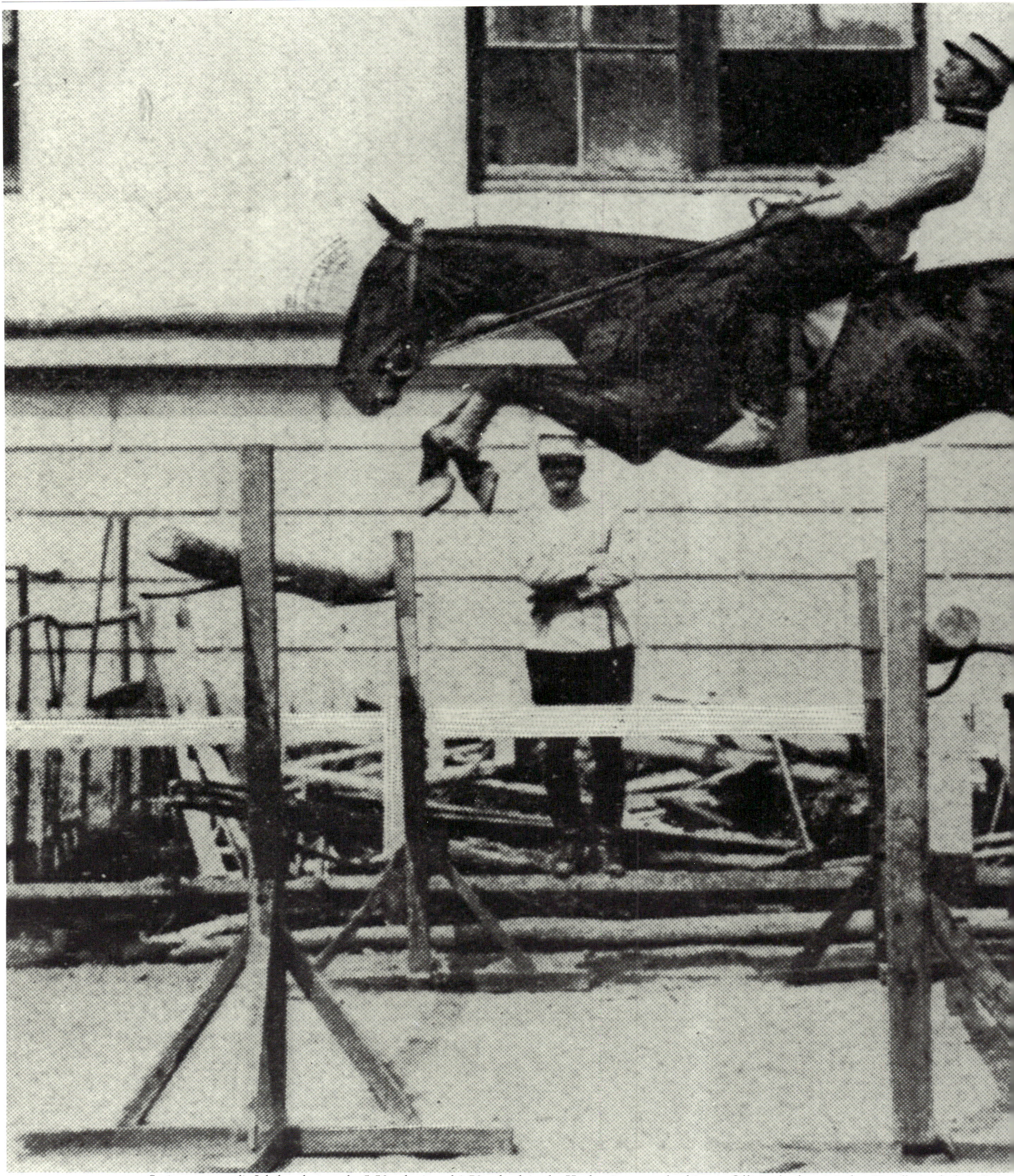

Springsport um die Jahrhundertwende. 5,50 m breit und 1,70 m hoch ist der Hochweitsprung, den hier ein Offizier der französischen Kavallerieschule in Saum

ersprìngt. Mit weit zurückliegendem Oberkörper ritten diese Pioniere des Springreitens. Die Vorteile des entlastenden Springsitzes waren noch unbekannt.

Den entlastenden, im Oberkörper nach vorn geneigten Springsitz entdeckte der Italiener Federico Caprilli. Kein Reiter hat den Springsport so grundlegend verändert wie er.

Der Springsport ist nur etwas über hundert Jahre alt. Verglichen mit der Dressurreiterei, deren Ursprünge bereits im sechzehnten und siebzehnten Jahrhundert zu finden sind, ist das Springreiten eine sehr junge Sportart. Jedoch entwickelte sich dieser Sport mit einer besonderen Dynamik, da er schon bald das vorrangige Interesse des reitsportlichen Publikums fand. Gegenüber den klassischen Schulreitern mußten die Springreiter allerdings zunächst Vorurteile abbauen. Und die Frage, wieweit die dressurmäßige Schulung auch Grundlage für die Springausbildung eines Pferdes sein soll, ist immer wieder gestellt worden und wird auch heute noch unterschiedlich beantwortet.

DIE URSPRÜNGE IM JAGDREITEN.

Über Hindernisse gesprungen wird sicherlich schon so lange wie geritten wird. Aber die Springreiterei im Sinne unseres heutigen Springsports entwickelte sich erst aus der Jagdreiterei. Bei den Jagden zu Pferde hinter dem fliehenden Wild war es unumgänglich, daß die Hindernisse, die sich Reiter und Pferd in den Weg stellten, teilweise übersprungen werden mußten. Und da die Reiter hieran offensichtlich ihren Spaß hatten, wurde dann auch außerhalb der Jagdsaison das Reiten über Geländehindernisse geübt, und irgendwann kam jemand auf die Idee, Übungshindernisse auf dem Reitplatz aufzubauen.

Es ist deshalb nicht verwunderlich, daß auf dem *ersten uns bekannten Turnier* im heutigen Sinn, das *1864 in Dublin* von der Royal Dublin Society veranstaltet wurde, Springprüfungen in Form von Jagdpferdeeignungsprüfungen auf dem Programm standen. Diese Springprüfungen – eine Hochsprung- und eine Weitsprungkonkurrenz – verfolgten also keinen Selbstzweck, sondern dienten zur Vorbereitung des Pferdes und zum Test seiner Leistungsfähigkeit, über Hindernisse im Gelände zu springen. Und obwohl in den kommenden Jahrzehnten reine Rekordhochsprungkonkurrenzen auf allen Turnierplätzen schon sehr bald populär wurden und sich damals bereits eine Tendenz zur Spezialisierung der Pferde abzeichnete, so wurde doch noch lange an der *Grundidee des „Jagdspringens"* festgehalten.

Ohnehin war das Springen im Gelände und die Veranstaltung von Geländeritten vor der Jahrhundertwende noch viel weiter verbreitet als reine Springkonkurrenzen. Bei vielen der damaligen Herrenreiter war es üblich, auf den Turnieren die Abzeichen ihrer Huntingclubs zu tragen. Die Parcours bestanden vorwiegend aus Naturhindernissen, denn die Pferde sollten das springen, was sie auch im Jagdfeld erwartete.

Die irischen und englischen Jagdpferde gewannen in dieser Zeit auf dem Kontinent immer mehr an Beliebtheit. Einige einsichtige Männer plädierten deshalb schon damals engagiert dafür, daß auch der deutsche Züchter seine Pferde in Springprüfungen reiten sollte, um seine Zuchtprodukte zu prüfen, ihre Jagdtauglichkeit zu beweisen und dadurch gegen den ausländischen Wettbewerb bestehen zu können.

DIE ENTWICKLUNG DER CONCOURS HIPPIQUES VOR UND UM DIE JAHRHUNDERTWENDE.

Zwei Jahre nach dem Turnier der Royal Dublin Society fand 1866 der erste große französische Concours hippique der Société hippique française im Palais de l'Industrie in Paris statt. Ab 1872 hatten auch Bordeaux, Lille, Vichy und Nancy ihre regionalen Concours hippiques, und in Frankreich entwickelte sich bereits ein reger Turniersport. Ein Jahr später wurde in Preßburg das erste Preisreiten der österreichisch-ungarischen Kavallerieoffiziere veranstaltet, das dann in den nachfolgenden Jahren nach Wien verlegt wurde und ab 1875 auch Springprüfungen im Programm enthielt. In den achtziger Jahren entstanden in Belgien, Italien und Holland Turnierveranstaltungen, und in den letzten zehn Jahren des 19. Jahrhunderts hatte sich der Turniersport in Europa endgültig durchgesetzt. Auch jenseits des Atlantiks war die National Horse Show im Madison Square Garden von New York bereits fester Bestandteil des gesellschaftlichen Lebens geworden.

In Deutschland entwickelte sich der Turniersport dagegen recht spät. Erst in den neunziger Jahren fanden kleinere Turniere in Berlin, Frankfurt, München, Köln und Hamburg statt. Aus diesen Anfängen heraus wurde dann interessanterweise Frankfurt und nicht etwa Berlin zur Metropole des frühen deutschen Turniersports.

Während die Concours hippiques bis zur Jahrhundertwende noch rein nationale Veranstaltungen waren, entstand in den ersten zehn Jahren des zwanzigsten Jahrhunderts sehr schnell ein blühender internationaler Turniersport. Die erste internationale Turnier-Veranstaltung fand 1900 anläßlich der Weltausstellung in Paris statt. Bereits im gleichen Jahr reiste eine italienische Equipe zum Turnier nach Buenos Aires. 1902 folgte dann in Turin ein zehn Tage dauerndes Turnier, an dem 147 Reiter aus 6 Nationen teilnahmen und das zum größten reiterlichen Ereignis der damaligen Zeit wurde. Auf diesem Turnier wurde zum ersten Mal die Überlegenheit des neuen italienischen Springstils gegenüber dem klassisch-militärischen Springsitz demonstriert, wobei Federico Caprilli, der Schöpfer des neuen Springstils, beim Rekordhochspringen 2,08 m und beim Rekordweitspringen 7,40 m sprang.

Für die deutschen Reiter brachte die Teilnahme in Turin dagegen niederschmetternde Mißerfolge. Der deutsche Kaiser verbot daraufhin seinen Offizieren jede weitere Teilnahme an internationalen Wettkämpfen. Erst 1910 kamen die deutschen Reiter auf dem Frankfurter Hippodrom wieder mit belgischen Reitern zusammen, die damals neben den Franzosen und Italienern zu den führenden Springreitern gehörten. 1911 nahmen dann deutsche Reiter an der Dublin Horse Show teil, 1912 waren sie bei den ersten Olympischen Reiterspielen in Stockholm beteiligt, und allmählich wurden sie so wieder in das internationale Turniergeschehen eingegliedert.

Während der Isolierung der deutschen Reiter vom internationalen Sport waren in Barcelona, Biarritz, Lissabon, London, Luzern, Madrid, New York, Pau und San Sebastian neue internationale Turnierveranstaltungen herangewachsen. Die Puissance war erfunden, auf dem Turniergelände von Pau waren schwierige neuartige Wälle entstanden, als erste Mannschaft aus Amerika kam eine argentinische Equipe nach Europa, und in der Londoner Olympia Hall wurde 1909 zum ersten Mal ein Nationencup im Springen ausgetragen. Die Turniere in unseren Nachbarländern waren große gesellschaftliche Ereignisse, wurden in einem festlichen Rahmen aufgezogen und interessierten bereits ein großes Publikum. Die Springprüfungen wurden zur Hauptattraktion der

Der klassisch-militärische und der neue italienische Springstil trafen 1902 auf dem internationalen Turnier in Turin, von dem diese Aquarelle des Malers Ludwig Koch stammen, zum ersten Male aufeinander, und die italienischen Reiter bewiesen die Überlegenheit ihrer Methode.

Experimentierfreudig war man am Anfang des internationalen Springsports. Und so entstanden immer neue Hindernisse, wie hier der Wall von San Sebastian.

Turniertage, für gute Springpferde wurden damals schon beträchtliche Preise gezahlt, und die Leistungen im Springsport waren selbst aus heutiger Sicht als durchaus beachtlich anzusehen.

Verglichen mit dem internationalen Springsport war das Niveau in Deutschland noch äußerst bescheiden. So berichtet 1906 der „St. Georg" über die „Große Springkonkurrenz zu Hannover" wie folgt: „53 Herren hatten dazu gemeldet, von denen 21 zeigten, was sie konnten. Die Hindernisse waren verstärkt, ein festes 1,20 m hohes Koppelrick, eine Mauer von 1 m und ein aus drei hintereinander aufgestellten festen Hecken bestehendes Hindernis in einer Gesamtbreite von 12 Fuß; die zu springen, das war schon etwas. Aber sie wurden gesprungen, und wie sie gesprungen wurden. Großartig, kaum ein Pferd brach aus, und wenn auch drei Herren zu Sturze kamen, so saßen sie doch gleich wieder auf."

Die deutsche Reiterwelt war zu dieser Zeit also schon über Leistungen im Springen erfreut, die im Ausland in den schweren Springkonkurrenzen bei weitem nicht ausgereicht hätten. Diese Leistungsunterschiede erklären sich nicht allein aus der mangelnden Kontaktmöglichkeit der deutschen Springreiter zum Ausland, sondern haben ihre letzte Ursache wohl darin, daß die deutsche und auch die österreichisch-ungarische Reiterei vorwiegend in der dressurmäßigen Schulreiterei zu Hause war und darin die reiterliche Vollendung sah. Die romanische Reitauffassung vertrat dagegen stärker das legere Reiten mit mehr Freiheit für das Pferd und konnte somit auch leichter den Weg zum Springreiten finden.

FRÜHER BEGINN DER REKORDHOCHSPRINGEN.

Besonders bemerkenswert an der frühen Zeit des Springsports ist für mich das starke Interesse der damaligen Springreiter an den reinen Hochsprungkonkurrenzen. Dabei dürfte es sich nicht einmal nur um einige wenige Spitzenreiter gehandelt haben, die sich auf die Rekordhochspringen spezialisierten, sondern es wird sogar berichtet, daß zum Beispiel die belgische Kavallerieschule in Ypern über etwa 20 Pferde verfügte, die 2 m sprangen und dabei als Schulpferde für den Offiziersnachwuchs dienten.

Bereits 1891 soll im Madison Square Garden die Höhe von 2,16 m übersprungen worden sein. Dieser Rekord wurde in Europa aber nicht anerkannt, und so besteht seitdem eine nordamerikanische und eine europäische, später von der FEI übernommene Rekordliste der Hochsprungweltrekorde. Nach der europäischen Rekordliste wurde Federico Caprilli der erste Hochsprungweltrekordler durch seinen Sprung über 2,08 m mit Melopo auf dem Turiner Turnier von 1902. Im gleichen Jahr hatte der berühmte amerikanische Vollblüter Heatherbloom unter Dick Donnelly in Richmond, Virginia, aber bereits 2,40 m übersprungen. Heatherbloom soll wenig später sogar inoffizielle 2,49 m und 2,51 m gesprungen sein. Aber auch in Europa wurden die Hochsprungrekorde schnell gesteigert, bis 1912 mit 2,36 m eine Höhe erreicht worden war, die erst 21 Jahre danach überboten wurde.

Die ersten Weltrekorde wurden übrigens nicht über unsere heutigen schrägen Hochsprunggestelle, sondern *über völlig senkrecht stehende und noch dazu „luftig" aufgebaute Hindernisse* gesprungen. Erst seit etwa 1910 kannte man schräg gestellte Hochsprunghindernisse, bei denen die Hindernisstangen aus federnden Bambusstangen bestanden, die mit Stroh umwickelt waren. Teilweise sieht man auf den alten Fotos auch, daß die *obere Hindernisstange von Helfern festgehalten* wird. Auch waren *zunächst bis zu 10 Versuche für die jeweilige Höhe* erlaubt, und erst ab 1912 beschränkte man die Rekordversuche auf drei Versuche.

Aber auch wenn die Bedingungen bei den Rekordversuchen unterschiedlich waren, so ändert dies doch nichts an den erstaunlichen Leistungen, die damals erreicht wurden. Dies wird

Sensationelle Rekordmeldungen kamen aus den USA. Heatherbloom xx mit Dick Donnelly soll sogar 2,51 m gesprungen sein.
In Europa wurden diese Rekorde jedoch nicht anerkannt.

Erster offizieller Weltrekordler nach der europäischen und später von der FEI übernommenen Rekordliste wurde Feder_co Caprilli mit Melopo, der hier auf dem Turiner Turnier von 1902 2,08 m ül

ingt. Ziemlich „luftig" und völlig senkrecht aufgebaut waren damals die Hochsprunggestelle. Die Helfer mit den Schaufeln sorgen allerdings dafür, daß der Rekord auch tatsächlich zustande kommt.

Zu den Kuriositäten des frühen Springsports gehörten die Drahtspringkonkurrenzen.

gehende Hindernis. Im Stechen wurde dann in Italien im Gegensatz zu Deutschland jeweils ein Hindernis aus der Hindernisreihe herausgenommen, bis zum Schluß nur noch drei Hindernisse zu springen waren. In Schweden waren von den sechs Hindernissen jeweils zwei aufeinanderfolgende Hindernisse gleich hoch.

In den fünfziger Jahren versuchte Gustav Rau, dem Springreiten neue Impulse durch die sogenannten „*Warendorfer Lehr- und Versuchsturniere*" zu geben. Dazu gehörten reine Wallspringen, reine Grabenspringen, reine Hochspringen, reine Hochweitspringen, reine Weitspringen, Farbenjagdspringen, Springen, bei denen ein Teil der Hindernisse auf dem Reitplatz und ein anderer Teil im Gelände stand, und die ersten Flutlichtspringen mit allerdings noch etwas kümmerlicher Beleuchtung. Wir Reiter durften damals übrigens vor jeder Prüfung auf den Turnierplatz reiten und den Pferden die Hindernisse zeigen. Um die dadurch verlorengegangene Zeit wieder aufzuholen, erfolgten bei einer der Konkurrenzen die Starts schon, sobald der jeweilige Reiter im Parcours etwa die Hälfte der Hindernisse überwunden hatte. Daß es dabei zu Komplikationen kam, wenn Pferde verweigerten oder Hindernisse beschädigt wurden, liegt auf der Hand. Aber wir nahmen es damals noch nicht so ernst und freuten uns, daß wir nach dem Kriege wieder Turniere reiten konnten. Im übrigen zeigten die Warendorfer Versuche, daß die wirklich guten Reiter und Pferde in allen Prüfungen vorne lagen.

Eine Besonderheit der Nachkriegsjahre waren auch die sogenannten *Bilbao-Springen,* bei denen zwei Reiter nebeneinander zwei parallel aufgebaute gleichartige Parcours sprangen und der Sieger dann eine Runde weiterkam. Das Nebeneinanderspringen war für die Pferde eigentlich keine besondere Schwierigkeit, aber da aus Startboxen und teilweise sogar mit Startpistolen gestartet wurde, wurden die Pferde bei diesen Springen doch sehr nervös und kamen oft schon zitternd an den Start zur nächsten Runde. Da die Hindernisse außerdem im Gegensatz zum ursprünglichen Reglement von Bilbao in den nachfolgenden Runden nicht erschwert wurden, arteten diese Springen auch zu einer ziemlichen Jagerei aus, und die guten Pferde wurden für ihr sauberes Springen dadurch bestraft, daß sie immer noch einmal an den Start mußten.

Seit 1953 wurden zum ersten Mal *Weltmeisterschaften mit Pferdewechsel im Finale* ausgetragen. Ich habe diesem Austragungsmodus von Anfang an skeptisch gegenübergestanden. Einmal war in den Anfangsjahren der Weltmeisterschaften der Ausbildungsstand der Pferde noch ziemlich unterschiedlich. Außerdem konnten auch etwas weniger starke Reiter ins Finale kommen, denen man sein eigenes Pferd nicht unbedingt gern anvertraute, denn im Finale durfte von jeder Nation nur ein Reiter starten. Besonders bei sensiblen oder bei sehr eigenwilligen Pferden konnte es deshalb passieren, daß vieles von einer langen und zielstrebigen Arbeit mit einem solchen Pferd in den Finalritten kaputtgemacht und man um Monate in seiner Arbeit zurückgeworfen wurde. Schließlich boten die ersten Weltmeisterschaften auch die Möglichkeit zu nicht ganz sportlichen taktischen Manövern, indem ein Reiter mit seinem besten Pferd die Qualifikationsprüfungen ritt und sein möglicherweise schwierigeres Pferd im Finale sattelte. Diese Bedenken sind heute aber überholt. Die Pferde und Reiter, die sich heute für das Finale qualifizieren, sind so gut und so ausgeglichen, daß wir, wie zuletzt 1978 in Aachen bei der wohl schönsten Weltmeisterschaft überhaupt, einen reiterlich unwahrscheinlich fesselnden und leistungsstarken Sport zu sehen bekommen. Und hinter den ersten vier Paaren, die sich ja alle nicht viel nahmen, stand in Aachen mindestens ein halbes Dutzend weiterer

Pferde und Reiter, die im Finale ein ebenso gutes Bild abgegeben hätten.

Eine wechselvolle Geschichte erlebten die *Nationenpreise* und die *Olympischen Springprüfungen* seit ihren Ursprüngen in den Jahren 1909 und 1912. Die ersten Nationenpreise wurden teilweise mit drei und teilweise mit vier Reitern ausgetragen. Bisweilen wurden alle Reiter gewertet, dann gab es wiederum die Regelung des Streichresultats, und zeitweilig war auch der Einsatz eines Ersatzpferdes im zweiten Umlauf möglich. Anfangs trug man jedoch Nationenpreise nur in einem Umlauf aus, wobei die Reiter einer Equipe teilweise sogar hintereinander starten mußten. Schon bald hatte es sich jedoch durchgesetzt, die Siegermannschaft aus dem Gesamtergebnis von zwei Umläufen zu ermitteln. Eine Ausnahme bildeten hier die Nationenpreise von Nizza in den dreißiger Jahren. Die Siegerequipe mußte beim CHIO in Nizza beide Umläufe gewinnen. Gelang das keiner Mannschaft, so gab es ein Stechen zwischen den beiden besten Mannschaften des ersten und zweiten Umlaufs.

Bei den Olympischen Spielen wurden die Mannschaftssieger dagegen bis zur Olympiade 1952 in Helsinki immer nur in einem einzigen Umlauf ermittelt. Damals wurde ich persönlich Opfer dieser neuen Regel, denn nach dem ersten Umlauf des Olympischen Springens, das in Helsinki gleichzeitig für die Mannschafts- und die Einzelwertung galt, lag ich mit null Fehlerpunkten allein an der Spitze.

Die Regelung, Mannschafts- und Einzelwertung in einer einzigen Prüfung auszutragen, gibt es seit den Olympischen Spielen 1968 in Mexiko nicht mehr, und auch 1912, 1920 und 1960 hatte man zwei getrennte Prüfungen durchgeführt. Aus der Sicht der Reiter ist die heutige Regelung sicherlich richtiger, da sie mehr taktische Möglichkeiten hinsichtlich des Pferdeeinsatzes und der Planung der Ritte ermöglicht.

Die geschilderten Entwicklungen in der Bewertung und der Art der Springprüfungen sind bei einem so jungen Sport wie der Springreiterei nicht überraschend. Auch wenn wir manches belächeln mögen, was im Laufe der letzten Jahrzehnte ausprobiert wurde, so zeugt dieser Entwicklungsprozeß doch von der Lebendigkeit und Lernfähigkeit unseres Sports.

DER ALTE SPRINGSTIL UND DAS SISTEMA CAPRILLI.

Beim Überwinden von Hindernissen waren die Reiter zunächst von der naheliegenden Idee ausgegangen, daß der Reitsitz, der sich beim Dressurreiten als zweckmäßig erwiesen hatte, auch für das Springen richtig sein müsse. Man versuchte also, auch über dem Hindernis gerade sitzen zu bleiben, wobei meistens aber *der Oberkörper des Reiters hinter die Senkrechte kam und die Schenkel nach vorne rutschten.* Der Reiter fiel dem Pferd dabei in den Rücken und störte es meistens auch noch im Maul, was für die Pferde besonders unangenehm war, da sie damals in der Regel auf Kandare gesprungen wurden.

In den neunziger Jahren des vorigen Jahrhunderts entdeckte der Italiener Federico Caprilli dann den im Oberkörper nach vorn geneigten, den Rücken des Pferdes entlastenden und in die Bewegung des Pferdes eingehenden neuen Springstil. Keine andere Entdeckung hat den Springsport seither so grundlegend beeinflußt wie die Ideen Federico Caprillis. Zwar hatte es auch schon vor Caprilli Reiter gegeben, die sich intuitiv dem Bewegungsablauf des Pferdes beim Springen geschmeidig anpaßten. Aber erst Federico Caprilli konnte durch sein Wirken als Reitlehrer an den italienischen Kavallerieschulen von Tor di Quinto und Pinerolo in den Jahren von 1892 bis 1907 die neue Reittechnik auf breiter Basis durchsetzen.

Einige Jahre vor Caprilli hatte im Rennsport bereits der Amerikaner *Tod Sloan* den zunächst als „Affensitz" bezeichneten neuen Rennsitz mit sehr kurzen Bügeln und völliger Entlastung des Pferderückens eingeführt. Wieweit Caprilli hiervon beeinflußt wurde, ist unbekannt. Dagegen ist es wahrscheinlich, daß Caprilli die Überlegungen des ungarischen Grafen *Denes Szechenyi* kannte, der in seinem 1871 erschienenen Buch „Beitrag zum Reitunterricht" bereits ähnliche Ideen wie Caprilli vertrat und dessen Buch in Italien von Colonello P. Pietro Spanghero übersetzt und 1873 in Mailand unter dem Titel „Reitlektionen des Grafen Szechenyi" herausgekommen war.

Caprilli kam zu einer Zeit nach Tor di Quinto, als dort unter dem Einfluß des Grafen von Roccagiovine bereits in zunehmendem Maße das Geländereiten gepflegt wurde. (Fortsetzung S. 36)

Caprilli mit einer Gruppe von Offizieren im Gelände von Pinerolo. Hier, vor der malerischen Kulisse der piemontesischen Alpen in der Nähe Turins, und im hügeligen Gelände von

Quinto in der Nähe Roms standen dem Erfinder des modernen Springstils große Galoppierbahnen und unzählige Hindernisse zur Schulung von Pferden und Reitern zur Verfügung.

Caprillis berühmter Sprung über einen Stuhl. Er beweist, welchen Gehorsam des Pferdes Caprilli mit seiner natürlichen Methode zu erzielen wußte.

Die Schulung im Freispringen war die logische Konsequenz von Caprillis Grundidee, daß die Pferde lernen sollten, selbständig zu taxieren, und der Reiter sich ihnen nur anpasssen müsse.

Springen an der Longe.

Fè d'Ostiani beim Wassereinsprung in Chisone.

Gruppenarbeit auf den Galoppierbahnen von Pinerolo.

Leutnant Crippa in einer Ruine bei Pinerolo.

Das Doppelpiano von Tor di Quinto.

In der Hügellandschaft von Tor di Quinto.

Ziel des Sistema Caprilli war das geländetaugliche Kavalleriepferd. Der Caprilli-Abstieg in Tor di Quinto gehörte zu den schwersten Tests der Geländetauglichkeit.

Gaspare Bolla auf Ornella.

Alessandro Negroni Prati-Morosini auf Jupiter.

Ruggero Ubertalli auf Vissuto.

Giacomo Antonelli auf Genga.

Guido Luigi auf Gondola.

Italienische Reitinstrukteure aus der Zeit vor dem Ersten Weltkrieg, ob
die das Sistema Caprilli stilistisch hervorragend zu demonstrier

audo di Pralermo auf Arnica. Caprilli war es mit dieser Reitergeneration gelungen, eine größere Zahl von Springreitern heranzubilden,
ßten und für die weitere Verbreitung des neuen Stils sorgten.

Ausgelassenheit und der Drang, immer etwas Neues auszuprobieren, kennzeichnen die Frühzeit der italienischen Springschule. Alles, was den Reitern über den Weg kam, wurde gesprungen.

Als Caprilli jedoch seine Ideen ausprobieren wollte, fiel er bei seinen Kommandeuren in Ungnade und wurde nach Süditalien versetzt. Später holte ihn aber der weitsichtige General Berta zurück, Caprilli durfte seine neue Reittechnik mit 30 Rekruten testen, erzielte schon sehr schnell erstaunliche Erfolge und setzte sich durch.

Caprillis Grundidee war, daß sich ein Pferd ohne das Gewicht des Reiters gut ausbalanciert in einem natürlichen Gleichgewicht bewegt. *Dieses natürliche Gleichgewicht darf der Reiter nicht stören.* Er muß sich daher der Bewegung des Pferdes anpassen, darf das Pferd in keiner Weise stören und muß seinen Schwerpunkt mit dem des Pferdes in Einklang bringen. Verlegt das Pferd seinen Schwerpunkt beim Springen mehr nach vorn, so muß auch der Reiter seinen Schwerpunkt weiter nach vorn bringen.

Um diese Ziele zu erreichen, führte Caprilli *kürzere Bügel* für das Gelände- und Springreiten ein und lehrte den *festen Knieschluß.* Der Oberkörper des Reiters wurde vor die Senkrechte geneigt, das Gesäß leicht aus dem Sattel genommen und der Pferderücken dadurch entlastet. Die tief stehende Hand hatte im Sprung nachzugeben, um dem Pferd jederzeit die erforderliche Bewegungsfreiheit zu geben.

Dieses *„Vor mit der Hand"* war eines der wichtigsten Anliegen Caprillis. Die Pferde wurden vorwiegend auf Trense geritten und gingen dabei, Augenzeugen zufolge, ohne zu pullen in weicher und leichter Anlehnung. Jede Störung im Maul bezeichnete Caprilli als eine „gefährliche und schädliche Beleidigung des Pferdes".

Caprilli schulte Pferde und Reiter vorwiegend im Gelände. *Das Ziel seines Ausbildungssystems* war für ihn ohnehin nicht das Springpferd für den Turniersport, sondern *das geländetaugliche Kavalleriepferd.* Zur Verfügung standen ihm dazu in Pinerolo und Tor di Quinto große Galoppierbahnen mit unzähligen Hindernissen. In Tor di Quinto gab es außerdem viele berüchtigte Steilhänge, darunter den 10 m tiefen „Caprilli-Abstieg". Die Pferde wurden ausgesprochen häufig über die Geländehindernisse gesprungen, um viel Routine zu bekommen und auch, weil Caprilli im *Springen das beste Mittel zur Gymnastizierung eines Pferdes* sah, da es dabei ständig seinen Schwerpunkt verändern muß.

Auch für den Reiter betrachtete Caprilli das Springen als die beste Methode, um geschmeidig zu werden. Vom Reiter verlangte Caprilli weitestgehende *Passivität im Sattel.* Die Pferde sollten selbständig werden und mit jeder Art von Geländehindernissen fertig werden. Für Caprilli war es deshalb auch *selbstverständlich, daß der Reiter dem Pferd nicht dabei half, den richtigen Absprungpunkt zu finden.*

Wieweit Caprilli noch eine sinnvolle Verbindung zwischen Dressur- und Springtraining sah, ist nicht genau überliefert. Mit Sicherheit hat er jedoch eine Versammlung des Pferdes für unzweckmäßig gehalten.

DIE AUSEINANDERSETZUNG UM DEN NEUEN SPRINGSTIL IN DEUTSCHLAND.

Die Lehren Caprillis setzten sich in Italien und dann in den übrigen europäischen Ländern sehr bald durch. Zwar wurde das Sistema Caprilli in seiner reinsten Form nur von der italienischen Armee übernommen, aber der den Pferderücken entlastende Springsitz wurde im ersten Jahrzehnt dieses Jahrhunderts von den meisten Reiternationen als richtig anerkannt.

In Deutschland verwahrten sich die führenden Militärs jedoch heftig gegen die Neuerungen Caprillis. Zu sehr war die deutsche militärische Führung in der Welt des klassischen Schulreitens zu Hause, um sich anderen Gedanken öffnen zu können. Zudem waren die Kontakte mit den Springreitern anderer Nationen nach dem Turiner Turnier im Jahre 1902 auf militärischen Befehl hin unterbunden worden, und im eigenen Land konnte man durch die Reitvorschrift den Springstil durchsetzen, den man für richtig hielt. Da auf dem Kasernenhof kaum höher als 50 cm gesprungen wurde, konnte man im Sprung auch durchaus einen so geraden Sitz wie auf dem Exerzierplatz verlangen. Und auf den Turnieren erhielt in den Springprüfungen eben nur derjenige gute Stilnoten, der militärisch korrekt saß.

Im Kreis der jüngeren Springreiter fand die italienische Schule dagegen in zunehmendem Maße ihre Anhänger. Zu diesen ersten Vertretern des neuen Stils gehörte Rittmeister *Arnold von Günther* vom Hanauer Ulanenregiment, der von 1910 bis 1912 die Liste der erfolgreichsten

Arnold von Günther, hier 1913 mit Harald auf der Rennbahn in Berlin-Ruhleben, gehörte in Deutschland zu den ersten Springreitern, die versuchten, „italienisch" zu reiten.

deutschen Springreiter anführte und dabei keine irischen oder englischen Hunter ritt, sondern Pferde der deutschen Zucht herausbrachte. Durch seine Erfolge kamen andere Reiter zu Rittmeister von Günther, die sich von ihm schulen ließen, und im Frankfurter Raum kam es zu einer stärkeren Verbreitung seiner Springauffassung, die er später in der Schrift „*Entlastung des Pferderückens und vollkommene Streckung des Halses*" festhielt.

In Frankfurt unterhielten auch *Paul Heil und Otto Koch* einen erfolgreichen Springstall. Da beide Zivilreiter waren, konnten sie auch im Ausland starten, und von diesen Auslandsstarts kamen neue Impulse für den deutschen Springsport. Auf ihrem Trainingsplatz hatten sie als erste in Deutschland einen Couloir aufgebaut und eine Reihe neuartiger Hindernisse errichtet, die viel Beachtung bei den deutschen Springreitern fanden. Otto Koch gelang 1913 in Leipzig ein neuer deutscher Hochsprungrekord über 2 m. Paul Heil, der später das erste deutsche Springderby gewann, sollte auf Grund seiner Turniererfolge an den ersten Olympischen Reiterspielen 1912 in Stockholm teilnehmen, wurde als Zivilreiter aber dann doch nicht benannt. In Berlin führten die *Potsdamer Garde-Ulanen Graf Holck, von Mitzlaff und von Gagern* den neuen Springstil ein. Sie waren in erster Linie Rennreiter, beteiligten sich aber auch an Springkonkurrenzen und erkannten natürlich, vom Rennsport hervorkommend, intuitiv auch die Vorteile des leichten Sitzes für den Springsport.

Auf Lehrgängen in Pinerolo und Tor di Quinto hatte *Oscar Caminnecci* die italienische Schule am genauesten studieren können. Caminnecci ritt seit 1910 in Deutschland und wurde dann Schriftleiter des St. Georg. Damit hatten die Anhänger des italienischen Springstils einen Mann gefunden, der sich auch journalistisch mit Vehemenz für die neuen Ideen stark machte.

1911 erschien die erste Auflage von „*Springprüfungen und Geländeritte" des Freiherrn von Maercken,* der die Reitweise der internationalen Springreiterelite im Ausland studiert hatte und den deutschen Reitern nunmehr mit seinem Buch ein theoretisches Gerüst für die Ausbildung des Springpferdes und die richtige Anwendung des neuen Springstils gab. Dabei übernahm von

Die Vorteile der italienischen Springauffassung vermittelte Freiherr von Maercken den deutschen Reitern in seinem 1911 erschienenen Buch „Springprüfungen und Geländeritte". Seine Abhandlung ist die erste umfassende Arbeit über das Springreiten in deutscher Sprache.

— 150 —

Bild 38a.

Absprung.

Pferde, die zu fest gehalten werden, brechen aus, bleiben vor dem Hindernis stehen oder machen Fehler, die das Überwinden des Hindernisses in Frage stellen, falls sie nicht aus Selbsterhaltungstrieb dem Reiter mit Gewalt die Hand nehmen und sich so Luft verschaffen; ein stürmisches, kopfloses Springen ist dann meist die Folge. Pferde, denen der Kopf in der Höhe festgehalten wird, können den Rücken nicht genügend gebrauchen; sie bleiben dann leicht mit der Hinterhand im oder auf dem Hindernis hängen.

Versagt ein Pferd beim Springen den Gehorsam, so wird es fast immer darauf ankommen, es zur gleichmäßigen Anlehnung an das Mundstück zu zwingen.

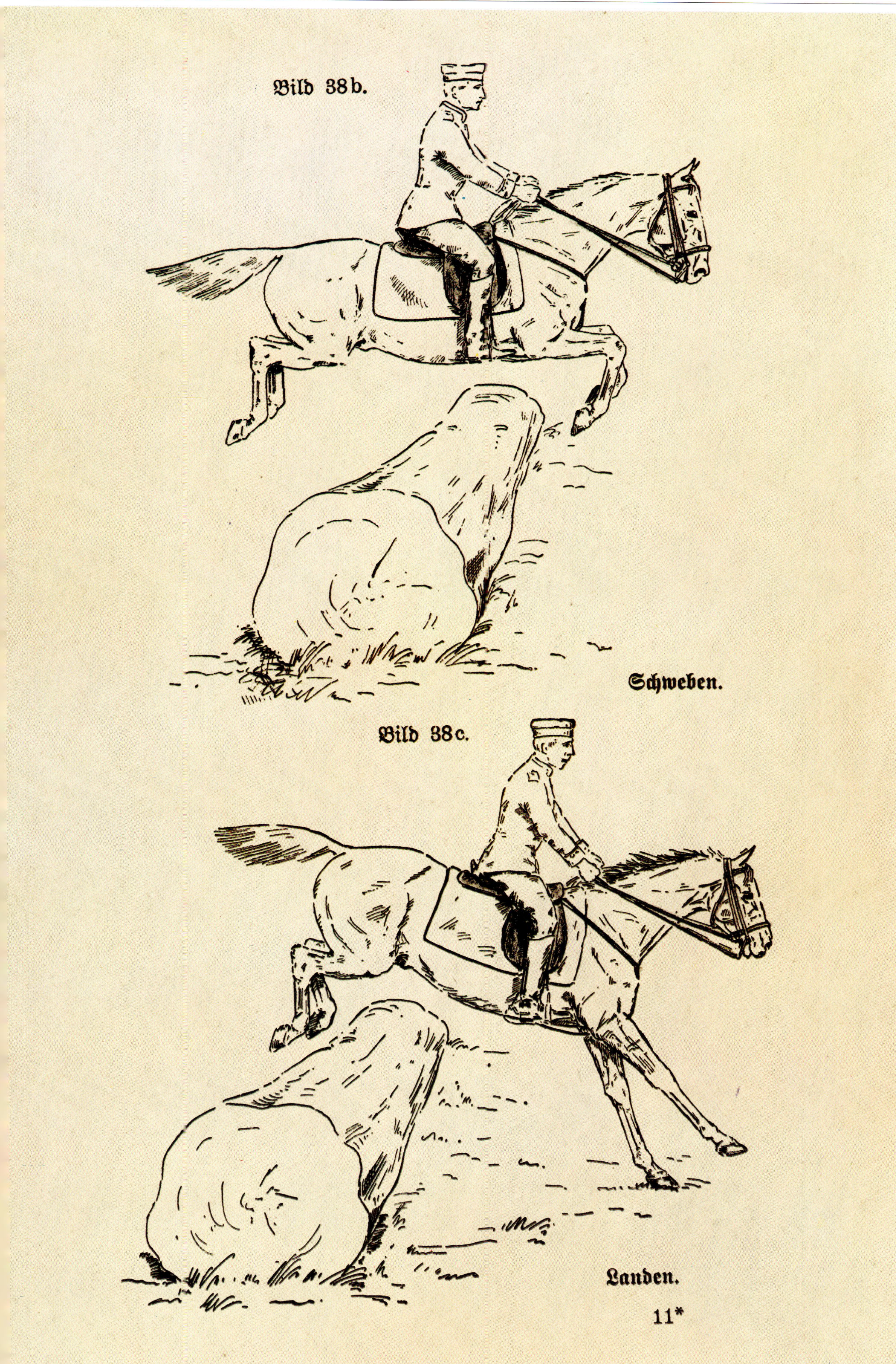

In der neuen deutschen Reitvorschrift von 1912 machte die militärische Führung zwar gewisse Konzessionen in bezug auf den Springsitz, hielt im Prinzip jedoch am senkrechten Sitz fest.

Maercken das Sistema Caprilli nicht unbesehen, sondern räumte der dressurmäßigen Ausbildung des Spring- und Geländepferdes einen weiten Raum ein. Außerdem sah er das Springen nicht in erster Linie als Selbstzweck an, sondern betonte, daß das Springen der Pferde vor allem als ein wichtiges Mittel zur Ausbildung eines vielseitig verwendbaren Geländepferdes dienen solle.

Gewisse Erfolge dieser Pioniere des neuen Springstils in Deutschland schlugen sich dann doch in der *neuen Reitvorschrift von 1912* nieder. Zwar gab die militärische Führung den Grundgedanken des senkrechten Springsitzes noch nicht auf, aber zumindest wurde jetzt schon die Geschmeidigkeit des Reiters im Sprung stärker herausgestellt. So heißt es einerseits: „Vom Reiter werden gefordert: ein von der Hand unabhängiger Sitz bei leichter Zügelanlehnung, weiches Sichanpassen und Mitgehen mit der Bewegung, Vermeiden jeder Störung des Pferdes im Maul und Rücken", aber bei der Beschreibung des korrekten Springsitzes sagt die Reitvorschrift dann konkret: „Während des ganzen Sprunges bleibt der Oberkörper des Reiters annähernd senkrecht zum Erdboden. Beim Heben der Vorhand zum Sprunge wird sich somit der Hals des Pferdes der Brust des Reiters, beim Landen die Kruppe seinem Rücken nähern. Nur während des Schwebens über dem Hindernis wird der Oberkörper des Reiters auch annähernd senkrecht zum Pferderücken bleiben."

In der Praxis hatte sich der Stil der deutschen Springreiter allerdings bereits weiter entwickelt, als es die deutsche Reitvorschrift von 1912 vorsah. So beschreibt Gustav Rau den Stil der deutschen Springreiter bei den Olympischen Spielen 1912 in Stockholm, bei dem Deutschland mit einer Bronzemedaille im Mannschaftsspringen und einer Silbermedaille durch Leutnant Kröcher auf Dohna im Einzelspringen beachtenswert gut abschnitt, wie folgt: „Ein einheitlicher Stil ließ sich beim Springen der Deutschen insofern konstatieren, als sie den militärischen Sitz für die groben Sprünge modifiziert hatten, mit kürzeren Bügeln ritten und im Sprung mehr oder weniger aus dem Sattel gingen. Alle ritten mit ruhiger Hand. Sitz, Schenkellage und Einwirkung werden sich bei einigen noch verbessern lassen." Der neue Springstil hatte sich also noch nicht auf der ganzen Linie durchsetzen können, aber der alte Springstil, wie ihn die Reitvorschrift vorsah, gehörte doch schon der Vergangenheit an.

ENDGÜLTIGER DURCHBRUCH DES ITALIENISCHEN SPRINGSTILS NACH DEM ERSTEN WELTKRIEG.

Nach dem Ersten Weltkrieg beherrschten die italienischen Springreiter dank ihrer einheitlichen Schulung an den Kavallerieschulen von Pinerolo und Tor di Quinto den internationalen Springsport. Bei den Olympischen Spielen 1920 in Amsterdam gewannen Leutnant Lequio und Major Valerio die Gold- und Silbermedaille in der Einzelwertung, die italienische Mannschaft wurde Dritter. Bei den dann folgenden Olympischen Spielen waren die Italiener zwar nicht so erfolgreich – lediglich Leutnant Lequio gewann 1924 in Paris noch einmal eine Silbermedaille –, aber insgesamt blieb Italien auch weiterhin die führende Springreiternation. Gustav Rau schrieb nach den Olympischen Spielen 1924 in Paris: „Die wichtigste Lehre dieser großen Konkurrenz war die Tatsache, daß sich die Springreiterei der ganzen Welt mehr und mehr nach der italienischen Methode hin orientiert."

Die meisten Länder schickten deshalb auch in den zwanziger und dreißiger Jahren ihre talentiertesten Springreiter zu Lehrgängen nach Pinerolo und Tor di Quinto, wo man inzwischen zu einer weiteren Verfeinerung des italienischen Springstils gekommen war. *Das übertriebene Mitgehen mit Oberkörper und Armen und das Wegwerfen der Zügel im Sprung wurde als überholt angesehen.* Der Reiter sollte eine leichte Anlehnung zum Pferdemaul behalten und mit dem Gesäß nur so weit aus dem Sattel gehen, daß dem Pferd eine gute Rückenwölbung möglich war. Die Bilder der italienischen Offiziere dieser Zeit zeigen denn auch einen klassisch schönen Sitz der Reiter über dem Hindernis mit einer bis dahin unerreichten Geschmeidigkeit. Stilistisch ebenso vollendet ritten auch schon die polnischen Offiziere, die lange Zeit in Italien trainiert hatten.

Die deutschen Springreiter waren stilistisch noch nicht so weit. Der Versuch, italienisch zu reiten, führte vielfach zu Übertreibungen. Gustav Rau kritisierte die zu ausgeprägten Bewegungen unserer Reiter, das zu weite Vorlehnen mit dem

Das Wegwerfen der Zügel in einer schwierigen Situation, wie hier bei Guilio Cacciandra, wurde von der italienischen Springschule später als falsch angesehen.

Oberkörper und das übertriebene Vorgehen mit der Hand sowie mangelnden Knieschluß und häufig nach hinten verrutschende Unterschenkel.

Dem italienischen Stil am nächsten kam Graf Görtz. Er war an den italienischen Kavallerieschulen ausgebildet worden, legte besonderen Wert auf einen guten Sitz nach italienischem Muster und setzte sich energisch und streitbar für die *„natürliche Methode"* bei der Ausbildung eines Spring- und Geländepferdes ein. Im Berliner Grunewald legte Graf Görtz 1925 einen Geländehindernispark an, der nach dem Vorbild von Pinerolo und Tor di Quinto konzipiert war. Später schuf er auf Gut Brunkersen eine Ausbildungsstätte, die sich speziell mit dem Spring- und Geländereiten beschäftigte.

Im Lager der deutschen Springreiter war man sich inzwischen darüber einig, daß der Sitz der italienischen Springreiter, die Springmanier ihrer Pferde und die Art, wie sie ihre Pferde einsprangen, richtig sei. *An eine völlige Übernahme des italienischen Ausbildungssystems dachten die deutschen Springreiter jedoch nicht.* Auch bei der Ausbildung des Springpferdes sollte nach allgemeiner Auffassung auf eine gewisse dressurmäßige Grundschulung nicht verzichtet werden.

STEIGENDE POPULARITÄT DES SPRINGSPORTS IN DEN ZWANZIGER JAHREN.

In Deutschland waren 1919 die Interessen von Zucht und Sport mit der Gründung des „Reichsverbandes für Zucht und Prüfung deutschen Warmbluts" in einer Organisation zusammengefaßt worden. Schon in den folgenden Jahren gelang es den führenden Männern des Reichsverbandes, trotz großer wirtschaftlicher Schwierigkeiten Turnierveranstaltungen aufzuziehen, die das Interesse eines breiten und ständig wachsenden Publikums fanden und sich damit grundsätzlich von den elitären Turnieren der Vorkriegszeit unterschieden. *Zentrum des Turniersports wurde Berlin,* wo im Rahmen der Grünen Woche zunächst im Sportpalast (Fortsetzung S. 47)

Der italienische Springstil in Perfektion. Geschmeidiges Eingehen von Camillo Guidi in die Bewegung des Pferdes ohne zu übertreiben. Leichte, aber stetige Verbindung zum Pferdemaul. Tiefer Absatz. Tiefes Knie. Tiefe Mittelpositur. Das Gesäß kommt auch im aufsteigenden Ast der Springkurve nur leicht aus dem Sattel.

Paul Heil auf Grey Lad und Otto Koch auf Nevermind

Oscar Caminnecci

Arnold von Günther auf Qual

Graf Wilhelm von Hohenau auf Tommy

Freiherr Erich von Buddenbrock-Pläswitz auf Fortunello

Prinz Friedrich Sigismund von Preußen auf Schwabenjunge

Major Lotz auf Olnad

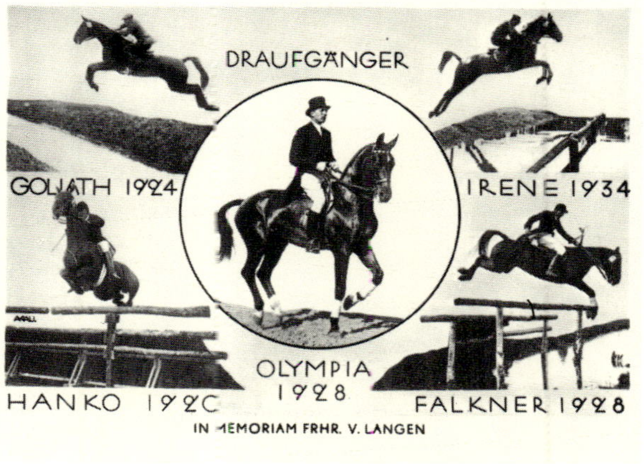

Freiherr Carl Friedrich von Langen

Paul Heil auf Grey Lad

Graf Rudolph von Görtz auf Posidonius

Graf Christian Erick Holck

Axel Holst auf Ahnherr

Ländern selten. Zu einem Ausbildungssystem, das es möglich macht, vielseitige Pferde zu bekommen, muß sich große individuelle Veranlagung beim Pferd gesellen. Dem System, das ein Pferd auf den Weg bringt, in allen drei Prüfungen mit Höchstleistungen zu bestehen, gehörte die größte Achtung."

Aber tatsächlich hatte sich die weitgehende Spezialisierung des Springpferdes doch schon auf breiter Basis durchgesetzt, und in den dreißiger Jahren war diese Entwicklung nicht mehr aufzuhalten. Die Anforderungen im Springen waren einfach zu hoch geworden, um ohne ein Spezialtraining im Sport mithalten zu können, bei dem man vom Pferd gleichzeitig noch Höchstleistungen in der Dressur und im Gelände hätte verlangen können. Und die Reiter suchten sich Pferde mit einer besonderen Begabung für das Springen aus, ohne unbedingt eine gute dressurmäßige Veranlagung des betreffenden Pferdes vorauszusetzen.

AUFSTIEG DER AMAZONEN IN DIE SPRINGREITERELITE.

Neben der wachsenden Popularität des Springsports, den steigenden Anforderungen in den Springprüfungen und der sich daraus entwickelnden Spezialisierung der Springpferde ist als dritter wesentlicher Trend der zwanziger Jahre der Aufstieg der Amazonen in die Elite der Springreiter zu verzeichnen.

Vor dem Krieg waren die Reiterinnen überwiegend im *Damensattel* gesprungen. Dadurch kamen sie im Sprung allerdings leicht hinter die Bewegung; zudem war der Damensattel auch nicht ganz ungefährlich, da das sogenannte Horn, über das man das rechte Bein legte, der Reiterin bei einem Sturz oder bei einem schweren Rumpler sehr leicht in den Magen stieß und sich die Reiterin bei einem Sturz durch den relativ festen Sitz auch nur schwer vom Pferd lösen konnte. Als erste ritt dann Larissa Gräfin Sponeck um 1900 bei den Trakehner Jagden im Herrensattel. Ihr folgten weitere mutige Amazonen, kritisch betrachtet und entsprechend kommentiert von der reitenden Herrenwelt. Nach dem Krieg setzte sich der Herrensattel bei den Reiterinnen immer stärker durch, und damit wuchsen auch ihre Erfolge in den Springkonkurrenzen.

In der zweiten Hälfte der zwanziger Jahre und zu Beginn der dreißiger Jahre hatten die Amazonen im Springsattel einen ausgesprochenen Höhepunkt erreicht und waren zu einem ebenbürtigen Gegner für die besten Springreiter geworden. *Irmgard von Opel* und *Käthe Franke* standen an der Spitze einer größeren Anzahl erstklassiger Springreiterinnen, für die Gustav Rau 1932 sogar in Düsseldorf ein internationales Amazonenturnier initiierte.

Seit dieser Blütezeit der Amazonen im Springsport fehlte den Springreiterinnen die Ausgeglichenheit und Breite des Leistungsniveaus. In den fünfziger Jahren und anfangs der sechziger Jahre hatten wir in Deutschland mit Helga Köhler, Anna Clement, Gerlinde Merten und Renate Freytag, die Hans Günter Winkler und mir als dreizehnjähriges Mädchen mehr als einmal das Nachsehen gab, eine hervorragende Truppe von Amazonen. Danach flachte das Leistungsniveau der deutschen Springreiterinnen ab. Von den englischen Amazonen ritten sich Pat Smythe, Marion Mould-Coakes, Ann Moore und Caroline Bradley in die internationale Springreiterelite, von den Amerikanerinnen gelang dies Mary Chapot-Mairs und Kathy Kusner. Frankreich war mit Josée Bonnaud und Janou Tissot-Lefèbvre im Spitzensport. Der Kreis der überragenden Springreiterinnen ist also klein geblieben. Heute reiten eigentlich nur noch Caroline Bradley und einige bei uns weniger bekannte amerikanische Reiterinnen im Kreis der Weltelite. Durch getrennte Welt- und Europameisterschaften für Springreiter und Springreiterinnen hat man versucht, den Amazonen mehr Auftrieb zu geben. Aber von dieser Idee ist man wieder abgekommen, da sie keine nachhaltigen Erfolge brachte.

Ein Handicap hatten die im Damensattel reitenden Amazonen. Der Pferderücken wurde nicht genügend entlastet, selbst wenn die Reiterin wie oben links extrem mitging.

Im Herrensattel kamen die Amazonen schon bald zu großen Erfolgen. Irmgard von Opel und Nanuk gehörten in den dreißiger Jahren zu den überragenden Erscheinungen im Springsport.

Warum wir nicht mehr Reiterinnen im großen Sport haben, ist schwer zu beantworten. Vielleicht könnte es daran liegen, daß die Parcours immer kniffliger geworden sind und ein genaues absprungbestimmendes Reiten erfordern. Aber dem widersprechen die Leistungen der Spitzenreiterinnen. Bei einer so überaus zierlichen Reiterin wie Kathy Kusner konnte man geradezu lehrbuchhaft erleben, wie sich die Energie dieser körperlich doch schwachen Frau in der richtigen Zehntelsekunde auf das Pferd übertrug. Und ist nicht der hannoversche Wallach Tigre, der in Deutschland schon abgeschrieben war, unter Caroline Bradley zu einem Spitzenpferd geworden? Hätte nicht die Amerikanerin Kathie Monahan mit etwas mehr Glück den Weltcup 1979 gewinnen können?

Die Antwort für den Rückgang der Springamazonen liegt deshalb wohl eher darin, daß nur wenige Reiterinnen bereit sind, ihr Leben über Jahre hinweg so ausschließlich auf den Sport zu konzentrieren, wie es der internationale Springsport heute verlangt. Dieses bedingungslose Engagement der Mädchen oder Frauen erleben wir zwar in anderen Sportarten, aber meistens sind die Sportlerinnen dann noch jünger, während zum Springreiten eine langjährige Erfahrung gehört und sich Höchstleistungen in der Regel erst in einem gewissen Alter einstellen.

NEUE ENTWICKLUNGSTENDENZEN IM HINDERNISBAU.

Schon *in der ersten Phase des internationalen Springsports* gab es sehr unterschiedliche Auffassungen über den richtigen Hindernisaufbau. *Die Italiener* waren für einen *relativ festen Hindernisbau* bekannt, während als anderes Extrem *die Engländer sehr leicht fallende Hindernisse* bevorzugten. Außerdem bauten die Engländer damals schon viele Steilsprünge in ihre Parcours, und man kann heute noch feststellen, daß die Engländer vergleichsweise wenig Schwierigkeiten mit Steilsprüngen haben. In Italien baute man dagegen vornehmlich Hochweitsprünge, insbesondere Triplebarres, um den Pferden mehr entgegenzukommen. Diese unterschiedlichen Auffassungen führten in den Anfängen des internationalen Turniersports sogar so weit, daß die italienischen Reiter die Turniere in England nicht mehr besuchten.

Auch in Deutschland entstand in den zwanziger Jahren und zu Beginn der dreißiger Jahre eine ausgiebige Diskussion über schwerer oder leichter fallende Hindernisse. Besonders in Frankreich hatte man damals extrem leicht fallende Hindernisstangen aus gepreßtem Papier oder umwickelten Bambusrohren kennengelernt. Dieses Hindernismaterial sollte angeblich pferdefreundlicher und bei Stürzen ungefährlicher sein. Schließlich kam aber die Meinung auf, daß ein festerer Hindernisaufbau zweckmäßiger sei, da die Pferde dabei nicht schon bei einem leichten Berühren die Stangen zwischen die Beine bekommen, mehr Respekt vor den Hindernissen haben und sauberer springen. *Was sich schließlich durchsetzte, war ein gesundes Mittelmaß.* Die Hindernisse sollten bei einem richtigen Springfehler fallen, bei einem leichten Berühren aber liegenbleiben.

Daneben ging man in den dreißiger Jahren zunehmend dazu über, die Hindernisse einladender und fairer zu gestalten. Beim ursprünglichen Gedanken, die Jagdspringen als eine Prüfung der Pferde für ihre Eignung im Jagdfeld anzusehen, war es naheliegend gewesen, die Hindernisse so zu bauen, wie man sie in der Natur vorfand. Dementsprechend waren die Hindernisse oftmals wenig ausgefüllt und dadurch schwer zu springen. Zu Stürzen kam es viel häufiger als heute. Als der Springsport sich dann zu einem Publikumssport entwickelte und man dem Publikum mehr Leistungen bieten wollte, war es naheliegend, die Hindernisse voller und für die Pferde einladender zu bauen. Diese Tendenz setzte sich zunächst im Ausland durch. Unter der Kritik der ausländischen Teilnehmer an den deutschen Parcours und da die deutschen Pferde bei ausländischen Turnieren meistens besser als im Inland gingen, paßten sich die deutschen Parcoursgestalter dann der neuen Entwicklung an.

In dieser Zeit wurde es schließlich auch üblich, Kombinationen im Abstand von 7 m bis 8 m beziehungsweise 10 m bis 11 m aufzubauen. Früher waren die Parcoursgestalter bei der Festlegung der Distanzen in den Kombinationen dagegen noch ziemlich willkürlich vorgegangen. Mit steigenden Anforderungen an Höhe und Tiefe der Hindernisse führte der Weg aber zwangsläufig zu passenden Distanzen in den Kombinationen.

DER NEUE STIL UND DIE ÄRA DER DEUTSCHEN KAVALLERIESCHULE.

Nach den Olympischen Spielen 1928 in Amsterdam, bei denen die deutschen Springreiter nur einen Platz im Mittelfeld belegten, hatte Gustav Rau gefordert: ,,Wir müssen mehr auf einen einheitlichen Stil hinwirken. Er ist in der Vollendung nur durch eine besondere Springschule zu erzielen. In einem Sport, der solche Anforderungen stellt, in dem alles nach Höchstleistungen ringt, muß eine Quelle vorhanden sein, die das Geheimnis des Erfolges in einem ausgeprägten System umschließt. Einzelne Talente werden auch ohne eine besondere Schule heranreifen. Aber wenn man eine bleibende, nachdrückliche Macht im internationalen Springsport sein will, bildet eine besondere Schule hierfür die sicherste Unterlage."

Diese zentrale Ausbildungsstätte wurde im Herbst 1928 mit der Gründung des Springstalls der Kavallerieschule in Hannover geschaffen, und unter Freiherr von Waldenfels, der nach Graf Rothkirch seit 1930 die Leitung des Springstalls übernommen hatte, wurde an der Kavallerieschule *ein Ausbildungssystem* entwickelt und perfektioniert, *das die Vorteile des geschmeidigen italienischen Springsitzes mit der dressurmäßigen Schulung des Springpferdes konsequent miteinander verband.* Das Ziel dieses Ausbildungssystems war ein Springpferd, das im Parcours absolut gehorsam war, jederzeit an den Hilfen stand und auf leichteste Hilfen des Reiters reagierte. Deshalb mußte auch das zukünftige Springpferd eine solide dressurmäßige Grundausbildung erhalten und neben der späteren Springschulung weiter dressurmäßig gymnastiziert werden. Die Springpferde wurden langsam aufgebaut und zum selbständigen Taxieren der Hindernisse erzogen. Auf Turnieren wurden die Pferde der Kavallerieschule schonend eingesetzt, mehr als zehn Turnierbesuche pro Jahr wurden im allgemeinen nicht geplant. Die Reiter ritten in einem gleichmäßigen Stil, der unter militärischer Order natürlich leichter zu erreichen war. Zudem mußten die Kavallerieoffiziere, da der Staat den Turnierstall finanzierte, nicht unbedingt immer auf Sieg reiten.

Im nationalen Springsport war die Kavallerieschule bald so überlegen, daß die Geldpreise auf

Die große Reithalle der Kavallerieschule. An dieser zentralen Trainingsstelle der deutsc

ngreiter entstand eine Ausbildungsmethode, die die Vorteile der italienischen Methode übernahm, aber auf der dressurmäßigen Schulung des Pferdes aufbaute und dadurch überlegen wurde.

Freiherr von Waldenfels führte die deutschen Springreiter als Leiter des Springstalls der Kavallerieschule zu ihren großen internationalen Erfolgen.

Die siegreichen Reiter und Pferde im Kampf um die Coppa d'Oro, bei dem die Überlegenheit der dressurmäßig gymnastizierten Springpferde bewiesen wurde.

den Turnieren den privaten Springställen vorbehalten blieben. International leitete *1930 die zweite Reise einer deutschen Springreiterequipe nach Nordamerika* die Erfolgsserie der Kavallerieschule ein. In Boston und New York gewannen Ernst Hasse, Hermann von Nagel und Harald Momm die Military Trophy und wurden in Toronto in der Officers Trophy mit nur einem halben Fehlerpunkt Zweite hinter den Amerikanern.

1931 ritt die deutsche Equipe zum ersten Mal in Rom um die „*Coppa d'Oro*". Dieser 1926 von Mussolini gestiftete Goldpokal war seinerzeit die wertvollste reiterliche Trophäe der Welt. Der Pokal sollte endgültig in den Besitz der Nation übergehen, die ihn dreimal hintereinander oder dreimal in vier Jahren gewann. 1926, 1929 und 1930 war die italienische Equipe im Kampf um die Coppa d'Oro erfolgreich gewesen, 1927 und 1928 hatten die französischen Springreiter gewonnen. In Italien, der führenden Springreiternation dieser Zeit, war man fest davon überzeugt, daß in diesem Jahr der Sieger nur Italien heißen könnte und der wertvolle Pokal damit endgültig im eigenen Lande bleiben werde. Doch die deutsche Equipe mit Harald Momm, Ernst Hasse und Richard Sahla gewann klar vor den Italienern. 1932 war die deutsche Mannschaft mit Freiherr von Nagel, Heinz Brandt, Richard Sahla und Günter von Nostitz-Wallnitz wiederum erfolgreich. Diesmal vor Frankreich und Italien. 1933 hatten die italienischen Parcoursaufbauer die Idee, in der Nacht vor dem Nationenpreis einen zusätzlichen Wall zu errichten. Doch die deutsche Equipe mit Heinz Brandt, Freiherr von Nagel, Harald Momm und Richard Sahla verließ zum dritten Mal hintereinander die Piazza di Siena als Sieger, diesmal sogar mit 8 Fehlerpunkten ganz überlegen vor der italienischen Equipe mit 35 Fehlerpunkten. Damit ging die Coppa d'Oro endgültig in den Besitz der deutschen Reiter über.

Die Piazza di Siena in Rom war Schauplatz der großen Reiterkämpfe um die Coppa d'Oro.

Die Siege in der „Coppa d'Oro" brachten die endgültige Bestätigung für die Richtigkeit der deutschen Ausbildungsmethode. In Rom waren zwei unterschiedliche reiterliche Auffassungen aufeinandergestoßen, und es hatte sich schließlich gezeigt, daß die dressurmäßig gymnastizierende Arbeit eines Springpferdes die größere Sicherheit im Parcours brachte.

Die deutschen Springreiter, die international so lange hinterhergeritten waren, waren nun in ganz wenigen Jahren zur erfolgreichsten Equipe der Welt geworden und konnten diese Stellung bis zum Ausbruch des zweiten Weltkrieges behaupten. Bei den *Olympischen Spielen 1936 in Berlin* gewannen Kurt Hasse auf Tora, Heinz Brandt auf Alchimist und Marten von Barnekow auf Nordland die *Goldmedaille in der Mannschaftswertung,* und Kurt Hasse wurde mit Tora außerdem *Goldmedaillengewinner in der Einzelwertung.* Nach der Olympiade übernahm Harald Momm die Leitung des Springstalls und führte als mitreitender Equipechef seine Mannschaft zu weiteren großen Erfolgen. Als junger Mann war Micky Brinckmann in die Mannschaft gekommen. Er wurde einer der erfolgreichsten Reiter der letzten Vorkriegsjahre und demonstrierte dabei einen Stil, wie er eleganter und geschmeidiger nicht mehr sein konnte. Der Stil der Kavallerieschule hatte in ihm seinen Höhepunkt gefunden.

Mit der Ära des Springstalls der Kavallerieschule ging in Deutschland eine Zeit vorbei, in der der Einsatz von Pferd und Reiter zentral geplant und vorwiegend aus der Sicht des Mannschaftserfolges beurteilt wurde. Der Equipechef konnte Pferde und Reiter so zusammenstellen, wie sie am besten zueinander paßten. Er konnte die Turnierbesuche so festlegen, daß die Pferde lange im großen Sport blieben. Er konnte auf die großen Ereignisse langfristig hinarbeiten. Und er konnte Spitzenpferde in den verschiedenen Prüfungen auf den großen Turnieren so einsetzen, daß sie in den Nationenpreisen und Großen Preisen möglichst ihre Bestform hatten und sich im Rahmenprogramm lediglich einliefen.

Harald Momm war an 30 Siegen in Nationenpreisen beteiligt, davon 19mal mit Baccarat. Nach den Olympischen Spielen 1936 übernahm er die Leitung des Springstalls.

Von den vielen hervorragenden Springreitern der Kavallerieschule war Heinz Brandt, hier mit Baron über der sogenannten Nizzaleiter, der vielleicht stärkste Reiter überhaupt.

Freiherr Hermann von Nagels Name ist unzertrennlich mit dem großen Nationenpreispferd Wotan verbunden, der in Italien nur das Silberpferd genannt wurde.

Micky Brinckmann, hier auf Alchimist, war der beste Stilreiter seiner Zeit und, soweit ich den Springsport miterlebt habe, überhaupt der beste Stilreiter der Welt.

Marten von Barnekow, der 1928 schon die erste Reise einer deutschen Equipe in die USA mitgemacht hatte, gehörte mit Nordland zur Goldmedaillenmannschaft bei den Olympischen Spielen 1936 in Berlin.

Der Springstall der Kavallerieschule 1936/37. In der unteren Reihe von links Unteroffizier Hölting, Wachtmeister Weidemann und Oberwachtmeister Kanehl, die ständigen Ausbilder der jüngeren Springpferde. Daneben Rittmeister Momm und Oberleutnant Brinckmann.

Die Ära der Romreiter konnte ich noch miterleben, als ich 1936 mit 17 Jahren zu Felix Bürkner nach Berlin kam und 1937 sogar den Siegerpreis der Grünen Woche gegen die Reiter der Kavallerieschule gewinnen konnte.

TIEFSTAND UND AUFSTIEG DER DEUTSCHEN SPRINGREITER NACH DEM ZWEITEN WELTKRIEG.

Nach dem Zweiten Weltkrieg war in Deutschland der Turniersport mit ganz bescheidenen Mitteln, aber um so mehr Idealismus wieder aufgebaut worden. Vor allem der Begeisterung in den vielen ländlichen Reit- und Fahrvereinen war es zu verdanken, daß es mit der Reiterei langsam wieder aufwärts ging und wir 1952 daran denken konnten, an den Olympischen Spielen in Helsinki teilzunehmen. Zur Probe und um internationale Erfahrungen zu gewinnen, war für uns Springreiter als erster Auslandsstart die Teilnahme beim Turnier in Rom vorgesehen. Zwar waren wir vorher schon in kleinen inoffiziellen „Nationenpreisen" gegen Mannschaften der Besatzungstruppen geritten, aber der wirkliche internationale Vergleich fehlte uns.

Mit viel Optimismus fuhren damals Harald Momm als Equipechef, Micky Brinckmann, Georg Eppelsheimer, Hans Evers, Gerhard Sester und ich zum Turnier nach Rom. Doch schon die ersten Tage zeigten uns, wo wir international standen. Stürze, Verweigerungen, Fehler über Fehler. Harald Momm stieg selbst in den Sattel, hatte mit der Stute Flora von Georg Eppelsheimer aber einen so schweren Sturz, daß sich die Stute ein Bein brach und getötet werden mußte. Im Nationenpreis sammelten wir im ersten Umlauf bereits so viel Fehlerpunkte, daß wir zum zweiten Umlauf gar nicht mehr antraten. Rom war für uns eine reine Katastrophe und einfach noch eine Nummer zu groß. Mir selbst gelangen mit Meteor und Original Holsatia zwar einige Plazierungen, aber an der Blamage unseres Teams änderte das auch nicht viel. Die deutsche reiterliche Führung hatte geglaubt, nach dem Krieg dort wieder anfangen zu können, wo wir vor dem Krieg aufgehört hatten, doch die Wirklichkeit sah anders aus.

Die deutsche Presse ließ nach diesem Fiasko

Später selbst unter Felix Bürkner und Otto Lörke an der Kavallerieschule reitend, habe ich damals das Rüstzeug für die Nachkriegserfolge mitbekommen und konnte Meteor zum erfolgreichsten Springpferd aller Zeiten machen.

kein gutes Haar an den deutschen Springreitern und fragte, was wir mit unseren „Ackergäulen" eigentlich bei den Olympischen Spielen zu suchen hätten. Es erschienen Karikaturen, die uns Reiter mit der Forke in der Hand auf dem Misthaufen zeigten. Nur Gustav Rau strahlte einen unveränderten Optimismus aus. Zurück in Warendorf sagte er mir in seinem Berliner Dialekt: „Ach Fietje, dat is ja alles nich so schlimm! Es is ja jut, dat du wieder da bist! Und sollste mal sehen, Junge, bald fahren wir nach Helsinki, und da jewinnen wir alles!" Natürlich war das weit übertrieben, der Kreis qualifizierter Anwärter für die Olympischen Spiele war sogar so klein, daß ich in Helsinki auch die Dressurprüfung ritt. Von uns Springreitern erwartete man gar nichts und erwog sogar, keine Mannschaft, sondern lediglich mich als Einzelreiter zu entsenden.

Helsinki brachte in der Dressur und Military die erhofften Erfolge. Im Springen reichte es nur deshalb nicht zu einer Medaille in der Mannschaftswertung, weil Hans Evers mit Baden beim letzten Hindernis auf dem nassen Rasen ausgerutscht und gestürzt war. Mit einer Bronzemedaille in der Einzelwertung durch Meteor und mich bewiesen aber auch wir Springreiter, daß wir den Anschluß an die internationale Spitze wieder schaffen würden und daß vor allem unsere Pferde schnell genug gemacht werden konnten, um gegen die höher im Blut stehenden ausländischen Pferde bestehen zu können. Unmittelbar nach Helsinki ritten wir in Stockholm gegen die gleiche Konkurrenz und wurden Zweite im Nationenpreis. Ich gewann mit Meteor die Goldene Peitsche und errang damit den ersten Sieg nach dem Kriege außerhalb Deutschlands.

In den folgenden Jahren erlebten dann die deutschen Springreiter einen Aufstieg, der 1952 in Rom noch völlig undenkbar erschienen war. 1953 gewannen wir in Rom mehrere der schwersten Prüfungen und wurden im Nationenpreis, den Helga Köhler, Magnus von Buchwaldt, Hans

FRANKFURTER ALLGEMEINE ZEITUNG

Momms ehrliches Wort

Bo. Als Harald Momm, der ehemalige Leiter des weltberühmten Springstalles der Kavallerieschule in Hannover, vor einigen Monaten wieder in sein altes Amt — Equipenchef der deutschen Springreiter — eingesetzt wurde, ist er von dieser Zeitung unter anderem mit der Erwartung begrüßt worden, daß er immer nur sachliche Entscheidungen fällen möge. Das ist eine in der Reiterei wohl angebrachte Mahnung, denn wir haben es hier mit einem Sport voller feudaler Traditionen und mit einer besonders engen Verwandtschaft zum Gelde zu tun, vor allem mit einem Sport, in dem auf der anderen Seite Gefühle und Begeisterung („Liebe zum Pferd"!) sehr wohl in der Lage sind, den klaren Blick zu trüben.

In Rom ist wohl endlich eine Streitfrage entschieden worden, die die deutsche Springreiterei seit mehr als einem Jahrzehnt beschäftigt: Sind die deutschen Pferde schnell genug? Lange Aufsätze sind darüber geschrieben worden, daß die deutschen Springpferde es im entscheidenden Augenblick sein könnten. Doch die Beispiele, die das beweisen sollten, lagen immer lange Jahre zurück. Nun ist in den zwölf Jahren, in denen Deutschland nicht mitspielen durfte, die Entwicklung ganz deutlich geworden, die sich noch während der Glanzzeiten der Kavallerieschule angebahnt hatte: Heute wird über Hindernisse höher, weiter und vor allem wesentlich schneller geritten als zu Zeiten der berühmten „Coppa Mussolini" und der Dutzende von Nationenpreisen, die Momm und seine Kameraden errungen haben. Rom hat das erneut bewiesen. Wir haben nur einen einzigen Reiter, der in wundervoller Beständigkeit mit seinen beiden Pferden immer „da" ist: Thiedemann mit „Meteor" und „Original Holsatia". Aber auch diese Pferde sind zu langsam. Sie sind unerhört zuverlässige Springer, aber eben keine todsicheren Null-Fehler-Springer, mit denen man vielleicht das Manko der fehlenden Geschwindigkeit neutralisieren könnte. Das Dilemma ist im römischen „Preis der Nationen" ganz deutlich geworden. Wenn wir recht unterrichtet sind, hat sich der olympische Ehrgeiz der deutschen Springreiterei weniger auf die einzelnen Plätze im Jagdspringen als auf ein gutes Abschneiden in der Mannschaftswertung gerichtet. Der Traum ist in Rom, wo die Deutschen weit abgeschlagen auf dem zehnten und letzten Platz endeten, zerronnen.

Was ist zu tun? Von dem Rezept der „Formverbesserung mit dem vorhandenen Material" scheint Momm keine endgültige Heilung zu erwarten; er hat hinzugefügt, daß man im Lauf der Zeit zu anderen, höher im Blut stehenden Springpferden kommen müsse. Da öffnet sich ein großes, neues Feld. Sollen diese Pferde im Ausland gekauft werden? Sie wären dann keine Werbung für die Landespferdezucht mehr, ein Gesichtspunkt, der bis jetzt immer eine große Rolle gespielt hat. (Ohnehin verschiebt die Mechanisierung der Landwirtschaft hier die Perspektiven.) Werden auf der anderen Seite die Züchter mit der Aufgabe betraut, dann dauert die Erneuerung des deutschen Springsportes Jahre.

Wie dem auch sei — die deutschen Reiter haben in Rom ihr Bestes getan. Auch sie müssen jetzt erfahren, wie sauer das Los der Zivilreiter ist, die gegen Offiziere antreten müssen, denen das Prestigebedürfnis des Landes oder der Armee die Pferde in die Hand gibt, die sie brauchen. Auch Deutschland hat einmal davon profitiert.

Kritisch, aber nicht unfreundlich kommentierte die „Frankfurter Allgemeine Zeitung" die Situation der deutschen Springreiter nach dem Desaster von Rom. Daß die deutschen Pferde bei richtigem Training auch für den internationalen Springsport schnell genug waren, konnten wir Springreiter aber schon bald beweisen.

Günter Winkler und ich bestritten, nur ganz knapp von den Italienern geschlagen. Von da an gab es eine Serie von Erfolgen auf den internationalen Turnieren, die sogar noch die Vorkriegserfolge der Kavallerieschule übertraf. Wir fühlten uns als Botschafter unseres Landes im Ausland und konnten, was keineswegs als selbstverständlich anzusehen war, wieder Sympathien für die deutsche Reiterei gewinnen. Und wir waren glücklich, ohne Vorurteile in den Kreis der internationalen Reiterwelt aufgenommen zu sein. Gustav Rau hatte 1954 sogar den Mut, mit Helga Köhler, Hans Günter Winkler und mir nach Nordamerika zu fliegen. In Harrisburg, New York und Toronto waren wir elfmal siegreich, und die Neue Welt empfing uns mit einer Herzlichkeit, an die wir alle nicht geglaubt hatten.

Hans Günter Winkler gelang es in diesen Jahren, in die internationale Springreiterelite vorzustoßen. Zu diesem *kleinen Kreis von Spitzenspringreitern* gehörten damals nur Paco Goyoaga aus Spanien, Raimondo und Piero d'Inzeo aus Italien, Pierre Jonquères d'Oriola aus Frankreich und wir beide. Auf den Welt- und Europameisterschaften waren wir sechs Reiter eigentlich immer vorn. Nur gelegentlich gelang es einigen anderen Springreitern, zum Teil aufgrund des Reglements, in die Finale vorzustoßen. Allerdings kamen die englischen Reiter damals nur selten zu den Turnieren auf dem Kontinent, und so fehlten in der internationalen Springreiterelite so starke Reiter wie Harry Llewellyn und Wilfried White.

Für die Mannschaft hatten Winkler und ich inzwischen mit Alfons Lütke-Westhues und seiner westfälischen Stute Ala das zuverlässige und nervenstarke dritte Paar gefunden. Bei den *Olympischen Spielen 1956 in Stockholm* gewannen wir mit Halla, Meteor und Ala die Goldmedaille. Hans Günter Winkler wurde, nachdem er 1954 und 1955 bereits Weltmeister geworden war, mit einem legendären Ritt auf Halla auch Goldmedaillengewinner in der Einzelwertung. Nach den Olympischen Spielen 1936 in Berlin war dies der größte Erfolg, den die deutschen Springreiter jemals errungen haben.

Ende der fünfziger und Anfang der sechziger Jahre stießen Nelson Pessoa, William Steinkraus, David Broome, Harvey Smith, Graziano Mancinelli, Alwin Schockemöhle und Hermann Schridde zur internationalen Springreiterelite. Den deutschen Springreitern gelang es 1960 und 1964 bei den Olympischen Spielen in Rom und Tokio, ihre Goldmedaillenerfolge in ununterbrochener Reihenfolge fortzusetzen. Nach Tokio gab es zunächst eine gewisse Stagnation, bis es dann durch den Mannschaftssieg bei den Olympischen Spielen 1972 in München, den überragenden Olympiasieg von Alwin Schockemöhle in Montreal 1976 und die Weltmeisterschaftssiege von Hartwig Steenken und Gerd Wiltfang wieder ganz große Erfolge gab.

International schoben sich *in den sechziger und siebziger Jahren* die britischen Reiter immer mehr in den Vordergrund und bewiesen vor allem auch ihre Stärke als Mannschaftsreiter. Das gleiche gilt für die Amerikaner, die auf ihren eleganten Pferden stets durch einen besonders gefühlvollen und geschmeidigen Stil auffielen. In den letzten Jahren kamen dann die holländischen und belgischen Reiter weit nach vorn. Auch Frankreich hat wieder eine starke Mannschaft. Für die Schweiz ritt Paul Weier lange im großen Sport. Irland stellt mit Eddie Macken einen Ausnahmereiter, und Österreich ist mit Hugo Simon hervorragend vertreten. *Die Spitze im Springsport* ist in den letzten zwei Jahrzehnten also *wesentlich breiter* geworden als zu meiner aktiven Zeit.

ABSPRUNGBESTIMMENDES REITEN ALS NEUES ELEMENT DES SPRINGREITENS.

Bis zur Zeit der Kavallerieschule wurden die Pferde durch ein langjähriges Training so geschult, daß sie den Absprungpunkt selbst suchten. Spürte der Reiter einige Galoppsprünge vor dem Hindernis, daß er nicht passend an das Hindernis herankam, so half er dem Pferd höchstens insoweit, als er im Tempo zulegte und die Galoppsprünge dadurch verlängerte. Außerdem war es üblich, die Pferde durch kleine Arrets auf das Hindernis aufmerksam zu machen.

Nach dem Krieg habe ich dann damit angefangen, *den Galoppsprung meiner Pferde bei Bedarf so zu verlängern oder zu verkürzen, daß die Pferde zum passenden Absprungpunkt kamen.* Ich wollte als Reiter also den für das jeweilige Pferd richtigen Absprungpunkt bestimmen und dies nicht den Pferden überlassen. Auf dem Turnier in Rom 1952 konnte ich dann beobachten, daß unabhängig von mir auch der französische Springreiter Jean F. d'Orgeix damit begann, sich mit dieser neuen Reittechnik zu beschäftigen.

Der Grund für das absprungbestimmende Reiten war zunächst einmal, daß ich mir nach dem Krieg für die Ausbildung meiner Pferde nicht die Zeit nehmen konnte, wie es an der Kavallerieschule üblich war. Außerdem waren meine Ritte sicherer und ich bekam weniger Fehler, wenn ich meine Pferde zum richtigen Absprungpunkt ritt. Daß meine Holsteiner die geforderten Abmessungen springen konnten, wußte ich. Aber ich bekam anfangs besonders in Kombinationen bei B und C immer wieder unnötige Fehler, und die mußte ich vermeiden, wenn ich im großen Sport Erfolg haben wollte.

In Deutschland wurde meine Reitweise auch von Gustav Rau zunächst heftig kritisiert. „Thiedemann der Zuppelbruder!" spotteten viele meiner Reiterkameraden. Aber als sich dann der Erfolg einstellte, verstummte auch die Kritik. Hans Günter Winkler stellte sich auf das absprungbestimmende Reiten um und führte, was bei Hallas unglaublicher Schnellkraft möglich war, die neue Reittechnik etwas akrobatischer vor. International haben dann alle führenden Reiter diesen Stil im Prinzip übernommen. Lediglich Piero d'Inzeo ritt im alten italienischen Stil

Bisweilen mißlingt das absprungbestimmende Reiten, wie hier bei Finale und mir.

weiter. Heute ist es bei den Anforderungen im großen Springsport unmöglich geworden, auf das absprungbestimmende Reiten zu verzichten.

STILISTISCHE ENTWICKLUNGEN IN DEN SECHZIGER UND SIEBZIGER JAHREN.

Während zur Zeit der Kavallerieschule weitgehend in einem einheitlichen Stil geritten wurde und wir Reiter der Nachkriegszeit von der Auffassung der Kavallerieschule noch stark beeinflußt waren, begannen die jüngeren Reiter in den sechziger und siebziger Jahren, neue und mehr am Erfolg als am unbedingt schönen Reiten orientierte stilistische Varianten auszuprobieren.

Alwin Schockemöhle stellte seine Pferde sehr tief ein und ließ sie mit der Nase teilweise weit hinter die Senkrechte kommen. Er ritt mit langen Zügeln und zurückgenommenen Ellenbogen, den Oberkörper zwischen den Sprüngen aufgerichtet und mehr in den Bügeln stehend als im Sattel kniend. Dieser „*Mühlener Stil*" wurde von jüngeren Reitern vielfach kopiert, allerdings selten mit Erfolg. Die meisten jüngeren Reiter stellten zwar ihre Pferde auch sehr tief ein, vergaßen aber, gleichzeitig die Hinterbeine heranzuholen. Und das tat Alwin Schockemöhle. Seine Pferde gingen keineswegs auf der Vorhand, wie vielfach behauptet wurde, sondern waren im Gegenteil sehr gut gesetzt und gingen dabei ausgesprochen losgelassen. Und im Sprung gab es kaum ein schlechtes Bild von Alwin.

Ich persönlich habe keine besonderen Vorteile in Alwin Schockemöhles Reitstil gesehen und hätte selbst auch nicht in dieser Weise reiten können. Aber man muß einem weit überdurchschnittlichen Reiter zugestehen, daß er den Stil finden und entwickeln darf, mit dem er persönlich am besten zurechtkommt. Wenn die Erfolge da sind und die Pferde in einem guten Zustand sind und zufrieden gehen, welchen Grund sollte es geben, daß ein Reiter nicht an seinem individuellen Springstil festhält?

In den letzten Jahren hat sich bei den Spitzenreitern *ein Trend* durchgesetzt, *der der Schockemöhlschen tiefen Einstellung der Pferde genau entgegengesetzt ist.* Eddie Macken, Harvey Smith, David Broome und auch Gerd Wiltfang reiten ihre Pferde nicht mehr durchs Genick, sondern über dem Zügel. Sie halten die Pferde dabei aber gut geschlossen und sorgen für ein flüssiges Galoppieren. Gerd Wiltfang praktiziert dabei eine Mischung aus dem „Mühlener Stil" und der englischen Reitweise. Er reitet die Pferde zwischen den Sprüngen häufig über dem Zügel, steht in den Bügeln, hat den Oberkörper senkrecht und reitet mit verhältnismäßig langen Zügeln und zurückgenommenem Oberkörper. Über dem Hindernis ist sein Sitz dann ideal.

Daß die Pferde über dem Zügel gehen, liegt natürlich daran, daß sie weniger dressurmäßig geritten sind. Ich persönlich bedaure das aus unserer deutschen reiterlichen Tradition heraus. Mir liegt mehr eine Reitauffassung, die auf einem soliden dressurmäßigen Training des Pferdes aufbaut. Die englischen Reiter waren aber schon immer mehr Naturreiter, und ihre Pferde gingen gut und zufrieden ohne ein dressurmäßiges Training in unserem Sinn. Wenn ein Gerd Wiltfang bestimmte Eigenarten der englischen Reiter übernimmt, dann muß man ihm als Könner dieses Recht lassen. Ein durchschnittlicher Reiter wird mit dieser Methode aber kaum zurechtkommen.

Die derzeitige Tendenz zum Professionalismus

Der internationale Springsport befindet sich zur Zeit in einer Entwicklung, wie sie auch der alpine Skisport und der Tennissport in den letzten Jahren bereits erlebt haben. Werbung und Sport werden miteinander verbunden, und die Gruppe der Spitzensportler besucht praktisch das ganze Jahr hindurch eine Folge internationaler Turniere. Im *Weltcup* hat diese Entwicklung ihren vorläufigen Höhepunkt gefunden.

Diese Entwicklung nur negativ zu sehen, wie es manche älteren Reiter vermutlich tun werden, halte ich nicht für richtig. Wenn guter und spannender Sport geboten wird, dann wird auch das teilweise etwas verlorengegangene Publikumsinteresse wieder steigen. Das erste Weltcup-Finale 1979 in Göteborg hat gezeigt, daß dieser Weg wahrscheinlich ist. Schon jetzt zeichnet sich ab, daß für die Veranstalter der großen Turniere die zum Weltcup zählenden Springprüfungen eine besondere Attraktion sein werden. Wenn aber das Interesse des Publikums für den Spitzensport steigt, dann profitieren davon in der Regel auch der Breitensport und der Züchter.

Die Gefahr ist natürlich, daß die guten Pferde in den Weltcup-Prüfungen zu häufig eingesetzt und überfordert werden. Auf diese Gefahr kann man als älterer Springreiter nur hinweisen, erkennen müssen sie die jüngeren Reiter selbst. Es ist und bleibt aber eine Tatsache, daß jedes Pferd in seinem Leben eine uns zwar unbekannte, aber begrenzte Anzahl von Sprüngen zur Verfügung hat. Und damit muß man als Reiter haushalten.

Sicherlich ist es menschlich verständlich, wenn ein junger Sportler, der Erfolg hat, diesen Erfolg auch möglichst häufig wiederholen möchte. Und auch aus der Sicht des Besitzers ist es verständlich, wenn er die hohen Kosten eines Springstalls durch den häufigen Turniereinsatz seiner Pferde auszugleichen versucht. Aber im Springsport läßt sich der Erfolg nicht Woche für Woche wiederholen. Und wenn, dann nur für eine begrenzte Zeit. Es fragt sich deshalb, ob ich, unabhängig von der Frage des reiterlichen Taktes, von einem Weltklassepferd, das schonend eingesetzt wird und dafür acht, zehn oder noch mehr Jahre im Spitzensport gehen kann, nicht auch finanziell mehr habe, als wenn ein solches Pferd nach wenigen Jahren aus dem Sport verschwindet.

Die Reiter sollten daneben erkennen, daß der pausenlose Turniereinsatz sie daran hindert, sich gleichzeitig eine gesicherte berufliche Existenz aufzubauen. Denn ein Springreiter kann nur verhältnismäßig wenige Jahre im Spitzensport reiten. Auch wenn man dieses Argument in den Jahren des Erfolges nicht gern gelten lassen mag.

Schließlich wird sich auch für die Turnierveranstalter die Frage stellen, ob die ununterbrochene Folge von Großveranstaltungen nicht auf die Dauer zu einer Verschlechterung des Leistungsniveaus führen wird. Weltklassepferde werden nun einmal nicht jeden Tag geboren, und durch den pausenlosen Turniereinsatz muß es zwangsläufig zu Ausfällen kommen. Wenn aber der gute Sport nicht mehr geboten wird, dann wird auch das Publikumsinteresse wieder nachlassen. Was die Zukunft im Springsport bringen wird, dürfte deshalb nicht zuletzt davon abhängen, ob wir das richtige Maß für den Einsatz von Pferd und Reiter und für die Planung der Höhepunkte unseres Sports finden.

231

In den fünfziger Jahren begannen die Weltmeisterschaften mit Pferdewechsel, die für das Publikum eine große Attraktion, reiterlich anfangs aber nicht unumstritten waren. Hier reitet Hans Günter Winkler 1955 in Aachen Merano von Raimondo d'Inzeo fehlerlos und sichert sich dann im Stechen zum zweiten Mal den Weltmeistertitel.

Eine Blütezeit erlebten die deutschen Springreiterinnen in den fünfziger und anfangs der sechziger Jahre.
Helga Köhler und Armalva zählten zu den beeindruckendsten Paaren des Springsports.

Janou Tissot-Lefèbvre, hier mit Kenavo, gewann 1970 und 1974 die Weltmeisterschaft der Springreiterinnen. Sie gehörte zum kleinen Kreis der Amazonen, die im internationalen Springsport der letzten Jahre mithalten konnten.

200

Kampfbetontes Reiten prägt den Springsport der Nachkriegszeit, wie es auf diesem Foto von Pierre Jonquères d'Oriola mit Lutteur zum Ausdruck kommt. Der Wille zum Sieg rangiert vor stilistischen Erwägungen, die in den Zeiten der Kavallerieschulen stärker ausgeprägt waren. Aber auch die immer weiter steigenden Anforderungen im Parcours geben reinen Springästheten weniger Chancen.

OLYMPISCHE SPIELE.

Austragungsort	Einzelwertung			Mannschaftswertung		
Stockholm 1912	1. Jean Cariou (Mignon) Frankreich	2. Rabod W. von Kröcher (Dohna) Deutschland	3. Emmanuel de Blommaert (Clonmore) Belgien	1. Schweden	2. Frankreich	3. Deutschland
Antwerpen 1920	1. Tommaso Lequio (Trebecco) Italien	2. Alessandro Valerio (Cento) Italien	3. Carl Gustaf Lewenhaupt (Mon Cœur) Schweden	1. Schweden	2. Belgien	3. Italien
Paris 1924	1. Alphonse Gemuseus (Lucette) Schweiz	2. Tommaso Lequio (Trebecco) Italien	3. Adam Krolikiewicz (Picador) Polen	1. Schweden	2. Schweiz	3. Portugal
Amsterdam 1928	1. Frantisek Ventura (Eliot) Tschechoslowakei	2. Pierre Bertran de Balanda (Papillon) Frankreich	3. Charles Kuhn (Pepita) Schweiz	1. Spanien	2. Polen	3. Schweden
Los Angeles 1932	1. Takeichi Nishi (Uranus) Japan	2. Harry D. Chamberlin (Show Girl) USA	3. Clarence von Rosen (Empire) Schweden	Alle drei teilnehmenden Equipen (Mexiko, Schweden, USA) ausgeschieden.		
Berlin 1936	1. Kurt Hasse (Tora) Deutschland	2. Henri Rang (Delfis) Rumänien	3. Jozsef von Platthy (Sellö) Ungarn	1. Deutschland	2. Niederlande	3. Portugal
London 1948	1. Humberto Mariles-Cortes (Arete) Mexiko	2. Ruben Uriza-Castro (Hatvey) Mexiko	3. Jean F. d'Orgeix (Sucre-de-Pomme) Frankreich	1. Mexiko	2. Spanien	3. Großbritannien
Helsinki 1952	1. Pierre Jonquères d'Oriola (Ali Baba) Frankreich	2. Oscar Cristi (Bambi) Chile	3. Fritz Thiedemann (Meteor) Deutschland	1. Großbritannien	2. Chile	3. USA
Stockholm 1956	1. Hans Günter Winkler (Halla) Deutschland	2. Raimondo d'Inzeo (Merano) Italien	3. Piero d'Inzeo (Uruguay) Italien	1. Deutschland	2. Italien	3. Großbritannien
Rom 1960	1. Raimondo d'Inzeo (Posillipo) Italien	2. Piero d'Inzeo (The Rock) Italien	3. David Broome (Sunsalve) Großbritannien	1. Deutschland	2. USA	3. Italien
Tokio 1964	1. Pierre Jonquères d'Oriola (Lutteur B) Frankreich	2. Hermann Schridde (Dozent) Deutschland	3. Peter Robeson (Firecrest) Großbritannien	1. Deutschland	2. Frankreich	3. Italien
Mexiko 1968	1. William C. Steinkraus (Snowbound) USA	2. Marion Coakes (Stroller) Großbritannien	3. David Broome (Mister Softee) Großbritannien	1. Kanada	2. Frankreich	3. Deutschland
München 1972	1. Graziano Mancinelli (Ambassador) Italien	2. Ann Moore (Psalm) Großbritannien	3. Neal Shapiro (Sloopy) USA	1. Deutschland	2. USA	3. Italien
Montreal 1976	1. Alwin Schockemöhle (Warwick Rex) Deutschland	2. Michel Vaillancourt (Branch County) Kanada	3. François Mathy (Gai Luron) Belgien	1. Frankreich	2. Deutschland	3. Belgien

WELTMEISTERSCHAFTEN.

Austragungsort	Endergebnis			
Paris 1953	1. Francisco Goyoaga (Quorum) Spanien	2. Fritz Thiedemann (Diamant) Deutschland	3. Pierre J. d'Oriola (Ali Baba) Frankreich	4. Piero d'Inzeo (Uruguay) Italien
Madrid 1954	1. Hans Günter Winkler (Halla) Deutschland	2. Pierre J. d'Oriola (Arlequin) Frankreich	3. Francisco Goyoaga (Baden) Spanien	4. Salvatore Oppes (Pagoro) Italien; 5. Jaime Garcia Cruz (Quoniam) Spanien
Aachen 1955	1. Hans Günter Winkler (Orient, Halla) Deutschland	2. Raimondo d'Inzeo (Merano, Nadir) Italien	3. Ronnie Dallas (Bones) Großbritannien	4. Pierre J. d'Oriola (Voulette) Frankreich
	Stechen: 1. H. G. Winkler (Halla 4, Nadir 0) = 4; 2. R. d'Inzeo (Nadir 4, Halla 4) = 8.			
Aachen 1956	1. Raimondo d'Inzeo (Merano) Italien	2. Francisco Goyoaga (Fahnenkönig) Spanien	3. Fritz Thiedemann (Meteor) Deutschland	4. Carlos Delia (Discutido) Argentinien
Venedig 1960	1. Raimondo d'Inzeo (Gowran Girl) Italien	2. Carlos Delia (Huipil) Argentinien	3. David Broome (Sunsalve) Großbritannien	4. William Steinkraus (Ksar d'Esprit) USA
Hickstead 1965 Springreiterinnen	1. Marion Coakes (Stroller-Little Fellow: 4) Großbritannien	2. Kathy Kusner (Untouchable-That's Right: 6) USA	3. Alison Westwood (The Maverick: 8) Großbritannien	
Buenos Aires 1966	1. Pierre J. d'Oriola (Pomone B) Frankreich	2. José A. de Bohorques (Quizas) Spanien	3. Raimondo d'Inzeo (Bowjak) Italien	4. Nelson Pessoa (Huipil) Brasilien
La Baule 1970	1. David Broome (Beethoven) Großbritannien	2. Graziano Mancinelli (Fidux) Italien	3. Harvey Smith (Mattie Brown) Großbritannien	4. Alwin Schockemöhle (Donald Rex) Deutschland
Kopenhagen 1970 Springreiterinnen	1. Janou Lefèbvre (Rocket-Troubadour: 5) Frankreich	2. Marion Mould-Coakes (Stroller-Daddy's Girl: 8) Großbritannien	3. A. Drummond-Hay (Merely a Monarch-Xanthos: 8) Großbritannien	
Hickstead 1974	1. Hartwig Steenken (Simona) Deutschland	2. Eddie Macken (Pele) Irland	3. Hugo Simon (Lavendel) Österreich	4. Frank Chapot (Main Spring) USA
	Stechen: 1. H. Steenken (Simona 4/65,4 sec); 2 E. Macken (Pele 8/45,6 sec).			
La Baule 1974 Springreiterinnen	1. Janou Tissot-Lefèbvre (Rocket-Alterline: 5½) Frankreich	2. Michèle McEvoy (Mr. Muskie-Sundancer: 8½) USA	3. Barbara Simpson-Kerr (Magnor-Australis: 10) Kanada	
Aachen 1978	1. Gerd Wiltfang (Roman) Deutschland	2. Eddie Macken (Boomerang) Irland	3. Michael Matz (Jet Run) USA	4. Johan Heins (Pandur „Z") Holland
Mannschaftswertung:	1. Großbritannien	2. Holland	3. USA	

Finalritte

Paris 1953

	Quorum	Diamant	Ali Baba	Uruguay	
F. Goyoaga	0	4	0	4	8
F. Thiedemann	4¼	0	0	4	8¼
P. J. d'Oriola	0	4	0	12	16
P. d'Inzeo	0	4	8	12	24
	4¼	12	8	32	

Madrid 1954

	Halla	Arlequin	Baden	Pagoro	Quoniam	
H. G. Winkler	0	0	–	4	0	4
P. J. d'Oriola	4	0	–	4	0	8
F. Goyoaga	0	8	4	0	–	12
S. Oppes	4	4	–	0	8	16
J. Garcia Cruz	26	4	–	0	0	30
	34	16	–	8	–	

Aachen 1955

	Orient	Merano	Bones	Voulette	
H. G. Winkler	4	0	4	0	8
R. d'Inzeo	0	0	4	4	8
R. Dallas	20	4	8	8	40
P. J. d'Oriola	4	0	aufg.	4	–
	28	4	–	16	

Aachen 1956

	Merano	Fahnenkönig	Meteor	Discutido	
R. d'Inzeo	½	1¼	0	0	1¾
F. Goyoaga	3	0	0	0	3
F. Thiedemann	0	4	0	0	4
C. Delia	4	8	4	9	25
	7½	13¼	4	9	

Venedig 1960

	Gowran G.	Huipil	Sunsalve	Ksar d'Esprit	
R. d'Inzeo	4	0	4	0	8
C. Delia	12	0	2	8	24
D. Broome	16	4	4	4	28
W. Steinkraus	16	0	elim.	4	–
	44	4	–	16	

Buenos Aires 1966

	Pomone B	Quizas	Bowjak	Huipil	
P. J. d'Oriola	0	4	8	4	16
J. A. Bohorques	4	15	0	0	19
R. d'Inzeo	8	8	10	4	30
N. Pessoa	10½	14¾	0	10	35¼
	22½	41¾	18	18	

La Baule 1970

	Beethoven	Fidux	Mattie Brown	Donald Rex	
D. Broome	0	0	0	4	4
G. Mancinelli	4	0	4	0	8
H. Smith	4	4	5	¾	13¾
A. Schockem.	4	4	8	0	16
	12	8	17	4¾	

Hickstead 1974

	Simona	Pele	Lavendel	Main Spring	
H. Steenken	0	0	0	4	4
E. Macken	0	0	0	4	4
H. Simon	4	4	0	0	8
F. Chapot	0	4	4	0	8
	4	8	4	8	

Aachen 1978

	Roman	Boomerang	Jet Run	Pandur „Z"	
G. Wiltfang	0	0	0	0	0
E. Macken	0	0	0	¼	¼
M. Matz	0	0	4	½	4½
J. Heins	0	0	4	4	8
	0	0	8	4¾	

Möglichkeiten und Grenzen der Zucht von Springpferden.

Der Versuch, sich systematisch mit der Zucht von Springpferden zu beschäftigen, ist bisher in Deutschland meines Wissens nur zweimal gemacht worden. Während des Zweiten Weltkrieges wurde auf Anregung von Gustav Rau ein solcher Versuch in Schönböken in Holstein mit den Springstuten der Kavallerieschule unternommen. Als bedeutendes Springpferd ist hieraus allerdings nur der von Walter Schmidt gerittene Kiel hervorgegangen, der aus der Holsteiner Stute Nordland, dem Springwunder der Vorkriegszeit, und dem vorwiegend von Hans-Heinrich Brinckmann gerittenen Hengst Wotansbruder aus der bekannten Zucht des Freiherrn von Buddenbrock-Pläswitz stammt. Die übrigen Produkte dieser Zuchtversuche verschwanden in den Kriegswirren, darunter allein vier Nachkommen der Olympiasiegerin Tora. Nach dem Krieg hat dann Clemens Freiherr von Nagel-Doornick in Vornholz Ramzes mit einigen ausgesucht guten Holsteiner Stuten mit dem Ziel gekreuzt, Springpferde zu züchten. Bedeutendste Produkte der Vornholzer Springpferdezucht waren der aus einer Heidebauer-Stute stammende Robin von Ramzes, den Fritz Ligges bei den Olympischen Spielen 1972 in München ritt, und die ebenfalls von Fritz Ligges gerittene, aus einer Löwenjäger-Stute stammende Fatinitza von Ramiro.

Das allgemeine Zuchtziel der deutschen Landespferdezuchten war vor dem Krieg und in den ersten Nachkriegsjahren jedoch, ein brauchbares Wirtschaftspferd zu züchten. Pferde, die über viel Springvermögen verfügten und eventuell sogar über Weidezäune und Gräben sprangen, waren in der Landwirtschaft nicht einmal unbedingt erwünscht, und zum Teil wurde sogar eine gewisse Gegenselektion betrieben. Dennoch hat die Zucht von Wirtschaftspferden immer wieder gute Springpferde hervorgebracht. Der Grund liegt wohl darin, daß bei der Zucht eines zuverlässigen und leistungsstarken Wirtschaftspferdes viele der Eigenschaften wichtig waren, die auch ein gutes Springpferd auszeichnen. Springpferde müssen nun einmal Athleten sein, und Athleten waren auch die Pferde, die die Schwerstarbeit auf dem Acker verrichten mußten, vor allem auf den schweren Marschböden Holsteins und Niedersachsens. Von den Anforderungen, die an diese Pferde gestellt wurden, kann man sich in der Zeit des Traktors wahrscheinlich gar keine richtige Vorstellung mehr machen. Nur Pferde mit einer kräftigen und günstig gewinkelten Hinterhand konnten hier bestehen. Und in der Zucht blieben vorwiegend diejenigen Stuten, die bei dieser Arbeit gesund blieben und im Charakter und Temperament einwandfrei waren.

STELLENWERT DER SPRINGANLAGEN IN DEN HEUTIGEN ZUCHTZIELEN.

Mit dem Niedergang des Pferdes in der Landwirtschaft und der Umstellung des Zuchtzieles auf die Reitpferdezucht haben die Springanlagen eines Pferdes wieder eine größere züchterische Bedeutung gewonnen. Dennoch dürfte auch heute noch eine reine Springpferdezucht für den Züchter kaum rentabel sein. Einmal muß ein Züchter seine Pferde schon drei- oder vierjährig verkaufen, die Springreiter beschäftigen sich im allgemeinen aber erst mit den fünf- oder sechsjährigen Pferden. Außerdem würden bei einer reinen Springpferdezucht trotz gezieltester Anpaarung natürlich nicht nur überdurchschnittliche Springpferde anfallen, und wenn den Pferden mit den weniger guten Springanlagen dann die weiteren Reitpferdeeigenschaften fehlen, sind sie nicht zu vermarkten. Ohne eine Mindestrendite kann die Zucht auf die Dauer aber nicht bestehen.

Die guten Springanlagen können deshalb, auch wenn die Springreiter es sicherlich gerne anders sehen würden, neben einem guten Gebäude, Bewegungsablauf, Temperament und Charakter, neben Härte, Ausdauer, Gesundheit und einer gewissen Eleganz der Pferde nur eines der verschiedenen Zuchtziele sein. In dieser Vielzahl der züchterischen Ziele liegt die eigentliche Schwierigkeit, aber auch der Reiz der heutigen Zucht. Der Markt verlangt Pferde, die allen diesen Zuchtzielen möglichst weitgehend gerecht werden.

Bei den staatlichen Hengstleistungsprüfungen ist die Springnote heute nur eine von acht Wertnoten. Die Springanlagen eines Hengstes erhalten in der Beurteilung sogar nur das gleiche Gewicht wie etwa Trittlänge, Leichtfuttrigkeit und Geschwindigkeit auf der Rennbahn. Hengste, die eine schlechte Wertnote im Springen bekommen, können dies durch bessere Noten bei den übrigen Bewertungskriterien durchaus ausgleichen. Eine eigentliche Negativselektion hinsichtlich der Springanlagen findet demnach nicht statt. Zudem sind die Anforderungen im Springen gering und praktisch nach den schwächsten Pferden des Teilnehmerfeldes ausgerichtet. Pferde mit viel Springvermögen und viel Herz erhalten kaum eine Chance, diese Qualitäten unter Beweis zu stellen, während die Pferde bei den Grundgangarten ihre optimale Leistung zeigen können.

Dennoch ist es natürlich den einzelnen Zuchtverbänden freigestellt, bei der Auswahl ihrer Hengste die Springanlagen mehr oder weniger stark zu berücksichtigen. In der Holsteiner Zucht etwa, und nur hierüber kann ich persönlich ein sicheres Urteil abgeben, mißt man als traditioneller Lieferant von Springpferden den Springanlagen der Hengste eine starke Bedeutung bei. Intern führt der Holsteiner Verband deshalb nach der staatlichen Hengstleistungsprüfung eine weitere Selektion durch, bei der neben den übrigen Reitpferdeeigenschaften die Springanlagen noch einmal besonders geprüft werden.

Inwieweit man in diesem Zusammenhang bei einem Hengst, der überragende Springanlagen besitzt, gewisse Mängel in seinen sonstigen Reitpferdeeigenschaften tolerieren darf, ist eine schwer zu entscheidende Frage. Generell wird man Mängel im Temperament und Charakter kaum tolerieren dürfen, ebensowenig Mängel im Fundament und im Rahmen der Pferde. Auch in bezug auf die Rittigkeit, die Rückentätigkeit und die Maulqualität sollte man selbst bei einem potentiellen Springpferdevererber strenge Maßstäbe anlegen. Dagegen kann man hinsichtlich der Eleganz der Pferde und hinsichtlich der Ergiebigkeit der Trabbewegung eventuell gewisse Abstriche machen, vorausgesetzt allerdings, daß Takt und Balance im Trab vorhanden sind. Sind diese Voraussetzungen gegeben, dann kann man den Raumgriff der Trabbewegungen durch die Zuführung geeigneter Stuten zu kompensieren versuchen.

Anhand der Vollbluthengste Manometer xx und Anblick xx, die in Holstein als Veredlerhengste eingesetzt wurden, läßt sich verdeutlichen, welche strengen Maßstäbe eine Zuchtleitung anlegen muß, wenn sie die Zucht weiterbringen will. Manometer xx lieferte eine ganze Reihe veranlagter Springpferde. Er hat seinen Nachkommen aber, von einigen Ausnahmen abgesehen, nur wenig Trab mitgegeben. Der Trab seiner Nachkommen war unergiebig und nicht ausdrucksvoll genug, obwohl Manometer xx Stuten zugeführt bekam, die über einen guten Bewegungsablauf verfügten. Anblick xx war ein sehr ausdrucksvoller mittelgroßer Vollblüter mit großen Linien und einer wunderbaren langen und schrägen Schulter. Im hannoverschen Zuchtgebiet hatte der Hengst keinen nachhaltigen Eindruck hinterlassen, in Holstein aber war man von ihm geradezu begeistert. Er bekam die besten Stuten der Haseldorfer Marsch, gab seinen Nachkommen den gewünschten Überguß und lieferte so in den fünfziger Jahren endlich wieder Verkaufspferde. Von ihm stammen viele gute Dressurpferde, darunter so bedeutende Pferde wie Antoinette und Venetia. Andererseits gelang es Anblick xx nicht, Springpferde zu hinterlassen, obwohl er auf wirklich konsolidierte Stutenstämme mit Springblut traf. Beide Hengste haben deshalb, obwohl ihre Nachkommenschaft jeweils in einer Spezialdisziplin sehr erfolgreich war, nicht den gewünschten Zuchtwert für eine Zucht, die eine Vielzahl von Zuchtzielen gleichzeitig zu erreichen versucht.

Für die Zuchtleitung ist die konsequente Selektion auf der Hengstseite natürlich das wirksamste Zuchtmittel, da ein Hengst wesentlich mehr Nachkommen als die einzelne Stute hat. Andererseits ist die Stute bei jedem Fohlen zu fünfzig Prozent an der Vererbung beteiligt. Die Selektion auf der Stutenseite ist deshalb ein absicherndes Element der Zucht, das nicht unterschätzt werden darf. Zur Zeit der Wirtschaftspferdezucht ergab sich diese Selektion sozusagen automatisch, da nur die harten, leistungsstarken, langlebigen und in Charakter und Temperament einwandfreien Stuten in der Landwirtschaft zu gebrauchen waren. Heute führen wir seit 1975 in Holstein auf freiwilliger Basis dreiwöchige Prüfungen für die dreijährigen Stuten durch, um uns ein Bild über deren Zuchtwert zu machen. Für den Züchter entsteht hierdurch zwar eine zusätzliche Kostenbelastung, aber er erhält andererseits Informationen, die für die Zuchteignung der Stute und deren gezielte Paarung mit einem bestimmten Hengst eine hohe Aussagekraft haben.

ERMITTLUNG DES ERBLICHKEITSANTEILS AN DER SPRINGLEISTUNG.

Wenn eine Zuchtleitung die Springanlagen als ein wichtiges Zuchtziel ansieht, so stellt sich natürlich die Frage, wieweit die Springleistungen eines Pferdes erblich bedingt und wieweit sie auf den Einfluß des Reiters zurückzuführen sind.

Diese Frage ist außerordentlich schwer zu beantworten. Es kann durchaus passieren, daß ein starker Springreiter ein nur durchschnittlich veranlagtes Springpferd mit überdurchschnittlichen Erfolgen reitet. Andere starke Springreiter suchen dann auch Springpferde der gleichen Abstammung, bringen diese Pferde aufgrund ihres Könnens gut heraus, und plötzlich ist der betreffende Hengst, von dem diese Springpferde stammen, „in", wird als großer Springpferdevererber angesehen, und die Züchter führen ihm dann wiederum die besten Stuten zu.

Manchem mag dies etwas wirklichkeitsfremd und weit hergeholt erscheinen. In der Praxis ist es aber so, daß die ganz starken Reiter aus Pferden, die normalerweise nur ein M-Springen gehen könnten, durchaus S-Springpferde machen können. Die Zuchtstatistiken über die Gewinnsumme der Nachkommen eines Hengstes in Springprüfungen oder die Anzahl der S-Springpferde eines Hengstes sind deshalb sehr vorsichtig zu interpretieren. Diese Statistiken können immer nur ein Hilfsmittel für die Zuchtleitung und die Züchter sein. Zumal diese Statistiken außerdem nichts darüber aussagen, ob die Springanlagen wirklich vom Hengst und nicht von den Stuten vererbt wurden, und schon mancher „Springpferdevererber" seinen guten Ruf dem Stutenmaterial zu verdanken hatte, das ihm von den Züchtern zugeführt wurde.

Der bessere Weg, um den Erblichkeitsanteil an der Springleistung eines Pferdes zumindest annähernd zu ermitteln, ist deshalb nach meiner Überzeugung, die zweieinhalb- bis dreijährigen Hengste und die dreijährigen Stuten im Freispringen zu testen. Dies ist die einzige Möglichkeit, um den Reitereinfluß auszuschalten. Und wenn die Pferde in diesem Alter beim Freispringen keine Veranlagung zum Springen zeigen, dann sind sie für die Zucht von Hochleistungsspringpferden als ungeeignet anzusehen.

AUFBAU, ERHALT UND WEITERENTWICKLUNG VON SPRINGANLAGEN AM BEISPIEL DER HOLSTEINER ZUCHT.

Am Beispiel der Holsteiner Zucht läßt sich verdeutlichen, wie die Springanlagen in einer Zucht verankert und verbessert wurden. Dabei ist es früher, wie ich eingangs herausgestellt habe, durchaus kein Ziel der Zucht gewesen, Springpferde zu züchten. Die Springanlagen ergaben sich sozusagen als ein Nebenprodukt der züchterischen Anstrengungen und wurden dann mit dem Wachsen des Springsports zwischen den beiden Weltkriegen immer mehr entdeckt.

Daß ich Holstein hier als Beispiel herausstelle, mögen mir die Züchter in den anderen deutschen Zuchtgebieten bitte nachsehen. Aber ich bin nun einmal mit diesen Pferden aufgewachsen, und außerdem bietet dieses Zuchtgebiet ein interessantes Beispiel dafür, wie man bewährtes Erbgut konsolidieren und dieses Erbgut durch eine Veredlungszucht den Markterfordernissen angepaßt – auch aus der Sicht des Springreiters – noch einmal verbessern kann.

VEREDLUNG DER ALT-HOLSTEINER DURCH VOLLBLUT- UND YORKSHIRE COACH-HENGSTE.

Der Typ des Holsteiner Pferdes wurde in der ersten Hälfte des 19. Jahrhunderts durch die Veredlung des teilweise auf orientalisch-andalusischem Blut aufbauenden Alt-Holsteiners mit englischem Vollblut und englischem Halbblut geprägt. Die englischen Vollblüter gaben den Holsteiner Pferden Galoppiervermögen und machten sie edler, harmonischer und geschlossener. Durch ihren Einfluß wurden auch die früher sehr häufig vorkommenden Ramsköpfe zurückgedrängt. Der Einsatz der Vollbluthengste wurde damals jedoch sehr vorsichtig und dosiert betrieben, um die traditionellen Eigenschaften des alten Marschpferdes wie Kaliber, Knochenstärke, Aufsatz, Aktivität der Hinterhand und räumende Gänge nicht zurückzudrängen. Die Schwierigkeit, geeignete und vor allem nicht zu leicht und zu fein vererbende Vollbluthengste zu finden, war damals ebenso groß wie heute.

Einen noch größeren Einfluß als die englischen Vollblüter hatten die englischen Halbblüter der Yorkshire Coach-Rasse in der Holsteiner Zucht. Diese Pferde waren aus einer Veredlungskreuzung der schweren Cleveland Bays mit Vollbluthengsten gezüchtet worden. Es waren schwere, aber edle Wagenpferde mit hohen räumenden Gängen, die vorzüglich zum Typ des Alt-Holsteiners paßten. Vom Yorkshire Coach-Horse dürfte der Holsteiner auch seine Springanlagen geerbt haben, denn auch viele der englischen und irischen Springpferde führen das Blut der Yorkshire Coach-Rasse.

In Holstein haben in der Mitte des vorigen Jahrhunderts vor allem die Yorkshire Coach-Hengste Burlington Turk 81, Ostwick 254 und Brillant 48 die Zucht nachhaltig geprägt. Burlington Turk war ein direkter Vollblutnachkomme. Die Hengste Ostwick und Brillant waren Vollblutenkel. Beide führten sowohl väterlicherseits als auch mütterlicherseits Vollblut. Alle drei Hengste waren über Harpham Turk xx eng miteinander verwandt.

Die beiden großen früheren Holsteiner Hengstlinien, die Achill- und die Ethelbert-Linie, basieren stark auf diesen Stammhengsten. Der 1877 geborene und bis 1904 deckende Achill 1265 führte Burlington Turk einmal in der dritten und viermal in der fünften Ahnenreihe. Seine Eltern sind Halbgeschwister durch den Hengst Achill 1163, der wiederum aus einer Stute stammt, die aus einer Paarung von Vollgeschwistern hervorging. Dieses überaus gefestigte, stark ingezüchtete Blutbild fiel bei der Durchsicht züchterischer Dokumente dem großen Hippologen Dr. de Chapeaurouge auf, der bisher wenig angesehene Achill bekam im hohen Alter wieder bessere Stuten zugeführt und lieferte mit 26 Jahren den Hengst Tobias, der besonders über seine Söhne Favorit und First der Hauptträger der Achill-Linie wurde. Der von 1874 bis 1897 deckende Ethelbert 1197 stammt von dem aus England importierten Vollblüter St. Fagans xx. Mütterlicherseits führt er Burlington Turk- und Ostwick-Blut. In der fünften Ahnenreihe tritt mütterlicherseits auch der ebenfalls aus England importierte Protocol xx in Erscheinung, der damals als der bedeutendste Vollbluthengst in der Holsteiner Zucht angesehen wurde und dessen Blut sich heute noch in den alten Stutenstämmen der Kremper Marsch findet.

In der zweiten Hälfte des 19. Jahrhunderts wurden auch Hengste aus Ostpreußen, Hannover und Oldenburg in der Holsteiner Zucht eingesetzt. Ihr Einfluß war jedoch in kürzester Zeit wieder erloschen. Ebenso hat sich der Araberhengst Amurath, obwohl er zunächst eine Hengstlinie begründete, in Holstein nicht durchsetzen können. Heute ist das Amurath-Blut in Holstein praktisch ohne Bedeutung.

KONSOLIDIERUNG DER ZUCHT DURCH EINE WEITGEHENDE VERWANDTSCHAFTSZUCHT.

Die Holsteiner Zucht wurde nach der Veredlung mit den englischen Vollblütern und Halbblütern als eine weitgehende Verwandtschafts- oder Inzucht betrieben. Da hierbei die vererbbaren Eigenschaften gehäuft werden, kann die Inzucht positive Auswirkungen haben, kann aber auch unerwünschte Eigenschaften potenzieren. Die Inzucht ist also mit einem hohen Risiko verbunden und verlangt eine konsequente Selektion des Zuchtmaterials, um möglichst nur Gutes mit Gutem zu häufen. Daß dies gelang, ist in erster Linie ein Verdienst von Georg Ahsbahs, dem Gründer des Holsteiner Verbandes. Dank seiner züchterischen Weitsicht wurden in den Holsteiner Marschen seit 1883 erstmals in Deutschland Stutenkörungen durchgeführt, der Verein Holsatia nahm sich der Hengstaufzucht an und stellte seit 1888 eigene Hengste auf. Bei den Hengstkörungen wurde streng darauf geachtet, daß nur Spitzenstuten zu Hengstmüttern wurden. Was zur Zucht nicht geeignet war, wurde als Wirtschaftspferd verkauft.

Durch diese Maßnahmen kam es zu einer frühzeitigen Konsolidierung der Holsteiner Zucht mit einer sicher vererbenden Stutenbasis und durchschlagend vererbenden Hengsten. Gezüchtet wurde das kräftige, knochenstarke, dabei aber nicht unedle Wagenpferd, das gleichzeitig auch die Eigenschaften des schweren Reitpferdes haben sollte. Die Reitpferdeeigenschaften standen damals als züchterisches Ziel aber im Hintergrund. Wichtiger waren Arbeitswille, Härte, Ausdauer, Langlebigkeit, gute Futterverwertung und ein ruhiges und ausgeglichenes Temperament, denn nur solche Pferde waren für die Arbeit in der Landwirtschaft zu gebrauchen.

Von den beiden großen Holsteiner Hengstlinien lieferte die Achill-Linie zunächst mehr die schweren Karossiers, während die Ethelbert-Linie bereits edlere Pferde brachte. Durch die immer stärker werdende Verwandtschaft der beiden Linien – schon der wichtigste Achill-Nachkomme Tobias führte mütterlicherseits Ethelbert-Blut – verschwanden diese Unterschiede allerdings zunehmend.

Der Achill-Linie wird im allgemeinen nachgesagt, daß sie der Träger des Holsteiner Springblutes sei. Das ist insofern richtig, als diese Pferde viel Springvermögen und sehr gute Nerven besaßen. Andererseits waren die Achill-Nachkommen aber oftmals auch etwas phlegmatisch, tolpatschig, wenig beinempfindlich und nicht beweglich genug.

Neben der Achill-Linie ist Cicero mit seinen Nachkommen als ein bedeutender Springpferdevererber zu nennen. Dieser Hengst deckte von 1892 bis 1916 in Holstein und konnte vorübergehend eine Hengstlinie aufbauen. Cicero besaß selbst sehr viel Springvermögen und war ein besonders hartes, temperamentvolles und muskulöses Pferd, das seinen Nachkommen leider jedoch nicht nur die große Springbegabung, sondern auch Fundamentsmängel mitgab. Von seinen Nachkommen ist bekannt, daß sie kaum auf der Weide zu halten waren, über die 3 bis 4 Meter breiten Grenzgräben sprangen und aus diesem Grund von den Landwirten oft verkauft wurden. Über seinen besten Sohn Kürassier ist Cicero Großvater der Stute Urania, von der der als Springpferdevererber bedeutende Tobias stammt. Ebenso ist Cicero mütterlicherseits Großvater der Stute Gemse, mit der Tobias den Stempelhengst First lieferte.

Am Beispiel des Pedigrees von Meteor läßt sich zeigen, in welchem starken Maße in Holstein die Inzucht betrieben wurde und wie stark in diesem Fall das Springblut von Achill und Cicero konzentriert war. Dr. Grote, der langjährige Landstallmeister des Gestüts Traventhal, hat Meteors Pedigree nach seinen ersten größeren Erfolgen im Springsport bis in die zwölfte Ahnenreihe untersucht und damals schon vorausgesagt, daß Meteor wahrscheinlich eines der besten Holsteiner Springpferde werden würde. Meteor stammt väterlicherseits zwar aus dem weniger bedeutenden Meister-Zweig der Achill-Linie, jedoch dominiert in seinem Pedigree das Achill-Tobias-Blut und das Cicero-Kürassier-Blut. Im einzelnen ergibt sich folgende Übersicht der wichtigsten Ahnenhengste von Meteor:

AHNENHENGSTE METEORS

Wichtigste Ahnenhengste Meteors	Vorkommen in der Generation 4.	5.	6.	7.	8.	9.	10.	11.	12.	Gesamt
Achill 582 (Großvater von Achill 1265)				2	10	9	9		2	32
Achill 1265 (Liniengründer)		1	4	4	1					10
Meister von Achill			3							3
Tobias von Achill	1	3	1							5
Zieten von Tobias	1	1								2
Cicero		1	1	2	4	1				9
Kürassier von Cicero		1	1	3	1					6
Ethelbert 1197		1	1	4	4	4	5	1		20

Die Ethelbert-Linie führt das Springblut über den Weidmann-Heintze-Zweig. Diese Pferde hatten ebensoviel Springvermögen wie die Achill- und Cicero-Nachkommen, besaßen aber mehr Nerv, Härte und Ausdauer, also neben dem reinen Springvermögen sehr wichtige zusätzliche Eigenschaften eines Springpferdes. Die Bedeutung dieses Zweiges für die Springpferdevererbung wurde zunächst jedoch nicht deutlich erkannt. Erst mit dem Auftreten der beiden Vollgeschwister Original Holsatia und Baden im internationalen Springsport, die Fanal zum Vater und den Heintze-Nachkommen Heinzelmann zum Großvater mütterlicherseits haben, erahnte man die Bedeutung des Weidmann-Heintze-Zweiges. Im Laufe der fünfziger Jahre wurde dann durch Springpferde wie Orient, Romanus und Ramona das Springblut dieses Zweiges immer deutlicher. Im nachhinein gesehen kann man hinsichtlich der Vererbung von Springanlagen Heintze sogar noch über Achill stellen. Das zur damaligen Zeit optimale Ergebnis ergab sich dann auch aus der Verbindung Achill x Weidmann-Heintze. Hier traf das Springvermögen beider Seiten zusammen, und zusätzlich bekamen die Pferde noch den Nerv und die kämpferischen Eigenschaften von Heintze.

ERNEUTE VEREDLUNGSZUCHT.

Nach dem Zweiten Weltkrieg verlor das Pferd durch die Motorisierung der Landwirtschaft stark an Bedeutung. Der Pferdebestand sank rapide. 1950 waren in Holstein noch fast 10000 Stuten eingetragen, 1960 nur noch 1300 Stuten. Erst seit 1970 wuchsen die Stutenbestände wieder. Die Zucht mußte zehn Jahre lang also mit einer überaus kleinen Stutenbasis auskommen. Die Ethelbert-Linie erlosch in dieser Zeit ganz, die Achill-Linie ist heute nur noch durch Farnese und seine Söhne vertreten. Eine große Anzahl bedeutender Stutenstämme ging verloren, darunter auch der Stamm der 1919 geborenen Palisa, die seinerzeit die beste Stute Holsteins war und unter anderem die Hengste Meistersänger von Meisterschuß, Ortolan von Kompaß, Nenndorf von Nennwert und Heino von Heintze gebracht hat.

Diese fast schon katastrophale Abnahme der Stutenbestände machte in drastischer und für manchen alten Züchter äußerst bitterer Weise deutlich, daß die Holsteiner Zucht nur noch zu retten war, wenn man den Anforderungen des Marktes entsprechend den Typ des Wirtschaftspferdes zum modernen Reitpferdetyp ummodellierte. Diese Veredlung wurde, von einigen begrenzt eingesetzten ostpreußischen, arabischen und angloarabischen Hengsten abgesehen, in Holstein mit Vollbluthengsten betrieben. Bei einer solchen Veredlung besteht die Gefahr, daß die F_2-Generation stark spaltet, man bei der Paarung der Halbblüter also beispielsweise Pferde mit dem Kopf der Holsteiner Mutter und dem Bein des Vollblüters erhält, während die F_1-Generation schon weitgehend dem Idealtyp entspricht. In Holstein zeigte sich aber, da keine unmittelbare Kreuzung, sondern eher eine Blutangleichung an das in den Stutenstämmen vorhandene englische Vollblut erfolgte, daß sich die F_2-Generation doch schon recht sicher verhielt, die Spaltung also in weitaus geringerem Maße auftrat, als dies von manchem Züchter zunächst befürchtet worden war.

Bei der Veredlungszucht ist es naturgemäß schwieriger, zur Stutenbasis passende Hengste zu finden, als bei einer weitgehenden Reinzucht. Dementsprechend war es naheliegend, die Veredlung nicht nur mit einigen wenigen Vollbluthengsten durchzuführen, sondern möglichst viele Veredlerhengste einzusetzen, um dann aufgrund der Qualität der Nachkommen mit den geeignetsten Hengsten weiterzuzüchten.

Vom Vollblüter erwartet man, daß er unter Beibehaltung des Holsteiner Typs erstens den Pferden mehr Adel gibt und das Exterieur, insbesondere Halsung, Schulter und Oberlinie, verbessert, den Pferden also den sogenannten Überguß des Vollblüters gibt. Zweitens soll der Bewegungsablauf der Pferde durch die Vollblutzufuhr leichter und weicher werden. Insbesondere soll die Galoppade verbessert werden. Man erwartet aufgrund der besseren Kruppenformation des Vollblüters und der besseren Verhältnisse der Hinterhandhebel zueinander einen weiteren Untergriff und damit auch größeren Raumgriff in der Galoppade. An Exterieur und Grundgangarten des Vollblüters sind deshalb hohe Anforderungen zu stellen. Man wünscht für den Einsatz in der Warmblutzucht einen Vollbluthengst, der drei gute Grundgangarten hat und gleichzeitig über genügend Rahmen und Kaliber verfügt, um einen Substanzverlust in der Warmblutzucht zu vermeiden. Besonders beachten sollte man auch, daß bei manchen Vollblütern die Sprunggelenkstärke für den Einsatz in der Warmblutzucht nicht ausreicht, was beim Renneinsatz weniger wichtig ist, da sich die Rennpferde eher Sehnen- als Knochenverletzungen zuziehen. Schließlich sollte man noch die beim Vollblüter nicht immer befriedigende Maulqualität kritisch beurteilen.

Ebenso wichtige Faktoren sind aber Charakter und Temperament des Hengstes, denn wir brauchen Reitpferde, die auch vom Hobbyreiter und nicht nur von den wenigen Spitzenreitern zu reiten sind. Ein ausgeglichenes Temperament ist nach meiner Überzeugung deshalb wesentlich wichtiger als das auf die Rennleistung des Hengstes bezogene Generalausgleichgewicht von mindestens 80 kg, wie es das Tierzuchtgesetz vorschreibt, denn wir wollen mit unseren Pferden ja nicht in Baden-Baden starten, sondern wir wollen Pferde haben, die im Kopf klar sind. Man muß sich beim Einsatz eines Vollbluthengstes in der Warmblutzucht immer vor Augen halten, daß die Eignung des Hengstes, Reitpferde zu machen, entscheidend ist, und das ist nun wirklich nicht unbedingt identisch mit der Rennleistung.

Für eine Zucht, die den Springanlagen ihrer Pferde einen hohen Stellenwert einräumt, ist es natürlich wichtig, daß man von den Vollbluthengsten auch die Vererbung von Springpferdeeigenschaften erwarten kann. Dies kann man allerdings kaum anhand der Eigenleistung der betreffenden Vollbluthengste ermitteln. Einmal sind die im Hindernissport eingesetzten Vollblüter meistens Wallache, und zum anderen liegt den Vollblütern, die Flachrennen gegangen sind, die Geschwindigkeit in der Regel so im Blut, daß sie das Springen nicht mehr oder nur sehr schwer lernen. Der einzige Vollblüter, bei dem diese Umstellung vom Rennpferd zum Springpferd nach meiner Erinnerung gelungen ist, war Untouchable von Kathy Kusner. Das bedeutet allerdings nicht, daß die Vollblüter nicht springen würden, wenn man sie statt des Rennbahntrainings früh genug mit dem Springen vertraut gemacht hätte.

Um nun eine größtmögliche Sicherheit hinsichtlich der Springanlagen eines Vollblüters zu erlangen, kann man deshalb nur den Umweg über die Verwandtschaftsleistung des betreffenden Hengstes gehen. In Frage kommen deshalb in erster Linie Hengste, die aus einer im Hindernissport bewährten Linie stammen oder deren nahe Verwandte beim Einsatz in der Warmblutzucht bewiesen haben, daß sie Springanlagen vererben. Legt man diese Kriterien nicht zugrunde, so ist die Zucht beim Einsatz eines Vollbluthengstes hinsichtlich der Vererbung von Springanlagen völlig dem Zufall ausgesetzt.

Beim Einsatz der Vollbluthengste in den fünfziger Jahren hat die Holsteiner Zucht im Vertrauen auf die vorhandenen Springanlagen in den Stutenstämmen den möglichen Springanlagen bei den Hengsten keine besondere Beachtung geschenkt. Als Beispiel sei hier noch einmal der Graditzer Anblick xx erwähnt, mit dem die vordringliche Aufgabe dieser Zuchtepoche, veredelte, im Reitpferdetyp stehende Pferde zu liefern, auch hervorragend gelöst wurde.

Der Einsatz des Angloarabers Ramzes, der 1951/1952 und 1959/1960 in Holstein deckte, erfolgte dagegen schon mit der Überlegung, einen Veredlerhengst mit Springpferdeeigenschaften zu benutzen. Bei Ramzes konnte man aufgrund seines Pedigrees und seiner Eigenleistung im Springen mit einiger Sicherheit erwarten, daß er in Verbindung mit dem Holsteiner Springblut überdurchschnittliche Springpferde liefern würde. Ramzes stammt von dem Hindernispferd Rittersporn xx, dessen Tochter Warszawianka in den dreißiger Jahren zu den imponierendsten internationalen Springpferden gehörte. Der Großvater von Rittersporn xx war Le Sancy xx, von dem über Chambertin xx – Chatou xx auch der berühmte Wotan stammt, der in den dreißiger Jahren unter Freiherr Hermann von Nagel eines der großen Nationenpreispferde der Kavallerieschule war. Ramzes selbst war ein sehr vorsichtiges Springpferd, das nach dem Krieg von Micky Brinckmann erfolgreich in S-Springen geritten wurde. In Holstein brachte Ramzes mit Ramona, Retina, Romanus und Ramzes XIII gleich vier bedeutende Springpferde. Ramzes verbesserte insbesondere das Reaktionsvermögen und die Beingeschicklichkeit der Pferde und gab seinen Nachkommen eine durchweg rundere Springmanier mit. Aus der Verbindung Ramzes x Holsteiner Springblut gingen insgesamt eine Reihe erstklassiger Springpferde hervor, und diese Blutführung wird heute nicht nur in Holstein, sondern auch in mehreren anderen, darunter auch ausländischen Zuchtgebieten weitergeführt.

Etwa zu Beginn der sechziger Jahre begann in Holstein eine zweite Veredlungsphase mit aus England importierten Vollbluthengsten. Bei der Entscheidung für die englischen Vollblüter ging man davon aus, daß die Holsteiner Zucht schon einmal vor über hundert Jahren mit der direkten und indirekten Zuführung englischen Vollbluts die besten Erfahrungen gemacht hatte und die alten Holsteiner Stutenstämme bei den englischen Vollbluthengsten den besten Blutanschluß finden würden. Diese Überlegung hat sich inzwischen als richtig erwiesen.

Bei der Auswahl der englischen Vollblüter wurde nunmehr auch gezielt berücksichtigt, ob von diesen Hengsten die Vererbung von Springanlagen mit einiger Wahrscheinlichkeit zu erwarten war. Von den Hengsten, die seit dieser Zeit eingesetzt wurden, haben bisher Cottage Son xx, Ladykiller xx und Marlon xx den größten Einfluß auf die Zucht genommen und eigene Hengstlinien begründet. Cottage Son xx und Ladykiller xx haben sich dabei als die durchschlagenden Springpferdevererber erwiesen.

Cottage Son xx erschien aufgrund seines Pedigrees überaus geeignet, ein überragender Springpferdevererber zu werden, und hatte dies auch bereits mit seinen Nachkommen in England bewiesen. Unter anderem stammen von ihm zwei Pferde aus der englischen Militarymannschaft bei den Olympischen Spielen 1960 in Rom. Cottage Son xx maß 1,70 m Stock und war ein ausgesprochen knochenstarker Blüter im großen Rahmen, mit viel Kaliber und einer bedeutenden Schulterpartie. Trotz seines großen Rahmens wirkte er wie ein typischer Vollblüter, unterschied sich aber wesentlich von den deutschen Vollblütern. Seine direkten Nachkommen fanden zunächst keinen besonderen Anklang. In der F_2- und F_3-Generation erwies sich Cottage Son xx aber als ein ungewöhnlich starker Vererber.

Ladykiller xx wurde im Mutterleib aus England importiert. Er steht Cottage Son xx im Kaliber und Rahmen in nichts nach. Bereits sein erster Jahrgang brachte 12 gekörte Hengste. Inzwischen hat er insgesamt 30 gekörte Hengste gebracht, von denen einige wirkliche Spitzenprodukte an andere Zuchtgebiete abgegeben wurden. Im Sport haben sich die Ladykiller xx-Nachkommen vielfach bewährt, und über seine beiden Söhne Landgraf und Lord hat Ladykiller xx das Springblut in seiner noch jungen Hengstlinie sicher verankern können.

Eine ähnliche Bedeutung, wie sie diese beiden englischen Vollblüter für die moderne Holsteiner Zucht bereits haben, kann man schon heute von dem erst seit 1971 deckenden Hengst Cor de la Bryère erwarten. Dieser Anglonormanne wurde nicht etwa eingesetzt, um der Holsteiner Zucht nun zusätzlich auch noch anglonormannisches Blut zuzuführen, sondern weil hier ein Hengst zur Verfügung stand, der als Sohn von Rantzau xx und Urenkel des Springpferdevererbers Furioso xx das Blut von Vollblütern führt, die sich in der französischen Warmblutzucht mit ganz großem Erfolg bewährt haben. Und mit einem solchen Hengst ist natürlich wesentlich sicherer zu züchten als mit einem Vollbluthengst selbst.

Bei Cor de la Bryère zeigt sich, wie man einer Zucht das noch hinzufügen kann, was ihr im einzelnen noch fehlt. Der Hengst springt mit einer geradezu idealen Hals- und Rückentätigkeit, verfügt gleichzeitig über eine vorzügliche Beintechnik und begeistert durch sein aufmerksames und überlegtes Springen. Er ist sehr leichttrittig und von einem besonders ausgeglichenen und angenehmen Temperament. Diese Eigenschaften gibt Cor de la Bryère auch seinen Nachkommen mit. Während die Vollblüter zwar das großzügige Springen, aber nicht in allen Fällen eine ganz ideale Springmanier vererbten, verbessert Cor de la Bryère jetzt noch einmal nachhaltig die Springmanier in der Holsteiner Zucht.

Wenn man von den vielen guten Cor de la Bryère-Nachkommen einmal den Hengst Calypso II herausgreift, so wird deutlich, wie dieses züchterische Zusammenfügen gewünschter Eigenschaften hier in nahezu idealer Weise gelungen ist. Dieser Hengst ist sowohl für die höchsten Anforderungen in der Dressur als auch für die höchsten Anforderungen im Springen gleichermaßen talentiert. Und es ist gelungen, mit 1,75 m Stockmaß ein großes Pferd zu züchten, wie wir es heute gern haben wollen, das aber nicht hölzern, unbeweglich und muskelarm ist, wie das bei großen Pferden vielfach der Fall ist, sondern das von einer so großen Beweglichkeit und Geschlossenheit ist, daß es selbst in engen Kombinationen nicht in Schwierigkeiten gerät.

DIE URSPRÜNGE DES SPRINGBLUTS BEI DEN SPRINGPFERDEVERERBERN COTTAGE SON XX, LADYKILLER XX UND COR DE LA BRYÈRE.

Bei den Springpferdevererbern Cottage Son xx, Ladykiller xx und Cor de la Bryère findet man hinsichtlich der Ursprünge der Springanlagen dieser Hengste den großen gemeinsamen Nenner im Hampton xx-Son-in-Law xx-Zweig der großen Touchstone xx-Vollblutlinie, die als einer der bedeutendsten Träger des Springbluts in der Vollblutzucht gilt. Der 1911 geborene Son-in-Law xx war einer der ganz großen Vererber in der Vollblutzucht. Er hat wie kaum ein anderer Vollbluthengst eine überragend große Nachzucht mit Stehereigenschaften hinterlassen. Sein Vater Dark Ronald xx wurde von Oberlandstallmeister Burchard von Oettingen für 500000 Mark für das Preußische Staatsgestüt Graditz angekauft und ist in der deutschen Vollblutzucht über seine beiden Söhne Herold xx und Prunus xx der erfolgreichste Importhengst aller Zeiten. Magpie xx, der zweite bedeutende Sohn von Dark Ronald xx, wurde der überragende Vererber der australischen Vollblutzucht.

Cottage Son xx führt Son-in-Law xx auf der Vaterseite bereits in der zweiten Generation und mütterlicherseits Hampton xx in der vierten Generation. Ladykiller xx hat Son-in-Law xx erst in der vierten Ahnenreihe, er führt aber väterlicher- und mütterlicherseits das Blut von Hampton xx und dessen berühmten Sohn Bay Ronald xx. Cor de la Bryère führt Son-in-Law xx-Blut sowohl über seinen Vater Rantzau xx, des nach Ansicht des französischen Hippologen E. Mèllnand besten jemals in der französischen Warmblutzucht eingesetzten Vollblüters, und über den großen Springpferdevererber Furioso xx. Rantzau xx führt außerdem noch in der fünften Ahnenreihe zweimal Hampton xx-Blut.

Cottage Son xx und Cor de la Bryère ist weiterhin das Springblut des großen Hindernisvererbers Marco xx gemeinsam, der aus einer Familie von Grand National-Siegern stammt und mit seinem Sohn Sprig xx selbst einen Grand National-Sieger stellte. Der Marco xx-Enkel Cottage xx war Vater der Grand National-Sieger Sheila's Cottage xx, Lovely Cottage xx und Workman xx. Der Marco xx-Sohn Marcovil xx, der mütterlicherseits auch wiederum aus einer Familie von Grand National-Siegern stammt, war Vater der Grand-National-Sieger Reynoldstown xx und Royal Mail xx und Großvater der Grand National-Sieger Easter Hero xx und Gregalach xx.

Von Marcovil xx stammt schließlich auch der große Hurry on xx ab, dem in der Vollblutzucht eine ähnliche Bedeutung wie Son-in-Law xx zukommt. Dieser auf der Rennbahn ungeschlagene Hengst war Vater von drei Derbysiegern und wurde zum Stempelhengst der alten Matchem xx-Vollblutlinie, die bis zum Erscheinen von Hurry on xx zu erlöschen drohte. Der 1913 geborene Hurry on xx hatte die für die damalige Zeit enorme Größe von 1,72 m Stockmaß. Sein Röhrbeinumfang betrug 23 cm. Er war ein Vollbluthengst, wie man ihn auch heute noch gerne in der Warmblutzucht einsetzen würde.

Cor de la Bryère führt das Marco xx-Marcovil xx-Hurry on xx-Blut über seinen Urgroßvater Furioso xx. Cottage Son xx hat Cottage xx mütterlicherseits als Großvater. Außerdem führt Cottage Son xx über seine Mutter Wait Not xx noch das Blut des Hindernisvererbers Red Prince II xx, der von 1908–1913 in Irland an der Spitze der Hindernisvererber stand, im Alter von 19 Jahren von Burchard von Oettingen nach Trakehnen geholt wurde und dort noch 24 Landbeschäler lieferte.

Die dritte Wurzel des Springbluts ergibt sich aus der Verbindung Cyllene xx x Hampton xx, aus der über Polymelus xx der große Phalaris xx hervorging. Phalaris xx lieferte die beiden bedeutenden Hengste Fairway xx und Pharos xx. Aus der Phalaris xx-Pharos xx-Vaterlinie stammt der in Irland als bedeutender Springpferdevererber bekannt gewordene Water Serpent xx. Pharos xx ist wiederum Vater des von dem genialen italienischen Vollblutzüchter Federico Tesio in Italien gezogenen Jahrhundertpferdes Nearco xx, dessen Blut man in den Pedigrees der Springpferde San Lucas, Philco, Kwept und Ambassador findet. Nearco xx ist auch Großvater von Arkle xx, einem der besten Hindernispferde aller Zeiten, der ebenfalls noch Son-in-Law xx- und Marco xx-Blut führt. Auch der bedeutende Hindernisvererber Knight of the Garter xx stammt aus der Verbindung Son-in-Law xx x Cyllene xx.

Ladykiller xx geht in der Vaterlinie direkt auf Cyllene xx zurück. Sein Urgroßvater Fairway xx war Sieger in 10 klassischen Rennen. Sein Großvater Blue Peter xx war Derbysieger. Auch Cottage Son xx führt Cyllene xx-Blut über die mütterliche Seite seines Vaters Young Lover xx. Cor de la Bryère hat dieses Blut über die mütterliche Seite der Furioso xx-Mutter Maureen xx.

Pedigreeanalyse einiger bedeutender Holsteiner Springpferde.

Am Beispiel der Springpferde Orient, Retina, Romanus, Boy und Livius möchte ich abschließend aufzeigen, wie stark gehäuft sich das Springblut in den Pedigrees dieser Pferde findet und daß es keineswegs als zufällig anzusehen ist, wenn sich bei diesen Blutführungen Pferde mit einer weit überdurchschnittlichen Veranlagung für den Springsport ergeben.

Neben dem Springblut von Achill-Tobias, Cicero und Weidmann-Heinz-Heintze fällt bei diesen Pedigrees, mit Ausnahme von Orient, noch der starke Einfluß des Lorbeer-Blutes auf.

Dieser Stempelhengst des Lord-Zweiges der Ethelbert-Linie und seine beiden bedeutenden Söhne Loretto und Lortzing lieferten besonders schöne und ausdrucksvolle Produkte mit überragenden Trabbewegungen und sehr guten Temperaments- und Charaktereigenschaften. Durch ihren Adel, ihre Charakterfestigkeit, ihre gute Handlichkeit und ständige Einsatzbereitschaft wurden sie zum Prototyp des eleganten Wagenpferdes. In Verbindung mit Achill-Nachkommen verbesserten Lorbeer und seine Söhne die Beweglichkeit der Pferde, in Verbindung mit Heintze-Nachkommen übten sie temperamentsmäßig eine regulierende Funktion aus. Die besten Produkte gelangen in Verbindung mit schweren Achill-Stuten, die über einen Schuß Härte von Heintze verfügten: Pferde mit vorzüglichen Bewegungen, in herrlicher Aufmachung, mit großen Linien und wunderschönen Gesichtern und Halsungen.

Der 1944 geborene Orient, der in den fünfziger Jahren unter Hans Günter Winkler eines unserer besten Nationenpreispferde war, ist ein Musterbeispiel für die enge Verbindung des alten Holsteiner Springbluts und für die starke Verwandtschaftszucht, wie sie bereits am Beispiel von Meteor aufgezeigt wurde. Sein ausdrucksvoller Vater Heino stammt aus der Bilderbuchpaarung von Heintze mit der bereits erwähnten Tobias-Tochter Palisa, die außerdem väter- und mütterlicherseits noch Cicero-Blut führt. Über ihren Sohn Nenndorf erscheint Palisa auch im Pedigree der Orient-Mutter Jura. Ebenso ist Duenna, die Großmutter Palisas mütterlicherseits, über ihren bedeutendsten Sohn Favorit noch einmal auf der mütterlichen Seite von Orient vertreten. Duenna ist wie Palisa die Mutter von vier Hengsten. Sie lieferte von Tobias die Hengste Friedland, Albrecht, Jambus und Favorit. Als Enkel von Heintze, mit gehäuftem Achill-Tobias-Blut und weiter zurückliegend auch gehäuftem Cicero-Blut und den beiden erstklassigen Stuten Palisa und Duenna auf der väter- und mütterlichen Seite hat Orient damit ein zu seiner Zeit geradezu optimales Springpferdepedigree aufzuweisen.

Die Ramzes-Nachkommen Retina und Romanus stammen beide von schweren, großrahmigen Marschstuten ab, wie Ramzes sie benötigte, um erstklassige Springpferde zu machen. Retinas Mutter Dolli war ein Pferd im großen Rechteckrahmen mit starkem und fast schon klobigem Fundament. Die Großmutter Clärchen maß 1,75 m Stock. Sie lieferte Dolli im Alter von 22 Jahren. Clärchen war Vollschwester von Bianka, die vor dem Krieg unter Günter Temme eines der besten deutschen Springpferde war.

Rappel, die Mutter des von Hans Günter Winkler gerittenen Romanus, war eine typische Springstute der Holsteiner Marschen. Mehrfach wechselte sie den Besitzer, da sie einfach nicht auf der Weide zu halten war, kilometerweit weglief und dabei jeden Grenzgraben sprang, wobei ihre Fohlen ihr natürlich nicht immer folgen konnten und häufig stundenlang in den Wassergräben liegenblieben. Daß Romanus später eine gewisse Wassergrabenschwäche hatte, verwundert daher nicht. Nerv und Härte hatte Rappel von Heinzelmann-Heintze. Noch mit 21 Jahren wurde sie auf Turnieren gestartet.

Bei Boy von Eddie Macken verbindet sich die Springvererbung von Ladykiller xx mit dem Heintze-, Tobias-Favorit- und Tobias-First-Springblut und der Rittigkeit von Anblick xx. Von Aldato, dem Großvater mütterlicherseits, stammt auch das Militarypferd Albrant. Hervorzuheben in diesem Pedigree ist noch die mit dem I. Preis auf der DLG Frankfurt ausgezeichnete Mutter Zala und die bedeutende Großmutter Marietta, die 18 Fohlen lieferte und zweifache Hengstmutter war.

Ein Bilderbuchpedigree hat schließlich Livius aufzuweisen, der zur Zeit als eines der wirklichen Ausnahmepferde im internationalen Springsport anzusehen ist. Sein Vater Lord, ein Militarypferd von großer Klasse und selbst ein Pferd mit sehr viel Springvermögen, führt Ladykiller xx und Cottage Son xx in der ersten und zweiten Ahnenreihe. Die Lord-Mutter Viola stammt aus einer besonders qualitätvollen Stutenfamilie von Hengstmüttern mit konzentriertem klassischen Springblut der alten Holsteiner Zucht und dem Blut von Loretto und Lorbeer. Mütterlicherseits hat Livius das S-Springpferd Atlas zum Großvater, bei dem das Tobias-First-Springblut dominiert und der noch im Alter von 20 Jahren in Springprüfungen gestartet wurde. Bei der Großmutter mütterlicherseits findet man schließlich wiederum das bewährte Zuchtrezept Heintze x Tobias-Favorit x Lorbeer-Lortzing.

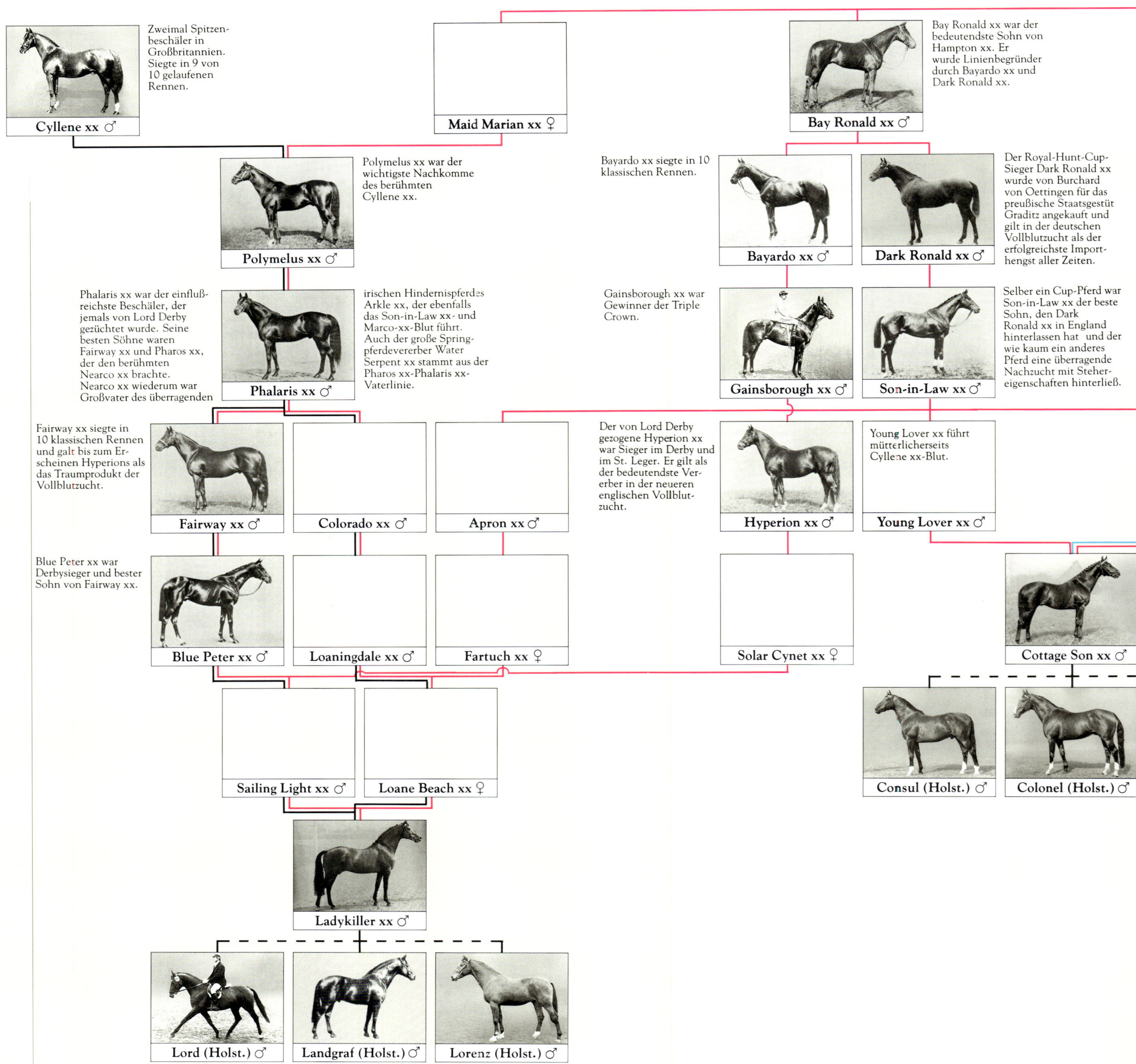

Zweimal Spitzenbeschäler in Großbritannien. Siegte in 9 von 10 gelaufenen Rennen.

Bay Ronald xx war der bedeutendste Sohn von Hampton xx. Er wurde Linienbegründer durch Bayardo xx und Dark Ronald xx.

Polymelus xx war der wichtigste Nachkomme des berühmten Cyllene xx.

Bayardo xx siegte in 10 klassischen Rennen.

Der Royal-Hunt-Cup-Sieger Dark Ronald xx wurde von Burchard von Oettingen für das preußische Staatsgestüt Graditz angekauft und gilt in der deutschen Vollblutzucht als der erfolgreichste Importhengst aller Zeiten.

Phalaris xx war der einflußreichste Beschäler, der jemals von Lord Derby gezüchtet wurde. Seine besten Söhne waren Fairway xx und Pharos xx, der den berühmten Nearco xx brachte. Nearco xx wiederum war Großvater des überragenden irischen Hindernispferdes Arkle xx, der ebenfalls das Son-in-Law xx- und Marco-xx-Blut führt. Auch der große Springpferdevererber Water Serpent xx stammt aus der Pharos xx-Phalaris xx-Vaterlinie.

Gainsborough xx war Gewinner der Triple Crown.

Selber ein Cup-Pferd war Son-in-Law xx der beste Sohn, den Dark Ronald xx in England hinterlassen hat und der wie kaum ein anderes Pferd eine überragende Nachzucht mit Stehereigenschaften hinterließ.

Fairway xx siegte in 10 klassischen Rennen und galt bis zum Erscheinen Hyperions als das Traumprodukt der Vollblutzucht.

Der von Lord Derby gezogene Hyperion xx war Sieger im Derby und im St. Leger. Er gilt als der bedeutendste Vererber in der neueren englischen Vollblutzucht.

Young Lover xx führt mütterlicherseits Cyllene xx-Blut.

Blue Peter xx war Derbysieger und bester Sohn von Fairway xx.

Blutführung über Cyllene xx
Blutführung über Hampton xx
Blutführung über Marco xx
Holsteiner

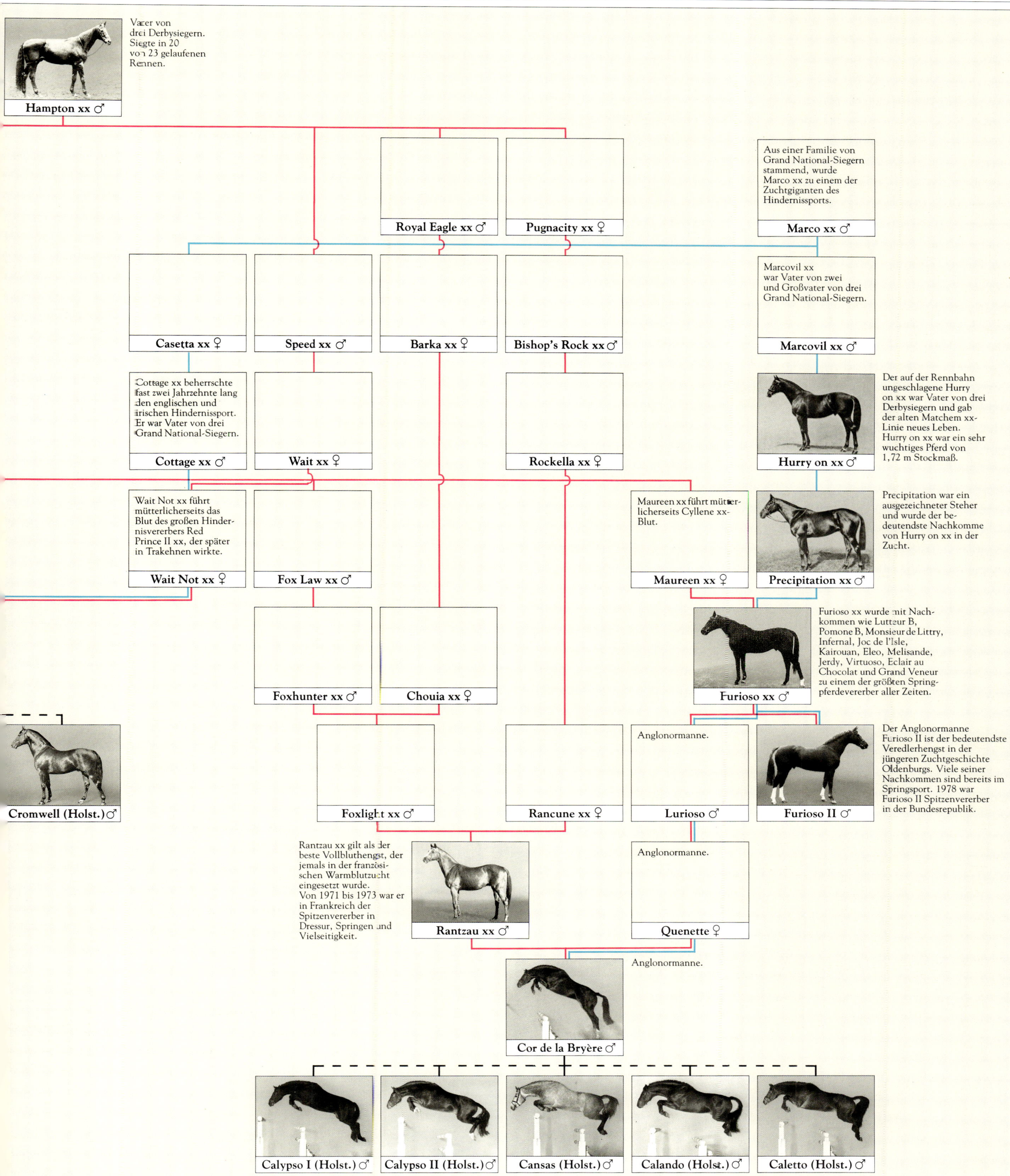
Vater von drei Derbysiegern. Siegte in 20 von 23 gelaufenen Rennen.
Hampton xx ♂
Royal Eagle xx ♂
Pugnacity xx ♀
Aus einer Familie von Grand National-Siegern stammend, wurde Marco xx zu einem der Zuchtgiganten des Hindernissports.
Marco xx ♂
Casetta xx ♀
Speed xx ♂
Barka xx ♀
Bishop's Rock xx ♂
Marcovil xx war Vater von zwei und Großvater von drei Grand National-Siegern.
Marcovil xx ♂
Cottage xx beherrschte fast zwei Jahrzehnte lang den englischen und irischen Hindernissport. Er war Vater von drei Grand National-Siegern.
Cottage xx ♂
Wait xx ♀
Rockella xx ♀
Der auf der Rennbahn ungeschlagene Hurry on xx war Vater von drei Derbysiegern und gab der alten Matchem xx-Linie neues Leben. Hurry on xx war ein sehr wuchtiges Pferd von 1,72 m Stockmaß.
Hurry on xx ♂
Wait Not xx führt mütterlicherseits das Blut des großen Hindernisvererbers Red Prince II xx, der später in Trakehnen wirkte.
Wait Not xx ♀
Fox Law xx ♂
Maureen xx führt mütterlicherseits Cyllene xx-Blut.
Maureen xx ♀
Precipitation war ein ausgezeichneter Steher und wurde der bedeutendste Nachkomme von Hurry on xx in der Zucht.
Precipitation xx ♂
Foxhunter xx ♂
Chouia xx ♀
Furioso xx wurde mit Nachkommen wie Lutteur B, Pomone B, Monsieur de Littry, Infernal, Joc de l'Isle, Kairouan, Eleo, Melisande, Jerdy, Virtuoso, Eclair au Chocolat und Grand Veneur zu einem der größten Springpferdevererber aller Zeiten.
Furioso xx ♂
Cromwell (Holst.) ♂
Foxlight xx ♂
Rancune xx ♀
Anglonormanne.
Lurioso ♂
Der Anglonormanne Furioso II ist der bedeutendste Veredlerhengst in der jüngeren Zuchtgeschichte Oldenburgs. Viele seiner Nachkommen sind bereits im Springsport. 1978 war Furioso II Spitzenvererber in der Bundesrepublik.
Furioso II ♂
Rantzau xx gilt als der beste Vollbluthengst, der jemals in der französischen Warmblutzucht eingesetzt wurde. Von 1971 bis 1973 war er in Frankreich der Spitzenvererber in Dressur, Springen und Vielseitigkeit.
Rantzau xx ♂
Anglonormanne.
Quenette ♀
Anglonormanne.
Cor de la Bryère ♂
Calypso I (Holst.) ♂
Calypso II (Holst.) ♂
Cansas (Holst.) ♂
Calando (Holst.) ♂
Caletto (Holst.) ♂

Orient

Geboren: 1944
Züchter:
Claus Thormählen,
Dorfreihe

Jura

Selma

Nenndorf

Palisa

Die 1919 geborene Stute galt zu ihrer Zeit als die beste Stute Holsteins. Sie lieferte die Hengste Meistersänger, Ortolan, Nenndorf und Heino.

Lust

Führt das Springblut von Achill und Cicero.

Favorit

Wurde zusammen mit First der Träger des Tobias-Achill-Springbluts.

Palisa

Die 1919 geborene Stute galt zu ihrer Zeit als die beste Stute Holsteins. Sie lieferte die Hengste Meistersänger, Ortolan, Nenndorf und Heino.

Nennwert

Krone

Duenna

Lieferte von Tobias die Hengste Friedland, Albrecht, Jambus und Favorit.

Tobias

Hauptträger des Springbluts und bedeutendster Hengst der Achill-Linie.

Duenna

Lieferte von Tobias die Hengste Friedland, Albrecht, Jambus und Favorit.

Vogt

Knolle

Cicero

Neben Achill war Cicero der große Springpferdevererber der älteren Holsteiner Zuchtgeschichte.

Heino

Hauptträger des Springbluts der Ethelbert-Linie.

Heintze

Tobias

Hauptträger des Springbluts und bedeutendster Hengst der Achill-Linie.

Omelette

Heinz

Bedeutendster Sohn von Weidmann.

Führt über Kürassier das Springblut von Cicero.

Urania

Achill

Linienbegründer der Holsteiner Zucht.

Führt Springblut von Cicero.

Hildegard

Wildfang

Drahtige

Weidmann

Führte den Ethelbert 1583-Zweig der Hengstlinie fort.

Wassernixe

Führte neben Lord die Ethelbert-Linie fort.

Ethelbert 1583

Ethelbert 1197

Linienbegründer der Holsteiner Zucht. Stammt ab von St. Fagans xx.

Retina

Geboren: 1952
Züchter:
Eduard Magens,
Dorfreihe

Typvolle schwere Marschstute im großen Rechteckrahmen.

Dolli

Ramzes

Clärchen

Lieferte im Alter von 22 Jahren die Stute Dolli.

Lopshorn

Lieferte Bianka von Tobias, die zu den besten Springpferden der Vorkriegszeit gehörte.

Sanna

Tobias

Hauptträger des Springbluts und bedeutendster Hengst der Achill-Linie.

Hilgunde

Loretto

Stempelhengst des Lord-Zweiges der Ethelbert-Linie.

Führt das Springblut von Heinz, dem Vater von Heintze.

Violetta

First

Wurde zusammen mit Favorit der Träger des Tobias-Achill-Springbluts.

Zerline

Lorbeer

Stempelhengst des Lord-Zweiges der Ethelbert-Linie.

Führt das Springblut von Achill und Cicero.

Gemse

Tobias

Hauptträger des Springbluts und bedeutendster Hengst der Achill-Linie.

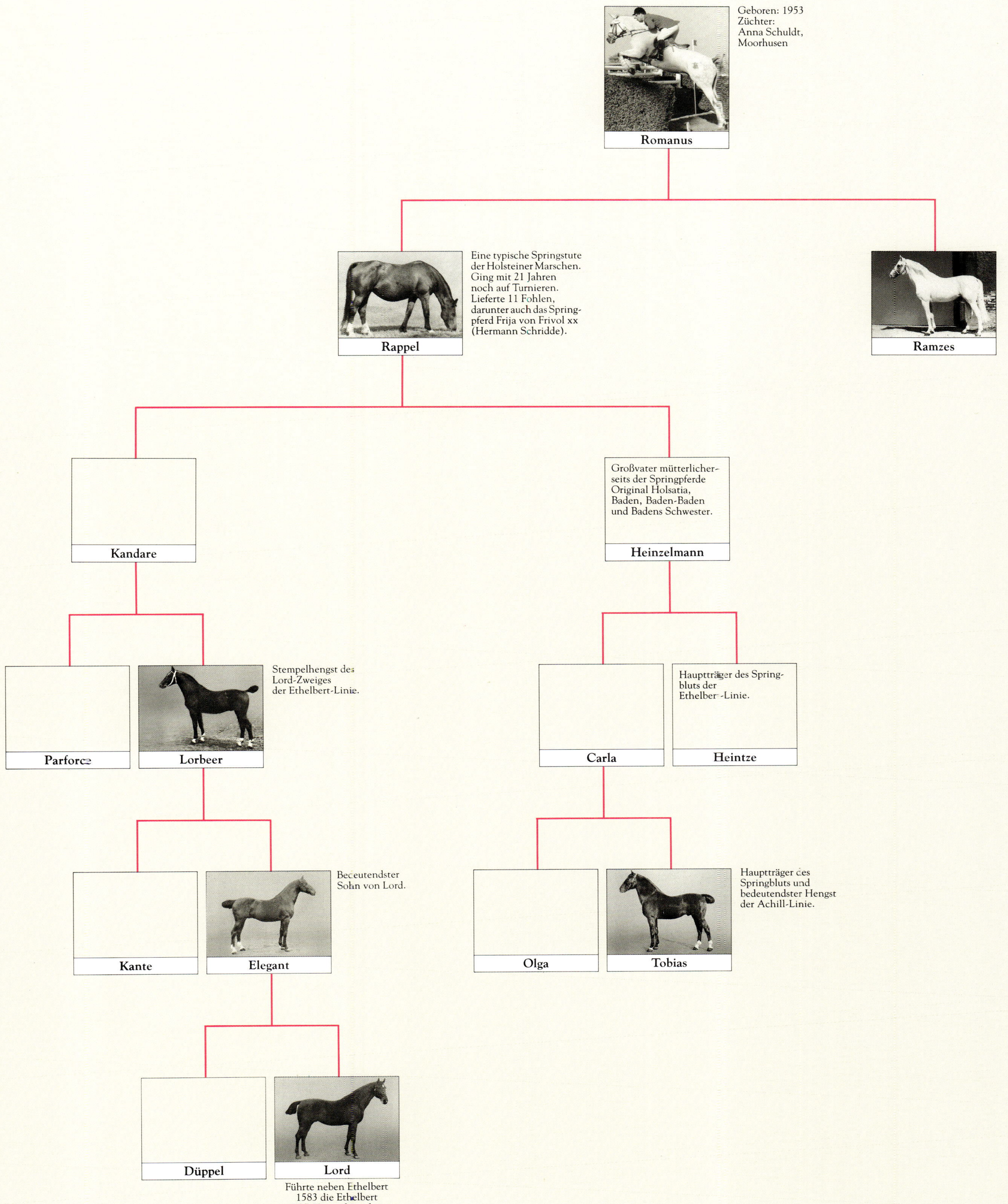
Romanus
Geboren: 1953
Züchter:
Anna Schuldt,
Moorhusen
Rappel
Eine typische Springstute
der Holsteiner Marschen.
Ging mit 21 Jahren
noch auf Turnieren.
Lieferte 11 Fohlen,
darunter auch das Spring-
pferd Frija von Frivol xx
(Hermann Schridde).
Ramzes
Kandare
Heinzelmann
Großvater mütterlicher-
seits der Springpferde
Original Holsatia,
Baden, Baden-Baden
und Badens Schwester.
Parforce
Lorbeer
Stempelhengst des
Lord-Zweiges
der Ethelbert-Linie.
Carla
Heintze
Hauptträger des Spring-
bluts der
Ethelbert-Linie.
Kante
Elegant
Bedeutendster
Sohn von Lord.
Olga
Tobias
Hauptträger des
Springbluts und
bedeutendster Hengst
der Achill-Linie.
Düppel
Lord
Führte neben Ethelbert
1583 die Ethelbert
1197-Hengstlinie fort.

Marietta

Lieferte 18 Fohlen, darunter die Hengste Fokus I und Fokus II von Fangball und das Vielseitigkeitspferd Lorbass, mit dem M. Spethmann 1977 die Europameisterschaft der Junioren gewann.

Ermelinde

Heidelberg

Nella

Führt das Blut von Loretto-Lorbeer.

Lockvogel

Nachud

Heimburg

Alice

Loki

Erbin

Heintze

Hauptträger des Springbluts der Ethelbert-Linie.

Rätin

Nordhäuser

Begründete einen eigenen Zweig der Elegant-Lord-Ethelbert-Hengstlinie.

Dea

Lorbeer

Stempelhengst des Lord-Zweiges der Ethelbert-Linie.

Atalante

Mackensen

Begründete einen eigenen Zweig der Elegant-Lord-Ethelbert-Hengstlinie.

Macht

Favorit

Träger des Tobias-Achill-Springbluts.

Pracht

Elegant

Bedeutendster Sohn von Lord.

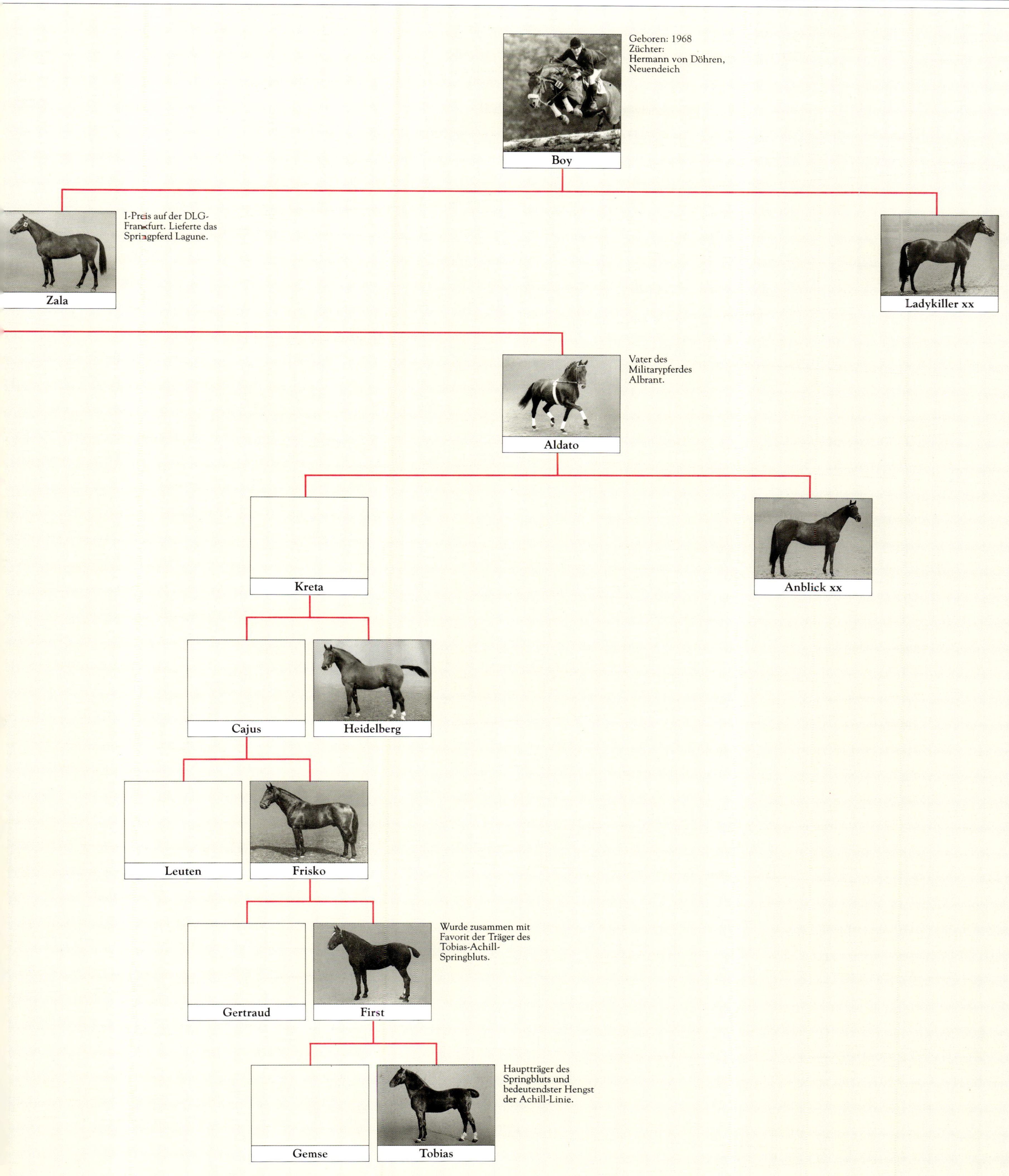
Geboren: 1968
Züchter:
Hermann von Döhren,
Neuendeich
Boy
I-Preis auf der DLG-Frankfurt. Lieferte das Springpferd Lagune.
Zala
Ladykiller xx
Vater des Militarypferdes Albrant.
Aldato
Kreta
Anblick xx
Cajus
Heidelberg
Leuten
Frisko
Wurde zusammen mit Favorit der Träger des Tobias-Achill-Springbluts.
Gertraud
First
Hauptträger des Springbluts und bedeutendster Hengst der Achill-Linie.
Gemse
Tobias

Borna

Helsingborg

Atlas I

Plazierungen in S-Springen und Vielseitigkeitsprüfungen. Wurde mit 20 Jahren noch in Springprüfungen gestartet.

Führt Springblut von Favorit-Tobias.

Vivat

Heidsiek

Ahrweiler

Anblick xx

Führt das Blut von Lortzing-Lorbeer.

Norissa

Heidekönig

Führt Springblut von First-Tobias.

Düppel

Führt das Blut von Lorbeer.

Lockvogel

Führt Springblut von Favorit-Tobias.

Hochachtung

Hauptträger des Springbluts der Ethelbert-Linie.

Heintze

Canella (links) lieferte den Hengs
Nubier von Heintz

Livius

Geboren: 1971
Züchter:
Hermann Groth,
Kleve.

Lord

Internationales Vielseitigkeitspferd mit großem Springvermögen.

Viola

I-Preis Stutenschau 1967.

Ladykiller xx

Ricarda

Lieferte das internationale Springpferd Marlon von Marlon xx und den Hengst Ricardo von Ronald.

Cottage Son xx

Hedda

Lieferte die Stute Nelda, von der Leopard, das Spitzenpferd der Auktion 1975, und der Hengst Landvogt von Ladykiller xx stammt.

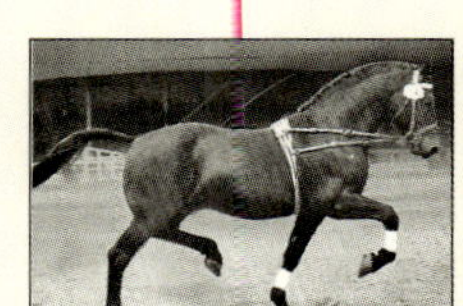
Lohgerber

Labung

Lieferte den Hengst Heinsen von Heintze.

Faßbinder

Iris

Lohengrin

Lieferte das Springpferd Tamino (Sönke Söhnksen).

Canella

Lorbeer

Stempelhengst des Lord-Zweiges der Ethelbert-Linie.

Döllnitz

Fanatiker

Bester Sohn von Fanal.

Dahlie

Führt Springblut von Favorit-Tobias und von Weidmann.

Obotrit

Führt Springblut von Favorit-Tobias und von Weidmann. Vater von Landrat, dem Sieger im Deutschen Springderby 1936.

Volle

Führt Springblut von First-Tobias und Kürassier-Cicero.

Loretto

Stempelhengst des Lord-Zweiges der Ethelbert-Linie.

Partie

Führt das Springblut von Weidmann und Cicero.

Favorit

Träger des Tobias-Achill-Springbluts.

Trude

Fanal

Hauptträger des Favorit-Tobias-Springbluts. Vater der Springpferde Baden und Original Holsatia. Lieferte 25 Hengste, 98 Hauptstammbuchstuten und 165 Stutbuchstuten.

Die Auswahl des Springpferdes.

Die Beurteilungslehre geht allgemein von den Kriterien Exterieur, Grundgangarten und innere Eigenschaften des Pferdes aus. Auch für ein Springpferd sind diese Kriterien wichtig, aber das Kernstück der Beurteilung macht doch die Beurteilung der Springanlagen aus, für die Exterieur und Grundgangarten wiederum wesentliche Hinweise geben können. Neben den reinen Anlagen zum Springen muß ein Springpferd weiterhin auch eine gewisse Beinempfindlichkeit besitzen, um die Gewähr für ein von Natur aus sauberes Springen zu geben. Denkt man schließlich an ein wirkliches Leistungsspringpferd, so sollte man noch auf eine gewisse Größe des Pferdes Wert legen, obwohl eine Reihe von Ausnahmepferden beweist, daß durchaus auch kleinere Pferde ihre Chance im großen Sport haben können.

EXTERIEURBEURTEILUNG AUS DER SICHT DES SPRINGREITERS.

Das Exterieur hat bei der Beurteilung eines Springpferdes nicht die gleiche Bedeutung wie bei Materialpferden, Hengsten und Zuchtstuten. Es gibt durchaus gute Springpferde mit deutlichen Gebäudefehlern. Aber fast immer zeichnen sich die Klassespringpferde durch eine gute Geschlossenheit und eine günstige Winkelung der Hinterhand aus. Sind diese Kriterien erfüllt, so kann man andere kleine Gebäudemängel durchaus tolerieren.

GESCHLOSSENHEIT DES PFERDES.

Das zukünftige Springpferd sollte *im Rücken nicht zu lang* sein und vor allem *keinen weichen Rücken* und *keine weiche Nierenpartie* haben. Bei Pferden mit solchen Mängeln hat man sozusagen zwei Pferde unterm Sattel, und wenn dann noch die Kruppe gerade und die Hinterhand schlecht gewinkelt ist, ist es äußerst schwierig, die Pferde von hinten nach vorn zu einer Einheit zusammenzureiten. Und einem zweigeteilten Pferd fällt es immer schwerer, beim Sprung mit der Hinterhand das Gewicht der Vorhand mitzunehmen. Bei solchen Pferden ist es kaum möglich, daß sie jemals ein gutes Springpferd werden.

Die Rückenpartie des Springpferdes sollte etwa so lang sein, daß das Pferd im leichten Rechteckformat steht. Springpferde können aber auch durchaus Quadratpferde sein, also einen kürzeren Rücken haben. Diese Pferde sind häufig zwar fester im Rücken, lösen sich deshalb schwerer und sind dadurch schwieriger in der Ausbildung. Aber besonders bei schnellen Parcours bleiben sie länger geschlossen und fallen nicht so leicht auseinander. Daß Pferde mit kurzem Rücken schlechte Oxerspringer sein sollen, wird zwar bisweilen behauptet, ich habe es jedoch noch nie erlebt. Von meinen Pferden hatten Retina und Original Holsatia zum Beispiel einen sehr kurzen Rücken und waren sogar ausgesprochene Quadratpferde, aber Oxer haben den beiden Stuten überhaupt nichts ausgemacht.

WINKELUNG DER HINTERHAND.

Die Hinterhand wünscht man sich in den verschiedenen Hinterhandgelenken so gewinkelt, daß sich *lange, schräge Linien von Sitzbein, Ober- und Unterschenkel* ergeben. *Im Sprunggelenk* sollte das Springpferd *nicht zu gerade* sein, eine etwas stärkere Winkelung im Sprunggelenk ist sogar nicht unerwünscht. Natürlich kann es hier auch einen gewissen Ausgleich in den Winkelungen geben. Von meinen Pferden war zum Beispiel Finale im Sprunggelenk gerade, aber sie war in den Hanken stark gewinkelt und etwas weich gefesselt, so daß der Fehler im Sprunggelenk ausgeglichen wurde. Letztlich kommt es darauf an, daß die Hinterhand insgesamt so gebaut ist, daß sie sich von ihrer Mechanik her gut neigen und weit unter den Schwerpunkt des Pferdes vortreten kann.

Die Fesselung will der Dressurreiter eher etwas länger und weicher haben, weil sich dadurch elastischere Bewegungen ergeben und sich besser sitzen läßt. Früher glaubte man auch, daß die etwas weichere Fesselung für das Springpferd den Vorteil einer größeren Federkraft habe. Ich halte eine *weiche Fesselung beim Springpferd* jedoch eher für *bedenklich,* da beim Absprung die Hinterbeinfesseln und beim Aufsprung die Vorderbeinfesseln bei größeren Sprüngen häufig so weit durchgetreten werden, daß sie schon den Boden berühren. Dementsprechend stark werden die Fessel- und

Krongelenke beansprucht. Die etwas steile Fesselung hat dagegen weniger Nachteile. Von meinen Pferden war Meteors Halbbruder Diamant vorn sehr kurz und steil gefesselt, aber bei ihm war die Winkelung in den Hanken und im Sprunggelenk so gut, daß er dennoch über ausgesprochen elastische Bewegungen verfügte.

WEITERE WICHTIGE KRITERIEN DES FUNDAMENTS.

Grundsätzlich ist beim Fundament des Springpferdes noch wichtig, daß es eine gewisse Härte ausstrahlen muß, die man an *klaren, straffen Sehnen und kräftigen, breiten und trockenen Gelenken* erkennt. Gefordert wird in der Beurteilungslehre auch eine möglichst kurze Röhre, so daß das Verhältnis von Unterarm zu Röhre etwa 2:1 betragen soll. Mit solchen Zahlenangaben sollte man aber vorsichtig sein. Das hängt doch sehr von der ganzen Zuchtrichtung ab. Beim Vollblüter oder bei Vollblutnachkommen finden wir häufig ein längeres Röhrbein, ohne daß deshalb das Röhrbein zu schwach ist. Und für mich ist bisher noch nicht nachgewiesen, daß die kurze Röhre widerstandsfähiger ist.

Die alten Züchter waren früher auch sehr skeptisch, wenn die Pferde lose im Vorderbein waren. Manche Pferde haben das schon von Natur aus, viele Springpferde bekommen das sogenannte „*lose Knie*" im Laufe ihrer Springkarriere. Schaden tut dies den Pferden aber selten. Es ist sogar so, daß die Sehnen dadurch eher geschont werden. Halla war zum Beispiel lose im Vorderbein. Noch ausgeprägter war dies bei Armalva. Beide sind damit alt geworden. Dagegen ist ein *rückbiegiges Vorderbein* viel bedenklicher für die Haltbarkeit der Sehnen, und außerdem haben diese Pferde meistens auch eine schlechte Vorderbeintechnik beim Springen.

Gegen die heute allerdings seltenen bodenengen und bodenweiten Stellungen der Vorder- und Hinterbeine und die eher noch vorkommenden zehenengen und zehenweiten Stellungen habe ich aus der Sicht des Springreiters keine Einwände, wenn die Abweichungen von der korrekten Beinstellung nicht stark ausgeprägt sind. Geringe Mängel kann ein guter Schmied außerdem korrigieren. Aber bei stärkeren Ausprägungen besteht natürlich die Gefahr, daß sich die Pferde leichter Überbeine treten und leichter lahm werden können.

Bedenklich ist für ein Springpferd *ein enger Huf oder sogar Zwanghuf,* da beim Landen der kleinere Huf insgesamt stärker belastet wird und diese Pferde leichter lahm werden als Pferde mit einem breiten Huf. Springpferde mit engen Hufen sind deshalb meistens auch nicht lange im großen Sport, wenn sie nicht sehr überlegt und schonend eingesetzt werden.

Wichtig ist auch ein *gutes Wachstum der Hornhaut.* Bei Springpferden muß man immer damit rechnen, daß sie sich die Vordereisen beim Landen mit den Hinterhufen herunterreißen, und wenn ein Huf gut wächst, kann man ihn natürlich wieder leichter beschlagen. Aber leider kann man das Wachstum der Hornhaut nur wenig beeinflussen, und bei einem Springpferd mit schlecht wachsendem Huf, wie es etwa bei Meteor der Fall war, kann man sich eigentlich nur dadurch helfen, daß man die Eisen extrem kurz hält.

BEDEUTUNG DER HALSUNG UND DER SCHULTERPARTIE.

Dem Hals wird als Balancierstange des Pferdes in der Beurteilungslehre eine große Bedeutung beigemessen. Idealerweise wünscht man sich den Hals lang, mit kräftiger oberer Halsmuskulatur und einer harmonischen Verjüngung zum Kopf hin. Es wird gesagt, daß Pferde mit einem langen Hals sich im Sprung besser ausbalancieren können. Ich habe aber schon so viele gute Springpferde mit einem kurzen Hals gesehen, daß ich darin keinen Grund sehe, ein Pferd nicht als Springpferd auszubilden, wenn die übrigen Springpferdeeigenschaften stimmen.

Bedenken habe ich allerdings bei einer *leichten, dünnen und weichen Halsung* des Pferdes. Diese Pferde überrollen sich von Natur aus sehr leicht, der Reiter bekommt keine gute Anlehnung zum Pferdemaul, und dem Pferd fehlt die sichere Führung durch den Reiter. Wenn dann der Rücken lang, die Nierenpartie schwach und die Winkelung der Hinterhand ungünstig ist, dann hat man als Reiter kaum die Möglichkeit, die Pferde zwischen den Hindernissen wieder zu versammeln und die erforderliche Federkraft vor dem nächsten Sprung wiederherzustellen.

Ein Unterhals ist dagegen noch kein Hinderungsgrund für ein Springpferd, denn einen Unterhals kann man bei richtiger Arbeit umformen, wenn man sich dazu ausreichend Zeit läßt.

Beachtung sollte man auch der Schulterpartie des Pferdes schenken. Eine *steile Schulter* kann zur Folge haben, daß das Pferd die Vorderbeine im Sprung zu wenig anwinkelt oder sie sogar auf einer oder auf beiden Seiten etwas nach hinten zieht. Das muß allerdings nicht der Fall sein. Und ist die Beintechnik des Pferdes beim Springen in Ordnung, dann habe ich gegen eine etwas steile Schulter keine Bedenken. Allerdings können Pferde mit einer extrem steilen Schulter von Natur aus nur wenig Raumgriff im Galopp entwickeln und werden bei weiten Kombinationen immer große Schwierigkeiten haben.

Exterieurmängel in bezug auf die Rittigkeit des Pferdes.

Ebenso wie ein Unterhals sind auch ein schweres Genick und wenig Ganaschenfreiheit Gebäudemängel, die die Rittigkeit des Pferdes beeinträchtigen, vom Reiter natürlich nicht erwünscht sind und eine längere Ausbildungszeit erfordern. Aber solche Mängel sollten einen Reiter nicht daran hindern, ein zum Springen talentiertes Pferd in Ausbildung zu nehmen, wenn das Pferd bei der Arbeit an sich gut mitmacht.

In diese Kategorie der Gebäudemängel fallen auch Mängel im Widerrist. Man wünscht sich den Widerrist ausgeprägt und allmählich in den Rücken übergehend. Dadurch wird die Sattellage günstiger und es ergibt sich ein optisch besseres Bild, da der Hals besser zur Geltung kommt. Sehr wichtig ist das aber nur für den Dressurreiter, der bei einer guten Sattellage sogar die Wirkung eines kurzen Halses optisch etwas kompensieren kann. Der Springreiter hat natürlich auch gern etwas vor sich, aber ein unbedingter Nachteil ist ein etwas ausdrucksloser Widerrist für ein Springpferd nicht.

Auch wenn ein Pferd überbaut ist, muß dies für seine Eignung als Springpferd nicht unbedingt ein Nachteil sein, während ein Dressurreiter ein solches Pferd von vornherein wohl ablehnen würde. Heute finden wir diesen Gebäudefehler aber ohnehin nur noch sehr selten.

Anforderungen an die Grundgangarten.

Hinsichtlich der Grundgangarten brauchen wir als Springreiter nicht den gleichen Ausdruck zu verlangen, wie es der Dressurreiter tun muß. Es gibt auch durchaus Pferderassen, wie zum Beispiel die Iren, die nur über wenig Trab verfügen, aber bekanntermaßen ja dennoch hervorragende Springpferde liefern. Aber wenn man von den deutschen Landespferdezuchten ausgeht, die in ihren Zuchtzielen den Grundgangarten alle eine große Bedeutung beimessen, dann ist auch für den Springreiter die Beurteilung der Grundgangarten nicht zu unterschätzen.

Schritt.

Haben die Pferde einen *fleißigen, elastischen, losgelassenen, federnden und raumgreifenden Schritt,* dann wird der erfahrene Beobachter schon mit einiger Wahrscheinlichkeit vermuten dürfen, daß diese Pferde auch springen können. Zumal wenn das Pferd einen geschlossenen Eindruck macht, gut in der Hinterhand gewinkelt ist und vom Auge des Pferdes eine gewisse Ausstrahlung ausgeht. Andererseits ist bei einem Pferd mit einem schleppenden, kraftlosen Schritt, bei dem die Hinterbeine nicht weit untertreten, von vornherein eine gewisse Skepsis angebracht, denn erfahrungsgemäß kann man den Schritt von allen Gangarten am wenigsten korrigieren.

Trab.

Noch deutlicher ergibt sich, wohlgemerkt bei unseren deutschen Landespferdezuchten, die mögliche Springpferdeeignung aus dem Trab des Pferdes. Das energische An- und Untertreten der Hinterhand, die Elastizität der Bewegung und vor allen Dingen das energische Abfußen vom Boden sollten auch bei einem Springpferd gut ausgeprägt sein. Und zwar ist hierbei besonders wichtig das *sofortige energische Abfußen vom Boden, der unmittelbare Antritt aus der Hinterhand,* nicht erst das Abfußen nach mehreren Trabtritten.

Nicht umsonst sind ja Traber häufig sehr gute Springpferde. Gebäudemäßig ist oftmals etwas an ihnen auszusetzen, vor allem im Fundament. Sie sind auch im Parcours nicht immer einfach, weil sie zwischen den Sprüngen, selbst in Kombinationen, immer wieder einmal kurz traben anstatt zu galoppieren. Aber die ungeheure Schubkraft der Hinterhand, die der Traber entwickeln muß, gibt ihm eine gute Eignung als Springpferd. Dazu kommt, daß fast alle Traber gutmütig im Charakter und ausgeglichen im Temperament sind.

Galopp.

Der Galopp des Springpferdes soll rhythmisch, fließend und rund sein. Im Galopp sollen die Pferde möglichst schon von Natur aus mit dem inneren Hinterbein weit unter den Schwerpunkt springen. Das *weite Unterspringen ist im Galopp noch wichtiger als das energische Abfußen vom Boden.* Pferde mit einer solchen Galoppade tragen sich von selbst, der Reiter hat es viel leichter in der Ausbildung, und dem Pferd fällt es natürlich leichter, im Galopp die Vorhand mit der Hinterhand zu entlasten und sich beim Sprung vom Boden zu lösen.

Während sich der Dressurreiter einen erhabenen Galoppsprung des Pferdes wünscht, sind wir Springreiter darüber nicht unbedingt glücklich. Denn der Weg in der Luft kostet Zeit. Die Pferde müssen einen längeren Weg galoppieren. Ich habe zum Beispiel früher oftmals geglaubt, daß Hans Günter Winkler mit Halla eine langsame Zeit reiten würde, und in Wirklichkeit hatte er mich durch Hallas flachen Galoppsprung in der Zeit schon längst geschlagen.

Beim Galopp muß man schließlich noch berücksichtigen, daß es Pferde mit einem sehr langen Galoppsprung als Springpferd schwerer haben. Wenn der Absprung nicht „paßt" und im ungünstigsten Fall ein halber Galoppsprung vor dem Hindernis durch Verlängern oder Verkürzen des Galoppsprungs ausgeglichen werden muß, so hat ein Pferd mit einem Galoppsprung von etwa 3,80 m bis 4 m natürlich eine größere Distanz auszugleichen als ein Pferd mit einem Galoppsprung von etwa 3,50 m bis 3,80 m. Und gerade bei einem jungen Pferd mit einem langen Galoppsprung passiert es leicht, daß es eigentlich früh abspringen müßte, den Mut dazu aber noch nicht hat, noch einen Galoppsprung mehr macht und dann direkt vor dem Hindernis steht. Hinzu kommt, daß ein Pferd mit einem langen Galoppsprung auch eine längere Flugphase über dem Hindernis hat, und die längere Flugphase kostet wiederum Zeit. *Am schnellsten im Parcours sind deshalb nach meiner Erfahrung Pferde mit einem flachen und mittellangen bis kurzen, aber sehr energischen Galoppsprung.*

Die Springanlagen als Kernstück der Beurteilung.

Nach der Betrachtung des Exterieurs und der Grundgangarten läßt man sich die Pferde im Freispringen vorstellen, um das Springvermögen, die Springmanier und die Geschicklichkeit des Pferdes beurteilen zu können.

Die Anforderungen beim Freispringen zur Beurteilung der Springanlagen.

Beim Freispringen zur Beurteilung der Springanlagen möchte ich zunächst vor dem grundsätzlichen Fehler warnen, daß man schon bei den jungen Pferden die Stangen immer höher legt und die Pferde immer und immer wieder springen läßt. Es genügt, wenn man das junge Pferd in einem Sprung über ein 90 cm bis vielleicht 1,20 m hohes Hindernis sieht. Und es genügt, wenn man zwei bis drei Sprünge sieht. Die Pferde werden beim zehnten oder fünfzehnten Sprung bestimmt nicht besser. Und wenn, dann war es nicht die Wahrheit, sondern ein Glückssprung.

Was die Höhe der Hindernisse betrifft, so kann man die Springveranlagung eines noch wenig geübten jungen Pferdes über ein etwas niedrigeres Hindernis eher noch besser beurteilen, als wenn das Pferd über 1,50 m gesprungen wird. Bei hohen Hindernissen verkrampfen sich die Pferde leichter, denn sie sind mit diesen Abmessungen ja noch nicht so vertraut, haben die Sicherheit noch nicht und müssen deshalb häufig mit viel Stimmen- und Gertenhilfen über das Hindernis angetrieben werden. Bei einem niedrigen Hindernis kann man dagegen das Pferd mehr sich selbst überlassen und braucht nicht so sehr mit treibenden Hilfen einzugreifen. Man kann dabei am Ohrenspiel und am Auge des Pferdes beobachten, wie aufmerksam das Pferd schon von sich aus an das Hindernis herangeht und ob es „mitmacht und mitdenkt". Das ist genauso wichtig wie das reine Springvermögen.

Aber auch das Springvermögen kann man am energischen und federnden Abfußen des Pferdes schon bei nicht so hohen Hindernissen ausreichend erkennen. Ohnehin sollte man ja bereits aus der Beurteilung der Grundgangarten den Eindruck gewonnen haben, ob ein Pferd ausreichend „Gummi" hat oder nicht.

Beim Freispringen der jungen Pferde wird man noch nicht erwarten können, daß sie von sich aus unbedingt den richtigen Absprungpunkt finden. Das Taxieren der Entfernung zum Hindernis und das erforderliche Verlängern oder Verkürzen des Galoppsprungs lernen die Pferde erst im Laufe der Ausbildung. Aber sehr aufschlußreich für die Beurteilung ist es, ob sich die Pferde über dem Sprung zu helfen wissen, wenn sie einmal zu spät oder zu früh abgesprungen sind. Ein zukünftiges Springpferd muß in solchen Situationen schon eine gewisse Geschicklichkeit und ein gutes Reaktionsvermögen besitzen. Und bei gut veranlagten jungen Pferden erlebt man es nicht selten, daß sie von Natur aus schon wie ein routiniertes Pferd ihre Beine sortieren und ein im Oxer hängengebliebenes Hinterbein blitzschnell wieder herausziehen können.

Bascule, Vorderbeintechnik und Hinterbeintechnik des Springpferdes.

Im Sprung selbst wünschen wir uns eine natürliche Springmanier, bei der sich das Pferd mit gut angewinkelten Vorder- und Hinterbeinen und mit viel Bascule, das heißt bei tiefer Nase, langem Hals und losgelassenem und aufgewölbtem Rücken, fliegen läßt.

Bei Pferden, die die *Vorderbeine hängen lassen oder* sogar die Vorderbeine teilweise auch einseitig *nach hinten wegklappen,* treten sehr leicht Vorhandfehler auf, besonders wenn die Pferde etwas nah an das Hindernis herankommen. Dieser Fehler ist reiterlich sehr schwer und nur bedingt zu reparieren. Man kann als Reiter nur versuchen, diese Pferde relativ früh zum Absprung zu bringen. Aber grundsätzlich lehne ich Pferde mit einer solchen Vorderbeintechnik als Springpferde für den großen Sport ab.

Dagegen ist es unbedenklich, wenn die jungen Pferde im Sprung noch etwas *breit in den Vorderbeinen* sind. Das resultiert meistens aus einer gewissen Unbeholfenheit der Pferde, und dieser Fehler korrigiert sich von selbst, wenn die Pferde mehr gymnastiziert werden, die Ritte etwas schneller werden und der ganze Bewegungsablauf im Sprung weicher und geschmeidiger wird.

Bei manchen Pferden wird man auch beobachten, daß sie den *Unterarm* nicht anwinkeln, sondern *nach vorne wegschlagen.* Diese Beintechnik ist nicht als ein Fehler anzusehen. Wenn die Pferde einmal sehr früh abspringen, dann hilft dieses weite Vorbringen der Vorderbeine, um einen Fehler zu vermeiden. Pferde, die in solchen Situationen den Mut haben, die Vorderbeine weit vorzubringen, sind als Springpferde schon als hervorragend veranlagt anzusehen. Und bei einem normalen Absprung lernen die Pferde mit dieser Beintechnik schon sehr bald, die Vorderbeine normal anzuwinkeln.

Pferde mit einer *schlechten Bascule* können, wenn sie über viel Springvermögen verfügen, durchaus respektable Höhen springen. Aber diese Pferde haben es schwerer. Denn bei einem Pferd, das mit tiefer Nase und gewölbtem Rücken springt, kommt die Hinterhand im abfallenden Ast der Springkurve automatisch schon etwas höher. Das Pferd braucht die Hinterbeine also nicht so stark anzuziehen, als wenn es mit weggedrücktem Rücken springt.

Beachten sollte man auch, daß bei manchen Pferden die Hals- und Rückenarbeit zwar im aufsteigenden Ast der Springkurve gut ist, die Pferde dann aber im abfallenden Ast der Springkurve den Hals zu früh hochnehmen, dadurch hinter dem Widerrist oder im Rücken abbrechen und dann natürlich leicht einen Fehler mit der Hinterhand machen.

Bei Pferden mit einer schlechten Bascule sollte man als Springreiter vorsichtig sein. Man kann zwar eine gute Bascule wegreiten, aber ein Pferd mit einer schlechten Hals- und Rückenarbeit zu korrigieren ist schwierig und nur bedingt möglich. Die Korrekturarbeit ist langwierig und gelingt meistens auch nur im Training bei bekannten Hindernissen und bei Korrektursprüngen. Im Wettkampf stellt sich dann der alte Fehler sehr leicht wieder ein.

Mit den Hinterbeinen machen die Pferde leicht einen Fehler, wenn sie während des aufsteigenden Astes der Flugkurve die Hinterbeine sehr lange, zum Teil sogar bis zum Scheitelpunkt der Flugkurve relativ gestreckt lassen. Die Pferde mit diesem sogenannten *„langen Hinterbein"* können dann besonders bei hohem Tempo die Hinterbeine nicht mehr schnell genug anwinkeln. Als Reiter hat man wenig Möglichkeiten, diesen Fehler kurzfristig zu korrigieren. Man kann lediglich versuchen, genau in dem Tempo zu reiten, das dem Pferd besonders liegt, und das ist meistens kein Siegtempo, sondern eher ein etwas langsameres Tempo. Nach zwei bis drei Jahren systematischer Springausbildung korrigiert sich dieser Fehler dann aber von alleine. Halla war zum Beispiel am Anfang ihrer Springkarriere etwas langsam im Anwinkeln der Hinterbeine, aufgrund der großen Intelligenz und Feinfühligkeit der Stute hat sich dieser Fehler aber völlig verloren. Ein anderer Fall war Porta Westfalica. Die Stute hatte eine Supertechnik im Vorderbein, war im Hinterbein aber nicht annähernd so gut und handelte sich, da sie ein schnelles Pferd war, anfangs an breiten Oxern häufig einen Fehler ein.

Neben diesem hängenden oder stehenden Hinterbein, das nicht schnell genug angewinkelt wird, gibt es noch den Fall, daß die Pferde zwar die Hinterbeine auch nicht anwinkeln, sie aber überm Sprung nach oben und hinten bringen. Diese Hinterbeintechnik sieht man auch bei einigen routinierten Springpferden. Sie ist nicht unbedingt als ein Fehler, sondern mehr als eine besondere Eigenart dieser Pferde anzusehen.

Ein anderer Fehler in der Hinterbeintechnik ist es, wenn die Pferde schon kurz nach dem Absprung *die Hinterbeine sehr schnell und weit unter den Bauch anziehen.* Diese Pferde sind meistens sehr zaghaft und ängstlich, und eine gewisse Vorsicht ist bei der Beurteilung dieser Pferde angebracht. Allerdings kann sich dieser Fehler auch verlieren, wenn die Pferde mehr Vertrauen zum Springen bekommen. Daneben kann diese Hinterbeintechnik aber auch einmal bei einem routinierten Springpferd vorkommen, wenn das Pferd sehr früh abgesprungen ist und versucht, einen Hinterhandfehler zu vermeiden.

DIE BEDEUTUNG DER BEINEMPFINDLICHKEIT.

Neben der reinen Springveranlagung muß man bei einem zukünftigen Springpferd auch voraussetzen, daß es über eine gewisse Empfindlichkeit und Feinfühligkeit im Bein verfügt. Die sogenannten „kalten Pferde" oder Pferde mit „kalten Beinen", denen das Abwerfen einer Stange nichts ausmacht und die so phlegmatisch sind, daß sie nach einem Fehler am nächsten Hindernis wieder einen Fehler machen, werden selten und dann erst sehr spät gute Springpferde.

Durch die verstärkte Blutzufuhr sind unsere Pferde heute im allgemeinen aber edler, sensibler und damit auch beinempfindlicher geworden. Als Springreiter hat man heute genügend Möglichkeiten, ein Pferd zu finden, das von Natur aus sauber springt. Die Mittel, die früher, auch schon zur Zeit der Kavallerieschule, eingesetzt wurden, um die Springpferde zum sauberen Springen zu erziehen, sind heute nicht mehr erforderlich.

Die größere Feinfühligkeit der Pferde hat reiterlich natürlich auch ihre Kehrseite. Von meinen Pferden war zum Beispiel Finale, die ich deshalb auch immer bandagiert geritten habe, außerordentlich beinempfindlich. Für einen starken Reiter ist das natürlich schön. So hatte Finale aufgrund ihres absolut sauberen Springens eine Serie von über 40 Starts ohne einen einzigen Springfehler. Ähnlich war es bei Donald Rex von Alwin Schockemöhle. Aber man muß für solche Pferde ein gutes Auge haben und sie genau zum richtigen Absprungpunkt reiten. Wenn diese Pferde nämlich einen Fehler machen oder auch nur an einem schweren Hindernis anschlagen, ohne dabei einen Fehler zu machen, dann werden sie etwas zaghafter, werden noch vorsichtiger und bleiben schon einmal stehen. Besonders wenn sie merken, daß der Absprung nicht paßt und sie einen Fehler nicht vermeiden können.

Man sollte seine eigenen reiterlichen Fähigkeiten deshalb sehr genau einschätzen, wenn man solche besonders vorsichtigen und sensiblen Pferde in Ausbildung nimmt. Denn hat man diese Pferde einmal „sauer" geritten, dann gehört viel Selbstdisziplin und Geduld dazu, bis man wieder ein gutes Verhältnis zu dem Pferd hergestellt hat.

Aber selbst wenn ein starker Reiter ein sehr sensibles Pferd reitet, so wird auch er mit einem solchen Pferd in sehr schweren Parcours nicht die gleiche hundertprozentige Sicherheit haben wie mit einem etwas robusteren Pferd. Bei den Olympischen Spielen 1956 in Stockholm hatte ich zum Beispiel die Wahl zwischen Meteor und Finale, und ich habe mich für Meteor entschieden, weil in der Mannschaft kein Pferd ausfallen durfte und Meteor mit ziemlicher Sicherheit ins Ziel kommen würde. Auch wenn er die ganze dreifache Kombination abgeräumt hätte, so wäre Meteor doch immer noch nach Hause gekommen. Wäre es dagegen lediglich um die Einzelmedaillen gegangen, so hätte ich wahrscheinlich Finale geritten. Denn sie war ein absolutes Siegpferd, sie war in hervorragender Form, und sie hätte das Letzte gegeben, aber bei einem schweren Fehler oder sogar Rumpler hätte der Ritt mit ihr auch schiefgehen können, oder ich hätte den Ritt eventuell sogar vorzeitig abbrechen müssen.

WICHTIGE INNERE EIGENSCHAFTEN DES SPRINGPFERDES.

Bei einem guten Springpferd muß neben dem reinen Springvermögen auch ein gewisser *Kampfgeist* und, ich möchte dieses Wort ruhig gebrauchen, eine gewisse *Intelligenz* hinzukommen. Erst diese inneren Eigenschaften machen die Klassepferde aus. Es wird zwar immer einzelne Rekordhochspringer geben, die vom reinen Springvermögen her anderen Pferden weit überlegen sind, ohne unbedingt über einen solchen Kampfgeist und über eine solche Intelligenz zu verfügen. Bei einladenden Parcours sind diese Pferde oftmals auch nicht zu schlagen. Aber ob sie bei verschiedenartigen Parcours, in kniffligen Situationen, bei unbekannten Hindernissen und über die Jahre hinweg stetige Erfolge haben, das muß sich erst zeigen. Ein Meteor war kein absoluter Rekordhochspringer. Aber er sprang seine 2 m bei Wind und Wetter und noch im hohen Alter. Das hat ihn ausgezeichnet.

Welche inneren Eigenschaften nun ein junges Pferd hat und entwickeln wird, läßt sich nur schwer abschätzen. Um so wichtiger ist es, sich als Reiter ausführlich mit dem ganzen Verhalten des jungen Pferdes im Stall, bei der Pflege, unterm Sattel und beim Freilaufen zu beschäftigen. Gewisse Anhaltspunkte liefert auch die Abstammung. Und man sollte sich als Pferdemann unbedingt angewöhnen, das Auge des Pferdes zu studieren. Ich kann zwar nicht präzise beschreiben, wie nun ein gutes Auge aussehen soll. Aber irgendwie muß vom Auge des Pferdes Ruhe, Vertrautheit, Ausgeglichenheit, Interessiertheit und Klugheit, insgesamt also eine starke Ausstrahlung ausgehen. Im allgemeinen ist das um so mehr der Fall, je größer das Auge des Pferdes ist. Ausnahmen gibt es aber immer. Ich habe auch schon Pferde erlebt, die ein kleines Auge hatten und dennoch sehr gut waren.

Hinsichtlich der inneren Eigenschaften eines zukünftigen Springpferdes muß ich zunächst einmal grundsätzlich voraussetzen, daß das Pferd einen guten Charakter hat und über eine *ganz natürliche Gehfreudigkeit und angeborene Springfreudigkeit* verfügt. Es ist zwar so, daß eigentlich die meisten Pferde, wenn sie gesund sind und keine bösen Erfahrungen gemacht haben, unter richtiger Anleitung gerne springen. Aber wenn die Pferde zu großen Leistungen im Springen gebracht werden sollen, dann müssen sie schon viel Herz haben. Und diesen Mut behält das Pferd wiederum auch nur, wenn es absolutes Vertrauen zum Reiter hat und weiß, daß das Zuspringen nicht mit bösen Überraschungen verbunden ist und beispielsweise auf der anderen Seite einer hohen Mauer, die es ja nicht einsehen kann, nichts Unerwartetes kommt.

Temperamentsmäßig sind für den Springsport solche Pferde ideal, die *ein etwas ruhigeres Temperament* und von sich aus *eine gewisse innere Gelassenheit* haben. Aber ein gewisses Temperament müssen die Springpferde schon haben. Denn ein Pferd ohne Temperament kann niemals ein Kämpfertyp sein, wie wir ihn in schweren Parcours brauchen. Auch bei einem Meteor, der wirklich starke Nerven hatte und durch seine ganze Masse schon irgendwie ruhig und fast etwas behäbig wirkte, konnte man nicht sagen, daß er nun kein Temperament hatte.

Dagegen kann ein Pferd mit sehr viel Temperament uns Springreitern schon zu schaffen machen. Von meinen Pferden war Finetta, die Tochter von Finale, so ein übereifriges Pferd. Sie bewegte sich im Parcours zunächst schneller, als sie „denken" konnte, verschätzte sich dann in den Abmessungen und konzentrierte sich anfangs noch nicht genug auf ihre eigentliche Aufgabe. Auch Simona von Hartwig Steenken war so ein besonders gehfreudiges Pferd, sprang in Kombinationen zu weit hinein, galoppierte schnell weiter und kam dann natürlich zu nah an das nächste Hindernis. Halla hatte, nachdem sie vorher als Renn- und Militarypferd trainiert worden war, einen ähnlich großen Vorwärtsdrang und machte dann aufgrund ihres langen Hinterbeins die besagten Hinterhandfehler.

Temperamentsmäßig sehr empfindliche Pferde, die einen zu großen Vorwärtsdrang entwickeln, kann man aber korrigieren. Und zwar arbeite ich diese Pferde heute noch nach einem Prinzip, das ich als junger Reiter in Berlin bei dem dressurmäßigen Anreiten ehemaliger Vollblutrennpferde von Felix Bürkners ungarischem Pferdepfleger gelernt habe: Viel Schritt reiten, nur auf gebogenen Linien traben, anfangs nicht galoppieren, die Pferde gut füttern und sie nicht zuviel arbeiten, um sie nervlich zu beruhigen.

Umgekehrt kann man ein Pferd wie Meteor, der durch seine Schwere, seine anfangs etwas langsame Galoppade und durch seine gewisse Dickfelligkeit schwer auf Hochtouren zu bringen war, durchaus schnell machen. Aber das erfordert natürlich eine sehr gute dressurmäßige Gymnastizierung eines solchen Pferdes. Und bei Meteor, der die Dressur überhaupt nicht liebte und im Parcours immer ein ganz anderes Pferd als im Training war, hat diese gymnastizierende Arbeit immerhin einige Jahre gedauert.

Im Parcours selbst ist es sehr wichtig, wie gut und wie schnell ein Pferd *„mitdenken" und auf die Vielfältigkeit der Hindernisse „umschalten"* kann. Die ganz guten und routinierten Springpferde erkennen die Distanzen in einer Kombination, sie erkennen, ob ein Steilsprung oder ein Hochweitsprung kommt, und sie stellen sich im Sprung schon auf das nächste Hindernis ein.

Ein Musterbeispiel für ein überdurchschnittliches Springpferd, das diese Eigenschaften hatte, ist für mich immer noch Armalva von Helga Köhler. Sie war kein sogenanntes 2-m-Springpferd. Bei 1,80 m oder etwas mehr war normalerweise Schluß. Aber sie war auch in den schwersten Parcours für jeden gefährlich, da sie schon von weitem den richtigen Absprungpunkt suchte, nichts anderes sah als das nächste Hindernis und sich noch in den unmöglichsten Situationen zu helfen wußte. Ähnlich gut war der kleine Nico von Anna Clement. Und auch Meteor hatte diesen Kampfgeist im Parcours und die Fähigkeit, schon frühzeitig eine neue Situation zu überblicken und richtig einzuschätzen. Während zum Beispiel viele Pferde auf dem Hamburger Derby, wenn sie bei Pulvermanns Grab über dem ersten Steilsprung den tieferliegenden Wassergraben sehen, erschrocken die Beine hängenlassen, sah ein Meteor, daß er bis zum Wassergraben noch genügend Zeit hatte und den Steilsprung ganz normal ausführen konnte.

Zweien meiner Pferde, Original Holsatia und Retina, fehlte diese Übersicht und Cleverness im Parcours zunächst völlig. In der Höhe kannten diese beiden Stuten keine Grenzen. Sie waren auch bemüht, keinen Fehler zu machen. Aber im Parcours mußte ich für sie mitdenken. In eine enge Kombination sprangen sie zum Beispiel zunächst ganz unbekümmert weit hinein und wußten dann vor B nicht, was sie machen sollten. Daß Original Holsatia und Retina dennoch zu großen Erfolgen kamen, lag daran, daß sie mir hundertprozentig vertrauten und beide durch die dressurmäßige Schulung so auf meine Hilfen eingingen, daß ich sie ganz präzise im richtigen Tempo auf den richtigen Absprungpunkt reiten konnte.

Einer der interessantesten Pferdetypen, die ich in meiner Reiterlaufbahn erlebt habe, war schließlich Godewind. An ihm habe ich erfahren müssen, wie schwer ein Pferd zu schulen ist, das sich im Parcours ablenken läßt. Er war zwar von Natur aus nicht besonders schnell, konnte aber ansonsten alles und hatte alle hier geschilderten guten Springpferdeeigenschaften. Nur war für ihn der Springsport noch ein echter Amateursport, und eine Turnierreise war eine schöne Reise mit etwas Springerei. Wenn es gut ging, freute er sich. Und wenn nicht, war es auch nicht schlimm. Im Parcours habe ich mich manchmal über ihn ärgern können, weil er die schwersten Hindernisse fehlerfrei ging und plötzlich durch irgend etwas abgelenkt wurde, das er viel interessanter als die Springerei fand, und dann prompt am leichtesten Hindernis einen Fehler machte. Ich habe ihm diese Unkonzentriertheit nie richtig abgewöhnen können. Aber da er ein besonders anhängliches und vergnügtes Pferd war, konnte man diesem Playboy im Parcours, wie wir ihn nannten, nie lange böse sein. Und wenn die Parcours ganz dick wurden, dann war er auch voll konzentriert und nahm seine Aufgabe ernst.

DIE GRÖSSE DES SPRINGPFERDES.

Die Größe des Springpferdes spielt in den leichteren und mittelschweren Springprüfungen keine wesentliche Rolle. Im internationalen Springsport ist die Größe eines Springpferdes jedoch schon ein wichtiger Faktor. Im großen Sport kann man die Springpferde ganz allgemein in zwei Kategorien einteilen:

1.

Der Typ des Nationenpreispferdes mit einem Stockmaß von heute etwa 1,70 m und mehr.

2.

Der Typ des kleineren Springpferdes für die „kleine Tour" auf den großen Turnieren, bei der weniger das reine Springvermögen als die Schnelligkeit des Pferdes ausschlaggebend ist.

Natürlich hat es auch immer wieder kleinere Pferde gegeben, die im großen Preis eines CHIO, in Nationenpreisen, bei Weltmeisterschaften oder Olympischen Spielen große Erfolge hatten. Zu diesen Pferden gehörte vor dem Krieg die Stute Crispa als eines der besten Pferde der italienischen Equipe. Auch Tora, die Goldmedaillengewinnerin bei den Olympischen Spielen 1936 in Berlin, war nicht groß. Die Stute war aber ausgesprochen muskulös und sprang wie ein Gummiball. Ali Baba, mit dem Pierre Jonquères d'Oriola bei den Olympischen Spielen 1952 in Helsinki die Goldmedaille gewann, hatte weniger als 1,60 m Stockmaß. Merano, das bedeutendste und in seiner Springmanier begeisternde Pferd von Raimondo d'Inzeo, war nur mittelgroß. Meine Finale gehört mit 1,62 m Stockmaß in die Kategorie der kleineren Spitzen-Springpferde. Den Schimmel Gran Geste von Nelson Pessoa muß man dazurechnen und Stroller, mit dem Marion Coakes-Mould die Silbermedaille bei den Olympischen Spielen 1968 in Mexiko gewann. Beides ganz kompakte Quadratpferde vom Typ Gummiball. Simona maß ebenfalls nur 1,62 m Stock. Heute ist es Gladstone, der als kleines Pferd die Zuschauer begeistert. Man könnte noch einige weitere Beispiele für solche kleineren Ausnahmepferde aufzählen. Aber letztlich ist der Kreis doch sehr begrenzt. Diese kleineren Pferde sind eben nur dann zu Ausnahmeleistungen fähig, wenn sie ein ganz großes Kämpferherz haben.

Denn die *kleineren Pferde* müssen in diesen Konkurrenzen ihr Letztes geben. Und sie geben oftmals mehr, als sie können. Die Pferde sind immer in Hochspannung. Einmal von sich aus, weil sie die Abmessungen schaffen wollen. Und dann werden sie auch vom Reiter noch energischer angefaßt. Und wenn sie fehlerlos gegangen sind, dann müssen sie noch ins Stechen.

Hinzu kommt, daß diese kleineren Ausnahmepferde meistens auch ganz besonders beinempfindlich sind und sich deshalb um ein besonders sauberes Springen bemühen. Zwar haben sie oftmals eine erstaunliche Geschicklichkeit darin, mit den Beinen noch blitzschnell abzukippen, wenn sie gegen ein Hindernis schlagen. Aber wenn einmal ein schweres Hindernis gerissen wird, dann spürt ein circa 9 Zentner schwerer Ali Baba das natürlich schon mehr als ein 13 Zentner schwerer Meteor.

Diese Pferde bringen deshalb nach meinen Beobachtungen ihre großen Leistungen, von Ausnahmen abgesehen, nur über einen relativ kurzen Zeitraum. Sie sind nervlich angespannter, bekommen leichter ein „Sportlerherz", und es besteht die Gefahr, daß sie kurzatmig und eventuell sogar dämpfig werden, weil ihr Lungenvolumen für die schweren Springen zu klein ist. Im großen Sport muß man solche Pferde deshalb mit besonderer Vorsicht starten, und man muß als Reiter auch einmal nein sagen können, wenn es um den Einsatz gerade dieser Pferde geht.

Andererseits haben es die *übergroßen Pferde* im Springsport auch sehr schwer, weil eng gebaute Kombinationen für sie einfach nicht mehr passen. Wenn man Warwick mit seinen wohl mehr als 1,80 m Stockmaß in der Box sah, glaubte man, daß er überhaupt in keine Kombination passen würde. Daß Warwick 1976 in Montreal Olympiasieger werden konnte, lag daran, daß er zu der Zeit in der Form seines Lebens war, einen Reiter wie Alwin Schockemöhle hatte und daß er von den vielen guten Reitern, die ihn geritten haben, immer wieder etwas Neues gelernt hat. Kamerad ist ein weiteres Beispiel für ein übergroßes Springpferd. Auch er hatte große Erfolge, aber er brauchte einen Reiter wie Hermann Schridde, der ihn aufgrund seines guten Auges, seines schnellen Reaktionsvermögens und seines sicheren Gefühls für Tempo immer zum richtigen Absprungpunkt finden ließ.

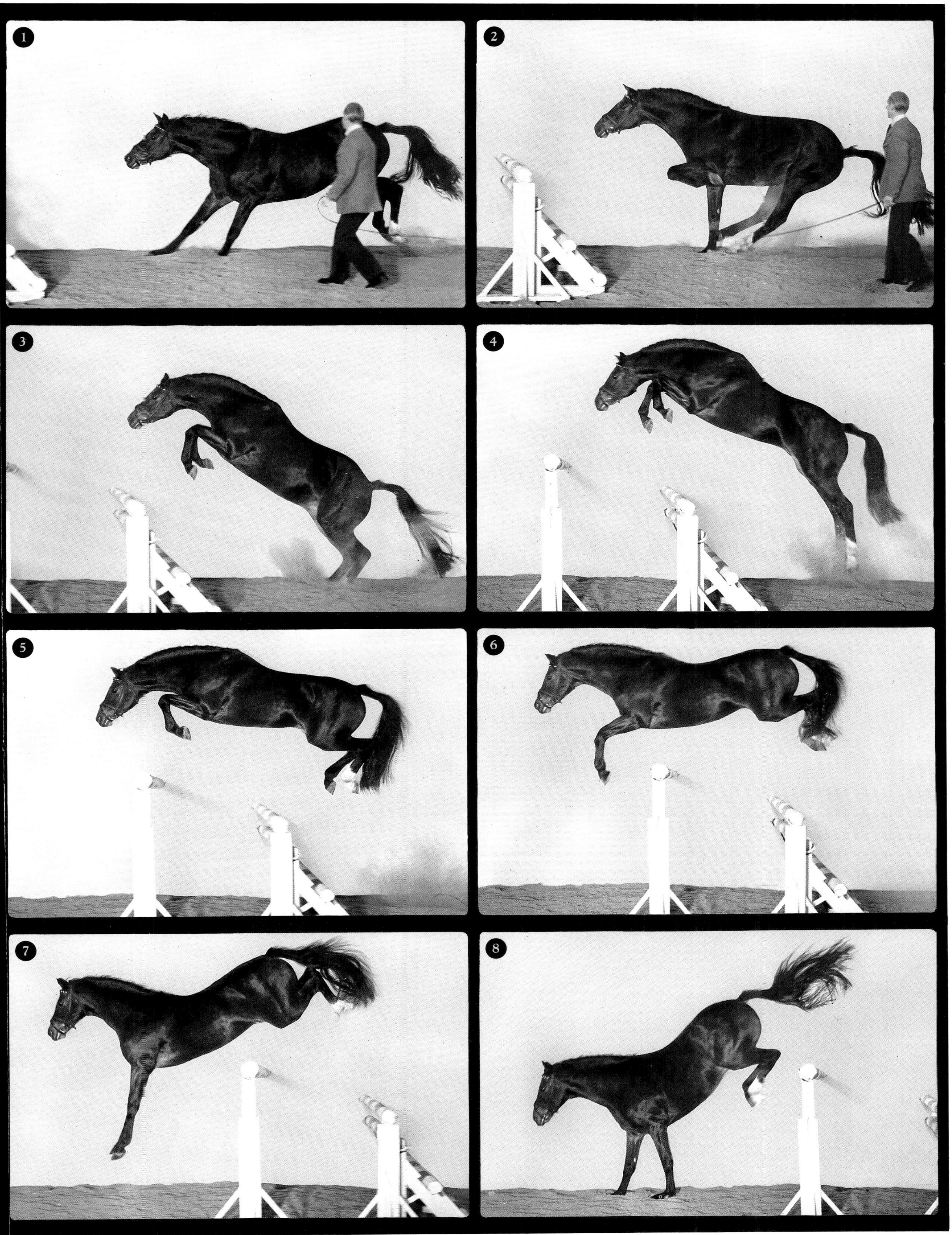

Eine geradezu ideale Springmanier bei sehr gutem Springvermögen demonstriert hier der Anglonormanne Cor de la Bryère. Der Hengst „taucht" kurz vor dem Absprung, um die erforderliche Federkraft herzustellen. Die Hinterbeine springen dabei deutlich unter den Schwerpunkt. Wunderbare Hals- und Rückenarbeit und vorzügliche Beintechnik überm Sprung. Elastisches Nachschnicken der Hinterhand im abfallenden Ast der Springkurve.

Bei Calypso II zeigt sich, wie gut sein Vater Cor de la Bryère zu den schweren Holsteiner Stuten paßt und in Anpaarung mit diesen Stuten die Beweglichkeit und Springmanier bei seinen Nachkommen verbessert.
Der ganz im Typ des Schwergewichtshunters stehende Calypso II verfügt trotz seines großen Rahmens (1,75 m Stockmaß) und schweren Kalibers (14 Zentner Gewicht) über eine optimale Beweglichkeit und springt in der gleichen vorbildlichen Manier wie sein Vater.
Der vierjährige Hengst besitzt viel „Gummi", springt kraftvoll nach oben und nach vorn und spielt geradezu mit den reellen Abmessungen dieses Hochweitsprunges.

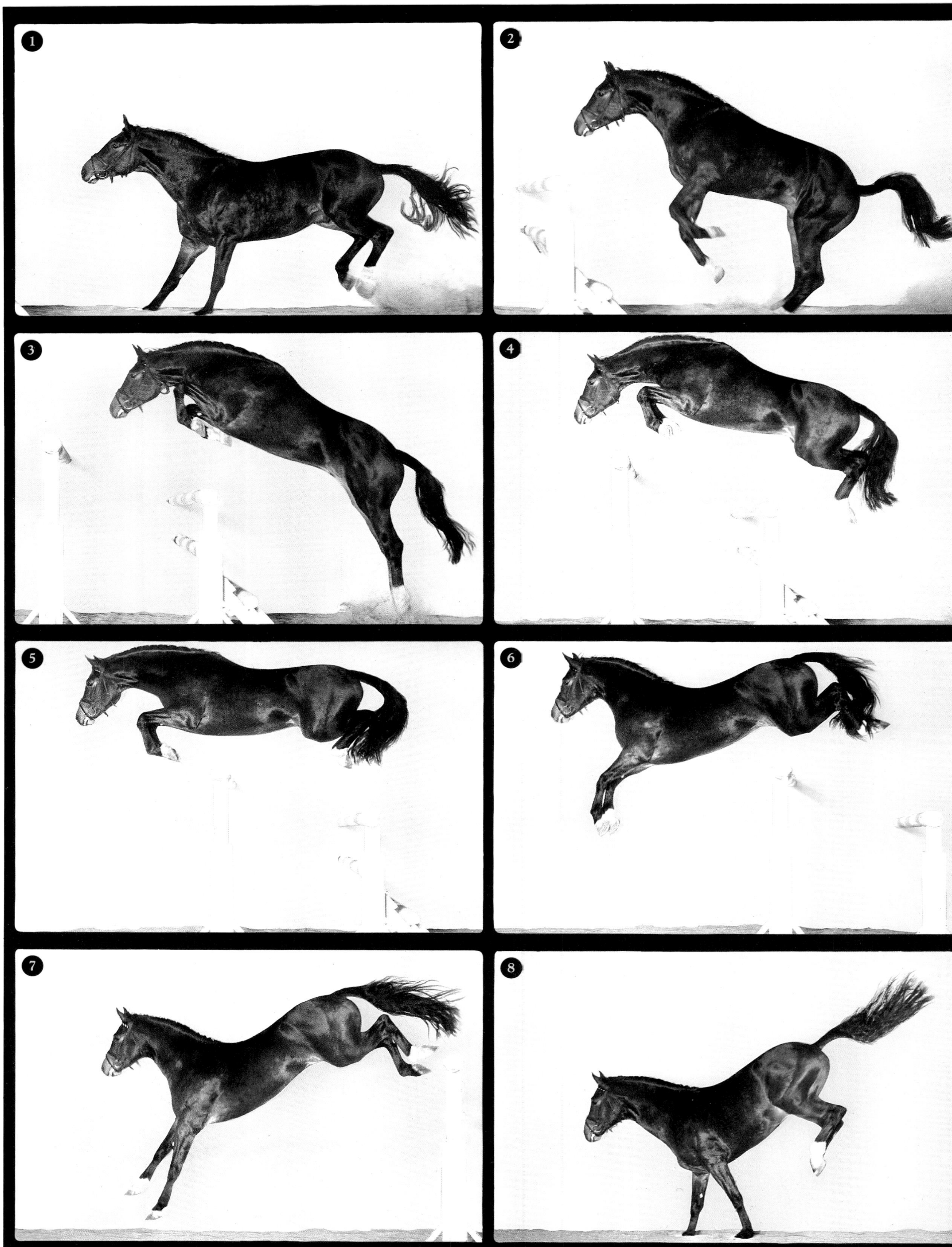

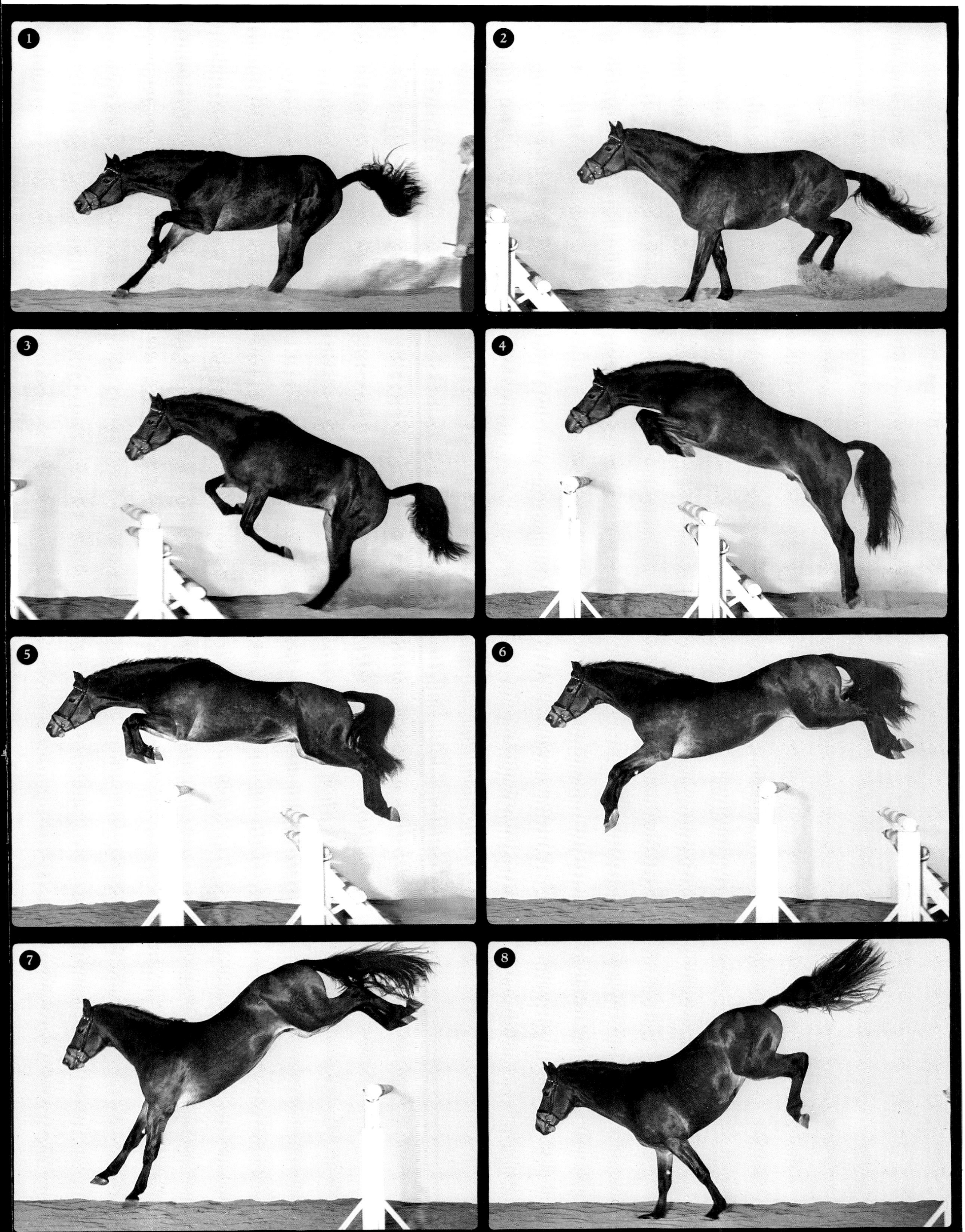

Ausgesprochen großzügig springt der erst dreijährige Caletto von Cor de la Bryère, der über fast noch mehr Springvermögen als Calypso II verfügt. Der Hengst nimmt dieses für ihn niedrige Hindernis gar nicht ernst, galoppiert quasi darüber hinweg und landet weit hinter dem Oxer. Die Hinterhand wird noch vergleichsweise wenig angewinkelt, weicht durch das Nachschnicken mit dem großzügigen Hebel aber nach oben und hinten aus.

Nicht ganz so vermögend wie Calypso II und Caletto springt der Schimmelhengst Cansas, der durch den Einfluß von Ramzes auf der mütterlichen Seite im etwas kleineren und fast schon quadratischen Rahmen steht. Die sehr gute Springmanier hat aber auch dieser Cor de la Bryère-Nachkomme von seinem Vater mitbekommen. Cansas ist ein Pferd, das unter dem Reiter sicherer und großzügiger springt als beim Freispringen.

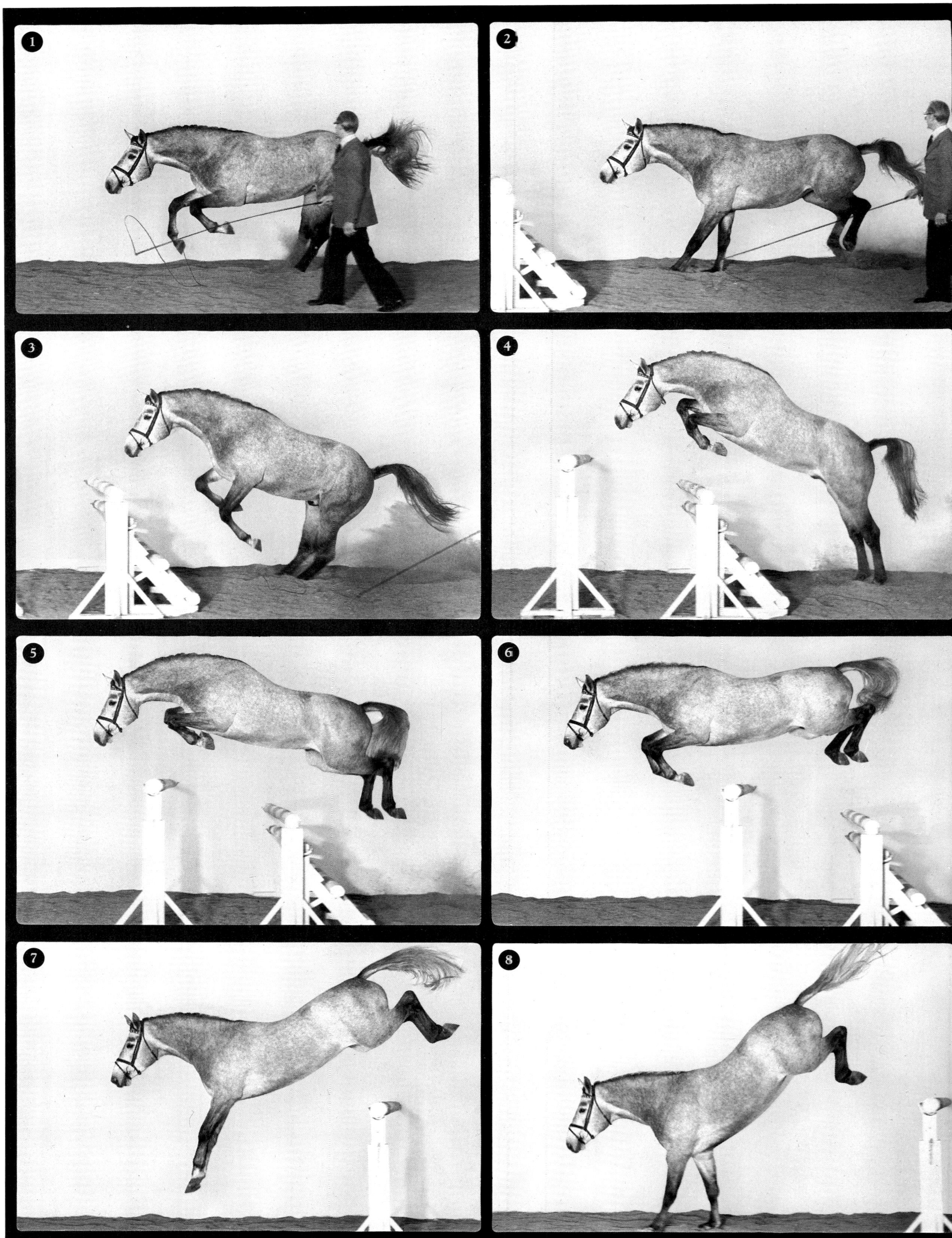

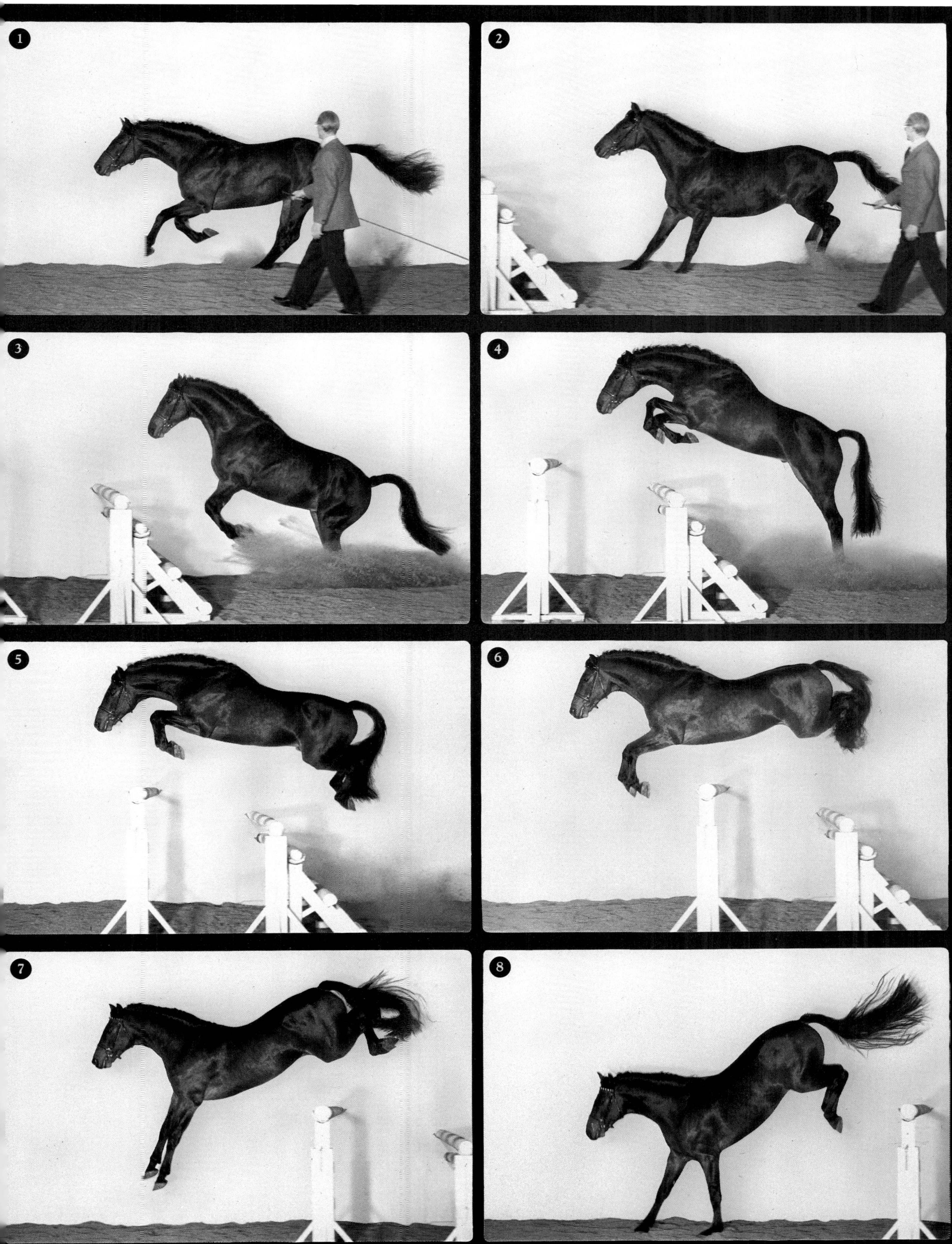

Mit viel Vermögen und einer guten Manier im aufsteigenden Ast der Springkurve springt Calando von Cor de la Bryère. Im abfallenden Ast der Springkurve bricht der Hengst hinterm Widerrist ab. Dieser Mangel ist noch ein Erbe von Cottage Son xx, seinem Großvater mütterlicherseits, der seinen Nachkommen das großzügige Springen, aber bisweilen auch Mängel in der Bein- und Rückentätigkeit mitgab. Cor de la Bryère hat in diesem Fall die Beintechnik verbessert, die Mängel in der Hals- und Rückenarbeit aber noch nicht ganz ausgleichen können.

Dieser Wallach gibt sich viel Mühe, springt aber nicht unbedingt gerne, verkrampft sich im Sprung schon bei geringen Anforderungen und springt zu sehr nach vorn. Die Vorderbeine sind gut angewinkelt. Das Pferd springt aber mit einem langen „stehenden" oder „hängenden" Hinterbein und macht deshalb leicht einen Hinterhandfehler.

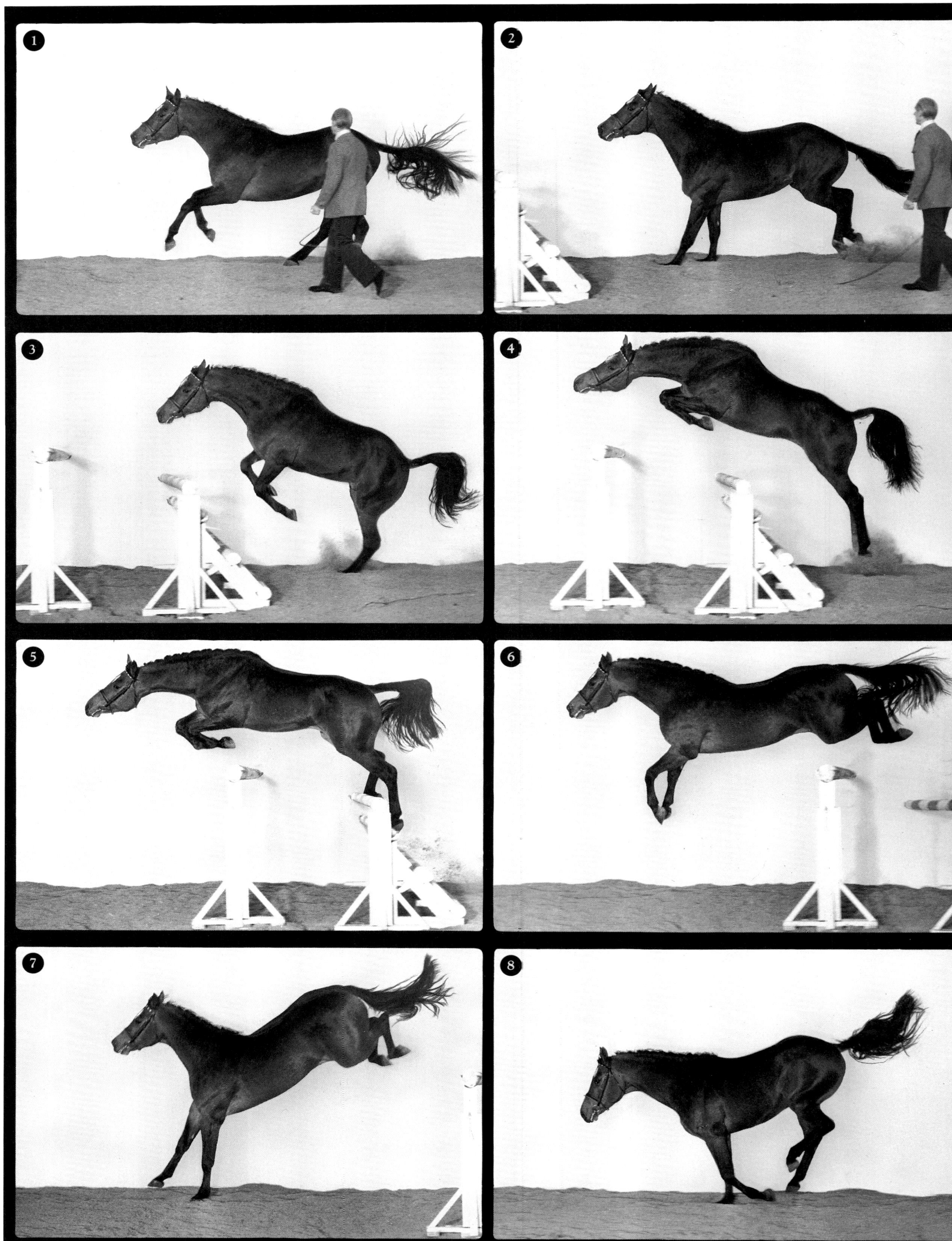

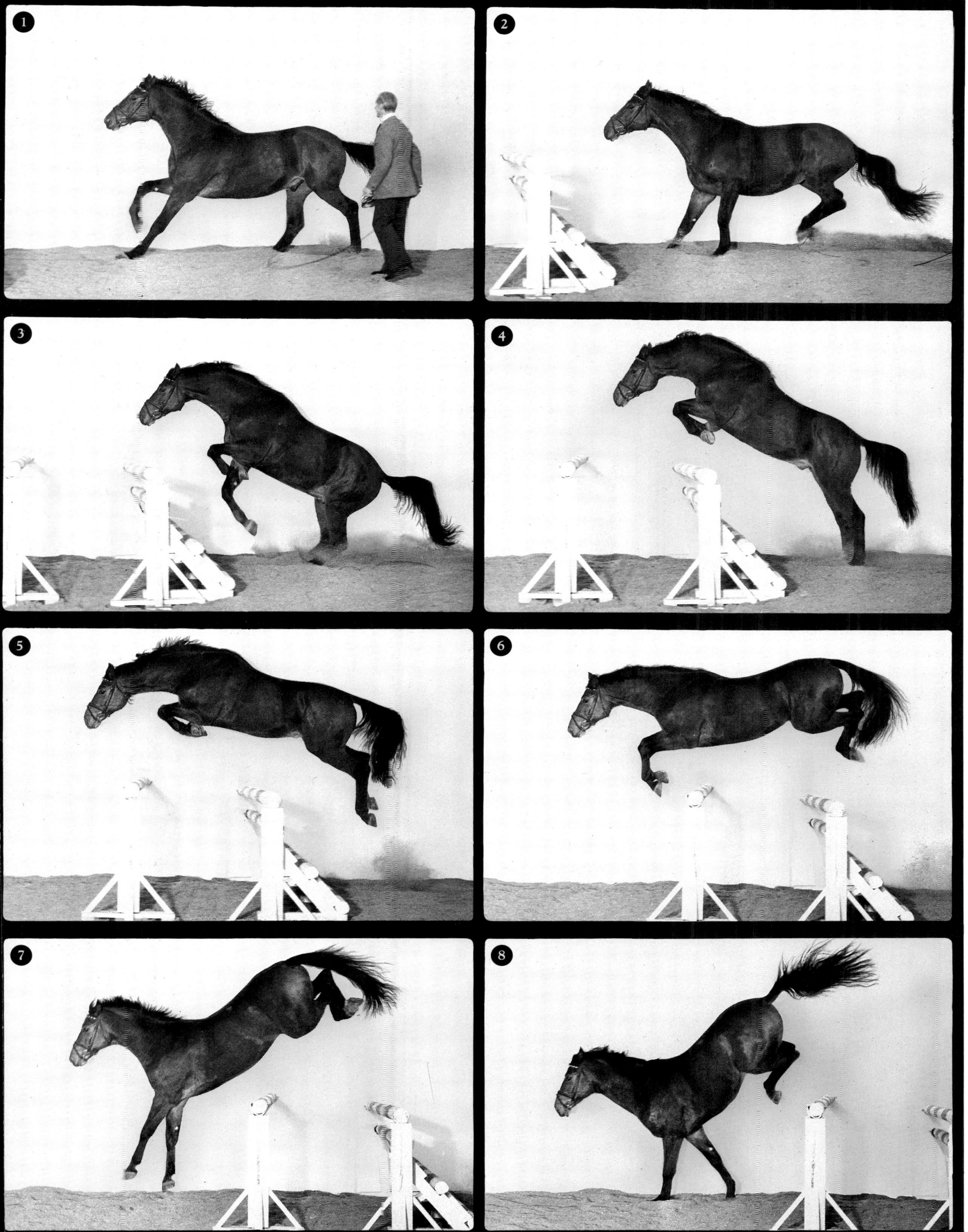

Typisches Beispiel für ein Pferd, das bei an sich guter Hals- und Rückenarbeit und guter Beintechnik zu sehr nach oben und nicht weit genug nach vorn springt. Der abfallende Ast der Springkurve wird dementsprechend sehr steil, es fehlt der großzügige Bogen im Sprunglauf. Bei einem solchen Pferd wird die weiche, flüssige Galoppade bei der Landung unterbrochen, und das Pferd verliert bei der Landung an Geschwindigkeit. Bei weiten Kombinationen und breiten Hochweitsprüngen wird dieses Pferd Schwierigkeiten haben.

Ein Pferd ohne jede Klasse, mit wenig Galoppade und ohne Bascule. Der Absprung ist kraftlos. Das Pferd fällt förmlich mit vier hängenden Beinen und steifem Rücken über das Hindernis.

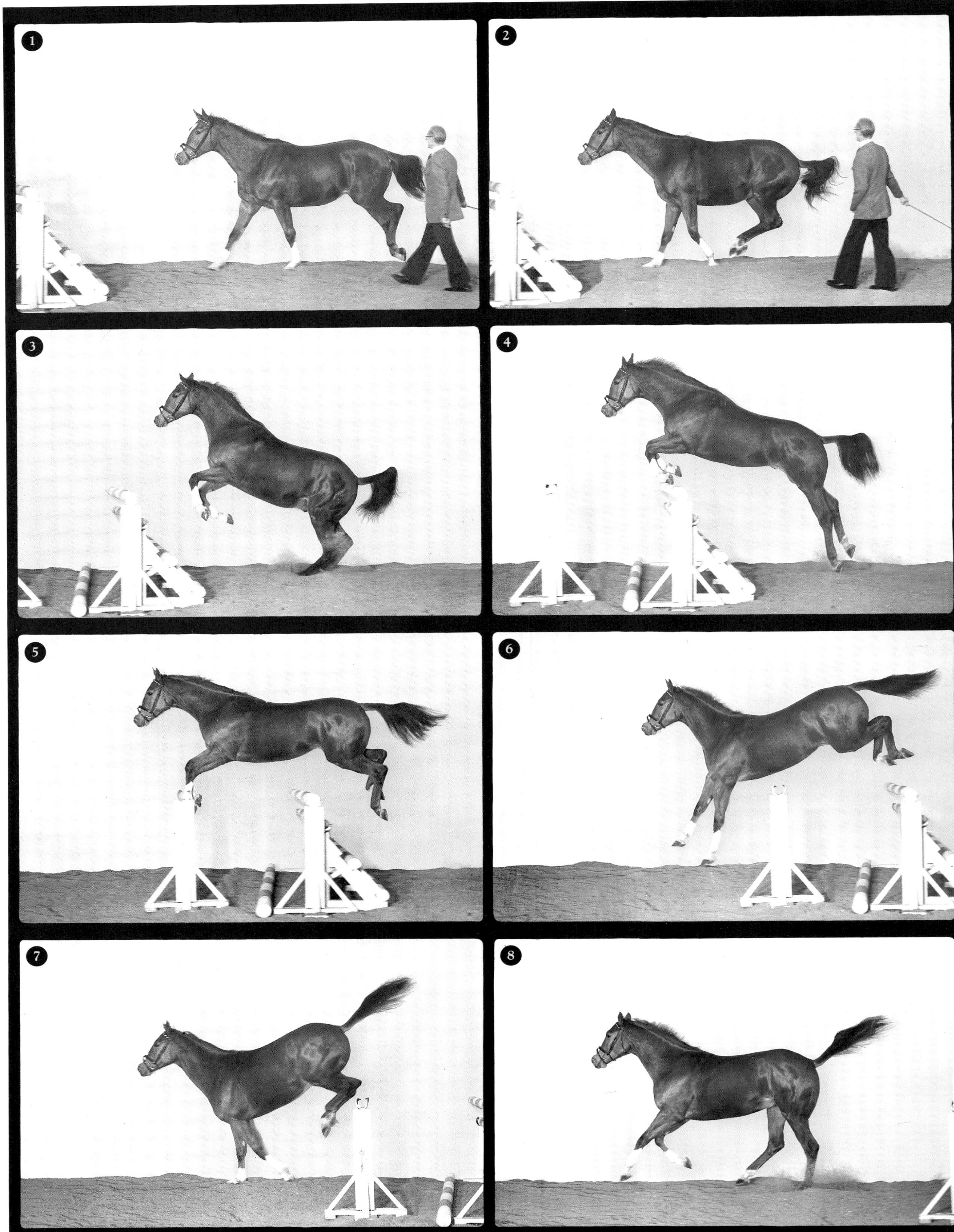

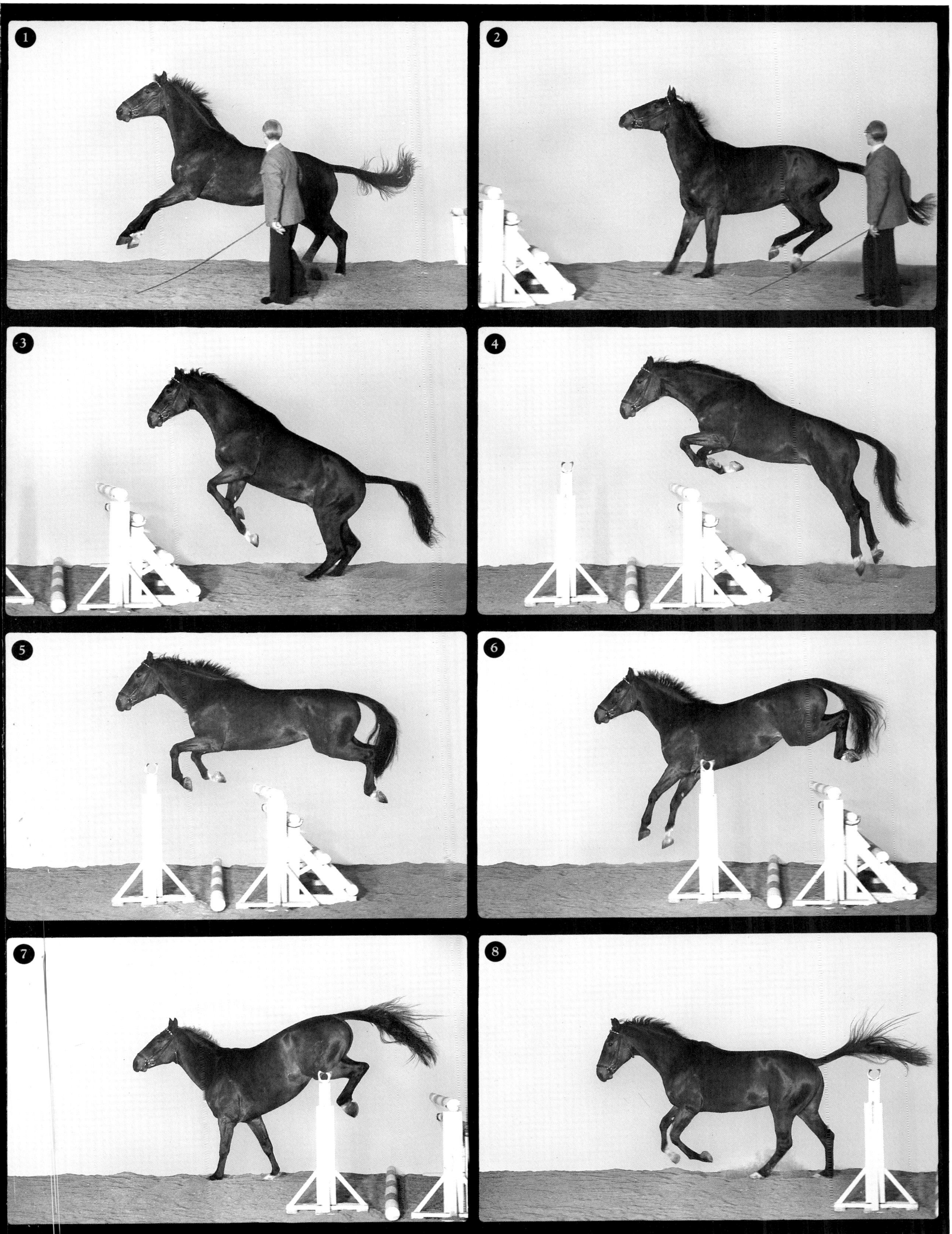

Das Pferd taucht nicht vor dem Hindernis, sondern nimmt den Hals bei festgehaltenem Rücken hoch und entwickelt keine Kraft aus der Hinterhand, sondern zieht sich wie in Zeitlupe vom Boden. Die Vorderbeine werden nicht weit genug nach vorne gebracht und sind nur mäßig angewinkelt. Das rechte Vorderbein ist sogar etwas nach hinten weggeklappt.

SITZ UND HILFENGEBUNG DES SPRINGREITERS.

Wer sich als Reiter mit der Ausbildung von Springpferden beschäftigen will, muß selbstverständlich über einen geschmeidigen Springsitz verfügen, durch den das Pferd vor, über und nach dem Sprung unterstützt und nicht gestört wird. Voraussetzung dafür ist zunächst ein losgelassener und tiefer Dressursitz, auf dem aufbauend sich der Reiter dann einen geschmeidigen leichten Sitz aneignen kann, mit dem er den Rücken des Pferdes entlastet, das Pferd aber in jedem Moment an den Hilfen behält.

Genauso wie man den Dressursitz in allen Gangarten und Lektionen üben und ausfeilen muß, muß auch das Galoppieren im leichten Sitz geübt werden, und zwar zunächst ohne zu springen. Einmal um die Technik des leichten Sitzes zu erlernen und eine entsprechende Sicherheit zu gewinnen, aber auch um die Bein-, Bauch- und Rückenmuskulatur an den leichten Sitz zu gewöhnen und die erforderliche Ausdauer und Einwirkung im leichten Sitz zu bekommen.

Ist diese Grundlage gelegt, dann entwickelt sich aus dem elastischen und geschlossenen leichten Sitz heraus automatisch auch ein geschmeidiges Mitgehen des Reiters im Sprung, bei dem sich der Reiter leicht macht und dem Pferd die volle Entfaltung seiner Sprungkraft ermöglicht.

MERKMALE DES LEICHTEN SITZES.

Im leichten Sitz kommt der *Oberkörper des Reiters* etwas vor die Senkrechte. Das Kreuz ist leicht angezogen, die Schulterblätter sind also etwas zurückgenommen und dürfen nicht hochgezogen werden. Der Oberkörper soll aber nur so weit nach vorne geneigt sein, daß der Schwerpunkt des Reiters in der Vorwärtsbewegung mit dem Schwerpunkt des Pferdes in Übereinstimmung ist. Wird der Oberkörper dagegen, was man häufig beobachten kann, sehr weit nach vornüber geneigt, so belastet der Reiter die Vorhand des Pferdes zu stark, sitzt vor der Bewegung des Pferdes und kann mit seinen Hilfen schlechter und nicht schnell genug einwirken.

Die *Hüfte des Reiters* ist entspannt und geht mit der Bewegung des Pferdes mit. Das Gesäß wird etwas aus dem Sattel genommen, um den Pferderücken zu entlasten. Aber nur um wenige Zentimeter, um bei Bedarf jederzeit im Sattel einsitzen und damit verstärkt einwirken zu können. Der Reiter sitzt mit dem Gesäß nicht mehr im Sattel, aber „am Sattel".

Die *Knie* liegen fest am Sattel und fangen zusammen mit dem Fußgelenk die Bewegung des Oberkörpers federnd ab. Die *Unterschenkel* liegen ruhig am Sattelgurt, und mit den Waden spürt der Reiter den Pferdeleib.

Die *Bügel* sind etwa drei Loch kürzer geschnallt als beim Dressursitz. Sind die Bügel zu lang, so muß der Reiter in den Bügeln stehen, kann die Hüfte nicht entspannen, kann die Bewegung des Oberkörpers nicht mehr federnd abfangen und hat es vor allem im Sprung schwerer, sich auszubalancieren. Bei zu kurzen Bügeln steht der Reiter sozusagen über dem Pferd und vermindert dadurch seine Einwirkung auf das Pferd. Der Sitz des Reiters verliert dabei an Sicherheit.

Die Bügel sollen nicht wie beim Dressurreiten unter dem Fußballen, sondern unter dem Spann des Fußes liegen und bei tiefem Absatz und federndem Fußgelenk kräftig ausgetreten werden.

Durch das Abfedern der Bewegung in Knie und Fußgelenk erhält der Sitz die nötige Festigkeit, und der Reiter kann bei geschmeidiger Hüfte und losgelassenen Schulter-, Ellenbogen- und Handgelenken eine leichte Verbindung zum Pferdemaul herstellen. Er braucht den Zügel also nicht als Stütze seiner eigenen Balance.

Ist diese Festigkeit und Sicherheit im leichten Sitz bei einem jüngeren Reiter noch nicht gegeben, so sollte er seine Hände ruhig noch kurz vor dem Widerrist auf dem Mähnenkamm aufstützen, um so eine ruhigere Handhaltung zu haben und das Pferd nicht im Maul zu stören.

HILFENGEBUNG IM LEICHTEN SITZ.

Das Pferd soll aufgrund seiner dressurmäßigen Gymnastizierung auch im leichten Sitz gut an den Hilfen stehen. Der Reiter muß versuchen, eine leichte und stetige Verbindung zum Pferdemaul herzustellen, um dem Pferd Sicherheit und Vertrauen zu geben. Dadurch kann das Pferd am leichtesten im Gleichgewicht galoppieren und mit der Hinterhand fleißig und weit unter den Schwerpunkt springen.

Die Hilfengebung ist im leichten Sitz ähnlich wie im Dressursitz. Bei *Paraden* gibt man eine annehmende Zügelhilfe, schiebt die Hüfte vermehrt vor und verstärkt etwas den Knieschluß. Der treibende Schenkel sorgt für ein vermehrtes Unterspringen der Hinterhand. Falls erforderlich, sitzt der Reiter für einen Moment mit dem Gesäß im Sattel ein und macht sich etwas schwerer.

Auch bei einer *Beschleunigung des Tempos* schiebt der Reiter die Hüfte vermehrt vor, verstärkt etwas den Knieschluß und gibt treibende Schenkelhilfen. Unterstützend kann der Reiter kurz mit dem Gesäß im Sattel einsitzen. Durch eine nachgebende Zügelhilfe wird die Wirkung der treibenden Hilfen herausgelassen. Dabei darf man allerdings nicht den Fehler machen und im Zügel so weit nachgeben, daß die Pferde auseinanderfallen. Die Anlehnung zum Pferdemaul muß stets erhalten bleiben. Bei einer Verstärkung des Tempos darf die Anlehnung zum Pferdemaul sogar etwas stärker werden, um die Pferde auch in der stärkeren Vorwärtsbewegung noch gut geschlossen zu halten.

Neben den Gewichts-, Schenkel- und Zügelhilfen messe ich bei Paraden und bei einer Beschleunigung des Tempos auch der Stimme eine große Bedeutung zu. Nur müssen die Pferde gelernt haben, auf *kurze Stimmenhilfen* zu reagieren, was im allgemeinen eine längere Ausbildungszeit erfordert. Ich meine mit einer Stimmenhilfe auch nicht ein lautes Geschrei, das man über den ganzen Platz hört, sondern lediglich ein kurzes Zungenschnalzen oder ein beruhigendes „Hoho", das nur das Pferd wahrnimmt. Aber Pferde, die gelernt haben, hierauf zu reagieren, sind in ihren Reaktionen schneller, und die dosiert eingesetzte Stimmenhilfe macht es möglich, daß die Pferde mit feineren Hilfen geritten werden können.

Bei *Wendungen* soll das Pferd auch im leichten Sitz taktmäßig und schwungvoll bleiben. Das Pferd soll zur Gymnastizierung in seiner Längsbiegung genau dem Grad der Wendung angepaßt sein. Daß die Pferde später im Parcours bei schnellen Wendungen von Könnern etwas mehr nach außen gestellt werden, ist eine andere Sache.

Im Training und zur Gymnastizierung stellt der innere Zügel bei einer Wendung das Pferd nach innen und biegt das Pferd in Genick und Hals. Die äußere Hand geht dem Grad der Wendung entsprechend vor, läßt damit die äußere Schulter vor und begrenzt dann die Biegung durch verwahrendes Gegenhalten. Der innere Schenkel gibt dem Pferd die Rippenbiegung und sichert die Aktivität des inneren Hinterbeins. Der äußere Schenkel liegt verwahrend hinter dem Gurt und verhindert ein Ausfallen der Hinterhand.

Der Reiter belastet in der Wendung vermehrt das innere Knie oder auch den inneren Gesäßknochen. Das Gesäß ist auch in der Wendung am Sattel. Um dem Pferd die Wendung zu erleichtern, muß der Reiter gut hinter der Schulter des Pferdes sitzen, so daß seine Schultern parallel zu den Schultern des Pferdes und seine Hüften parallel zu den Hüften des Pferdes sind.

Merkmale des Springsitzes.

Aus der Beschreibung des leichten Sitzes ergeben sich direkt auch die Merkmale des richtigen Sitzes im Sprung, da es sich – zumindest bei den nicht sehr hohen Hindernissen – ja lediglich um einen etwas verlängerten und erhöhten Galoppsprung handelt. *Die tiefe Mittelpositur, das tiefe Knie und der tiefe Absatz sollten deshalb im Sprung idealerweise genauso beibehalten werden wie beim leichten Sitz vor dem Absprung.* Der Reiter muß dazu in der Hüfte geschmeidig sein und im Sprung mit der Hüfte schnell einknicken können. Durch dieses Einknicken in der Hüfte entlastet der Reiter den Pferderücken und bleibt dabei in der Mitte des Pferdes sitzen.

Die *Hand des Reiters* soll in Richtung Pferdemaul nachgeben, um dem Pferd die erforderliche Streckung des Halses zu ermöglichen. Ellenbogen, Hand und Pferdemaul sollen etwa eine Linie ergeben. Allerdings ist es nicht unbedingt fehlerhaft, wenn die Hand etwas höher kommt und eventuell sogar auf dem Mähnenkamm nachgibt. Wesentlich ist, daß die Hand auch im Sprung ruhig bleibt und der Reiter möglichst eine leichte Anlehnung zum Pferdemaul behält.

In bestimmten Situationen kann es sogar erforderlich sein, die Anlehnung zum Pferdemaul schon über dem Sprung wieder zu verstärken, um das Pferd sofort nach dem Sprung aufnehmen zu können. Das ist zum Beispiel erforderlich, wenn das Pferd bei einer engen Kombination weit über den Hindernisteil A springt. Umgekehrt kann es bei einem sehr frühen Abspringen des Pferdes, bei dem der Reiter nicht mit der Bewegung des Pferdes mitkommt, erforderlich sein, die Verbindung ganz aufzugeben, um dem Pferd die letzte Streckung zu ermöglichen.

Im Absprung und in der Schwebephase über dem Hindernis soll der Oberkörper des Reiters etwa parallel zum Widerrist und Hals des Pferdes sein. Im Absprung muß deshalb das Gesäß – besonders bei hohen Sprüngen – etwas weiter aus dem Sattel kommen, und der Oberkörper wird entsprechend weiter nach vorn geneigt. Dieses Nachvornneigen darf allerdings erst im Moment des Absprungs und nicht schon vorher erfolgen, da der Reiter sonst seinen treibenden Sitz aufgibt.

In der Schwebephase über dem Hindernis ist das Gesäß idealerweise nur wenige Zentimeter über dem Sattel. Der Reiter sitzt also wie beim leichten Sitz „am Sattel". Der Oberkörper des Reiters ist dicht über dem Widerrist und Hals des Pferdes, der Reiter macht sich dadurch möglichst klein und leicht. *Während der Landephase wird der Oberkörper etwas zurückgenommen,* damit der Reiter die Vorhand bei der Landung nicht zu stark belastet, den Sprung gut aussitzt und sofort nach der Landung auf das Pferd einwirken kann. Das Gesäß nimmt für einen Moment im Sattel Platz, ohne dabei aber schwer zu werden.

Fehler im Springsitz.

Selbst von den routiniertesten Springreitern sieht man häufiger Fotos, die dem idealen Springsitz nicht völlig entsprechen. Das ergibt sich einfach schon aus der Schwierigkeit der heutigen Parcours und aus Situationen heraus, bei denen die Pferde einmal nicht zum idealen Absprungpunkt geritten wurden. Wenn man bei solchen Fotos den Springstil beurteilen soll, dann scheint mir wichtiger als eine Kritik im Detail die Tatsache zu sein, ob der Sitz des Reiters trotz einzelner Mängel insgesamt geschmeidig und elastisch ist und sich harmonisch dem Bewegungsablauf des Pferdes anpaßt. Bei den Spitzenreitern sieht man ja ohnehin, daß jeder seinen ganz individuellen Stil gefunden hat, mit dem er am besten reiten kann. Und diese Individualität sollte man den Spitzenreitern zugestehen.

Bei einem Reiter, der im Sprung nicht die erforderliche Geschmeidigkeit besitzt, kann es leicht passieren, daß er *hinter der Bewegung des Pferdes* sitzt, zu früh mit dem Gesäß in den Sattel kommt und das Pferd dadurch einen Schlag in den Rücken bekommt, sich dann im Rücken festhält und möglicherweise einen Hinterhandfehler macht. Umgekehrt ist es auch fehlerhaft, wenn der Reiter schon vor dem Absprung des Pferdes mit dem Gesäß weit aus dem Sattel kommt und den Oberkörper weit nach vorn neigt. Durch dieses *zu frühe Aufstehen* verliert der Reiter die Einwirkung, die er besonders bei schweren Hochweitsprüngen vielleicht noch braucht.

Einem Reiter, der sich versteift, kann es auch leicht passieren, daß er *dem Pferd im Zügel hängt.* Dem Pferd wird es dadurch erschwert, sich zu strecken und auszubalancieren. Dagegen ist es zwar weniger schön, aber nicht unbedingt störend, wenn der Reiter einmal so weit mit seinen Händen nachgibt, daß *keine Verbindung mehr zum Pferdemaul* besteht. Der Reiter muß dann aber unmittelbar nach dem Sprung oder möglichst schon in der Landephase wieder eine Verbindung zum Pferdemaul herstellen können, um dem Pferd wieder eine sichere Führung zu geben.

Sehr störend für das Pferdemaul ist es auch, wenn der Reiter versucht, dem Pferde durch *Heben seiner Hände* über den Sprung zu helfen. In diesem Moment kann der Reiter nämlich ohnehin nichts mehr tun, damit das Pferd springt. Dafür hat er vielmehr beim Anreiten des Hindernisses zu sorgen, indem er für den notwendigen Schwung und die erforderliche Geschlossenheit und die daraus resultierende Federkraft des Pferdes sorgt. Durch das Heben der Hände über den Mähnenkamm zieht der Reiter nur den Kopf und den Hals des Pferdes hoch und unterbindet dadurch die Bascule des Pferdes.

Bei einem sehr weiten Vorgehen des Oberkörpers und entsprechend hohem Gesäß des Reiters kann leicht der feste Sitz verlorengehen, wenn der Reiter nicht einen sehr guten Knieschluß hat. Und nach dem Sprung braucht der Reiter dann zu lange, um sein Pferd wieder an die Hilfen zu stellen. Allerdings ist das *weite Vorgehen des Oberkörpers* bei sehr hohen und breiten Hindernissen nicht fehlerhaft, da der Reiter dadurch versucht, sich extrem leicht zu machen, und in der Landephase ausreichend Zeit hat, wieder mit dem Gesäß in den Sattel zu kommen. Bei hohen Hindernissen passiert es auch guten Reitern, daß die *Knie und* die *Unterschenkel* im Sprung *nach hinten rutschen.* Das bedeutet für ein Pferd jedoch keinen Störfaktor im Bewegungsablauf, sofern die Unterschenkel dabei parallel zum Pferdeleib bleiben und der Reiter nicht mit dem Sporn an den Pferdeleib herankommt. Ebenso kann es auch guten Reitern passieren, daß ihre *Knie* in der Schwebephase über dem Hindernis *nach hinten oder nach oben wegrutschen.* Sofern es dem Reiter gelingt, seinen festen Knieschluß in der Landephase wiederzugewinnen, ist dieser Sitzfehler für das Pferd kaum störend. Bei einem weniger geschickten Reiter geht jedoch leicht die Sicherheit des Sitzes verloren. Deshalb muß bei der Ausbildung eines Reiters selbstverständlich sehr darauf geachtet werden, daß ein Verrutschen der Unterschenkel und Knie vermieden wird. Dazu ist es erforderlich, am Anfang der Ausbildung nicht zu hoch zu springen, um zunächst die Festigkeit des Sitzes im Sprung zu sichern.

Zu frühes Aufstehen des Reiters und mangelnder Knieschluß lassen hier Knie und Unterschenkel weit nach hinten rutschen. Aber der Reiter kann noch überm Sprung den Knieschluß wiederherstellen und den Sprung dadurch sicher aussitzen.

Was ein geschickter Reiter innerhalb etwa einer Sekunde alles tun kann, sieht man hier bei Gerd Wiltfang. Roman ist sehr nah an den Oxer herangekommen. Gerd macht sich daher im aufsteigenden Ast der Springkurve betont leicht, und Roman gewinnt bei ausgezeichneter Bascule und Beintechnik

und viel Schnick vom Boden noch genügend Höhe und Weite für den Sprung. Überm Sprung sitzt Gerd dann „am Sattel" und leitet, da Roman trotz des Unterlaufens weit über den Oxer fliegt, schon im Scheitelpunkt der Springkurve die Wendung nach rechts ein.

Zu früh abgesprungen und Eddie Macken sozusagen unterm Gesäß weggesprungen ist hier Boomerang. Boomerang muß sich gewaltig strecken, und Eddie kommt für einen Moment etwas hinter die Bewegung.

Aber er gibt im Zügel so weit nach, daß Boomerang nicht gestört wird, und im Moment des Landens ist die volle Harmonie zwischen Pferd und Reiter schon wiederhergestellt.

Die ganz routinierten Springpferde wissen sich in fast jeder Situation zu helfen. Mit beiden Hinterbeinen hängt hier Eddie Mackens Kerry Gold Kracker im Oxer, und man möchte schwören, daß ein Hinterhandfehler unvermeidlich ist. Aber das Pferd besitzt eine so große Beingeschicklichkeit, daß es ihm gelingt, die Hinterbeine noch blitzschnell aus dem Oxer herauszuziehen.

Zu den Akrobaten unter den Springpferden gehört auch Rex the Robber, der beim Springderby 1978 die mittlere Planke aus dem weißen Plankenzaun mit dem linken Vorderbein herausschmeißt, ohne daß die obere Planke dabei fällt. Franke Sloothaak macht sich ganz leicht im Sattel von Rex, und so kommen beide etwas ungewöhnlich, aber ohne einen Fehler über diese Derby-Klippe.

Daß der Unterschenkel des Reiters zur Seite gestreckt wird, wie hier bei Paul Kronenberger auf Won da Pie, kann im Parcours leicht einmal passieren. Der feste Knieschluß bleibt aber erhalten, das Pferd wird überhaupt nicht gestört, und im Landen liegt der Schenkel wieder am Pferdeleib.

Noch im Landen – die Zügel weggeschmissen – schaut Hugo Simon nach, ob Rebecca einen Fehler an der Sb-Mauer gemacht hat. Eigentlich ein Kardinalfehler beim Springreiten, aber da kein weiteres Hindernis folgt, kann der Reiter hier mit dem Umsehen in der Landephase nichts mehr falsch machen. Etwas Akrobatik erfordert es aber schon, um so zu reiten.

Bis zum Scheitelpunkt der Springkurve in voller Harmonie sind Fritz Ligges und Goya. Im abfallenden Ast bricht Goya aber etwas hinter dem Widerrist ab, da er die Höhe der Sb-Mauer wahrscheinlich unterschätzt hat.

Fritz bleibt deshalb im abfallenden Ast der Springkurve noch relativ weit mit dem Oberkörper nach vorn geneigt, um es Goya zu erleichtern, einen Fehler zu vermeiden.

Zu früh hat Raid abgedrückt, und die Mauer stürzt ein wie ein Kartenhaus. Ewald Guess kommt hinter die Bewegung und m

chtig balancieren, um nicht aus dem Sattel zu kommen. Der ausgestreckte linke Arm hilft das Gleichgewicht zu halten.

Mühelos läßt sich Chico über den Wassergraben fliegen. Heinrich-Wilhelm Johannsmann unterstützt ihn durch geschmeidiges Mitgehen in

gphase. Schwerpunkt von Pferd und Reiter stimmen überein. Der Sitz des Reiters ist ideal. Nach dem Landen steht Chico sofort wieder an den Hilfen.

Kämpferisch reitet Hugo Simon Gladstone über den Wassergraben. Bei diesem überaus temperamentvollen Pferd den Impuls nach vorn unter Kontrolle zu behalten erfordert Meisterschaft. Beim ersten Galoppsprung nach dem Landen wird Gladstone deshalb schon wieder aufgenommen.

Kurze und schnelle Wendung nach einem Hochweitsprung. Schon überm Sprung leitet Patrick Caron auf Eole die Wendung mit einer starken Zügelhilfe ein. Ein solches Herumreißen des Pferdes ist schnell und wirkt kämpferisch, kostet aber Pferdebeine.

Harmonisch ist dagegen die Rechtswendung nach dem Steilsprung von Franke Sloothaak mit San Fernando. Auch Franke leitet die Wendung schon
So kann man nur Pferde reiten, die auf beiden Händen du

allenden Ast der Springkurve ein, reitet dann aber weich und flüssig durch die Wendung. Die Biegung geht durch das ganze Pferd hindurch. aderichtende Biegearbeit geschmeidig gemacht worden sind.

Der Ire Con Power in einer rasanten und auf kleinstem Raum durchrittenen Wendung um 180°. Pferd und Reiter legen sich schräg in die Wendung hinein. Der Blick des Reiters geht schon am Anfang der Wendung in die neue Richtung.

ı gestellt und gebogen hat Franke Sloothaak hier Dernier Cri, der in seiner Längsbiegung genau dem Grad der Wendung angepaßt ist. Das innere Hinterbein springt weit unter den hwerpunkt. Franke reitet mit der langen Zügelführung des Mühlener Stils; nicht gerade klassisch, aber ihm liegt diese Reitweise, und die Harmonie zwischen Pferd und Reiter ist gut.

Die entscheidenden Zehntelsekunden versucht Jean Marc Nicolas beim „Schnibbeln" zwischen den Hindernissen im Wiesbadener Schloßpark herauszureiten.

Die Wendung ist rasant, aber nicht rund und harmonisch. Das Pferd ist nicht durchlässig, sondern geht überm und gegen den Zügel und stürmt dem Reiter weg.

Die Ausbildung des Springpferdes.

Die Ausbildung eines Springpferdes kann man allgemein in drei Abschnitte einteilen: 1. Das Einspringen des jungen Pferdes. 2. Die allmähliche Entwicklung der Springerfahrung, wobei die Pferde mit immer neuen Hindernisarten vertraut gemacht, in ihrer allgemeinen Rittigkeit verbessert und zum selbständigen Taxieren der Hindernisse erzogen werden müssen. 3. Die Feinabstimmung zwischen Pferd und Reiter für die schweren Springprüfungen durch ein genaues, absprungbestimmendes Reiten.

Diese drei grundsätzlichen Ausbildungsabschnitte gehen natürlich fließend ineinander über, und eine genaue zeitliche Fixierung ist bei den unterschiedlichen Talenten von Pferd und Reiter kaum möglich. Generell läßt sich aber feststellen, daß die Ausbildung der Springpferde heute wesentlich schneller verläuft als noch zu meiner Zeit als Turnierreiter. Unsere Züchter bringen heute so hervorragendes Pferdematerial heraus, daß Spitzenreiter diese Springpferde schon als relativ junge Pferde in schweren Prüfungen reiten können. Und zwar durchaus in hervorragend harmonischen Ritten, wie es auf der letzten Weltmeisterschaft 1978 in Aachen Gerd Wiltfang mit dem erst siebenjährigen Roman bewiesen hat.

Dennoch dürfen auch diese überaus schnellen Erfolge eines begnadeten Reiters nicht darüber hinwegtäuschen, daß sich an dem grundsätzlichen Weg der Springpferdeausbildung nichts geändert hat und man keine Stufe der Ausbildung überspringen kann. Im Zweifel ist es immer noch richtiger gewesen, warten zu können. Und letztlich zählt für mich weniger der schnelle Erfolg als der stetige Erfolg eines Pferdes über viele Jahre hinweg. Und bei einer schnellen Ausbildung besteht immer die Gefahr, daß dies auf Kosten des Pferdes geschieht.

ALLGEMEINE AUSBILDUNGSGRUNDSÄTZE.

Bevor ich auf die Einzelheiten in der Ausbildung eines Springpferdes eingehe, möchte ich einige allgemeine Ausbildungsgrundsätze vorwegstellen, deren Beachtung nach meiner Erfahrung die sicherste Gewähr für dauerhafte Erfolge im Springsport bietet.

1.

Eine solide dressurmäßige Ausbildung sollte Grundvoraussetzung für jedes Springpferd sein. Ausnahmen bestätigen zwar die Regel, und man braucht von einem Springpferd auch nicht unbedingt die gleiche Korrektheit und den gleichen Ausdruck wie von einem Dressurpferd zu verlangen, aber nur durch eine fortlaufende dressurmäßige Schulung kann man die größtmögliche Geschmeidigkeit und die letzte Präzision im Parcours erzielen.

2.

Jeder erfahrene Springreiter stellt seine Pferde im Laufe der Ausbildung auf sein ganz bestimmtes persönliches System ein, aber am Anfang der Ausbildung sollte sich der Reiter zunächst auf die Eigenarten der verschiedenen Pferde einstellen, um ihnen die Ausbildung zu erleichtern.

3.

Je mehr Zeit man sich für die erste Ausbildungsperiode nimmt, in der das Vertrauen und die Freude des Pferdes zum Springen aufgebaut, erhalten und gefestigt werden sollen, desto leichter kommt man in der weiteren Ausbildung zu sicheren und dauerhaften Erfolgen.

4.

In dieser Vertrauensperiode sollte man Springfehler soweit es irgendwie geht vermeiden, indem man die Anforderungen niedrig hält und einladend und passend aufbaut.

5.

Bei einem jungen Pferd sollte man anfangs auch die natürlichen Reaktionen des Pferdes ausnutzen, indem man etwa hinter einem Führpferd oder zum Stall oder zum Ausgang des Springplatzes hin springt.

6.

Das Ziel der ersten Ausbildungsstufe sollte es sein, eine gute Springkurve zu erzielen und die Pferde zum selbständigen Taxieren zu erziehen. Das beste Mittel dazu ist, über mehrere kleine Hindernisse eine Bein- und Reaktionsgymnastik zu betreiben, bei der die Pferde lernen, hinzusehen, ihre Beine schnell anzuwinkeln und ein Gefühl dafür zu bekommen, wo ihre Vorder- und Hinterbeine gerade über dem Hindernis sind.

7.

Bei der Steigerung der Anforderungen in der Höhe und Breite der Hindernisse sollte der Reiter zunächst immer noch in einem bestimmten Grundtempo bleiben, bei dem das Pferd die beste Springkurve entwickelt. Dieses Tempo ist bei jedem Pferd etwas anders und muß vom Reiter erfühlt oder vom Reitlehrer beobachtet werden. Falsch und einer der am häufigsten zu beobachtenden Fehler ist auf jeden Fall ein übertriebenes Jagen der Pferde, bei dem sie mit Sicherheit zu flach werden und außerdem nicht mehr die Gelegenheit haben, die Höhe oder Breite der Hindernisse ausreichend zu erkennen.

8.

Beim Aufbau der Hindernisse sollte man soviel wie möglich variieren, damit die Pferde immer wieder etwas Neues sehen, aufmerksam werden und lernen, mit neuen Situationen fertig zu werden. Ein Springen über altvertraute Hindernisse ist kaum eine Schulung für das Pferd und kostet nur Pferdebeine.

9.

Eine Ausnahme ergibt sich bei Hindernissen, die für die Pferde noch ungewohnt sind und bei denen sie eine gewisse Nervosität und eventuell sogar Angst entwickeln. In diesem Fall springt man das gleiche Hindernis mehrere Tage hintereinander, und zwar nur dieses eine Hindernis, bis es den Pferden schließlich vertraut wird.

10.

Jeder Fehler, der sich während der Ausbildung eines Springpferdes zeigt, ist sofort zu korrigieren. Gegebenenfalls müssen bei dieser Korrekturarbeit die Anforderungen an Höhe und Breite der Hindernisse für einen längeren Zeitraum drastisch heruntergesetzt werden.

11.

Erst wenn die Pferde gelernt haben, selbständig zu taxieren und sich in unglücklichen Situationen auch einmal selbst zu helfen, sollte der Reiter zum absprungbestimmenden Reiten übergehen, das bei den heutigen Anforderungen in den schweren Springprüfungen fast unerläßlich geworden ist. Allerdings wird diese Reittechnik nur Springreitern vorbehalten sein, die das Talent zum genauen Taxieren schon weitgehend von Natur aus mitbringen.

12.

Auf einem Turnier sollte man ein Springpferd nur in der Klasse starten, die es bereits sicher beherrscht. Idealerweise sollte das Pferd sogar schon eine Klasse oder eine halbe Klasse besser sein. Für den Dressurreiter ist dies mehr oder weniger eine Selbstverständlichkeit, denn es hat beispielsweise keinen Zweck, in einer M-Dressur zu starten, wenn das Pferd den fliegenden Galoppwechsel noch nicht beherrscht. Viele Springreiter neigen dagegen dazu, sich zu überschätzen, wenn ihr Pferd einmal einige höhere Trainingshindernisse fehlerfrei übersprungen hat.

13.

Beim erfahrenen Springpferd ist schließlich der planvolle Einsatz im Turniersport und das vorsichtige Training mit möglichst wenig Trainingssprüngen ausschlaggebend dafür, ob das Pferd lange Zeit im Sport bleiben wird.

Diese Grundsätze sollten sich wie ein roter Faden durch die Ausbildung eines jeden Springpferdes ziehen und vor allem den jüngeren Reiter davor warnen, zu ehrgeizig und zu schnell Turniererfolge zu suchen.

Schließlich möchte ich noch eine Bemerkung zum Loben und Tadeln der Pferde machen, die eigentlich eine Selbstverständlichkeit sein sollte, es aber in der Praxis nicht immer ist. Wenn in der Ausbildung eines Pferdes etwas nicht nach unseren Vorstellungen geht, sind wir schnell zum Tadeln des Pferdes bereit, ohne uns ausreichend zu fragen, woher die Schwierigkeiten oder sogar Differenzen mit diesem Pferd kommen. Wenn aber alles planmäßig verläuft, nehmen wir das als eine Selbstverständlichkeit hin und vergessen dabei zu leicht zu loben. Dabei vergißt das Pferd aber den Tadel viel weniger als das Lob. Und schon aus diesem Grund sollten wir unsere Pferde viel mehr loben als tadeln.

Einspringen der jungen Pferde.

Beim Einspringen der jungen Pferde ist es entscheidend, daß erstens beim Pferd das Vertrauen zum Springen hergestellt und gefestigt wird und daß zweitens die Springfreude erhalten bleibt. Das erreicht man aber nur, indem man die Anforderungen sehr niedrig hält und erst allmählich steigert. Wenn man hört, daß heute schon das Freispringen mit Fohlen gefordert und auch betrieben wird, dann kann man darüber nur den Kopf schütteln. Heute werden die Pferde durch die vermehrte Blutzufuhr und die bessere Aufzucht zwar schon früher reif, aber vor dem Alter von etwa dreieinhalb Jahren sollte man auch heute nicht mit dem Einspringen junger Pferde beginnen. Eine Ausnahme bilden junge Hengste, die durch ihre ganze Aufzucht im allgemeinen schon früher reif sind.

DRESSURMÄSSIGES GRUNDTRAINING.

Nach dem ersten Anreiten des jungen Pferdes ist es zweckmäßig, zunächst das dressurmäßige Grundtraining etwas weiter auszubauen, bevor man das Pferd beim Freispringen schon wieder vor eine neue Situation stellt. Nach einigen Wochen kann dann beides parallel laufen, wobei man das junge Pferd etwa einmal in der Woche im Freispringen schult.

Beim dressurmäßigen Anreiten ist das Gewicht des Reiters und das Gebiß im Pferdemaul zunächst etwas Ungewohntes, mit dem manche jungen Pferde doch ihre Schwierigkeiten haben. Die Pferde müssen deshalb zunächst lernen, auch unter dem Gewicht des Reiters taktmäßig zu gehen und das Reitergewicht auf einem losgelassenen Rücken zu tragen. Der Reiter bemüht sich darum, eine gleichmäßige und leichte Verbindung zum Pferdemaul herzustellen und das Pferd mit den reiterlichen Hilfen vertraut zu machen. Durch Zirkelarbeit, Üben des Angaloppierens, Übergänge zwischen Trab und Galopp und kleine Tempounterschiede im Trab erfahren die Pferde ihre erste Gymnastizierung, werden etwas rittiger und bekommen auch eine gewisse Kondition.

Hat man ein gutes Gelände zur Verfügung, sollte man mit den jungen Pferden auch häufiger rausreiten und sie dabei mit kleinen Bodenunebenheiten und später auch mit leichten Kletterstellen vertraut machen. Für die Pferde ist dies eine Abwechslung in der Ausbildung, sie sehen immer etwas Neues und entwickeln beim Geländereiten automatisch schon eine gewisse Beingeschicklichkeit, die sie beim Springen benötigen.

VORBEREITENDE BODENRICKARBEIT.

Ist beim jungen Pferd eine erste Gymnastizierung erreicht, gehe ich dazu über, die Pferde bei tiefer und ruhiger Handeinstellung mehrmals über drei bis vier am Boden liegende Stangen oder Bodenricks zu traben. Den Pferden ist bei dieser Übung die Trittlänge vorgegeben, und sie entwickeln automatisch mehr Takt. Nach einigen Versuchen strecken sich die Pferde, lassen den Hals fallen und entspannen die Rückenmuskulatur. Außerdem lernen die Pferde, hinzusehen und die Beine gut anzuwinkeln.

Bei den ersten Übungen stellt man die Bodenricks im Abstand von etwa 1,30 m bis 1,50 m und in einer Höhe von etwa 15 cm auf. Später kann man, um die Aufmerksamkeit des Pferdes zu steigern, die Bodenricks auch mit auf dem Boden liegenden Stangen abwechseln oder die Bodenricks abwechselnd in unterschiedlicher Höhe aufstellen. Die Pferde müssen dabei immer wieder umschalten und registrieren, wo sie die Vorder- und Hinterbeine haben. Reitet man auf dem Zirkel, so stellt man die Bodenricks strahlenförmig auf, reitet anfangs, wenn die Pferde noch nicht so gelöst sind, auf der inneren Seite und wechselt dann mehr nach außen, wenn man die Tritte verlängern will.

FREISPRINGEN.

Zum Freispringen ist am günstigsten eine *Reithalle von 20 m x 40 m.* Bei größeren Hallen ist der Ausbilder zu weit vom Pferd entfernt, er hat nicht genügend Kontakt zum Pferd, die Pferde werden zu eilig und sind dann im Sprung zu flach. Bei größeren Hallen empfiehlt es sich deshalb, den Platz zum Freispringen auf das Maß von 20 m x 40 m abzutrennen.

ERSTES VERTRAUTMACHEN MIT DEM FREISPRINGEN.

Als Ausbilder nimmt man zum Freispringen zwei bis drei Helfer mit, die sich etwa in Höhe des Zirkelmittelpunktes aufhalten. Der Ausbilder selbst steht in der Nähe des Hindernisses. Ansonsten sollten keine weiteren Personen in der Reitbahn sein. Und falls dies doch der Fall ist, muß man auf jeden Fall für unbedingte Ruhe sorgen, da sich die Pferde auf die Hindernisse konzentrieren sollen. Bei den Reitpferdeauktionen erlebt man ja immer wieder, wie leicht sich die jungen Pferde durch die meistens auch noch höher sitzenden Zuschauer und die zwangsläufig entstehenden Geräusche ablenken lassen.

Zum ersten Freispringen baut man an der Mitte der langen Seite ein einladendes, schräg aufgebautes Hindernis oder ein kleines schräges Absprunggestell von etwa 50 cm Höhe auf und legt eventuell noch als Absprungerleichterung vor das Hindernis eine Stange auf den Boden, die man dann nach Bedarf etwas vom Hindernis wegziehen oder näher an das Hindernis heranschieben kann. Zum Bahninneren hin sollte man einen Fang oder mehrere Fänge neben das Hindernis stellen oder eine Stange seitlich an das Hindernis lehnen, um ein Vorbeilaufen der Pferde zu erschweren. In den Ecken der Bahn kann man neben dem Hufschlag vier Ständer, Kegel oder Fänge aufstellen, damit die Pferde leichter auf dem Hufschlag bleiben.

Vor dem kleinen schräg aufgebauten Hindernis stelle ich schon beim ersten Freispringen im Abstand von etwa 7 m bis 7,20 m ein 50 cm hohes Bodenrick oder ein weiteres kleines Absprunggestell auf, denn dadurch findet das Pferd automatisch besser zum richtigen Absprungpunkt. Der Abstand von 7 m bis 7,20 m zwischen Bodenrick und Hindernis ist zu Beginn der Ausbildung im allgemeinen richtig für Pferde mit einem normalen Galoppsprung. Bei Pferden mit einem kurzen Galoppsprung ist ein Abstand von weniger als 7 m zweckmäßig, bei Pferden mit einem langen Galoppsprung kann dagegen schon ein Abstand von 7,40 m bis 7,50 m oder noch mehr erforderlich sein.

Welcher Abstand im Einzelfall richtig ist, muß der Ausbilder genau beobachten und ausprobieren. Denn der richtige Abstand zwischen den beiden kleinen Hindernissen hängt auch davon ab, wie zügig die Pferde galoppieren. Springen die Pferde etwa zum Ausgang hin, so wird man den Abstand im allgemeinen etwas größer machen können, als wenn die Pferde vom Ausgang weg springen. Wichtig ist, daß man sich in diesem Ausbildungsstadium ganz dem Pferd anpaßt und dem Pferd jede mögliche Erleichterung zum Springen gibt.

Vor dem Freispringen lasse ich mir das Pferd dann in die Mitte der Bahn führen, rede beruhigend auf das Pferd ein und beobachte dabei, ob es einen gesunden Eindruck macht. Dadurch ergibt sich schon bald ein so gutes Vertrauensverhältnis zwischen dem jungen Pferd und dem „Mann mit der Peitsche", daß man das Tempo der Pferde nach einigen Freispringen an jedem Punkt der Reithalle mit der Stimme regulieren kann. Beim ersten Freispringen führt man dann die jungen Pferde an das Hindernis heran und läßt sie in Ruhe das Hindernis ansehen und beschnuppern. Danach läßt man die Pferde einige Runden frei laufen und dirigiert sie dann vom Bahninnern aus auf das Bodenrick hin. Geht das nicht so ohne weiteres, muß ein Helfer das Pferd zunächst an der Hand an das Hindernis führen.

Grundsätzlich sollte man die Pferde *von Anfang an auf der linken Hand freispringen* und das auch noch beim älteren Pferd beibehalten. Ich habe die Erfahrung gemacht, daß die meisten Pferde bei einem Handwechsel zu sehr durcheinandergeraten, auch dann, wenn man sie an einem Tag nur auf der linken Hand und an einem anderen Tag nur auf der rechten Hand freispringen läßt. Selbst bei älteren Pferden stellt man fest, daß sie beim Freispringen auf der rechten Hand wesentlich schlechter springen.

Der Ausbilder muß nun genau beobachten, wie das Pferd über das erste Bodenrick kommt. Setzt das Pferd weit hinter dem Bodenrick auf, so beruhigt man es etwas mit der Stimme, damit es das zweite Hindernis möglichst nicht unterläuft. Sieht man dagegen, daß der Absprungpunkt beim zweiten Hindernis zu früh sein wird, so unterstützt man das Pferd durch eine treibende Stimmen- und Peitschenhilfe. Das Pferd empfindet die Peitsche in diesem Moment zwar nicht als Hilfe; aber der Ausbilder hat erreicht, daß das Pferd nach dem Bodenrick noch einen energischen Galoppsprung macht, der Absprungpunkt günstiger und der Absprung selbst energischer wird und das Pferd dadurch keinen Fehler macht. Und Fehler muß man auf dieser Ausbildungsstufe auf jeden Fall zu vermeiden versuchen.

Wenn ein junges Pferd anfangs einmal stehenbleibt, so sollte man das überhaupt nicht ernst nehmen. Vielleicht ist das Pferd etwas ungünstig an das Hindernis herangekommen und hat einfach noch nicht den Mut zum Absprung gehabt. Wenn man das Pferd jetzt mit der Peitsche straft, dann wird das Pferd noch mehr Angst bekommen, und zwar entweder vor dem Hindernis oder vor der Peitsche. Erst wenn klar erkennbar ist, daß das Pferd absichtlich und bösartig mehrmals stehenbleibt, sollte der Ausbilder energischer mit der Stimme und Peitsche durchgreifen.

Ebenso wichtig ist es, daß man *die Pferde beim Freispringen niemals jagt.* Die Pferde brauchen zum Springen zwar einen gewissen Schwung, aber wenn sie zu eilig werden, dann können sie sich das Hindernis nicht mehr genau ansehen. Die Pferde springen flach und ohne Bascule, weil sie in der Geschwindigkeit gar nicht mehr registrieren können, wo ihre Vorder- und Hinterbeine über dem Hindernis genau sind. Und die an sich vielleicht gute Springtechnik wird durch das Jagen über das Hindernis nachhaltig verschlechtert. Hinzu kommt, daß die Pferde durch das Jagen mit Stimme und Peitsche leicht an die Bande gedrückt werden und dadurch noch eine zusätzliche schlechte Erfahrung mit der Springerei in Verbindung bringen.

ALLMÄHLICHE STEIGERUNG DER ANFORDERUNGEN.

Hat das Pferd über das kleine schräg aufgebaute Hindernis von 50 cm Höhe etwas Vertrauen gewonnen, so kann man schon bald das Hindernis bis auf 80 cm erhöhen. Wird die Galoppade durch das größere Vertrauen des Pferdes dann etwas flüssiger, so kann man den Pferden auch schon einmal einen kleinen einladenden Oxer zumuten. Möglicherweise ist es jetzt auch erforderlich, den Abstand zum Bodenrick beziehungsweise dem vor dem Hindernis stehenden Absprunggestell etwas zu erweitern, da die Pferde durch die flüssigere Galoppade weiter in die kleine Kombination hineinspringen.

Nach diesem ersten Vertrautmachen mit dem Springen beginnt in den nächsten Springstunden schon eine kleine Springschulung. *Dabei werden die Pferde aber nicht über wesentlich höhere Hindernisse geschult, sondern indem man sie immer wieder an neue Situationen heranführt.* Die Pferde lernen dadurch das genaue Hinsehen, sie bekommen eine größere Beingeschicklichkeit und haben immer etwas anderes zu tun. Wenn sie darin geschult werden und damit auch gleichzeitig mehr Selbstvertrauen beim Springen entwickeln, dann bereitet einem veranlagten Springpferd das Zuspringen über höhere und breitere Hindernisse später wenig Schwierigkeiten.

Entwickeln die Pferde nach den ersten Übungen im Freispringen einen größeren Vorwärtsdrang, so kann es erforderlich werden, daß der Ausbilder das Tempo etwas verlangsamt. Das kann man erreichen, indem man vor das Bodenrick im Abstand von etwa 3,50 m ein zweites Bodenrick von 50 cm Höhe aufbaut.

Um die Aufmerksamkeit des Pferdes zu steigern, lege ich häufig auch noch einige Stangen zusätzlich auf den Hufschlag, so daß die Pferde immer etwas Neues sehen und ihre Beine sortieren müssen. Einen ähnlichen Effekt erzielt man, wenn man an der kurzen Seite der Reitbahn zwei oder später sogar drei Bodenricks im Abstand von 3,50 m aufstellt. Die Pferde müssen bei diesen kleinen In-Outs schnell reagieren und ihre Beine gut anwinkeln. Außerdem werden eilige Pferde dadurch etwas langsamer. Allerdings sollte man immer nur an einer kurzen Seite der Reithalle so etwas aufbauen und die andere kurze Seite freihalten, um die Pferde dort mit der Stimme anhalten zu können.

Dieses Anhalten sollte bei den jungen Pferden nach jeder Runde geschehen, damit die Pferde etwas verschnaufen können. Denn wenn die jungen und noch wenig trainierten Pferde mehrere Runden hintereinander springen, kommen sie leicht außer Atem, verlieren dabei ihren Rhythmus, und die Sprünge werden im allgemeinen schlechter. Hält man die Pferde dagegen nach jeder Runde und immer an der gleichen Stelle, möglichst in der Nähe der Tür, an, so kennen die Pferde das schon nach wenigen Tagen und bekommen durch diese kurze Verschnaufpause auch mehr Vertrauen zum Springen.

Im Laufe der Ausbildung kann man dann dazu übergehen, an beiden langen Seiten der Reithalle Hindernisse aufzubauen. An der zweiten langen Seite baut man eine kleine zweifache und später auch schon eine kleine dreifache Kombination auf. Sehr schwierig ist es für ein junges Pferd, wenn man an der kurzen Seite zusätzlich noch einen kleinen Steilsprung aufbaut. Denn die jungen Pferde haben noch keine richtige Kurventechnik und haben dadurch noch etwas wenig Schwung für den Steilsprung an der kurzen Seite.

In jeder Springstunde kann man diese Aufbauten etwas variieren und den Pferden dabei auch für sie noch unbekanntes Hindernismaterial vorsetzen. Diese Art der Schulung schont die Pferdebeine, da nie über hohe Hindernisse gesprungen wird. Und die jungen Pferde lernen dabei mehr, als wenn sie in diesem Alter schon immer höher über ein einzelnes Hindernis springen müssen, bei unbekannten Situationen aber nicht gelernt haben, wie sie sich verhalten sollen.

SPRINGEN AN DER LONGE.

Hat man keine Halle zur Verfügung, dann kann man die Pferde auch an der Longe einspringen. Allerdings besteht hierbei die Gefahr, daß die Pferde im Sprung nicht gerade bleiben und zusätzlich noch durch die Longe im Maul gestört werden. Das Springen an der Longe sollte man deshalb *nur als einen Ersatz für das Freispringen in der Halle betrachten.*

Zum Springen an der Longe muß man einen Platz von mindestens 20 m Durchmesser zur Verfügung haben. Das Hindernis muß an der Außenseite des Longierzirkels durch einen Zaun, durch Strohballen oder durch mehrere Fänge abgegrenzt sein, damit das Pferd eine Anlehnung hat. Ist der Hindernisständer höher als die Hindernisstangen, so stellt man eine Stange schräg gegen das Hindernis, damit die Longe hinübergleiten kann. Vor das Hindernis baut man wie beim Freispringen wiederum ein oder zwei Bodenricks auf, damit die Pferde möglichst zum passenden Absprungpunkt kommen.

Die Pferde müssen selbstverständlich mit dem Longieren bereits vertraut sein, bevor man mit dem Springen an der Longe beginnen kann. Idealerweise longiert man die Pferde mit einem Kappzaum, der allerdings nur in seltenen Fällen vorhanden sein dürfte. Hat man keinen Kappzaum zur Verfügung, so verschnallt man die Longe in den inneren Trensenring. Dabei muß man aber darauf achten, daß beim Longieren der äußere Trensenring nicht ins Maul gezogen wird. Ausbinden sollte man die jungen Pferde zum Springen an der Longe nicht, da sie zu sehr eingeengt werden.

Vor dem Sprung läßt man die Pferde nun etwas mehr nach außen laufen, damit sie *gerade vor das Hindernis kommen* können. Das ist für die jungen Pferde wesentlich leichter, als wenn sie direkt aus der Wendung heraus springen müssen. Unmittelbar beim Absprung und über dem Hindernis läßt man die Longe locker, damit die Pferde nicht im Maul gestört und nicht mit dem Kopf nach innen gezogen werden.

Haben die Pferde so über ein kleines Hindernis eine gewisse Sicherheit gewonnen, so kann man auch mehrere Hindernisse auf dem Zirkel aufstellen. Die Hindernisse müssen dabei aber noch kleiner als zum Freispringen in der Halle sein, da das Pferd immer nur für einen kurzen Moment in sich gerade sein kann.

EINSPRINGEN UNTER DEM REITER.

Mit dem Springen unter dem Reiter sollte man erst dann beginnen, wenn man die Pferde einige Wochen lang im Freispringen trainiert hat. Die Pferde sind dann mit der Flugphase bereits ganz gut vertraut. Aber man darf nun nicht erwarten, daß sie unter dem Reiter ebenso gut springen wie beim Freispringen. Man erlebt fast immer, daß die jungen Pferde bei den ersten Sprüngen unter dem Reiter ganz unbeholfen sind, selbst wenn sie beim Freispringen schon relativ geschickt waren. Einmal ist es das Gewicht des Reiters, mit dem die Pferde beim Springen zusätzlich fertig werden müssen. Aber auch der treibende Schenkel und das eventuelle Einsitzen in den Sattel vor dem Springen können anfangs die Aufmerksamkeit des Pferdes vom Hindernis ablenken. Außerdem ist es für den Reiter nicht immer einfach, den bisweilen noch unkontrollierten Bewegungen der jungen Pferde zu folgen, ohne sie zu stören. Es dauert deshalb einige Tage, bis die Pferde wieder die gleiche Sicherheit wie beim Freispringen haben.

Der entscheidende Punkt beim Einspringen unter dem Reiter ist deshalb, daß man mit seinen Anforderungen wieder deutlich unter den Schwierigkeitsgrad geht, den die Pferde zuletzt beim Freispringen erreicht haben. Man fängt zunächst mit einem kleinen Hindernis an, bei dem auf beiden Seiten Fänge aufgestellt werden, damit die Pferde nicht zum Vorbeilaufen verleitet werden. *Gesprungen wird nur aus dem Trab,* denn dabei passiert es seltener, daß ein Pferd zu früh abspringt und in das Hindernis hineinspringt. Außerdem werden die Vorderbeine mehr geschont und die Muskulatur der Hinterhand wird gestärkt.

Nach dem Sprung pariert man wieder zum Trab durch und wendet ab, damit die Pferde nicht ins Eilen kommen. Man reitet dann einige Male um

(Fortsetzung Seite 160)

Der Vorteil eines vorgestellten Bodenricks oder Absprunggestells wird hier sehr deutlich. An das erste Absprunggestell kommt das Pferd etwas nah heran. Beim zweiten Hindernis paßt dann der Absprung dank dosiert treibender Hilfen zwischen den beiden Hindernissen.

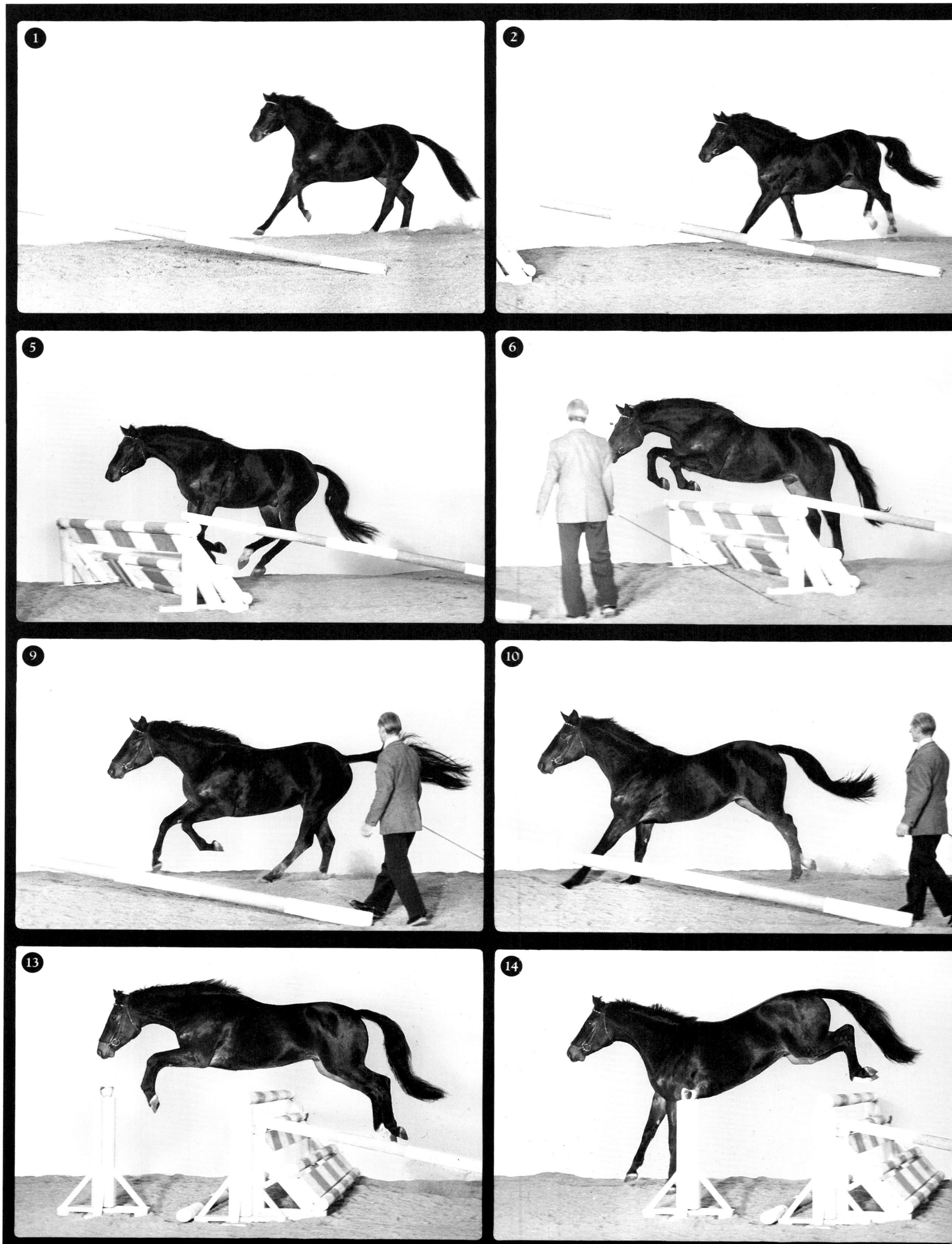

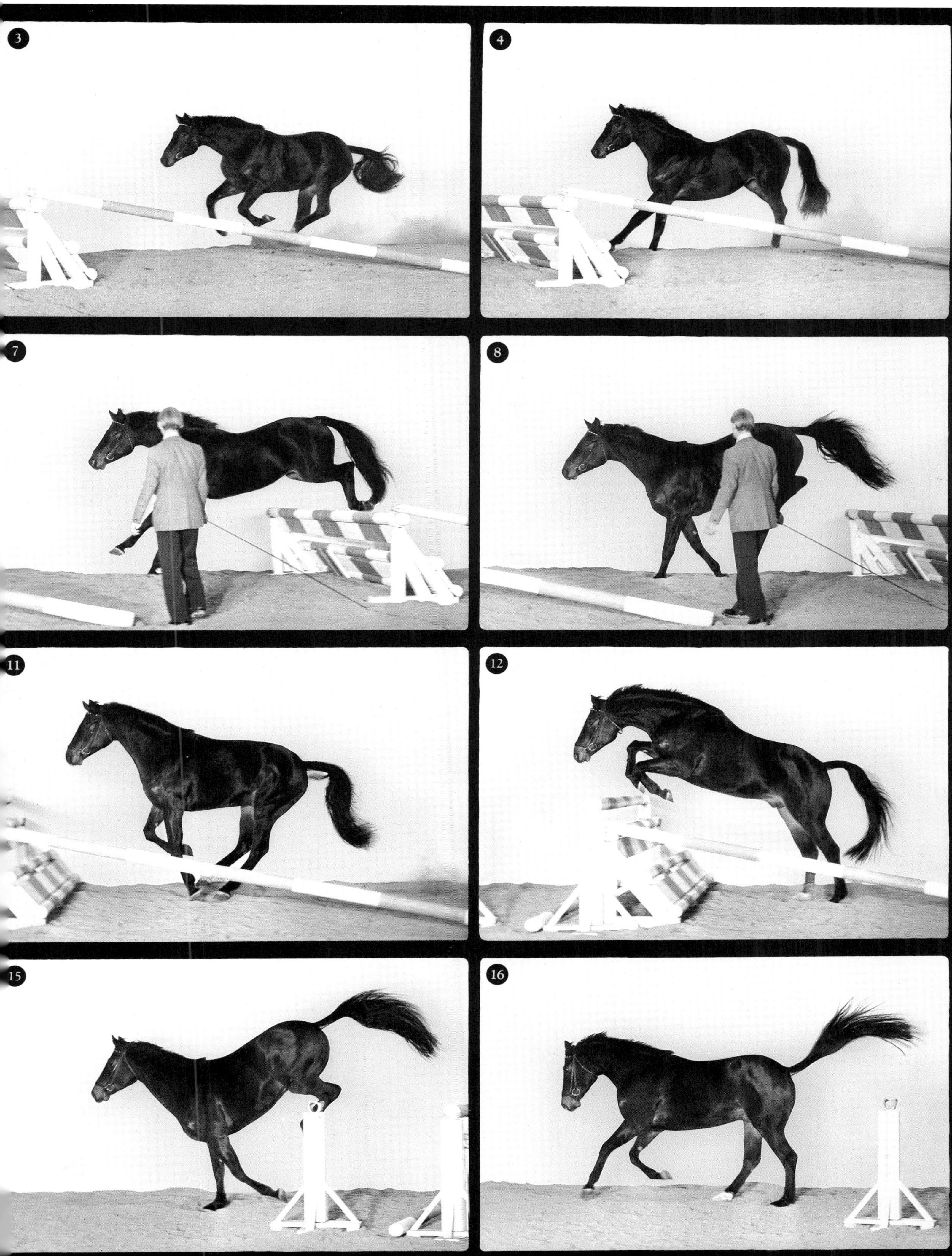

Dieses junge Pferd zeigt Vertrauen, Aufmerksamkeit und Gelassenheit bei seinen ersten Springversuchen. Die Springmanier ist gut. Mehr braucht das Pferd gar nicht zu zeigen am Anfang seiner Springausbildung.

Wenn das Pferd schon etwas mehr Erfahrung im Freispringen besitzt, kann man die Anforderungen bis zu einem solchen Hochweitsprung steigern.

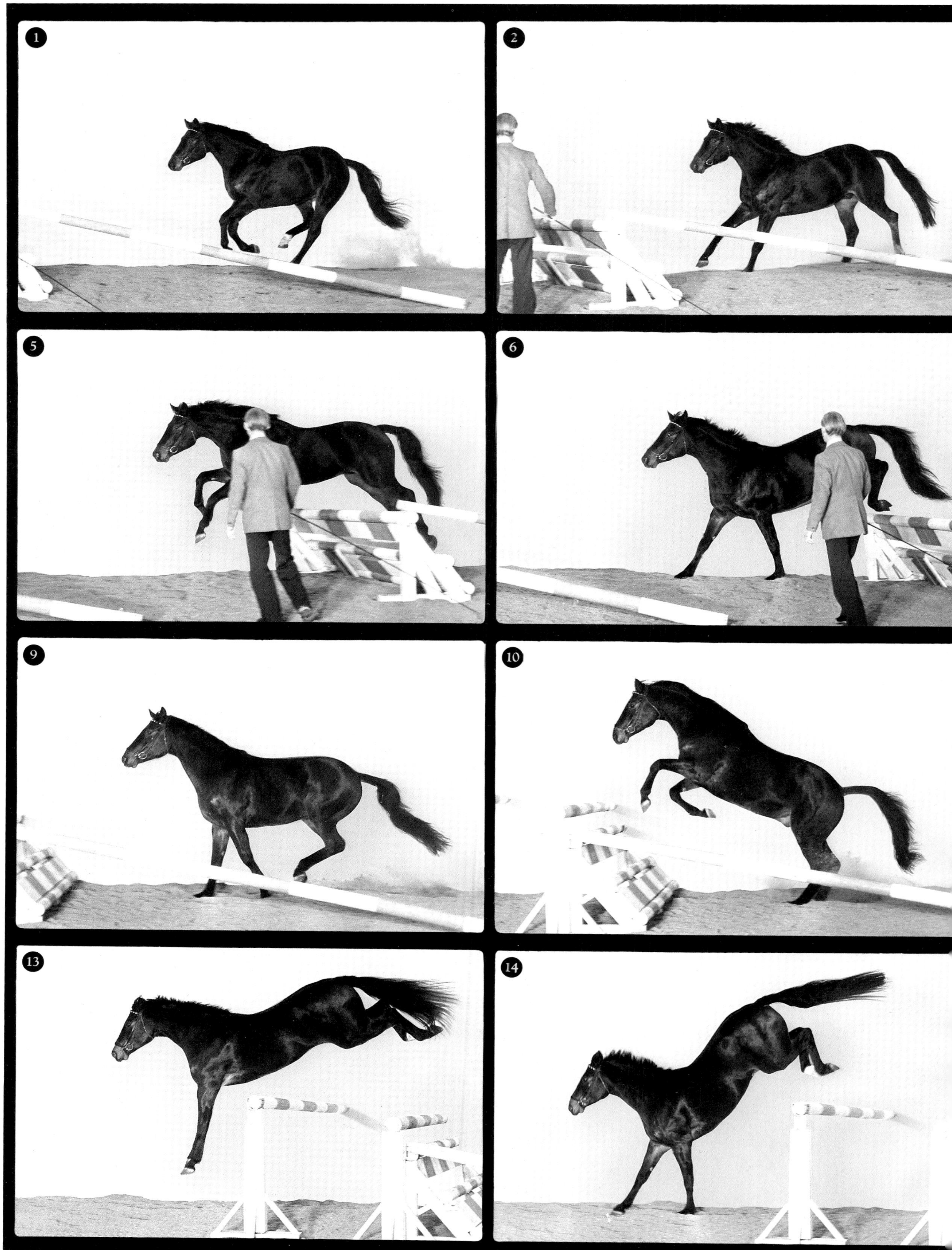

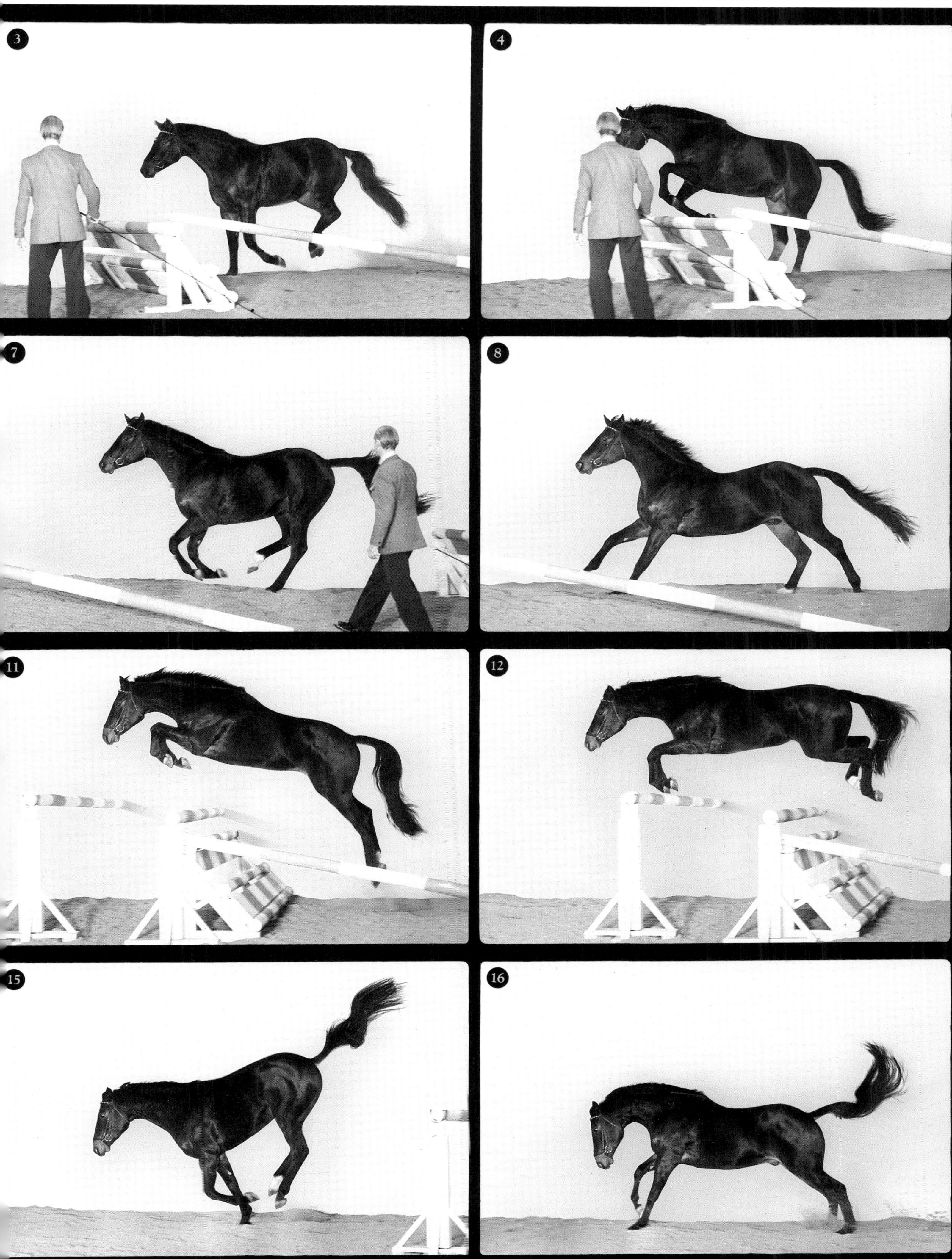

Höher und breiter darf es aber nicht werden. Und wozu auch? Man sieht ja, daß hier Leistungsbereitschaft, großzügiges Springen und eine gute Manier gegeben sind.

1. + 2. Woche: Beim Beginn des Freispringens in den ersten beiden Wochen ist es zweckmäßig, vor das kleine schräge Hindernis, das man zunächst nur 50 cm und dann bis zu 80 cm hoch aufbaut, ein Bodenrick zu stellen, damit die Pferde leichter zum richtigen Absprungpunkt finden. Der Abstand von 7,20 m ist nur als eine Richtgröße anzusehen.

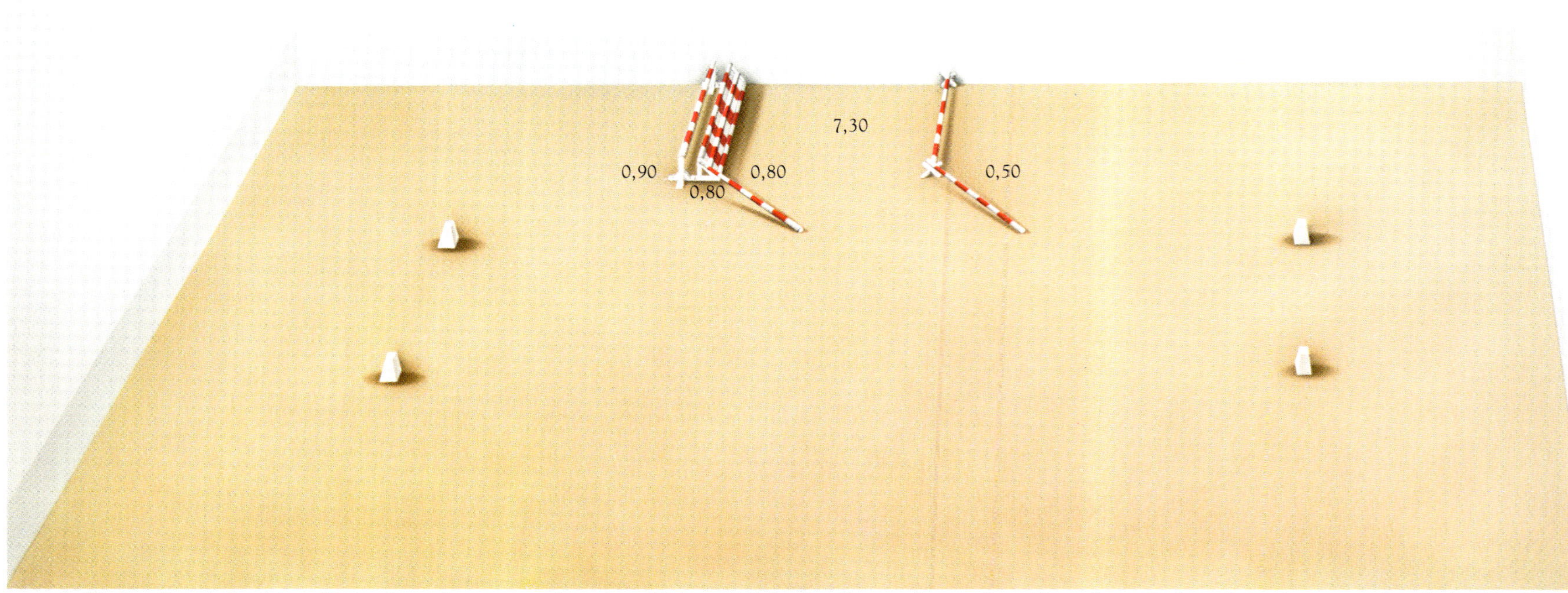

3. Woche: Etwa beim dritten Freispringen kann man schon einen kleinen einladenden Oxer aufbauen. Der Abstand zum Bodenrick wird etwas größer, da die Pferde jetzt im allgemeinen schon etwas flüssiger galoppieren.

4. Woche: In der vierten Woche kann man den Oxer etwas höher und breiter aufbauen. Das Bodenrick wird als zusätzliche Schwierigkeit zum In-Out erweitert. Der Abstand zum Oxer muß eventuell noch etwas erweitert werden.

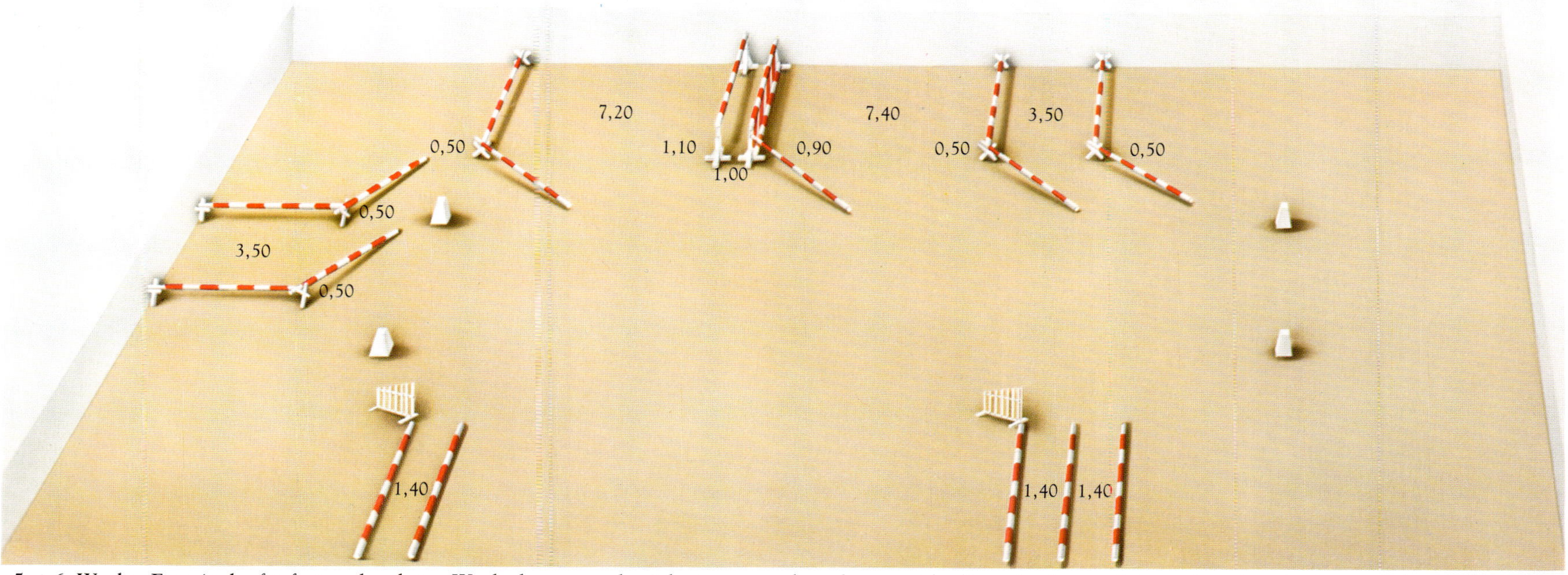

5. + 6. Woche: Etwa in der fünften und sechsten Woche kann man damit beginnen, auch an der gegenüberliegenden langen Seite und an einer der kurzen Seiten aufzubauen, damit die Pferde sich immer wieder mit etwas Neuem beschäftigen. Eine kurze Seite bleibt frei, um die Pferde hier nach jeder Runde anhalten zu können.

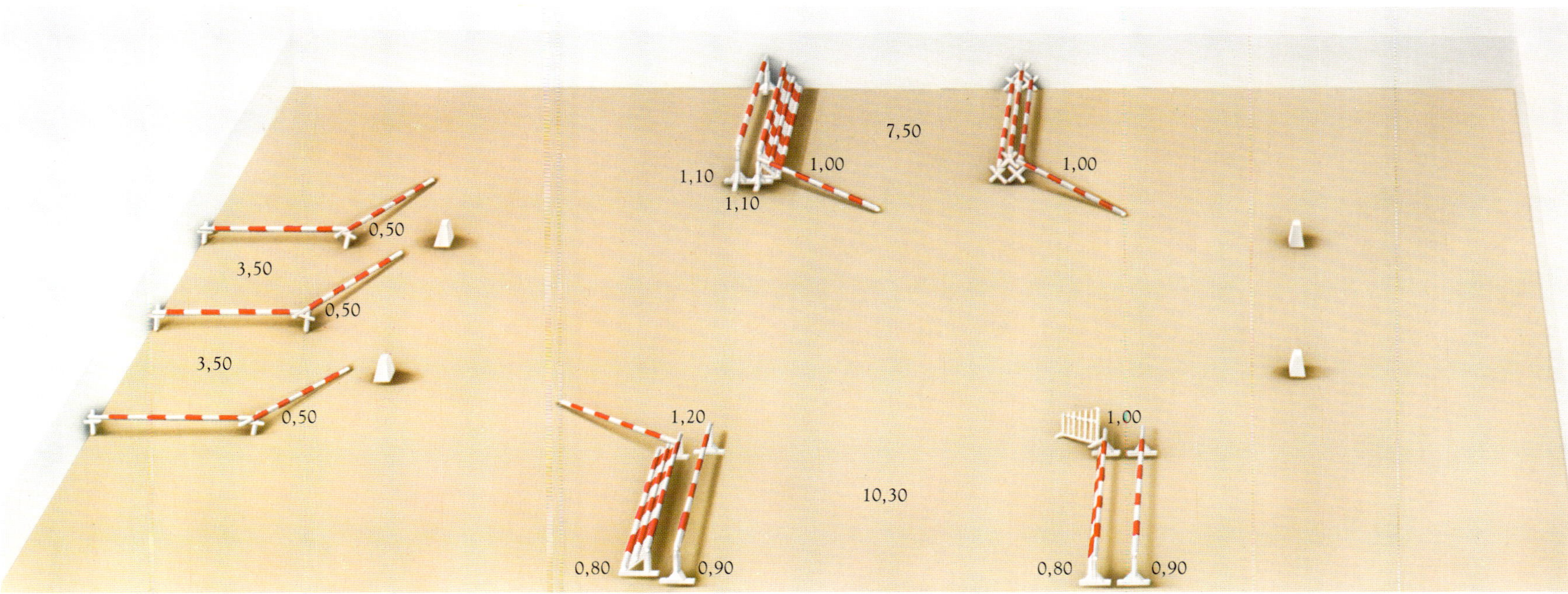

7. + 8. Woche: In der siebten und achten Woche kann man an den beiden langen Seiten einladende zweifache Kombinationen aufbauen. Die beiden In-Outs an der kurzen Seite verhindern, daß die Pferde zu eilig werden, und die Pferde lernen hierdurch schneller zu reagieren.

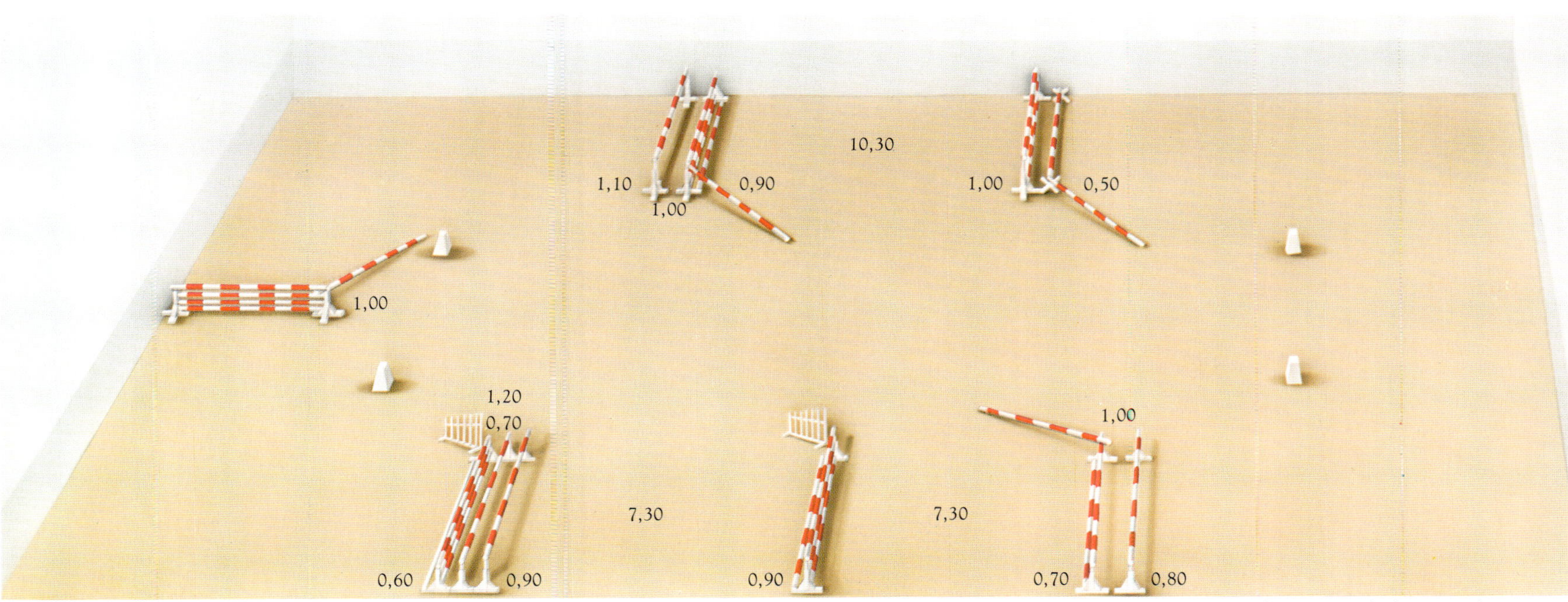

9. + 10. Woche: Etwa in der neunten und zehnten Woche kann an einer der langen Seiten auch schon eine einladende dreifache Kombination aufgebaut werden, wenn die Pferde bisher keine Schwierigkeiten hatten. Zur Abwechslung ersetzt man das In-Out an der kurzen Seite durch einen Steilsprung.

das Hindernis herum, lobt die Pferde, trabt vielleicht auch einmal über Bodenricks und macht dann ganz zufällig wieder einen kleinen Sprung aus dem Trab. Allmählich wird dieser kleine Hopser eine Selbstverständlichkeit für die Pferde.

Hat man das erreicht, dann kann man die Anforderungen nach dem gleichen System wie beim Freispringen steigern.

Hat man ein geeignetes Gelände zur Verfügung, kann man auch im Gelände über kleine

Beim Springen an der Longe ist es wichtig, daß die jungen Pferde nicht direkt aus der Wendung heraus springen, sonde

Baumstämme oder ähnliche kleine Hindernisse aus dem Trab springen. Sehr vorteilhaft ist es, wenn man dabei hinter einem sicheren Führpferd reiten und den Herdentrieb der Pferde ausnutzen kann, da sich das junge Pferd dann mehr auf das Führpferd als auf den eigenen Reiter konzentriert. Und besonders bei Pferden, die zum Stehenbleiben neigen, erlebt man häufig, daß sie hinter einem Führpferd mehr Mut zum Springen haben und dann auch mehr Sicherheit gewinnen.

rade und möglichst passend vor das Hindernis kommen, was hier durch das vorgestellte Bodenrick-In-Out erreicht wird.

VERBESSERUNG DER RITTIGKEIT UND STUFENWEISE ENTWICKLUNG DER SPRINGERFAHRUNG.

Mit den verschiedenen Trainingsschwerpunkten, die im folgenden Kapitel behandelt werden, kann man etwa im Alter von 4 Jahren beginnen. Im Vordergrund der Ausbildung steht zunächst die weitere dressurmäßige Arbeit der angehenden Springpferde und das Gymnastikspringen. Mit zunehmender Springerfahrung macht man die Pferde dann mit Wendungen im Parcours, Schrägspringen, Wassergräben, Wällen und Pulvermanns Grab vertraut. In Übungsparcours und bei den ersten Turnierstarts in leichteren Springprüfungen überprüft man die Rittigkeit und die bereits erzielte Geschicklichkeit und Routine beim Springen. Am Ende dieses Ausbildungsabschnittes sollte ein talentiertes Pferd dann ein leichtes M-Springen gehen können, eine gute Springkurve haben und selbständig taxieren können.

DRESSURMÄSSIGE GYMNASTIZIERUNG DES SPRINGPFERDES.

Die dressurmäßige Gymnastizierung der Springpferde wird nicht in allen Ländern so konsequent und systematisch betrieben wie bei uns. Die Reiter anderer Länder haben oftmals ihre eigenen Methoden, die sich aus ihrer besonderen reiterlichen Tradition entwickelt haben und auch zu dem Pferdetyp passen, den sie reiten. So kommen zum Beispiel die englischen Reiter mehr von der Jagd- und Geländereiterei her und haben eine ganz andere Art, den Pferden Vertrauen und gleichzeitig ein gewisses Maß an Respekt zu geben. Bei unseren deutschen Pferden und bei unserer reiterlichen, auf der Tradition der früheren Kavallerieschule aufbauenden Grundeinstellung, als Reiter jederzeit Herr der Lage zu sein, ist die dressurmäßige Schulung der Springpferde nach meiner Ansicht jedoch unerläßlich.

Ohne diese dressurmäßige Schulung hätte ich damals mit einem so schweren Pferd wie Meteor international überhaupt keine Chance gehabt. Meine Springpferde gingen sogar fliegende Galoppwechsel bis zu einem Tempo, Galopppirouetten und Seitengänge. Das muß man natürlich nicht unbedingt von einem Springpferd verlangen, und bei mir war dieses weitgehende Dressurtraining auch ein wenig mein persönliches Hobby. Aber generell wird man doch fordern müssen, daß ein Springpferd zumindest die Lektionen einer L-Dressur und zusätzlich noch fliegende Galoppwechsel beherrscht.

ZIELE DER DRESSURMÄSSIGEN ARBEIT DES SPRINGPFERDES.

Bei der dressurmäßigen Arbeit eines Springpferdes ist es nicht entscheidend, daß die Pferde genauso korrekt und mit dem gleichen Ausdruck gehen wie Dressurpferde. Wichtig ist es jedoch, daß durch diese Gymnastizierung

1. das Vertrauen zum Reiter gefestigt wird,
2. das Springpferd lernt, sofort auf die Hilfen des Reiters einzugehen,
3. der Bewegungsablauf geschmeidiger wird,
4. die Muskulatur entwickelt und gekräftigt wird,
5. die beim Springpferd ohnehin stärker beanspruchte Vorhand entlastet wird.

Die reiterlichen Hilfen bei den verschiedenen Lektionen und die Methoden zum Üben dieser Lektionen sind bei einem Springpferd natürlich nichts anderes als bei einem Dressurpferd. Da dieses Fachwissen in der hippologischen Literatur zur Dressurausbildung ausführlich beschrieben ist, will ich hierauf nicht näher eingehen, sondern mehr auf die Besonderheiten bei der dressurmäßigen Schulung eines Springpferdes abstellen.

DIE BEDEUTUNG DER DRESSURMÄSSIGEN AUSBILDUNGSSKALA FÜR DAS SPRINGPFERD.

Geht man die sogenannte „Skala der Dressurausbildung" – Takt, Losgelassenheit, Anlehnung, Schwung, Geraderichten, Versammlung – durch, so ist zunächst großer Wert darauf zu legen, daß auch das Springpferd losgelassen geht und der Reiter eine gleichmäßige und leichte Anlehnung zum Pferdemaul herstellen kann. Treten dagegen gelegentlich Taktfehler in den Grundgangarten auf, so ist das beim Springpferd von geringerer Bedeutung. Ebenso ist die Entwicklung eines schwungvollen Mitteltrabs und starken Trabs unwichtig. Dagegen sollte auch ein Springpferd durch häufiges Reiten auf gebogenen Linien geradegerichtet werden, um auf der linken und auf der rechten Hand eine gleichmäßig gute Geschmeidigkeit zu erzielen und Wendungen nach links und rechts gleich gut ausführen zu können. Welche Versammlung schließlich von einem Springpferd gefordert werden sollte, werden die einzelnen Springreiter vielleicht unterschiedlich beurteilen. Ich persönlich halte es für wichtig, daß ein Springpferd gut versammelt galoppieren kann, damit man Wendungen eng reiten und die Pferde vor besonders schwierigen Hindernissen noch einmal betont an die Hilfen stellen und die erforderliche Federkraft herstellen kann.

DIE WICHTIGSTEN DRESSURLEKTIONEN FÜR DAS SPRINGPFERD.

Als dressurmäßige Übungen sind für ein Springpferd besonders wichtig:
1. Tempounterschiede im Galopp.
2. Geraderichtende Biegearbeit.
3. Fliegende Galoppwechsel.
4. Kehrtwendungen im Galopp.

Hierbei kann man die Pferde durchaus etwas tiefer einstellen, da im Parcours die Nase des Pferdes durch die größere Geschwindigkeit ohnehin wieder mehr vor die Senkrechte kommt. Allerdings muß man dabei die Hinterhand gut heranholen und darf die Pferde nicht auf die Vorhand kommen lassen.

Während der dressurmäßigen Grundausbildung reitet man die Pferde zunächst im Dressursitz, wobei der Springreiter die Bügel jedoch im allgemeinen etwas kürzer haben wird als der Dressurreiter. Später reitet man die Dressurlektionen verstärkt im leichten Sitz. Dies ist schwerer als im Dressursitz, und es erfordert eine besondere Übung, wenn man die gleiche Rittigkeit der Pferde wie im Dressursitz herstellen will.

TEMPOUNTERSCHIEDE IM GALOPP.

Tempounterschiede im Galopp sollen mit einem Springpferd *flüssig, geschmeidig und schnell* geritten werden können. Das erfordert, daß erstens die Paraden sofort und ohne das häufig zu beobachtende Ziehen im Maul durchkommen müssen und zweitens das Pferd sofort auf die treibenden Hilfen des Reiters reagiert. Mit Pferden, die so geschult sind, kann man in Parcours die entscheidenden Sekunden leichter und bequemer herausreiten. Wenn die Pferde diese sofortigen Tempowechsel im Galopp gelernt haben, kann der Reiter exakt zum richtigen Absprungpunkt reiten. Ein Musterbeispiel für diese Präzision im Parcours war sicherlich Halla, die Hans Günter Winkler aufgrund ihrer großen Schnellkraft mit nur zwei, drei Galoppsprüngen selbst über mächtige Hochweitsprünge regelrecht „abschießen" konnte, um sie dann, falls erforderlich, sofort wieder versammeln zu können. Diese fast schon an Akrobatik grenzende Reitweise erfordert allerdings einen ganz bestimmten Pferdetyp und sollte von einem durchschnittlich veranlagten Reiter nicht zu kopieren versucht werden.

GERADERICHTENDE BIEGEARBEIT.

Das Geraderichten des Pferdes erfolgt *durch häufiges Reiten von Zirkeln, Volten, Kehrtwendungen und Schlangenlinien.* Die Pferde werden durch diese geraderichtende Biegearbeit in ihrer Längsachse gebogen, wobei die Längsbiegung durch das ganze Pferd hindurchgehen und dem Grad der Wendung angepaßt sein muß. Das Pferd wird dadurch durchlässig im Genick, entspannt seine Halsmuskulatur und wird biegsamer in der Wirbelsäule und den Hinterhandgelenken. Der Reiter spürt, wie er allmählich eine gleichmäßige Anlehnung in beiden Händen bekommt und wie sich die Wendungen nach links und nach rechts gleich leicht ausführen lassen. Bei Pferden, die schon eine weitgehende Gymnastizierung erfahren haben, sollte man auch das Reiten von Seitengängen in das dressurmäßige Training einbeziehen, um die Geschmeidigkeit und Beinbeweglichkeit der Pferde noch zu verfeinern.

Es gibt zwar viele Springpferde, die auch ohne eine solche systematische geraderichtende Biegearbeit ihre Erfolge haben. Aber diese Pferde sind entweder von Natur aus schon sehr geschmeidig auf beiden Händen, oder sie haben es, wenn diese Voraussetzung nicht gegeben ist, gegen sehr gute Konkurrenz entsprechend schwer.

FLIEGENDE GALOPPWECHSEL.

Fliegende Galoppwechsel müssen die Springpferde erlernen, *da es schneller und für die Pferde angenehmer ist, im Handgalopp (Innengalopp) anstatt im Außengalopp durch eine Wendung zu reiten.* Auf die Methoden zum Erlernen des fliegenden Galoppwechsels will ich hier nicht eingehen, da dieses Thema bereits ausführlich in den Büchern von Albert Brandl und Harry Boldt abgehandelt ist. Wichtig erscheint mir jedoch der Hinweis, daß man den fliegenden Galoppwechsel nicht, wie man das bei vielen jungen Springreitern sieht, durch ein ruckartiges Herumschmeißen des Oberkörpers und ein extremes Umstellen des Pferdes in Kopf und Hals herbeizuführen versucht. Denn häufig springen die Pferde dann doch nur in einen Kreuzgalopp, und sie behalten auch ihr gleichmäßiges Tempo nicht bei. Vielmehr muß das Springpferd auf eine kaum merkliche Gewichtsverlagerung und ein etwas stärkeres Einwirken mit dem neuen äußeren Schenkel hin den Galopp wechseln und darf dabei nicht eiliger werden. Die Galoppwechsel müssen nach links und rechts gleichmäßig leicht und geschmeidig ausgeführt werden können. Bei jüngeren Pferden hat es sich bewährt, gleichzeitig mit dem stärkeren Einwirken des neuen äußeren Schenkels auch den neuen äußeren Zügel etwas stärker anzunehmen.

KEHRTWENDUNGEN IM GALOPP.

Wie schnell man eine Kehrtwendung im Galopp ausführen kann, ist in vielen Parcours mitentscheidend für die benötigte Zeit. Als Springreiter muß man deshalb bei einem routinierten Pferd die Kehrtwendungen so verfeinern, daß man mühelos kleine Kurzkehrtwendungen oder sogar „halbe Pirouetten" im Galopp reiten kann. Dabei ist es nicht wichtig, daß die Pferde genau in die Bewegungsrichtung gestellt und gebogen sind. Das Pferd soll auch keine besonders erhabenen Galoppsprünge auf der Stelle machen, wie sie in einer Dressurprüfung verlangt werden. Die Springreiter stellen ihre Pferde teilweise sogar etwas nach außen oder unterstützen sie zumindest etwas mehr mit dem äußeren Zügel, und sie legen *mehr Wert auf Schnelligkeit als auf Präzision.* Aber grundsätzlich muß man ein Springpferd, wenn es Kurzkehrtwendungen im Galopp gehen soll, genauso gut versammeln können wie ein Dressurpferd, was natürlich nur mit einem Pferd gelingt, das gut an den Hilfen steht.

Geraderichtende Biegearbeit durch Schlangenlinien im Galopp. D

ngsbiegung geht durch das ganze Pferd hindurch. Der Reiter hat sein Pferd auch im leichten Sitz jederzeit an den Hilfen. Der Galopp wird fliegend gewechselt.

Im Gegensatz zum Dressurreiten kommt es beim Springreiten vor allem auf die Schnelligkeit der Kehrtwendung im Galopp an.

Das Pferd wird in der Wendung vermehrt mit dem äußeren Zügel unterstützt. Der Reiter sitzt in der Bewegungsrichtung, um das Unterspringen der Hinterhand zu erleichtern.

GYMNASTIKSPRINGEN.

Nachdem die Pferde gelernt haben, kleine einzelne Hindernisse und Kombinationen unter dem Reiter zu springen, kann man mit dem Gymnastikspringen beginnen, wobei die Pferde mit dieser Aufgabe im Prinzip ja schon während der ersten Wochen ihrer Ausbildung im Freispringen vertraut gemacht worden sind.

Zum Gymnastikspringen werden etwa 4 bis 10 Hindernisse hintereinander in der Reihe aufgebaut. Die Abstände zwischen den Hindernissen werden so gewählt, daß die Hindernisse entweder als In-Out oder mit einem beziehungsweise zwei Galoppsprüngen Zwischenraum zu springen sind. Zunächst reitet man die Reihe der Gymnastikhindernisse nur im Trab an. Haben die Pferde etwas mehr Erfahrung, kann man die Hindernisse auch im Galopp anreiten. Anfangs empfiehlt es sich auch, die Pferde vor dem Gymnastikspringen etwas über Bodenricks treten zu lassen, um sie auf die neue Aufgabe einzustellen.

ZIELE DES GYMNASTIKSPRINGENS.

Das Wesentliche beim Gymnastikspringen liegt darin, daß man die Pferde bei sehr niedrigen Sprüngen mit immer wieder neuen Situationen vertraut macht. Die Hindernisse sind anfangs nur etwa 50 cm hoch und später bis zu höchstens 1 m hoch. Die Pferde sollen dabei lernen, hinzusehen, immer wieder umzuschalten und ihre Beine schnell zu bewegen. Von Sprüngen im eigentlichen Sinne kann man hierbei gar nicht reden. Es ist mehr eine *Bein- und Reaktionsgymnastik, bei der die Pferdebeine nicht oder nur sehr wenig beansprucht werden, die Pferde aber sehr gut das schnelle Anwinkeln der Beine erlernen, durch das genaue Hinsehen mit dem Hals tiefer kommen und in ihrer Rückentätigkeit verbessert werden.* Die Pferde lernen beim Gymnastikspringen zu taxieren, verbessern ihre Geschicklichkeit und ihr Reaktionsvermögen und bekommen ein Gefühl dafür, wo sich ihre Beine in bezug zum Hindernis befinden. Gleichzeitig wird auch die Muskulatur durch das Anwinkeln der Beine verbessert.

Bei temperamentvollen und etwas stürmischen Pferden hat das Gymnastikspringen den Vorteil, daß die Pferde ihr Tempo von selbst zurücknehmen müssen, wenn sie nicht zu nah an das Hindernis herankommen wollen. Diese Pferde kann man ruhig mehrere Male durch die Gymnastikreihe reiten, ohne befürchten zu müssen, daß die Pferdebeine unnötig strapaziert werden oder daß die Pferde „sauer" geritten werden. Umgekehrt werden etwas träge oder lässige Pferde gezwungen, in der Gymnastikreihe fleißiger zu werden und besser aufzupassen.

Auch für den jungen Reiter ist das Gymnastikspringen ein gutes Training. Der Reiter braucht sich nicht so sehr auf das Anreiten zu konzentrieren, muß sich aber immer anderen Flugphasen des Pferdes anpassen. Dadurch wird er geschmeidig, bekommt einen festen Knieschluß, der Kontakt zwischen Reiterhand und Pferdemaul wird verbessert, und das Pferd bekommt mehr Vertrauen zur Hand des Reiters.

Das Gymnastikspringen ist aber nicht nur für das junge Pferd und den jungen Reiter ein sinnvolles Training, sondern ist auch noch bei erfahrenen Springpferden zweckmäßig, um sie gelenkig in den Beinen zu halten, ohne dabei die Pferdebeine zu beanspruchen. Ich persönlich habe deshalb bei den älteren Pferden immer dann ein solches Gymnastikspringen betrieben, wenn die Pferde in einer Winterpause keine Turniere gingen und fast ausschließlich dressurmäßig von mir geritten wurden.

Auch die älteren Pferde werden nur über solche Gymnastikreihen gesprungen, bei denen die einzelnen Hindernisse nicht höher als 1 m aufgebaut werden. Der Unterschied gegenüber dem Gymnastikspringen mit jungen Pferden besteht nur darin, daß man die routinierten Springpferde wesentlich schneller durch die Gymnastikreihen reitet, während man die jungen Pferde in dem Tempo reitet, das ihnen am besten liegt. Dementsprechend müssen die älteren Pferde schneller reagieren, sich schneller bewegen und vor allem ihre Beine schneller anwinkeln. Und diese Erhaltung der Reaktionsfähigkeit und Beweglichkeit ist bei den erfahrenen Springpferden ja wichtiger als ein eigentliches Springtraining.

AUFBAU VON GYMNASTIKREIHEN.

Beim Aufbau von Hindernisreihen für das Gymnastikspringen hat man die Möglichkeit, folgende Größen zu variieren:

1. Die Höhe der Hindernisse.
2. Die Breite der Hindernisse.
3. Die Art der Hindernisse.
4. Die Anzahl der Hindernisse.
5. Die Distanz zwischen den Hindernissen.

Damit ergibt sich praktisch eine unendliche Anzahl von Kombinationsmöglichkeiten, und jeder Reiter kann sich für jede Springstunde etwas Neues überlegen, um das Training abwechslungsreich zu gestalten. Ich sehe es deshalb auch nicht als meine Aufgabe an, hier eine große Anzahl verschiedener Varianten aufzuzeigen, sondern es geht mir mehr darum, anhand einzelner Beispiele die allmähliche Steigerung der Anforderungen beim Gymnastikspringen darzustellen.

Die einfachste Form der Hindernisreihen ergibt sich, wenn man etwa 50 cm hohe Bodenricks aufbaut, mit denen die Pferde bereits gut vertraut sind. Die Bodenricks baut man zuerst als In-Outs im Abstand von 3,50 m auf, danach variiert man die Abstände. Sehr gute Erfahrungen habe ich hierbei mit einer Folge von In-Outs gemacht, bei der die Distanzen zunächst von 4 m auf 3,50 m, 3 m und 2,50 m verkleinert und dann wieder auf 3 m, 3,50 m und 4 m vergrößert werden. Links und rechts neben diese In-Out-Folge stellt man im Abstand von 6 m weitere Bodenricks auf, damit die Pferde in den richtigen Rhythmus kommen und die Gymnastikreihe von beiden Seiten angeritten werden kann.

Die Pferde wissen bei diesen vielen kleinen In-Outs zunächst gar nicht, wo sie ihre Beine in bezug auf die Bodenricks haben, und springen bei den ersten Versuchen oftmals viel zu hoch und wie in Zeitlupe über die kleinen Bodenricks. Haben sie dann aber ihre Aufgabe begriffen, dann werden sie schon bald in ihrer Beintechnik so schnell, daß es sich wie eine Nähmaschine anhört, wenn die Pferde durch diese In-Outs galoppieren. Man kann die Pferde dann auch schon etwas zügiger durch diese kleine Hindernisreihe reiten, wobei die Abstände zwischen den Bodenricks für die Pferde noch enger erscheinen und sie ihre Beine noch schneller anwinkeln müssen.

Die nächste Schwierigkeitsstufe besteht darin, zwei Bodenricks übereinander zu stellen, ein Bodenrick auf zwei eng aneinanderstehende Bodenricks zu stellen oder auch zwei Bodenricks zu einem kleinen Weitsprung nebeneinander zu stellen. Neben diesen Änderungen nimmt man auch Veränderungen der Distanzen vor, so daß die Pferde nach jedem Sprung immer wieder umschalten müssen. Eine weitere Schwierigkeit läßt sich dann in die Bodenrickreihen noch dadurch einbauen, daß man vier Bodenricks zu einem kleinen Oxer zusammenstellt.

Nach diesen Aufbauvarianten mit Bodenricks baut man die nächsten Hindernisreihen mit anderem Hindernismaterial auf. Und zwar zunächst nur als Steilsprünge, wobei jedoch die Höhe jedes Hindernisses und die Abstände dazwischen immer unterschiedlich sind. Zum Beispiel muß ein Pferd bei der an sich einfachen Hindernisreihe 60 cm hoher Steilsprung – 3 m Abstand – 80 cm hoher Steilsprung – 7,30 m bis 7,50 m Abstand – 1 m hoher Steilsprung – 10,30 m bis 10,50 m Abstand – 80 cm hoher Steilsprung – 4 m Abstand – 60 cm Steilsprung schon sehr gut aufpassen, um immer wieder die nächste Situation zu erfassen. Zur Abwechslung kann man diese Hindernisreihe von der einen Seite im Trab und von der anderen Seite im Galopp springen. In beiden Richtungen werden die Pferde am Schluß noch von einem In-Out überrascht und müssen die Beine, besonders bei dem In-Out auf 3 m Abstand, noch einmal schnell anwinkeln.

Als weitere Steigerung baut man in diese Hindernisreihen auch kleine Triplebarres und einladende kleine Oxer ein. Diese Hindernisse kann man dann allmählich etwas verbreitern, damit die Pferde lernen, nicht nur hoch, sondern auch weit zu springen.

Wenn die Pferde schon über mehrere Monate hinweg die erforderliche Sicherheit beim Gymnastikspringen gewonnen haben, kann man schräg seitlich neben die Gymnastikreihe auch mal einen einzelnen höheren Sprung aufbauen, den die Pferde aus der Wendung heraus springen müssen. Für die Pferde ist dies wieder etwas ganz Neues; aber sie müssen hierzu schon so rittig sein, daß sie sich leicht abwenden und im Tempo regulieren lassen. Muß der Reiter dagegen stark am Zügel ziehen, um sein Pferd auf das seitlich stehende Hindernis zu dirigieren, dann gibt es meistens keine gute Springkurve, und das Pferd macht Fehler, die man in diesem Ausbildungsstadium auf jeden Fall vermeiden will.

Bodenrickfolge mit den Distanzen 6 m – 4 m – 3,50 m – 3 m – 2,50 m – 3 m – 3,50 m – 4 m – 6 m. Zu springen hat das Pferd nichts bei einer solc

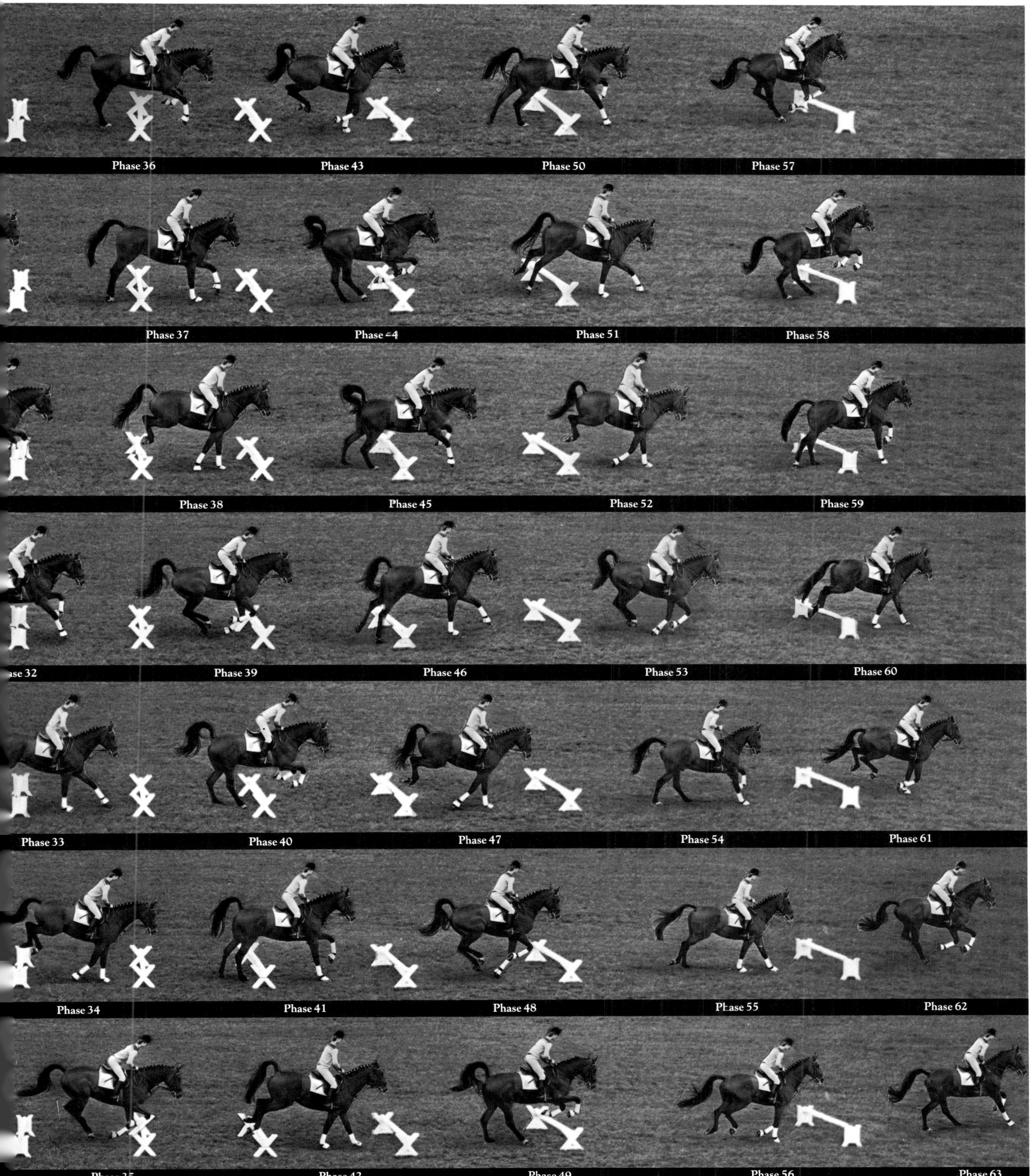

ähmaschine" von In-Outs. Aber welche Beingymnastik man erzielt und wie schnell das Pferd reagieren muß, verdeutlicht diese Bildserie.

Bei dieser Gymnastikreihe muß sich das Pferd nicht nur ständig wechselnden Distanzen, sondern auch noch an die wechselnde Art und Höhe der Hindernisse anpassen.

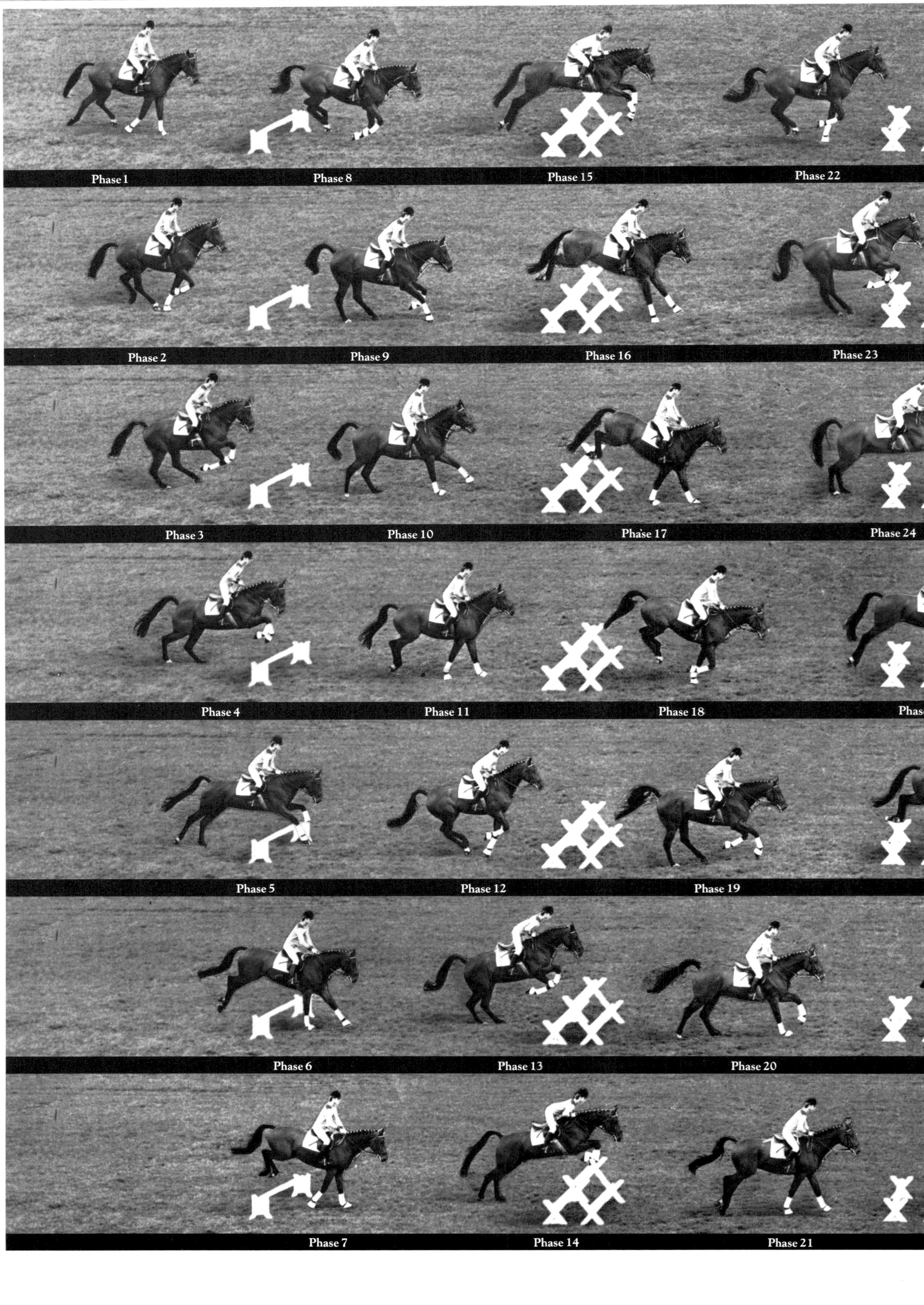

Das Weitsprung-In-Out verlangt eine vermehrte Streckung des Pferdes. Der Impuls nach vorn wird dadurch größer, muß aber bei dem folgenden Steilsprung-In-Out schon wieder zurückgenommen werden.

Die beiden Weitsprünge sind zu einem Oxer zusammengestellt worden, der mit zwei Galoppsprüngen angeritten wird. Die Distanz zum folgenden Steilsprung-In-Out ist vergrößert worden und veranlaßt das Pferd zu einem früheren Abspringen.

Diese kleinen Veränderungen der vorhergehenden Gymnastikreihe stellen das Pferd also schon wieder vor eine ganz neue Situation.

Beim Aufbau von Gymnastikreihen aus anderem Hindernismaterial als den Bodenricks stellt man zunächst nur Steilsprünge auf, allerdings schon n

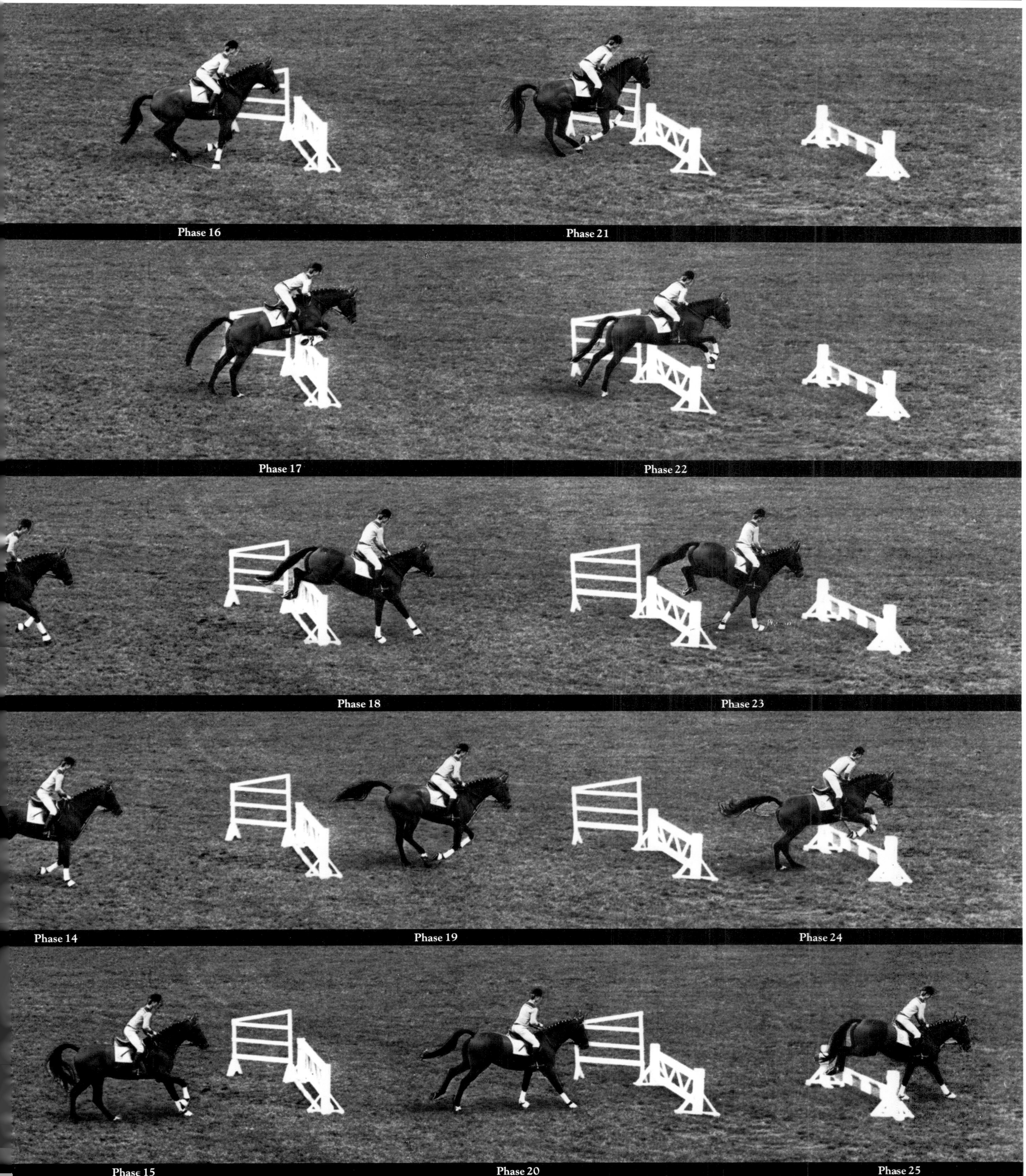

chselnden Distanzen und Hindernishöhen. Als nächstes können dann Triplebarres und einladende kleine Oxer in die Gymnastikreihe eingefügt werden.

TRAINING VON WENDUNGEN UND SCHRÄGSPRINGEN.

Sobald die Pferde im dressurmäßigen Training nach einigen Monaten so weit gearbeitet worden sind, daß sie sich gut auf gebogenen Linien reiten lassen, und ihre Geschicklichkeit im Gymnastikspringen verbessert worden ist, kann man in das Springtraining auch das Reiten von Wendungen einbeziehen. Die Wendungen selbst sollen geschmeidig und auf leichte Hilfengebung hin ausgeführt werden. Und zwar unabhängig davon, ob sie weit oder eng ausgeritten werden.

Bei einem jungen Pferd wird man die Wendungen selbstverständlich noch weit und weich ausreiten. Das Pferd soll das Tempo in der Wendung nicht verändern, in die Bewegungsrichtung gestellt und gebogen sein und in seiner Längsbiegung dem Grad der Wendung angepaßt sein. Hat das Pferd dann eine gewisse Routine bekommen, können die Wendungen immer enger geritten werden. Das Pferd bleibt dann nicht mehr im gleichen Tempo, sondern wird in der Wendung stark versammelt, um dann, falls erforderlich, sofort wieder im Tempo zuzulegen. Dann wird es auch erforderlich, daß die Pferde lernen, die Hindernisse schräg zu springen. Denn erst die Verbindung der kurzen Wendung und des schrägen Anreitens eines Hindernisses erlaubt die schnellsten Zeiten im Parcours.

TRAINING VON WENDUNGEN MIT JUNGEN PFERDEN.

Eine gute Übungsmethode für das Training von Wendungen ist es, *vier Bodenricks rechteckig zueinander aufzustellen* und nach jedem Sprung abzuwenden und auf das nächste Bodenrick zuzureiten. Nach jedem Sprung pariert man das Pferd dabei zum Trab durch und reitet das nächste Hindernis wiederum auch im Trab an. Das schont die Pferdebeine, da der Aufprall nicht zu hart ist, erlaubt gleichzeitig eine gute Überprüfung der Durchlässigkeit des Pferdes, und die Pferde lernen, nicht auf das Hindernis zu stürmen. Je nach dem Ausbildungsstand des Pferdes kann man die Wendungen größer oder kleiner ausreiten.

Eine weitere sinnvolle Übungsmethode ist es, *mehrere Hindernisse auf einem groß angelegten Zirkel* aufzustellen und sie aus dem Trab oder Galopp zu springen. Die Pferde sollen dabei in ihrer Längsachse auf die Zirkellinie eingestellt werden, wobei der äußere Zügel und der äußere Schenkel dafür zu sorgen haben, daß die Pferde nicht aus der Zirkellinie herausgetragen werden.

Das Heraustragenlassen aus der Wendung kann jedoch durchaus sinnvoll sein, wenn der Reiter dadurch reguliert, daß er passend an das nächste Hindernis herankommt. Der Reiter muß dabei bereits im ersten Teil der Wendung entscheiden, wieweit er die Wendung ausreiten soll, um passend und bei einem jungen Pferd auch noch möglichst gerade an das nächste Hindernis heranzukommen. Diese Methode ist allerdings nur für einen Reiter praktikabel, der ein sehr gut taxierendes Auge hat.

SCHRÄGSPRINGEN UND REITEN ENGERER WENDUNGEN.

Ist ein Pferd so weit ausgebildet, daß es normalerweise nicht stehenbleibt oder ausbricht, dann kann der Reiter dazu übergehen, die Hindernisse schräg anzureiten. Reitet man dann das Hindernis immer schräger an, so wird sicherlich einmal die Situation kommen, daß das Pferd stehenbleibt oder, wahrscheinlicher noch, vorbeiläuft. Aber diesen *Anreitewinkel,* der bei jedem Pferd etwas anders ist, muß ich als Reiter einmal *ausprobiert* haben, um zu wissen, wo die Grenze ist und wie frech ich mit meinem jetzt schon routinierteren Pferd im Parcours reiten kann. Ich verwahre das Pferd auch nicht in besonderem Maße mit dem äußeren Schenkel, um ein Vorbeilaufen zu verhindern. Diese Hilfe behalte ich als Reserve im Parcours. Allerdings muß man nach einem solchen provozierten Stehenbleiben oder Vorbeilaufen des Pferdes anschließend einen Korrektursprung machen und dabei natürlich etwas energischer einwirken. Dagegen ist es falsch, das Pferd zu strafen, da ich das Stehenbleiben ja geradezu herausgefordert habe.

Im Training kann man dann das Schrägreiten sehr gut mit dem Reiten von Wendungen verbinden, indem man ein einzelnes Hindernis auf beiden Händen schräg springt und *in Achten um das Hindernis* herumreitet. Eine andere Möglichkeit ist es, mehrere Hindernisse schräg zueinander in einer Reihe aufzustellen. Das Pferd galoppiert dann auf einer geraden Linie, springt dabei aber jedes Hindernis schräg.

Bei den wirklich routinierten Springpferden muß man schließlich in der Lage sein, die Wendungen schon im abfallenden Ast der Springkurve einzuleiten, sie nach der Landung auf kürzestem Wege der Linienführung des Parcours entsprechend fortzusetzen, um dann gegebenenfalls das nächste Hindernis schräg anzureiten und dadurch den kürzesten Weg zu gewinnen. Wie gut sich die Wendung schon über dem Hindernis einleiten und dann beim Landen fortsetzen läßt, hängt ganz von der Rittigkeit des Pferdes ab. Pferde, die durch geraderichtende Biegearbeit auf beiden Händen gleichermaßen geschmeidig gemacht worden sind, haben hierbei wenig Schwierigkeiten. Bei ihnen wird der Bewegungsablauf auch in der Wendung nicht gestört, und die Biegung geht durch die ganze Längsachse des Pferdes hindurch. Bei Pferden, denen die dressurmäßige Grundlage fehlt, arten kurz gerittene Wendungen dagegen sehr leicht zu einem krampfhaften Ziehen im Pferdemaul aus, der Bewegungsablauf wird unharmonisch, und es kommt zu Differenzen zwischen Pferd und Reiter.

DIE IDEALLINIE ZWISCHEN DEN HINDERNISSEN.

Haben die Pferde einen solchen Ausbildungsstand erreicht, daß man die Hindernisse schräg springen und enge Wendungen reiten kann, so stellt sich für den Reiter die Aufgabe, die Ideallinie zwischen den Hindernissen zu finden, das heißt diejenige Linienführung, bei der man einen Parcours fehlerlos und in der kürzesten Zeit reiten kann. Diese Ideallinie hängt vor allem davon ab,

1.

wieviel Entfernung man vor einem Hindernis braucht, um den erforderlichen Schwung zu entwickeln,

2.

ob man das Hindernis schräg anreiten kann,

3.

ob man schon im abfallenden Ast der Springkurve die Wendung einleiten kann,

4.

aus welcher Richtung man kommt und in welche Richtung man weiterreiten muß.

Im allgemeinen läßt sich sagen, daß man vor einem Steilsprung weniger Raum braucht als vor breiten Hochweitsprüngen. Außerdem kann man Steilsprünge im allgemeinen schräger anreiten, und man kann die Wendung auch schon früher einleiten, da der abfallende Ast der Springkurve bei einem Steilsprung im allgemeinen weniger steil ist als bei einem Oxer. Der erste Galoppsprung nach einem Steilsprung kann deshalb schon in die neue Richtung ausgeführt werden. Bei sehr routinierten Pferden und besonders guten Oxerspringern kann man das auch bei einem Hochweitsprung versuchen, riskiert dabei aber, daß leicht ein Hinterhandfehler gemacht wird.

Diese Unterschiede werden besonders deutlich, wenn man nach einem Hindernis in einer Haarnadelkurve auf das nächste Hindernis zureiten muß. Handelt es sich um zwei Steilsprünge, so kann man einen sehr kurzen Weg reiten, wenn man beim ersten Steilsprung schon in der Landephase abwendet und den nächsten Steilsprung schräg springt. Bei zwei breiten Oxern an der gleichen Stelle ist der Weg zwischen den Hindernissen dagegen viel länger, denn ein sehr frühzeitiges Wenden nach dem ersten Oxer ist sinnlos, da man eine ausreichende Entfernung zum geraden Anreiten des zweiten Oxers benötigt.

Nachfolgend sind in einer Tabelle (siehe Seite 192) die unterschiedlichen Linienführungen bei verschiedenen Arten von Wendungen systematisch dargestellt. Dabei wird unterschieden, ob man bei den Wendungen

- vom Steilsprung zum Steilsprung,
- vom Hochweitsprung zum Steilsprung,
- vom Steilsprung zum Hochweitsprung,
- vom Hochweitsprung zum Hochweitsprung

reitet. Bei der Haarnadelkurve, also der Wendung um 180°, bin ich davon ausgegangen, daß die beiden aufeinanderfolgenden Hindernisse auf gleicher Höhe stehen. Steht das zweite Hindernis höher oder tiefer, so verändert sich die Linienführung natürlich etwas, grundsätzliche Unterschiede ergeben sich jedoch nicht. Als zweite Art der Wendung wird der Fall dargestellt, daß das nachfolgende Hindernis nicht mehr parallel zum ersten Hindernis, sondern in einem Winkel von 90° versetzt seitlich neben und über dem ersten Hindernis steht. Bei einem anderen Winkel als 90° ergeben sich wiederum gewisse Änderungen der Linienführung im Detail, jedoch nicht im Grundsätzlichen. Die dritte Art der Wendung ergibt sich, wenn das nachfolgende Hindernis parallel zum ersten Hindernis, aber seitlich versetzt neben und über dem ersten Hindernis steht. In allen drei Fällen habe ich unterstellt, daß das erste Hindernis gerade angeritten werden muß und das zweite Hindernis, falls es sich um einen Steilsprung handelt, schräg gesprungen werden kann. Erlaubt die Linienführung des gesamten Parcours dies nicht, so ergeben sich natürlich andere Überlegungen.

Bei der Festlegung der zu wählenden Linienführung darf man auch nicht immer nur das unmittelbar folgende Hindernis sehen und den kürzesten Weg zu diesem Hindernis suchen, sondern man muß selbstverständlich berücksichtigen, wieweit die gewählte Linienführung den Weg beeinflußt, den man dann zu den nächsten Hindernissen reiten kann oder muß. Es kann also durchaus zweckmäßig sein, daß man zwischen zwei Hindernissen einmal eine etwas weitere Wendung in Kauf nimmt, um dadurch einen kürzeren Weg zum nachfolgenden Hindernis zu haben und so insgesamt schneller zu sein.

Daneben können auch noch schlechte Bodenverhältnisse den Reiter zwingen, einen etwas weiteren Weg in Kauf zu nehmen und gewisse Abstriche von der theoretischen Ideallinie zu machen.

Von entscheidender Bedeutung für die zu wählende Linienführung sind schließlich noch die individuellen Eigenschaften der einzelnen Pferde. Manche Pferde können unwahrscheinlich schnell beschleunigen und springen sehr gerne breite Oxer. Diese Pferde sind möglicherweise aber schlechter bei Steilsprüngen. Andere Pferde haben dagegen ihre besonderen Stärken bei Steilsprüngen. Manche Pferde werden nach einem Fehler vorsichtiger und man kann dann, wie es bei Meteor der Fall war, sehr frech reiten. Bei besonders sensiblen Pferden, wie früher bei meiner Finale, ist das genau umgekehrt. Man muß sie nach einem Fehler extrem vorsichtig reiten und darf keine besonders engen Wendungen riskieren. Man kann deshalb auch nicht von der Ideallinie eines Parcours schlechthin sprechen, sondern es gibt immer nur eine Ideallinie für das jeweilige Pferd. Und diese *Ideallinie kann sich nach einem schweren Fehler sogar noch während eines Rittes ändern.*

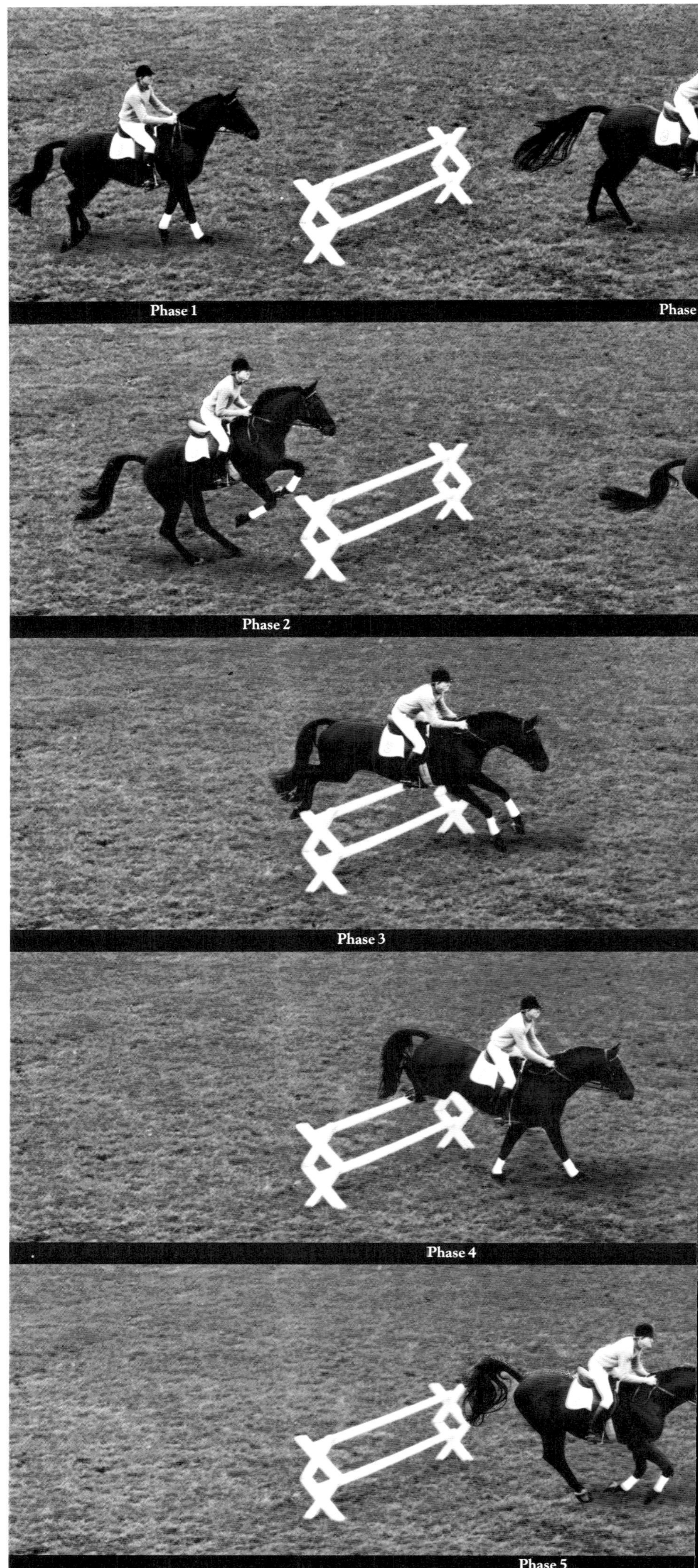

Üben des Schrägspringens in einer Gymnastikreihe, bei

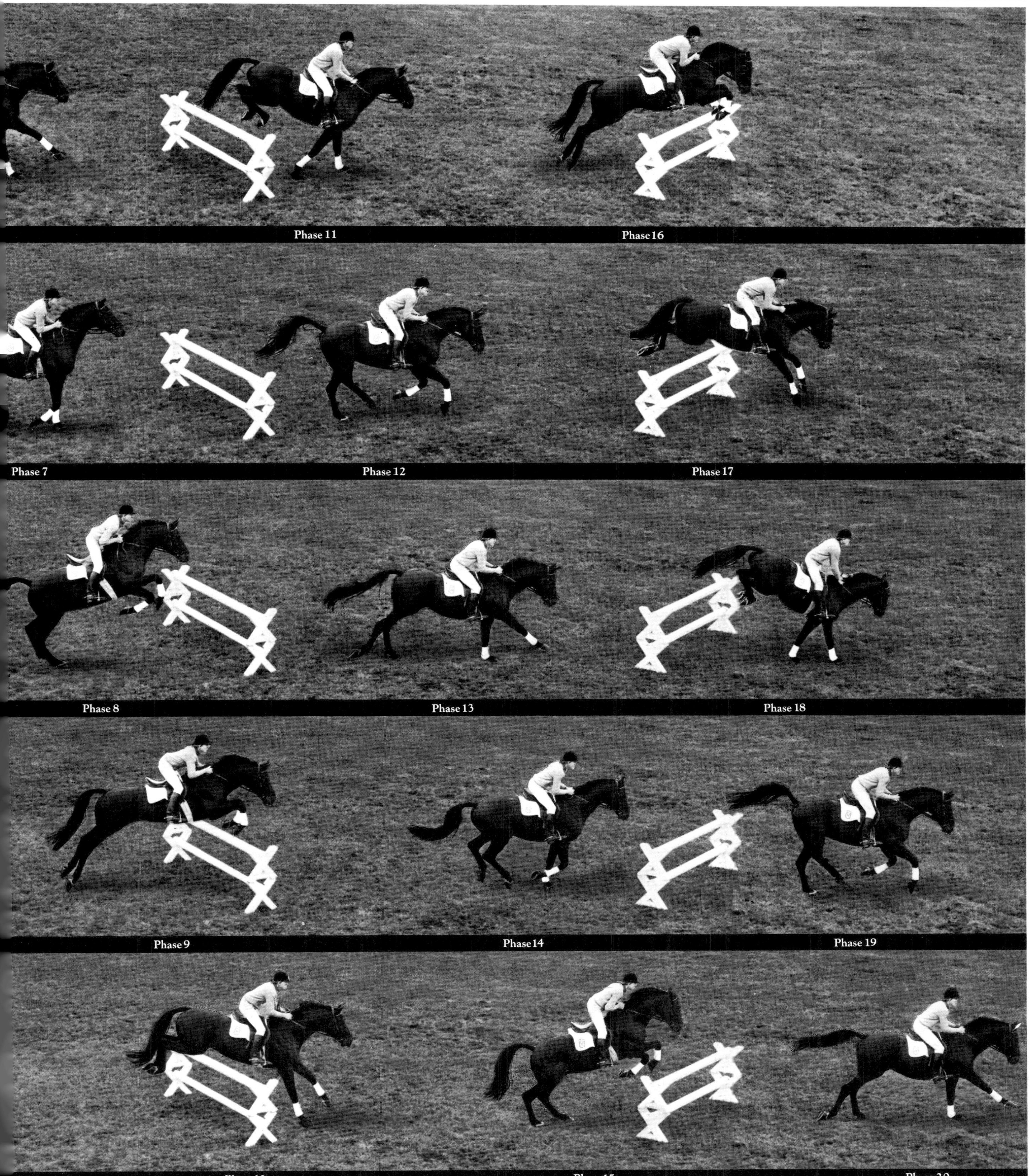

Bodenricks schräg zueinander aufgestellt sind. Ein Pferd, das mit dem Gymnastikspringen vertraut ist, wird hierbei wenig Schwierigkeiten haben.

Sofortiges Abwenden nach dem Sprung, Durchparieren zum Trab und erneutes Springen aus dem Trab. Diese Übungsfol

…erprüft und verbessert die Durchlässigkeit des Pferdes und ist besonders für Pferde geeignet, die auf die Hindernisse stürmen.

Beim Springen kleiner Übungshindernisse auf einem groß angelegten Zirkel lernen die jungen Pferde, nach dem Sprung in der Wendu

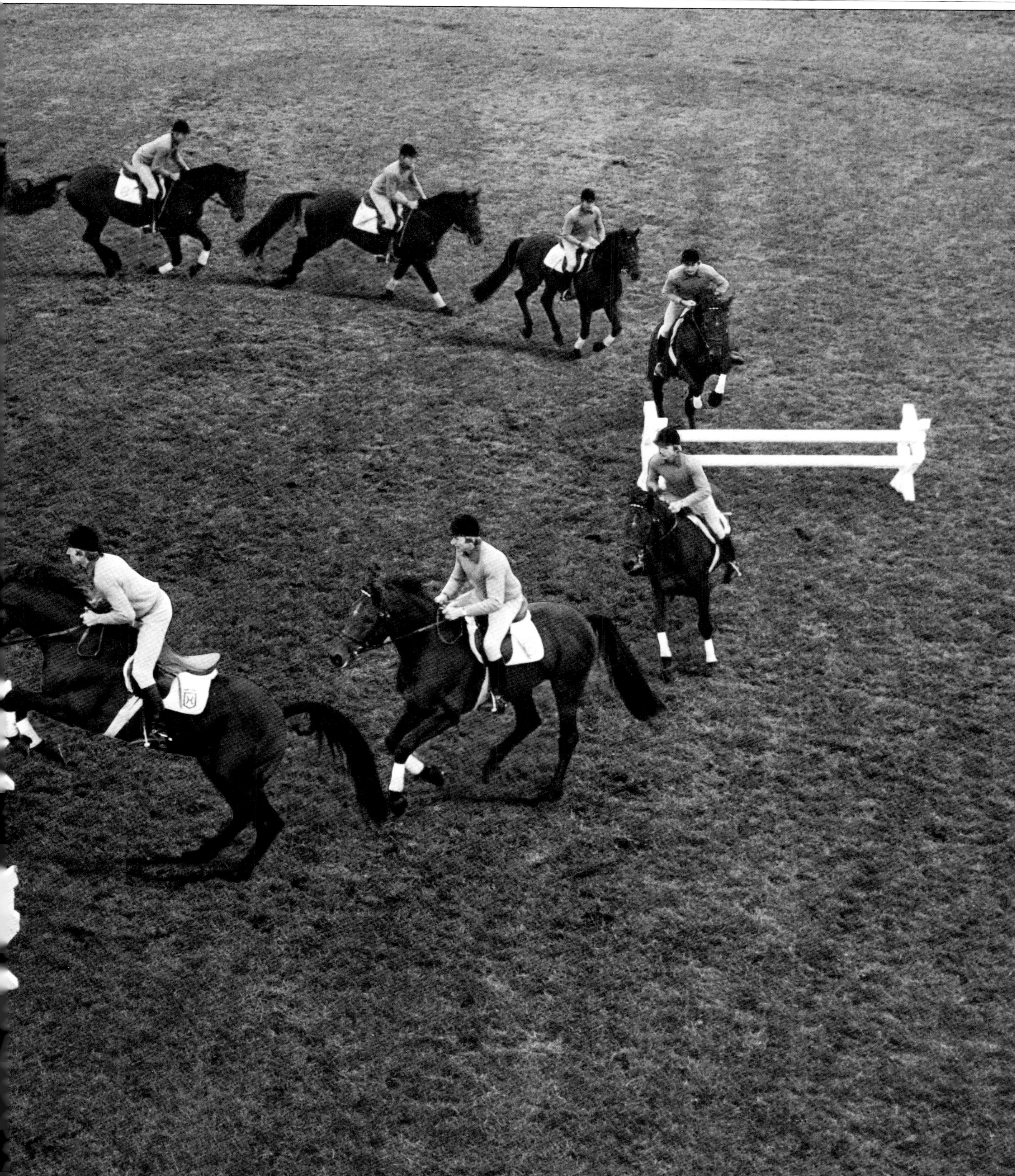

bleiben. Äußerer Zügel und äußerer Schenkel haben dafür zu sorgen, daß das Pferd nicht aus der Wendung herausgetragen wird

Beim Reiten einer Acht kann man Schrägspringen und Training von Wendungen ideal miteinander verbinden. Zur Schonung d

erdebeine und Verbesserung der Durchlässigkeit wird aus dem Trab gesprungen und nach dem Sprung wieder zum Trab durchpariert.

Linienführung bei einer Haarnadelkurve vom Hochweitsprung zum Steilsprung. Die Wendung wird hi

st nach und nicht schon über dem Hochweitsprung eingeleitet, aber dennoch relativ eng geritten.

Linienführung bei einer Haarnadelkurve vom Steilsprung zum Hochweitsprung. Die Wendu

d wesentlich weiter ausgeritten, um den Hochweitsprung gerade anreiten zu können.

LINIENFÜHRUNG BEI VERSCHIEDENEN WENDUNGEN.

Hindernisfolge	Art der Wendung		
	Haarnadelkurven	**Wendungen bei im rechten Winkel zueinander stehenden Hindernissen.**	**Wendungen bei parallel zueinander stehenden seitlich versetzten Hindernissen.**
Vom Steilsprung zum Steilsprung	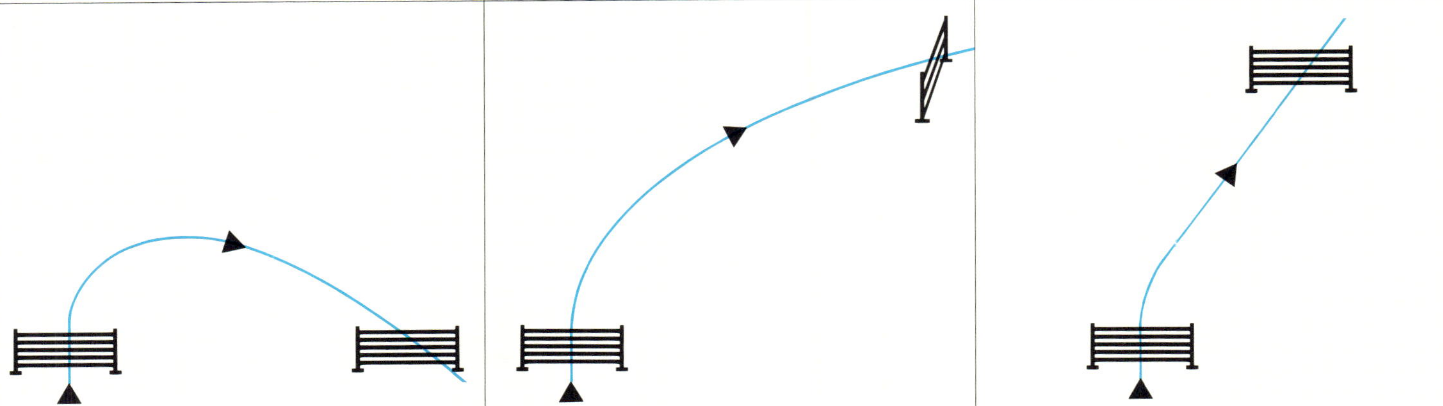 In allen drei Fällen wird sofort nach dem ersten Steilsprung abgewendet und der zweite Steilsprung schräg angeritten.		
Vom Hochweitsprung zum Steilsprung	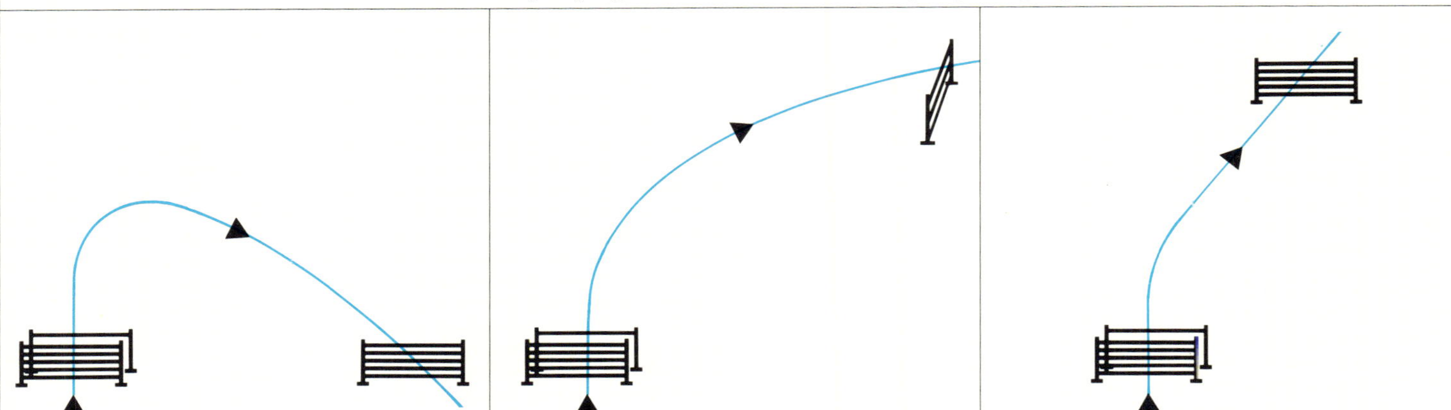 Die Wendung wird in allen drei Fällen etwas größer, da man nach dem Hochweitsprung erst etwas später abwenden kann.		
Vom Steilsprung zum Hochweitsprung	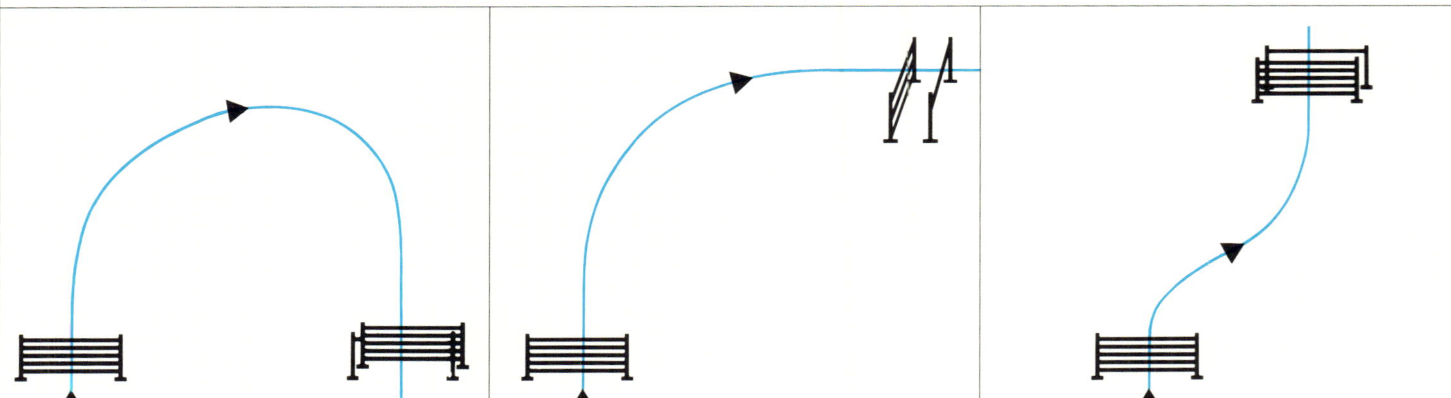 Da der Hochweitsprung gerade angeritten werden muß und man mehr Raum vor dem Hochweitsprung braucht, wird die Wendung entsprechend größer. Ein frühes Abwenden nach dem Steilsprung ist unzweckmäßig.		Ein frühes Abwenden nach dem Steilsprung ist zweckmäßig, um gerade vor den Hochweitsprung zu kommen und genügend Raum davor zu haben.
Vom Hochweitsprung zum Hochweitsprung	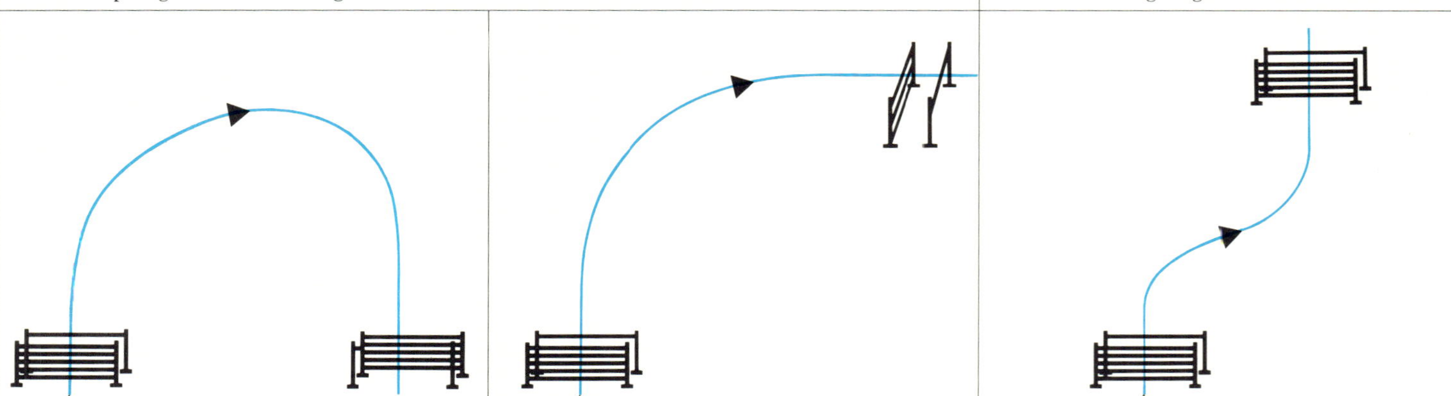 Gleiche Linienführung wie im oberen Fall vom Steilsprung zum Hochweitsprung.		Größere Wendung als im Fall vom Steilsprung zum Hochweitsprung, da man nach dem ersten Hochweitsprung nicht so früh abwenden kann.

Bei diesen Linienführungen wird unterstellt, daß das erste Hindernis gerade angeritten werden muß und das zweite Hindernis, falls es ein Steilsprung ist, schräg gesprungen werden kann.

BEISPIEL EINER RISIKOLOSEN UND EINER KÜRZEREN, ABER RISIKOREICHEREN LINIENFÜHRUNG.

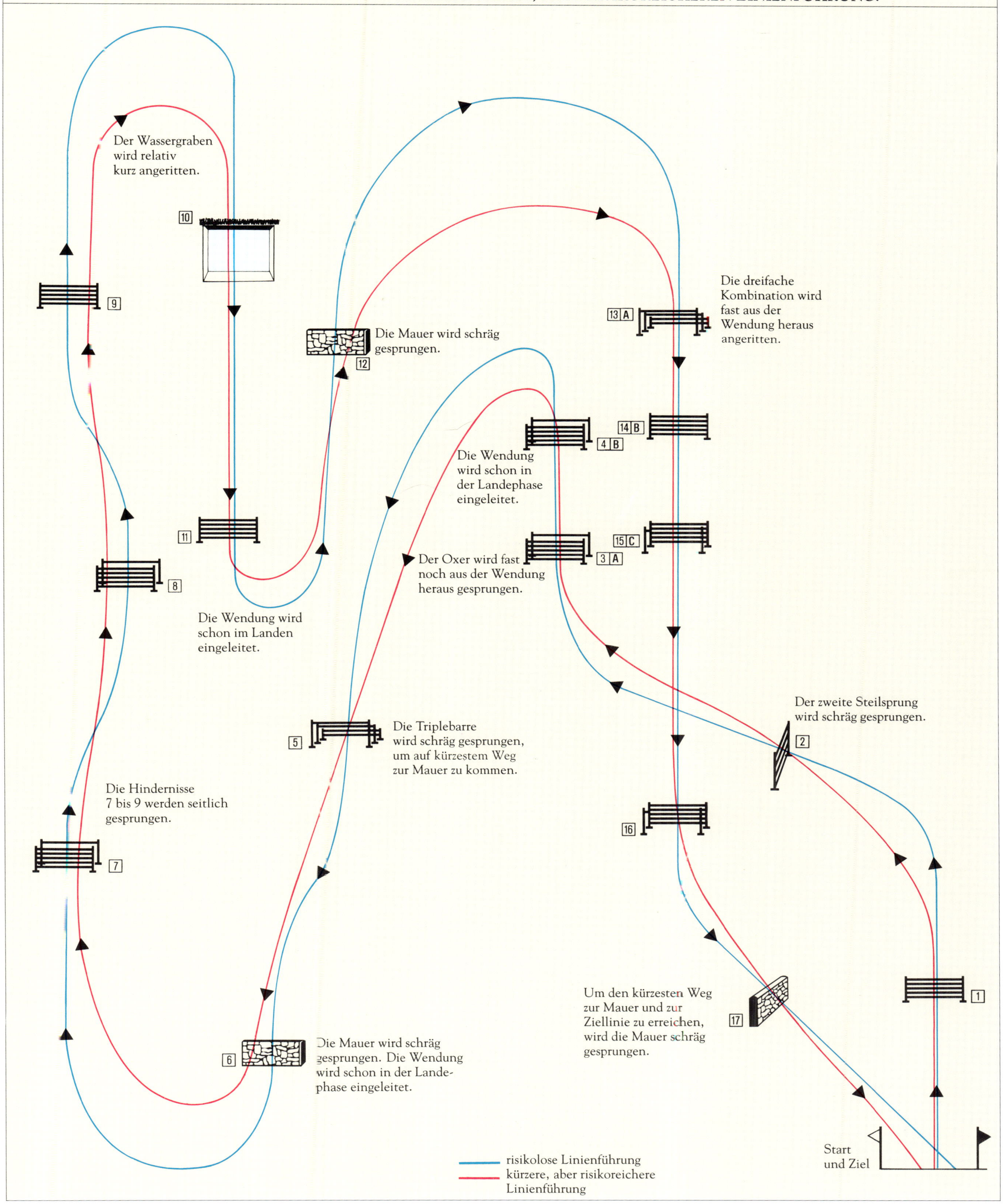

GRABENTRAINING.

Das Springen von Gräben dürfte an sich keine Schwierigkeit sein, da zumindest die kleineren Gräben ja nur einen etwas verlängerten Galoppsprung erfordern. Aber Farbe und Spiegelung des Wassers und eventuelle kleine Wellen im Wasser sind für die jungen Pferde zunächst etwas Ungewohntes. Deshalb muß man sie behutsam mit Gräben vertraut machen und ihnen von Anfang an begreiflich machen, daß der kleine Sprung über einen Wassergraben nichts Besonderes ist.

BEGINN DES GRABENTRAININGS.

Man beginnt zunächst mit einem Graben, der möglichst nicht breiter als 1 m bis 1,50 m ist, und läßt nur ganz wenig Wasser in den Graben hinein. In den Graben legt man eine Matte, damit die Pferde nicht ausrutschen, wenn sie in den Graben hineinspringen sollten. Den Graben überbaut man mit einer circa 50 cm hohen Stange in der Mitte des Grabens, damit die Pferde hoch genug springen und sich zunächst auch mehr auf die Stange als auf das Wasser konzentrieren. Höher als 50 cm sollte diese Stange aber nicht sein, damit die Pferde nicht zu hoch und damit möglicherweise in den Graben hineinspringen. Vor den Graben legt man eine Absprungstange oder man stellt, was noch besser ist, eine kleine Buschhürde oder eine kleine Mauer davor, so daß der Graben optisch noch mehr verkleinert wird. Seitlich kann man Fänge aufstellen, sofern der Graben nicht sehr breit angelegt ist.

Häufig wird empfohlen, die Pferde anfangs hinter einem Führpferd springen zu lassen. Im Gelände kann das zweckmäßig sein, auf dem Springplatz würde ich nicht dazu raten. Denn ein junges Pferd wird möglicherweise irritiert, wenn das Führpferd beim Absprung etwas Sand in das Wasser spritzt und das Wasser dadurch unruhig wird. Dagegen kann es durchaus sinnvoll sein, daß sich ein zweites Pferd auf der anderen Seite des Grabens in einer gewissen Entfernung aufhält.

Grundsätzlich ist es wichtig, bei den ersten Springversuchen immer *zum Stall oder zum Ausgang des Springplatzes hin* zu springen. Als erstes reitet man das junge Pferd dann im Schritt an den Graben heran. Die meisten jungen Pferde werden dabei einige Meter vor dem Graben stehenbleiben. Man wendet dann ab, klopft das Pferd und reitet erneut auf den Graben zu, bis das Pferd nach einigen Versuchen vor dem Graben steht, den Hals tief macht und den Graben beschnuppert. Dieses Abwenden und erneute Zureiten auf den Graben wiederholt man einige Male, bis das Pferd die Wendungen losgelassen und ohne ängstlich zu sein ausführt. Ist dies erreicht, kann man die Wendung etwas größer anlegen und dann aus dem Trab oder Galopp heraus den Graben zum ersten Mal springen, wobei man das Pferd, falls erforderlich, durch etwas energischere Hilfen wirkungsvoll unterstützen muß.

Später springt man dann den Graben *aus einem zügigen Mittelgalopp* heraus, wobei die Pferde geschlossen und gut an den Hilfen bleiben müssen. Werden die Pferde dagegen zu schnell geritten, was man sehr häufig beobachten kann, so werden sie praktisch aus dem Rhythmus galoppiert, können oftmals die Hinterbeine im letzten Moment nicht mehr richtig untersetzen und kommen dadurch nicht gut zum Absprung. Außerdem soll man den Wassergraben nicht von zu weit anreiten, da die Pferde dann vermehrt die Möglichkeit haben, nach rechts oder links auszubrechen.

Hat das Pferd den Graben einige Male gut übersprungen, so bricht man die Arbeit ab. Ist das Pferd dagegen vor dem Graben noch etwas stockend, so kann man ruhig zehn- bis fünfzehnmal über den kleinen Graben springen, bis das Pferd mehr Vertrauen bekommt.

Ansonsten macht man *keine weiteren Sprünge*, damit sich das Pferd nur auf den Wassergraben konzentriert. In den nächsten Tagen verfährt man genauso, riskiert aber, wenn sich keine weiteren Schwierigkeiten ergeben, schon einmal einige Sprünge in die entgegengesetzte Richtung. Jedoch springt man auch in diesen Tagen immer nur den kleinen Wassergraben und keine weiteren Hindernisse. Nach etwa einer Woche wird das für die Pferde dann langweilig, und der Reiter hat erreicht, daß ein Wassergraben für das Pferd etwas ganz Selbstverständliches ist.

STEIGERUNG DER ANFORDERUNGEN.

Um im Verlauf des weiteren Trainings die Anforderungen zu steigern, wird man zunächst den Graben mit mehr Wasser auffüllen, wodurch der Graben optisch weiter wird. Als nächstes läßt man die Stange über dem Graben weg. Danach entfernt man auch die Buschhürde oder Mauer vor dem Graben. Als Markierung sollte dabei aber weiterhin eine auf dem Boden liegende weiße Stange dienen, damit die Pferde deutlich erkennen können, wo der Graben beginnt, und es dadurch etwas leichter haben.

Will man die Pferde später mit größeren Weitsprüngen vertraut machen, so springt man weiterhin den bekannten kleinen Wassergraben von 1 m bis 1,50 m Breite, stellt aber wieder eine Buschhürde davor und zieht die Buschhürde dann immer weiter vom Wassergraben weg. Wenn die Pferde so mit der Weite vertraut gemacht worden sind, bereitet ihnen das Springen breiterer Gräben keine Schwierigkeiten mehr.

In diesem Ausbildungsstadium ist es zweckmäßig, die Pferde auch einmal auf fremden Trainingsplätzen über Gräben zu springen. Dabei sollte man den Graben bereits als Teil eines Parcours springen, um zu überprüfen, wie grabensicher das Pferd inzwischen geworden ist.

Bei breiteren Gräben kann es passieren, daß die Pferde *in den Graben hineintreten.* Meistens ist der Grund dafür, daß die Pferde zu früh abgesprungen sind oder mit zu wenig Schwung an den Graben herangeritten wurden. Es kann aber auch sein, daß die Pferde aus Respekt vor dem Wasser zu hoch und damit zu kurz springen.

Daneben gibt es Pferde, die immer wieder in den Graben hineintreten, obwohl der Absprungpunkt paßt, der Schwung ausreichend ist und die Pferde auch nicht zu hoch springen. Meistens sind dies routinierte Springpferde, die wissen, daß ihnen nichts passiert, wenn sie in den Graben hineintreten. Diese Pferde sind nur schwer zu korrigieren. Es wird zwar bisweilen empfohlen, die Pferde über einen tiefen Graben mit steiler Landestelle zu reiten. Ich habe das allerdings nie gewagt, da mir die Verletzungsgefahr dabei zu groß war. Viel besser und erfolgreicher ist es, den Graben in der zweiten Hälfte mit einer Stange zu überbauen. Die Stange darf jedoch nicht am Ende des Grabens oder an der voraussichtlichen Landestelle liegen, da dann die Verletzungsgefahr wieder zu groß wird.

Grundsätzlich halte ich bei routinierten Pferden ein häufiges Grabentraining nicht für sinnvoll, da die Pferde zu leicht flach werden und es passieren kann, daß sie das Hineintreten in den Graben lernen. Ich persönlich habe im Training mit den erfahrenen Pferden Gräben eigentlich nur dann gesprungen, wenn einmal eine Korrektur erforderlich war, weil die Pferde etwa auf dem Turnier zu flach oder durch Rumpler oder sogar Stürze zu zögernd geworden waren.

ÜBERBAUTE GRÄBEN.

Die durch einen Steilsprung, eine Triplebarre oder einen Oxer überbauten Wassergräben und die Wassergräben mit einem davor oder dahinter stehenden Steilsprung sind Sonderformen im Parcours, die vor allem früher sehr beliebt waren und für den Zuschauer auch von der Optik her sehr interessant wirken.

Von diesen Hindernissen sind die mit einem Steilsprung oder mit einer Triplebarre überbauten Gräben am einfachsten zu springen und in den schweren Springprüfungen heute kaum noch zu finden. Ein Wassergraben mit einem dahinter stehenden Steilsprung wirkt schwierig, ist jedoch für einen Reiter, der zureiten kann, kein Problem. Die Pferde brauchen jedoch schon ein gewisses Herz für dieses Hindernis.

Schwieriger wird es, wenn der Steilsprung vor dem Wassergraben steht. Hierbei kann es leicht passieren, daß die Pferde sich zu stark auf das Wasser konzentrieren, dadurch zu nahe an das Hindernis heranlaufen und dann einen Vorhandfehler machen. Und durch das vorsichtige Angehen des Hindernisses und die zusätzlich noch durch den Fehler gebremste Geschwindigkeit kann es dann passieren, daß die Pferde auf die Kante des Grabens springen.

Die mit Oxern überbauten Gräben stellen die größte Schwierigkeitsstufe dar, wenn es sich um wirklich mächtige Oxer handelt. Durch die zusätzliche Konzentration auf das Wasser kann es im Moment des Absprungs eine gewisse Schwäche geben, die Pferde entwickeln nicht mehr genügend Fliehkraft und machen dann vor allem Hinterhandfehler. Man muß die Pferde deshalb sehr kraftvoll an ein solches Hindernis heranreiten und vor dem Sprung für eine gute Geschlossenheit des Pferdes sorgen.

Im Anfangsstadium des Grabentrainings ist es sinnvoll, den Wassergraben mit einer 50 cm hohen Hindernisstange zu überbauen, damit die Pferde hoch genug springen und sich durch die Stange auch etwas vom Wasser ablenken lassen.

Bei diesem jungen Pferd ist bereits eine gewisse Grabensicherheit erreicht worden. Man kann jetzt dazu übergehen, den Graben ohne Hindernisstange zu springen.

VERTRAUTMACHEN MIT WÄLLEN UND PULVERMANNS GRAB.

In den ersten Trainingsabschnitten ist es sinnvoll, das junge Pferd bei neuen Aufgaben über Hindernisse zu springen, die es bereits kennt. Ist dagegen schon eine gewisse Routine vorhanden, dann muß man das Springpferd mit möglichst unterschiedlichen Arten von Hindernissen vertraut machen. Hierbei möchte ich zwei Hindernisarten – Wälle und Pulvermanns Grab – besonders hervorheben, da Pferde, die damit wenig vertraut sind, häufig Schwierigkeiten an diesen Hindernissen haben.

Wälle haben seit jeher den Turnierplätzen einen besonderen Reiz gegeben, und die Turnierveranstalter und Parcoursgestalter haben sich immer wieder neue Formen von Wällen einfallen lassen: Wallaufsprünge bis zu 1,60 m Höhe, Gräben vor, auf und hinter den Wällen, steile Abstiege, stufenförmige Billards, Hindernisse auf dem Wall und anderes mehr. Wälle haben allerdings den Nachteil, daß sie viel Pflege erfordern, die Auf- und Absprungstellen leicht kaputtgehen und dann ungleiche Bedingungen für die Teilnehmer entstehen. Und außerdem nehmen die hohen Wälle den Zuschauern die Sicht. Hohe Wälle müssen deshalb auf jeden Fall am Rand des Turnierplatzes stehen.

Von den vielen Wällen, die man bauen kann, ist mit am vielseitigsten ein Billard, wie wir es auf dem Springplatz in Elmshorn stehen haben. Dieses Billard hat zwei Stufen. Die erste Stufe ist 60 cm hoch. Die nächste Stufe ist wiederum 60 cm höher. Beide Stufen des Billards sind quadratisch angelegt und fallen senkrecht ab. Vor der höheren Stufe habe ich den Boden an einer Seite abgetragen und auf der anderen Seite wieder aufgetragen, so daß diese höhere Stufe auf einer Seite auf 1,10 m, auf der zweiten Seite auf 1,20 m und auf der dritten Seite auf 1,30 m abfällt. Das Billard nimmt den Zuschauern also auch auf einem Turnierplatz nicht die Sicht weg.

Dieses Billard kann von allen Seiten gesprungen werden und eignet sich gleichermaßen für das Training jüngerer Pferde als auch für das Training routinierter Springpferde. Mit dem jungen Pferd galoppiert man zunächst nur über die niedrige Stufe. Später kann man dann von der niedrigen auf die höhere Stufe springen, wobei der 1,20 m hohe Absprung für die jungen Pferde schon eine gewisse Mutprobe bedeutet. Man wird ohnehin immer wieder feststellen, daß bei allen Auf- und Absprüngen ein gewisses Zögern bei den Pferden eintritt und die Pferde, sofern die Auf- und Absprünge noch durch Hindernisstangen erschwert sind, leicht Hinterhandfehler machen. Man muß deshalb zwar *nicht unbedingt schneller, aber doch energischer und kraftvoller reiten und die Pferde besonders gut geschlossen halten.* Das gilt insbesondere für die 1,10 m bis 1,30 m hohe Stufe. Die Pferde müssen hierfür mit der besonderen Beintechnik beim Auf- und Absprung eines Billards schon sehr gut vertraut und in ihrer Springausbildung weiter fortgeschritten sein.

Hat man die Pferde mit den Möglichkeiten des Billards selbst vertraut gemacht, kann man Hindernisse vor oder hinter dem Billard aufbauen, so daß das Billard zum Teil einer Kombination wird. Ein solches Training kann man zum Beispiel damit beginnen, daß man vor dem Aufsprung auf die höhere Stufe des Billards einen Steilsprung aufbaut. Für die jüngeren Pferde wird man zunächst zwei Galoppsprünge Abstand vom Steilsprung zum Billard wählen, damit die Pferde mehr Zeit zum Hinsehen haben. Später kann man die Distanz auf einen Galoppsprung verkürzen. Wesentlich schwerer werden die Anforderungen, wenn man die Pferde vom Billard abspringen läßt und dann nach einem Galoppsprung Abstand ein Oxer folgt. Legt man jetzt an der Absprungstelle vom Billard noch eine Stange auf, so landen die Pferde nach dem Billard relativ steil, und es fällt ihnen sehr schwer, den erforderlichen Schwung vor dem Oxer zu gewinnen. Die Anforderungen kann man jetzt noch weiter steigern, indem man die Pferde von der niedrigen Billardstufe auf die mit einer Stange überbaute höhere Billardstufe springen läßt, dort um 90° wendet und dann den überbauten Absprung vom Billard und danach den Oxer springt. Bei dieser letzten Übung kann man den Aufsprung auf die zweite Billardstufe durchaus niedrig halten, da es hierbei mehr um die Überprüfung der Rittigkeit und des Gehorsams des Pferdes geht. Solche Wendungen eignen sich daher auch sehr gut für Zeitspringen, bei denen mit einem gut gerittenen Pferd an dieser Stelle viel Zeit herausgeritten werden kann.

Pulvermanns Grab dürfte von den Abmessungen her, die die Pferde zu überwinden haben, überhaupt keine Schwierigkeit sein. Dennoch werden selbst auf dem Hamburger Springderby in jedem Jahr erstaunlich viele Fehler vor allem beim Einsprung in Pulvermanns Grab gemacht. Für mich resultieren diese Fehler daraus, daß die Pferde während des ersten Steilsprungs plötzlich den Graben wahrnehmen. Sie sind für einen Moment geschockt, haben das Gefühl, zu dicht an den tieferliegenden Graben heranzukommen, holen im falschen Moment Luft und vergessen, die Beine anzuwinkeln beziehungsweise in Ruhe abzukippen. Überwiegend machen die Pferde dabei Vorhandfehler. Eine ähnliche Erfahrung konnte man früher beim sogenannten Insterburgerwall machen, bei dem oben auf dem Wall ein überbauter trockener Graben war. Die Pferde sahen beim Hinaufspringen nur die Stange über dem Graben, bemerkten auf dem Wall plötzlich den Graben und machten dann allerdings überwiegend Hinterhandfehler.

Daß die Pferde diese Fehler machen, liegt nicht unbedingt am Reiter. Sondern es ist mehr eine Frage des Vertrautseins mit dieser Art von Hindernis. Man kann deshalb nur den Rat geben, bei der Anlage eines Springplatzes, falls es möglich ist, ein Pulvermanns Grab mit einzuplanen und die Pferde häufiger darüberzureiten. Bei Pulvermanns Grab wird man zunächst nur den Wassergraben springen, dann den Wassergraben und den Aussprung und schließlich alle drei Hindernisse. Haben die Pferde das einige Male gemacht, so begreifen sie, daß sie nach dem Steilsprung noch genügend Zeit bis zum Wassergraben haben, und werden entsprechend gelassener.

Der Reiter muß beim Anreiten des Einsprungs ein mittleres Tempo wählen, die Pferde gut geschlossen halten und eine gute Anlehnung zum Pferdemaul hergestellt haben. Werden die Pferde zu schnell, was der häufigere und größere Fehler ist, dann werden sie leicht zu flach, und außerdem haben sie das Gefühl, zu dicht an den Wassergraben heranzukommen.

Steilsprung vor der höheren Stufe des Billards.

Keine besondere Schwierigkeit, aber die Pferde müssen nach dem Steilsprung zu zwei energischen Galoppsprüngen aufgefordert werden.

Oxer hinter der höheren Stufe des Billards.

Je nach den Abmessungen des Oxers und der Distanz zwischen Billard und Oxer (1 oder 2 Galoppsprünge Zwischenraum) eine erhebliche Schwierigkeit. Nach dem Absprung vom Billard muß der Reiter versuchen, den erforderlichen Schwung für den Oxer zu gewinnen.

Oxer hinter dem Billard mit vorhergehender Richtungsänderung um 90° auf der zweiten Billardstufe.

Die gleiche Schwierigkeit wie im mittleren Fall. Zusätzlich wird hier noch die Rittigkeit des Pferdes besonders geprüft. Das Pferd muß gerade vom Wall abspringen. Die erste Billardstufe wird daher zweckmäßigerweise schon etwas weiter links angeritten.

Nachdem man die Pferde mehrmals über die kleinere Stufe des Billards geritten hat, werden sie mit dieser Übung vertraut gemacht.

Beim Absprung von der höheren Stufe des Billards zögern die Pferde meistens etwas und gehen oft in den Trab oder sogar Schritt über. Erst nach einer gewissen Gewöhnung gelingt ein flüssiges Durchgaloppieren.

Der Aufsprung auf die höhere Stufe des Billards erfordert ein kraftvolles Anreiten und ein gutes Anwinkeln der Hinterbeine.

Der Absprung, hier erschwert durch eine Hindernisstange, erfolgt vorsichtig, aber relativ flüssig.

Im Training läßt man den Einsprung in Pulvermanns Grab zunächst weg, damit sich das Pferd nur auf den tieferliegenden überbauten Wassergraben zu konzentrieren braucht.

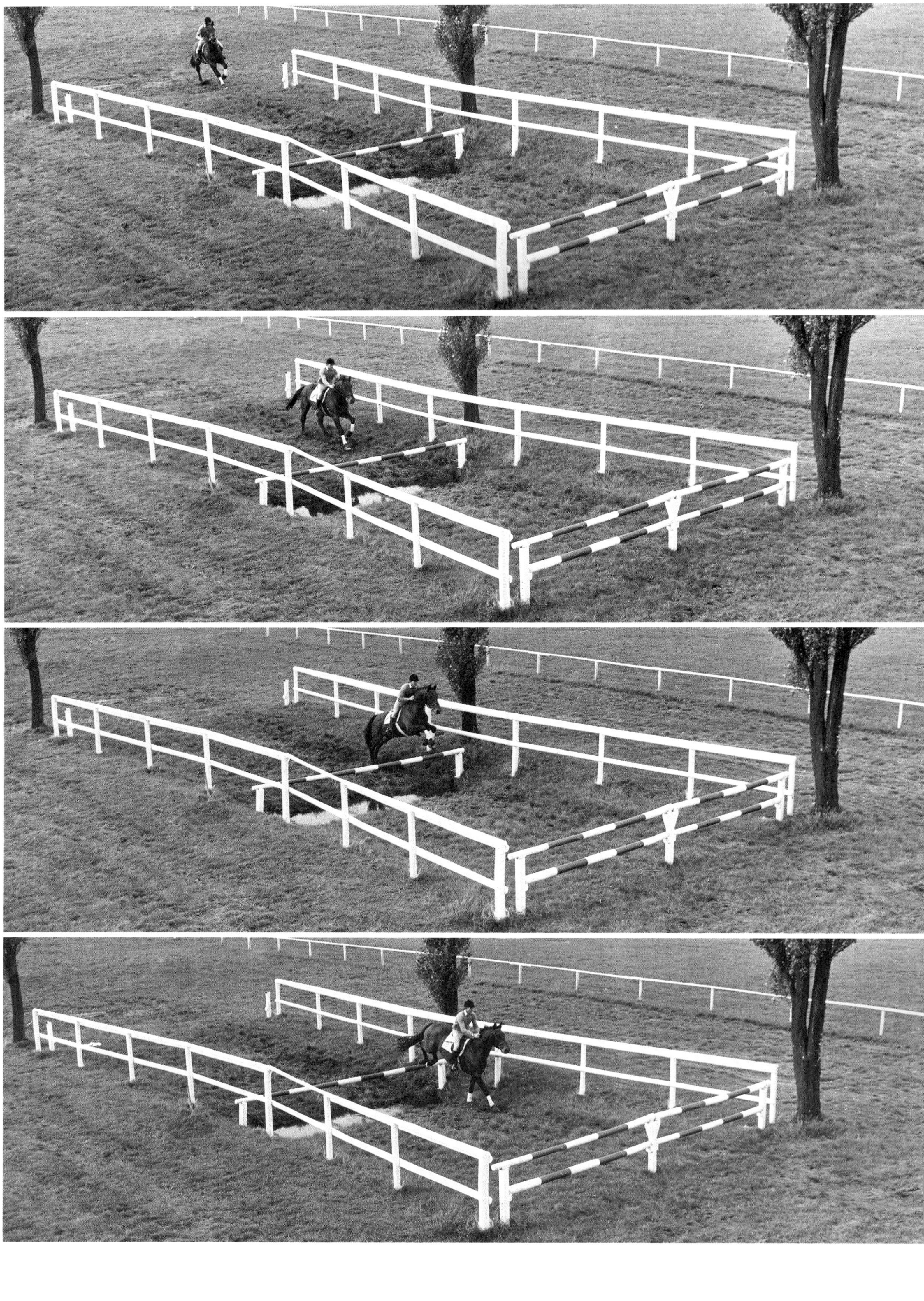

Grabensichere Pferde haben dann beim Aussprung aus Pulvermanns Grab keine besondere Schwierigkeit mehr.

Kennen die Pferde das Bergabgaloppieren gegen den Wassergraben, reitet man das ganze Pulvermanns Grab durch.

Die Pferde lernen bald, daß sie nach dem Einsprung noch genügend Zeit bis zum Wassergraben haben, und springen entsprechend losgelassen.

ÜBUNGSPARCOURS UND RITTIGKEITSTRAINING.

Nachdem das junge Pferd im Gymnastikspringen geschult ist und die einzelnen Elemente eines Parcours bereits kennengelernt hat, reitet man gelegentlich als Vorbereitung auf die Turnierstarts einen zusammenhängenden Parcours. Dabei bereitet man das Pferd genauso wie auf einem Turnier durch lösendes Abreiten und Probesprünge auf die Aufgabe vor und reitet dann den Parcours ganz durch, auch wenn dem Pferd dabei Fehler unterlaufen.

Ziel dieser Übungsparcours ist es, daß das Pferd in einer schönen Springmanier geht, im gleichmäßigen Rhythmus galoppiert und jederzeit an den Hilfen steht. Sehr wichtig ist es, dabei dasjenige Tempo zu wählen, das dem Pferd am besten liegt. Im allgemeinen ist dies ein zügiger Mittelgalopp, aber es gibt hier durchaus Unterschiede, und der Reiter wird nach dem bisherigen Training schon ein Gespür dafür haben, aus welchem Tempo heraus er bei dem betreffenden Pferd die beste Springkurve erzielt.

Man überläßt es in diesem Ausbildungsstadium weitgehend den Pferden, den Absprung selbständig zu finden. Die Pferde müssen lernen, genau hinzusehen und sich zu helfen, wenn es einmal nicht richtig paßt. Erst später geht der Reiter dazu über, bei größeren Hindernisabmessungen das Pferd genau auf den richtigen Absprungpunkt zu reiten.

Den Übungsparcours gestaltet man mit möglichst langen Linien und ohne scharfe Wendungen. Die Abstände zwischen den Einzelhindernissen sollen nicht zu kurz sein, damit der Reiter nach einem Sprung ausreichend Zeit hat, sein Pferd wieder an die Hilfen zu stellen und gegebenenfalls das Tempo zu regulieren. Kombinationen baut man zunächst noch so auf, daß sie dem Galoppsprung des jeweiligen Pferdes entsprechend passend sind.

Die Hindernisse selbst sollen einladend sein. Das erfordert gut ausgefüllte und eher klobig wirkende Hindernisse mit deutlich erkennbarer Oberlinie, seitlicher Begrenzung durch Fänge oder durch ein anderes Hindernis und anfangs auch mit einer Absprungerleichterung. Bei Hochweitsprüngen baut man die hintere Stange höher als die vorderen Stangen auf. Soweit vorhanden verwendet man buntes Hindernismaterial, da dies die Pferde erfahrungsgemäß mehr respektieren als naturfarbene Hindernisse und die Pferde auf dem Turnierplatz ebenfalls vorwiegend buntes Hindernismaterial vorgesetzt bekommen. Großer Wert ist auf *die Vielfältigkeit der Hindernisse und des Aufbaues der Hindernisse* zu legen, da die Pferde die Unterschiede der Hindernisse erkennen und sich kurz vor dem Absprung darauf einstellen sollen und der Reiter dadurch sein Pferd zum „Mitdenken" erzieht.

Die kleinen Übungsparcours variiert man immer wieder hinsichtlich der Linienführung und der Zusammensetzung der Hindernisse, jedoch baut man zunächst noch keine höheren Hindernisse in den Parcours ein. Sehr vorteilhaft ist es natürlich, wenn man die Pferde bisweilen auch auf einem fremden Übungsplatz über einen kleinen Parcours springen kann, damit die Pferde eine unbekannte Umgebung und eventuell auch einige völlig neue Hindernisse kennenlernen.

Neben den Übungsparcours ist die *Verbindung von dressurmäßigen Lektionen mit gymnastizierenden Springübungen* ein wichtiges Schulungsmittel für die heranreifenden Springpferde. Bei diesem sogenannten Rittigkeitstraining kombiniert man Bodenrickarbeit, Gymnastikspringen, Springen kleiner Kombinationen, Schrägspringen und auch das Springen von Wassergräben und anderer Einzelhindernisse mit Reiten auf gebogenen Linien im Trab und Galopp, fliegenden Galoppwechseln, Kehrtwendungen und Tempounterschieden im Galopp, ganzen Paraden, Rückwärtsrichten und anderen Dressurlektionen. Der Phantasie des Reiters sind keine Grenzen gesetzt, wie er diese Übungen aneinanderreiht. Wichtig ist, daß das Pferd nach jeder Springübung losgelassen und durchlässig bleibt und man das Pferd ebenso losgelassen und durchlässig an das nächste Hindernis heranbringt. Geht die Losgelassenheit und Durchlässigkeit verloren, so muß man unbedingt das Pferd zunächst erst wieder dressurmäßig korrigieren, bevor man mit einer erneuten Springübung beginnt.

Für die Pferde ist dieses Training sehr abwechslungsreich, und es fördert ihre Geschmeidigkeit. Die temperamentvollen Pferde werden gelassener und ruhiger, da sie nach jedem Sprung oder jeder Sprungfolge wieder dressurmäßig entspannt werden. Die etwas phlegmatischen Pferde werden umgekehrt durch den häufigen Wechsel der Dressurlektionen und Springaufgaben zu mehr Aufmerksamkeit erzogen.

Zusammensetzung des täglichen Trainingsprogramms.

Bei der Zusammensetzung des Trainingsprogramms ist zunächst einmal das regelmäßige tägliche Training mit einem Ruhetag in der Woche am wichtigsten. Die Belastung des Pferdes darf dabei immer nur so groß sein, daß die Pferde ihre Frische und Gehfreudigkeit nicht verlieren. Wenn die Pferde dann etwas übermütig sind, sollte man sich als Reiter darüber freuen. Das ist auf jeden Fall besser als müde gerittene und lustlose Pferde. Hat das Pferd seine Sache gut gemacht, so muß der Reiter bei der täglichen Arbeit auch aufhören können oder zumindest eine gewisse Ruhepause einlegen. Das Pferd begreift dadurch, daß es seine Aufgabe so ausgeführt hat, wie es der Reiter verlangt, und das muß ein junges Pferd ja erst einmal lernen. Außerdem behalten die Pferde so die Freude an der Arbeit.

Die angehenden Springpferde schult man überwiegend durch dressurmäßige Arbeit, eventuell auch durch etwas Geländearbeit. *Gehen die Pferde noch nicht auf Turnieren, so legt man einmal in der Woche einen Springtag ein.* An einigen der übrigen Tage kann man auch Bodenrickarbeit betreiben und eventuell auch zusätzlich über eine kleine Gymnastikreihe reiten. Ob das erforderlich ist, muß man im Einzelfall beurteilen. Hält man ein zusätzliches Gymnastikspringen für erforderlich, so sollte man aber viel aus dem Trab springen, um die Pferdebeine zu schonen.

Für das Springtraining der jungen Pferde sollte man jedesmal einen *klaren Trainingsschwerpunkt* festlegen und das Pferd nicht am gleichen Tag mit mehreren Aufgaben konfrontieren. An einem Tag übt man also nur Kombinationen, beim nächsten Mal konzentriert man sich auf das Grabentraining, eventuell mit Hindernissen vor oder hinter dem Wassergraben, und ein anderes Mal bildet das Springen des Billards den Trainingsschwerpunkt.

Bei der Festlegung des Trainingsschwerpunktes für eine Springstunde geht es vor allem darum, das zu *üben, was die Pferde noch nicht können.* Das dürfte an sich eine Selbstverständlichkeit sein, ist es aber in der Praxis nicht. Leider muß man sehr häufig feststellen, daß die Pferde über einladende Hindernisse, die sie sicher beherrschen, gesprungen werden und der Reiter dann, vielleicht um seinen Kameraden zu imponieren, dieses Hindernis immer noch etwas höher baut. Das hat mit systematischem Training aber nichts zu tun und kostet nur Pferdebeine. Und zusätzlich kann es passieren, daß die Pferde von diesem „Schrauben" über ein Hindernis irgendwann einmal genug haben. Als Reiter sollte man sich immer wieder selbst daran erinnern, daß nur wenige Reiter zuwenig, viele Reiter aber zuviel springen. „Springen lernt man nur durch Springen" heißt es zwar landläufig. Das ist natürlich grundsätzlich richtig. Aber es kommt eben darauf an, über welchen Ausbildungszeitraum man die Sprünge verteilt, die ein Pferd im Laufe seines Lebens machen kann.

Bei jungen Pferden, die schon auf Turnieren eingesetzt werden und in der Turniersaison etwa zwei- oder dreimal im Monat ihre ersten kleinen Turnierparcours gehen, sollte man *in der Woche keinen zusätzlichen Springtag einlegen.* Nur wenn Korrektursprünge erforderlich sind, kann man eine Ausnahme machen, sollte sich dann aber auch nur auf die Korrektursprünge konzentrieren und sich eventuell überlegen, ob man nicht ein Turnier ausläßt. Denn zwei oder drei Springprüfungen an einem Turnierwochenende mit den zusätzlichen Probesprüngen beim Abreiten bedeuten für die vier- oder fünfjährigen Pferde doch schon eine nicht unerhebliche Belastung, zumal da sie auch die Turnieratmosphäre und das Reisen noch nicht so gewohnt sind. Die Umwelteinflüsse auf dem Turnier haben bei jungen Pferden oftmals sogar einen sehr wichtigen Einfluß auf die ganze Verfassung der Tiere. Manche Pferde werden magerer, obwohl sie die gleiche Futtermenge bekommen. Die Augen der Pferde werden unruhig oder sogar ängstlich; manche Pferde gehen kaum noch Schritt, und andere Pferde wiederum verweigern das Futter auf dem Turnier oder fressen nur noch nachts, wenn es einigermaßen ruhig ist. Alles dies sollte der Reiter genau beobachten und berücksichtigen, wenn er festlegt, was er dem jungen Pferd an Turniereinsatz und Training zumuten will.

Beispiel für ein Rittigkeitstraining als Verbindung dressurmäßiger Lektionen mit gymnastizierenden Springübungen.

Die Hindernisstangen im Vordergrund sind strahlenförmig hingelegt, damit man die Pferde innen im Schritt und weiter nach außen im Trab darüberreiten kann. Das Pferd ist sauber auf die Zirkellinie eingestellt und fußt über den Stangen gut ab.

Nach dem Springen der Bodenrickreihe aus dem Trab wird das Pferd beim Umreiten der dreifachen Kombination auf der linken und rechten Hand gebogen.

Mittelgalopp mit anschließender Kehrtwendung, bei der das Pferd richtig gestellt und gebogen ist. Die zweifache Kombination zieht das Pferd aufmerksam an. Danach geht es durchlässig in den Trab über.

Taktvoll, mit gut winkelnder Hinterhand und schwingendem Rücken trabt das Pferd bei weicher Verbindung zwischen Pferdemaul und Reiterhand zum zweiten Mal über die am Boden liegenden Hindernisstangen.

Bei der weiteren Trabtour wird das Pferd erneut beim Umreiten der Hindernisse auf beiden Händen gebogen, um dann noch einmal die Bodenrickreihe aus dem Trab zu springen.

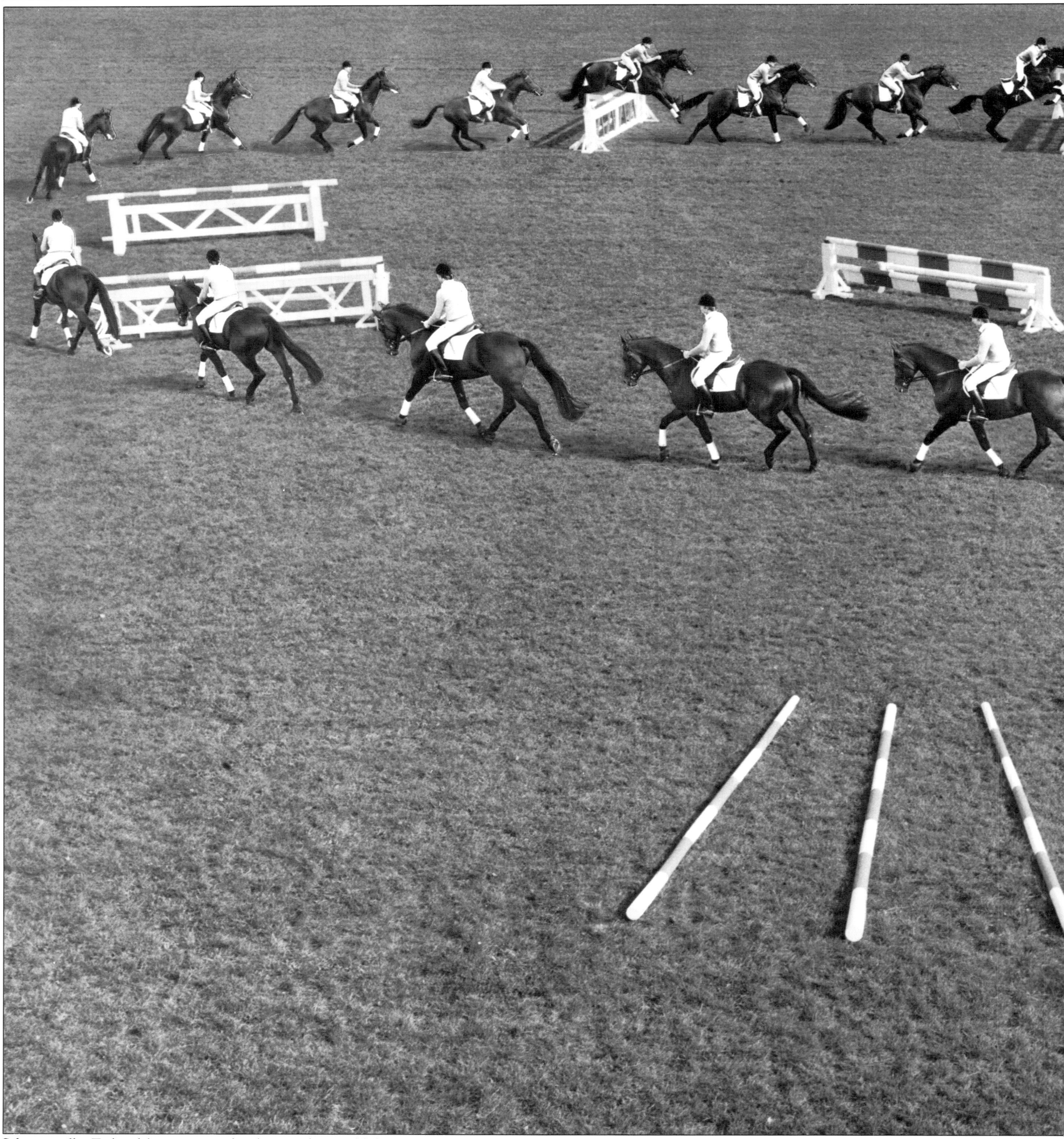

Schwungvoller Trab auf der Diagonalen nach einer Kehrtwendung auf der Hinterhand. Die Hindernisse springt das Pferd aufmerksam und mit viel Schwung. Über dem letzten Sprung leitet der Reiter schon die Wendung nach rechts ein.

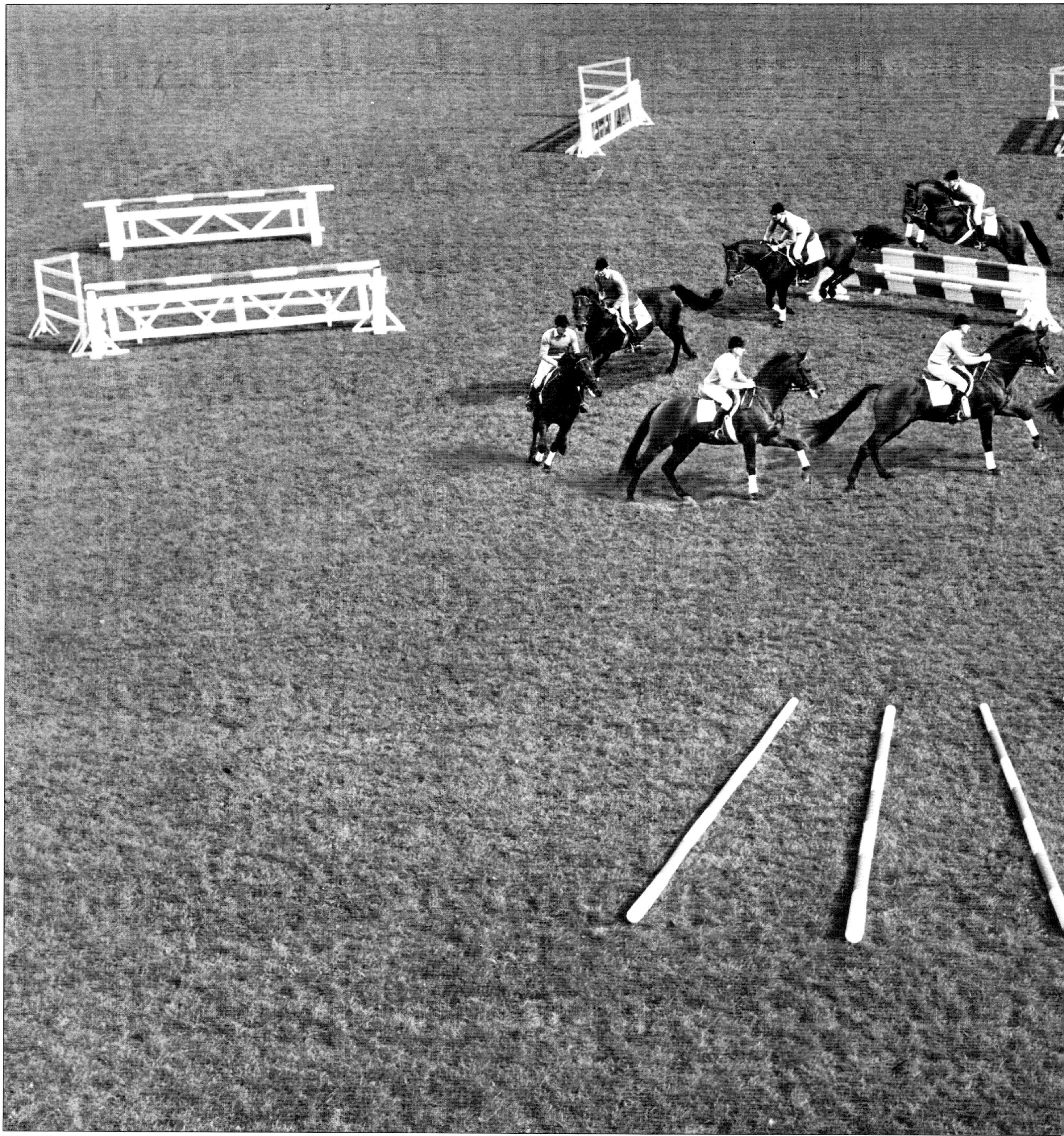

Kurze Wendung nach dem letzten Hindernis der Kombination auf den kleinen Steilsprung zu. Die Haarnadelkurve zur Mauer wird im flüssigen Galopp geritten.

Übergang zum Trab, Abwenden in richtiger Stellung und Biegung, schräges Anreiten der Mauer, und die Arbeit ist beendet.

EINSTELLEN DER PFERDE AUF SCHWERE SPRINGPRÜFUNGEN.

Während in den leichteren Springprüfungen die Pferde aus einem flüssigen Tempo heraus den Absprungpunkt weitgehend selber finden sollen und ein eventuelles Vertaxieren des Pferdes bei den niedrigen Abmessungen nicht so wichtig ist und vom Pferd meistens noch im Absprung ausgeglichen werden kann, hat das passende Herankommen an ein Hindernis in den Springprüfungen der Klassen M und S eine ganz entscheidende Bedeutung. Denn die Schwierigkeit eines Parcours ergibt sich nicht nur aus der Höhe und Breite der einzelnen Hindernisse, sondern resultiert wesentlich auch aus der ganzen Linienführung und den Distanzen in Kombinationen und zwischen zusammenhängenden Einzelhindernissen.

ABSPRUNGBESTIMMENDES REITEN.

Während man es zur Zeit der Kavallerieschule auch noch in den schweren Springprüfungen den Pferden überließ, den Absprung weitgehend selbständig zu finden, hat es sich heute durchgesetzt, daß die Reiter versuchen, den Absprungpunkt zu bestimmen. Das gelingt zwar nicht auf den Zentimeter genau, aber ein guter Reiter muß heute den idealen Absprungpunkt in einem Toleranzbereich von etwa 50 cm Breite treffen können, wenn er konstante Erfolge haben will.

Das System der Kavallerieschule ist natürlich auch sehr erfolgreich gewesen, aber diese Erfolge waren nur möglich aufgrund einer ganz langwierigen und geduldigen Ausbildung. Die Pferde gingen im allgemeinen frühestens mit 7 Jahren ein M-Springen, starteten meistens erst mit 9 Jahren in schweren Prüfungen, waren mit 12 Jahren auf dem Höhepunkt ihrer Laufbahn und starteten noch im Alter von 15 bis teilweise 20 Jahren im großen Sport. Diese Zeit für die Ausbildung nimmt sich heute kein Springreiter mehr.

Aber unabhängig von der Länge der Ausbildungszeit glaube ich, daß man ein Pferd bei den heutigen Abmessungen auch nicht mehr nur so gegen die Hindernisse reiten kann, wie man es zur Zeit der Kavallerieschule getan hat und es auch noch in der Nachkriegszeit bei vielen Reitern üblich war. Bei den heutigen Abmessungen im großen Sport bedeutet es schon viel für die Pferde, wenn sie die Höhe und Tiefe der Hindernisse richtig taxieren. Wenn sie dann auch noch den Absprung selbständig finden sollen, sind sie in der Regel überfordert. Das einfache Durchgalopieren eines Parcours wird zwar bisweilen einmal gutgehen, aber der Reiter wird mit dieser Taktik keine dauerhaften und gleichmäßigen Erfolge im Parcours haben.

Auf jeden Fall ist das absprungbestimmende Reiten die sicherste Methode, um Fehler zu vermeiden. Und wenn man Fehler bekommt, dann sind es leichtere Fehler. Das richtige Hineinspringen in ein Hindernis passiert eigentlich selten, und die Verletzungsgefahr für das Springpferd wird damit geringer.

DIE EINFLUSSFAKTOREN DES IDEALEN ABSPRUNGPUNKTES.

Der ideale Absprungpunkt hängt hauptsächlich von zwei Faktoren ab:

1. der Höhe des Hindernisses,
2. der Geschwindigkeit, mit der man an das Hindernis heranreitet.

Außerdem spielt es eine Rolle,

3. ob es sich um ein Einzelhindernis oder um eine Kombination handelt, und
4. wie die Bodenverhältnisse sind.

Diese beiden Faktoren beeinflussen wesentlich die Geschwindigkeit, mit der man ein Hindernis anreiten kann oder muß. Zusätzlich sind aber auch noch

5. die natürlichen Anlagen und Eigenarten des jeweiligen Springpferdes

zu berücksichtigen, wenn man sich beim Abgehen eines Parcours überlegt, wo man am günstigsten abspringen sollte. Es ist deshalb nicht möglich, den idealen Absprungpunkt etwa mit einer generell gültigen Formel zu errechnen, sondern man muß im Einzelfall beurteilen, wo man in der jeweiligen Parcourssituation und mit dem jeweiligen Pferd abspringen muß.

HINDERNISHÖHE UND ANREITEGESCHWINDIGKEIT.

Als Faustregel galt früher, daß der Absprungpunkt etwa so weit vor dem Hindernis liegen sollte, wie das Hindernis hoch war. Es ergab sich also ein *Absprungwinkel von 45°*, wobei man den Absprungwinkel auf den vorderen Teil des Hindernisses bezieht, also bei einer Triplebarre weiter an das Hindernis herangaloppiert als bei einem Steilsprung oder Oxer. Durch die Veredlung unserer Springpferde galoppieren die Pferde heute aber flüssiger und fleißiger. Die Pferde haben heute einen etwas längeren Galoppsprung von etwa 3,70 m bis 3,80 m oder mehr und springen deshalb im allgemeinen etwas früher ab, als es der 45°-Regel entspricht.

Bei Wassergräben liegt der günstigste Absprungpunkt bis zu 50 cm vor dem Graben. Bei kleineren Gräben kann man selbstverständlich auch früher abspringen. Aber bei einem 4,50 m bis 5 m breiten Graben entstehen doch sehr leicht Fehler, wenn die Pferde deutlich weiter als 50 cm vor dem Graben abspringen.

Die 45°-Regel oder das heute noch frühere Abspringen gilt weiterhin auch nur für das Normaltempo. Reitet man schneller, so muß man früher abspringen, um die geforderte Höhe zu gewinnen. Daraus ergibt sich, daß man beispielsweise im Stechen versuchen wird, beim gleichen Hindernis früher abzuspringen als im Normalparcours.

Beim schnellen Anreiten eines Hindernisses besteht allerdings die Gefahr, daß die Pferde flach werden und die Höhe nicht schaffen. *Bei sehr hohen Hindernissen,* wie sie etwa in Mächtigkeitsspringen aufgebaut werden, muß der Reiter deshalb wieder näher an das Hindernis heranreiten und *etwa in einem Winkel von 45° oder noch steiler abspringen.* Das offizielle Hochsprunggestell für Rekordversuche hat einen Neigungswinkel gegen die Senkrechte von 35°, und der Reiter wird hierbei sogar versuchen, soweit wie möglich an den Fuß des Hindernisses heranzukommen, da das Hindernis bei einer Höhe von über 2 m und mehr sonst enorm breit wird. Ebenso ist es bei hohen Wällen erforderlich, etwas näher an das Hindernis heranzureiten. Hier gilt in etwa die 45°-Regel.

EINZELHINDERNIS ODER KOMBINATION.

Während man bei einem Einzelhindernis den Absprungpunkt so wählen kann, wie es für das jeweilige Pferd am günstigsten ist, muß man bei den Absprungpunkten für eine Kombination auch die Distanzen in der Kombination und die Abmessungen der einzelnen Hindernisteile im Auge haben. Denn eine enge Kombination kann man beispielsweise nicht auf groß reiten. Man muß sich deshalb die wahrscheinlichen Springkurven über jedem Hindernisteil vorstellen, wenn man die Reittaktik für eine Kombination festlegt. *Dabei kann man davon ausgehen, daß die Flugkurve bei Steilsprüngen etwa die Form einer Parabel hat, während bei hohen und breiten Oxern der abfallende Ast der Springkurve etwas steiler als der aufsteigende Ast ist.*

BODENVERHÄLTNISSE.

Bei tiefem, schwerem Boden geht der von den Pferdebeinen beim Absprung ausgehende Druck zum Teil in den Boden. Außerdem müssen die Pferde durch das Einsinken in den Boden zusätzlich noch höher springen. Der Sprung kostet deshalb bei einem solchen Boden mehr Kraft, und ein frühes Abspringen vor dem Hindernis mit einer weiten Flugkurve ist nicht mehr möglich. Bei tiefem, schwerem Boden muß man die Pferde deshalb stärker versammeln, sie etwas langsamer reiten und sie dabei zu einem besonders energischen Galoppieren bringen.

ANLAGEN UND EIGENARTEN DES PFERDES.

Die Wahl des Absprungpunktes hängt schließlich noch weitgehend davon ab, *ob das Pferd erstens einen langen oder kurzen Galoppsprung hat und ob dem Pferd zweitens mehr ein frühes oder mehr ein spätes Abspringen liegt.* Gerade in diesem letzten Punkt kann man immer wieder große Unterschiede zwischen den verschiedenen Pferden feststellen. Von meinen Pferden konnte beispielsweise Retina enorm früh abspringen. Mit ihr bin ich einmal sogar eine Distanz, die normalerweise vier Galoppsprünge erforderte, in drei Galoppsprüngen geritten. Ähnlich früh abspringen konnten Marsalla, Wimpel und Winzer von Alwin Schockemöhle. Ein anderes Extrem war die Holsteiner Stute Baden, die Hans Evers bei den Olympischen Spielen 1952 in Helsinki ritt und die später zu Paco Goyoaga kam. Baden lief selbst bei dicken Oxern ganz dicht an das Hindernis heran und schraubte sich dann sozusagen wie ein Hubschrauber darüber. Sie konnte sogar bei einem Plankensprung die untere Planke berühren und kam dennoch fehlerfrei über das Hindernis.

GENAUES TAXIEREN UND AUSGLEICHEN NICHT PASSENDER DISTANZEN.

Das genaue Hinreiten auf den geplanten Absprungpunkt beziehungsweise in die geplante Absprungzone erfordert das, was wir als „das gute Auge" des Springreiters bezeichnen. Der Reiter muß möglichst frühzeitig erkennen, ob er den Galoppsprung unverändert beibehalten kann oder ob er ihn verlängern oder verkürzen muß, um passend an das Hindernis heranzukommen. Die sehr guten Reiter sehen dies schon auf eine Entfernung von 30 m bis 40 m. Aber das sind nur wenige Ausnahmen. Es genügt, wenn man diese Entscheidung in einer Entfernung von 20 m bis 25 m vor dem Hindernis treffen kann. Kann man aber erst drei Galoppsprünge vor dem Hindernis richtig taxieren, dann ist es schon sehr schwierig und nur bei ganz gut gearbeiteten Pferden noch möglich, den Absprung annähernd passend zu machen. Meistens gibt es dann bei einem zu frühen Abspringen Hinterhandfehler und bei einem zu späten Abspringen Vorhandfehler.

Die unglücklichste Situation tritt dann ein, wenn die Distanz zum Hindernis um einen halben Galoppsprung nicht paßt und der Reiter diese etwa 1,80 m ausgleichen muß. Wenn man jetzt noch sechs bis sieben Galoppsprünge Zeit hat, so muß man jeden Galoppsprung um 20 cm bis 30 cm verlängern oder verkürzen, und das ist durchaus zu erreichen. Die letzten nicht ganz passenden Zentimeter gleichen die guten Pferde dann im Absprung von selbst aus.

Bei einer Verlängerung oder Verkürzung des Galoppsprungs soll der Bewegungsablauf flüssig, rhythmisch und harmonisch bleiben. Hier zeigt sich, wie gut das Pferd geritten ist und wie fein das Pferd auf die Hilfen des Reiters eingeht. Bei einem Reiter mit gutem Auge und einem gut gerittenen Pferd sieht deshalb der Zuschauer auch kaum, wie der Reiter einen nicht passenden Abstand ausgleicht. Weniger erfahrene Reiter machen dagegen bei einer Beschleunigung des Tempos den Fehler, daß sie die Pferde regelrecht mit ihren Hilfen überfallen. Häufig geben sie dann auch noch die Verbindung zum Pferdemaul auf, so daß die Pferde auseinanderfallen und unsicher und flach werden. Umgekehrt geschieht es beim Zurücknehmen des Tempos leicht, daß bei einem weniger gut gerittenen Pferd und einem weniger gefühlvollen Reiter die Paraden zu stark durchkommen, der Fluß im Bewegungsablauf verlorengeht und der Reiter dann bei den letzten Galoppsprüngen vor dem Hindernis wieder zureiten muß. Dadurch ist der Bewegungsablauf unharmonisch und störend und wahrscheinlich auch der Absprung des Pferdes schlechter.

Spürt der Reiter, daß sein Pferd zu nah an das Hindernis herankommt, so kann er *die letzten Galoppsprünge auch noch etwas schräg reiten,* um einen etwas günstigeren Absprungpunkt zu bekommen. Das geht allerdings nur, wenn das Hindernis nicht zu breit ist. Und es besteht zusätzlich die Gefahr, daß die Pferde ausbrechen.

Dem Reiter, der nicht ein so gutes Auge hat und dem das genaue absprungbestimmende Reiten schwerfällt, möchte ich schließlich noch den Rat geben, *eher zuzureiten als sich im sogenannten Rückwärtsreiten zu versuchen.* Es besteht beim Zureiten zwar die Gefahr, daß die Pferde flach werden und Fehler machen. Aber alle Springfehler, die in der Geschwindigkeit passieren, sind nun einmal weicher. Und der Reiter kann bei einem frühen Abspringen dem Pferd dadurch noch zu helfen versuchen, daß er sich über dem Sprung leicht macht, gut in der Hüfte einknickt und gut nachgibt. Beim Rückwärtsreiten besteht dagegen die große Gefahr, daß die Pferde nicht genügend Schwung haben, in das Hindernis hineinspringen und dann sauer werden. Und wenn es zum Sturz kommt, dann kommt der Reiter viel schlechter vom Pferd weg, als wenn ein Sturz bei einem schnelleren Tempo passiert.

REITEN VON KOMBINATIONEN.

Bei Kombinationen wird das genaue Anreiten des ersten Hindernisses noch wichtiger als bei einem Einzelhindernis. Die schweren Springen werden ja häufig an den zwei- und dreifachen Kombinationen entschieden, und ein Reiter, der hierbei nicht ganz präzise reitet und mit den Distanzen in den Kombinationen nicht zurechtkommt, hat hier eigentlich kaum noch Chancen.

PASSENDE UND NICHT PASSENDE KOMBINATIONEN.

Bei einer Kombination beträgt die lichte Weite zwischen den Hindernisteilen A, B und C *bei einem Galoppsprung Zwischenraum im Normalfall 7,50 m und bei zwei Galoppsprüngen Zwischenraum im Normalfall 10,50 m.* Sehr eng, aber noch fair sind Distanzen von 7 m beziehungsweise 10 m. Für die klein galoppierenden Pferde sehr weit, aber ebenfalls noch als fair zu bezeichnen sind Distanzen von 8 m beziehungsweise 11 m. Zwar wurde bei den Olympischen Spielen 1960 in Rom der zweite Teil der dreifachen Kombination sogar auf 9 m gebaut, aber die Parcoursaufbauer sind nach dem Fiasko mit diesem unfairen Olympischen Parcours, bei dem 50% aller Teilnehmer Stürze und Verweigerungen in dieser Kombination hinnehmen mußten, vorsichtiger geworden, und heute werden auch international fairere Kombinationen aufgebaut. Wie man wirklich schwere Parcours aufbauen kann, ohne dabei auch nur einen Sturz zu bekommen, hat nicht zuletzt Micky Brinckmann bei den Olympischen Spielen 1972 in München bewiesen.

ENGE UND WEITE ZWEIFACHE KOMBINATIONEN.

Ob eine Kombination eng oder weit ist, hängt aber nicht alleine von der Distanz, sondern auch davon ab, ob die Hindernisteile A, B und C als Steilsprünge oder als Hochweitsprünge aufgebaut sind. Außerdem macht sich bemerkbar, ob *zum Ausgang hin oder vom Ausgang weg* gesprungen wird. Eine enge Kombination wird zum Ausgang hin noch enger. Umgekehrt wird eine weite Kombination vom Ausgang weg noch weiter.

Der Einfluß der Hindernisarten auf die Schwierigkeiten einer Kombination ergibt sich aus den unterschiedlichen Springkurven bei Steilsprüngen und bei Hochweitsprüngen. Bei einer Distanz von 7,50 m bzw. 10,50 m ist

1.

steil-steil für die kleiner galoppierenden Pferde passend, für die größer galoppierenden Pferde fast schon eng,

2.

hochweit-hochweit für die kleiner galoppierenden Pferde dagegen schon weit, da die Pferde nach dem Hochweitsprung steiler landen,

3.

steil-hochweit etwa wie steil-steil,

4.

hochweit-steil wie hochweit-hochweit, aber etwas leichter zu reiten, da die Pferde für den Steilsprung etwas weniger Schwung benötigen.

Die kleiner galoppierenden Pferde haben, besonders bei tiefem Boden, bei breiten Doppeloxern auf 8 m oder 11 m Distanz natürlich schon ihre Schwierigkeiten. Aber auch eng aufgebaute Doppeloxer sind für weniger erfahrene Reiter und Pferde oftmals ein Problem, wenn der Reiter über den ersten Oxer mit zuviel Schwung reitet. Dadurch kommt das Pferd zu nah an den nächsten Oxer heran und macht bei diesem Hindernis einen Vorhandfehler oder bleibt sogar stehen. Den Fehler bei B handelt sich der Reiter also schon beim Anreiten von A ein. Richtig ist es dagegen, bei einem Doppeloxer auf 7,20 m oder 10,20 m Distanz kraftvoll, aber ruhig an den ersten Oxer heranzureiten, im Landen schon zu versuchen, das Tempo etwas einzufangen und passiver zu sitzen, um dann energisch zu treiben und Schwung für den zweiten Oxer zu holen.

Generell kann man aber nicht sagen, daß Doppeloxer schwieriger zu springen sind als andere Kombinationen. Es gibt Pferde, die lieber früh abspringen, eine weite Springkurve haben und gute Oxerspringer sind. Auch die etwas phlegmatischen Pferde wachen meistens bei kompakten Doppeloxern auf und geben sich mehr Mühe. Etwas ängstliche und sensible Pferde verlieren dagegen bei Doppeloxern leicht das Herz, und der Reiter muß sie durch energisches Reiten besonders unterstützen.

ZUSÄTZLICHE VARIANTEN BEI DREIFACHEN KOMBINATIONEN.

Bei den dreifachen Kombinationen hat der Parcoursaufbauer die zusätzliche Möglichkeit, zwischen A und B eine andere Distanz als zwischen B und C zu wählen. Wenn man von der Normaldistanz einmal absieht und schwieriger aufbauen will, gibt es also die Varianten eng-eng, eng-weit, weit-eng und weit-weit.

Den starken Reitern ist die Variante weit-weit eigentlich am liebsten, da sie in der Kombination zureiten können und ihre Pferde auch dementsprechend reagieren. Das gilt auch noch für die Variante eng-weit, da die starken Reiter dann vorsichtig in die Kombination hineinreiten, um dann beim Landen nach B reaktionsschnell zuzureiten. Dagegen werden die weniger starken Reiter bei der Variante eng-eng gefährlich. Sie brauchen in der Kombination nicht so zuzureiten, und es kann eben mal gutgehen. Das gilt auch noch für die Variante weit-eng, wenn der Reiter groß über A reitet und der Schwung mit etwas Glück für die ganze dreifache Kombination ausreicht. Allerdings wird der schwächere Reiter selbst in diesen beiden Fällen kaum eine Chance haben, wenn am Schluß der dreifachen Kombination ein breiter Oxer aufgebaut ist.

Neben den Distanzen und Hindernisabmessungen in den Kombinationen ist schließlich auch noch die Art, wie die einzelnen Steil- und Hochweitsprünge aufgebaut sind, ein wesentlicher Faktor für die Schwierigkeit einer Kombination. Wenn nach einem wuchtigen Oxer beispielsweise ein leer wirkendes Gatter mit einer in der Luft hängenden Stange folgt, dann nehmen die Pferde nach dem schweren Oxer häufig das leicht wirkende Gatter nicht mehr ernst und machen hier auch prompt einen Fehler.

Gerade in schweren Kombinationen kommt es deshalb nicht nur auf die Fähigkeit des Reiters an, sondern ganz entscheidend ist auch der Kampfgeist des Pferdes und seine Fähigkeit, sich in schwierigen Situationen zu helfen.

Aufbau des Trainings von Kombinationen.

Beim Training von Kombinationen muß man die Distanzen zunächst so wählen, daß sie für den Galoppsprung des jeweiligen Pferdes passend sind. Danach kann man bei passenden Abständen auch einige Male die Hindernisse höher aufbauen. Will man dann die Distanzen verändern und die Pferde über enge und weite Kombinationen reiten, sollte man die Hindernisse wieder niedriger aufbauen. In der letzten Ausbildungsstufe kann man dann zusätzliche Schwierigkeiten einbauen wie etwa einen breiten Karreeoxer. *Diesen breiten Oxer baut man zunächst als letztes Hindernis der Kombination auf, damit das Pferd kein weiteres Hindernis mehr vor sich hat, wenn es einmal zu einem schweren Rumpler oder sogar zu einem Sturz kommt.*

Eine solche Steigerung der Anforderungen besteht etwa bei einer dreifachen Kombination aus Steilsprung-Oxer-Steilsprung darin,

1.

zwischen A und B und zwischen B und C bei einem groß galoppierenden Pferd eine Distanz von jeweils 7,80 m zu wählen,

2.

die Distanz zwischen A und B bei 7,80 m zu belassen und zwischen B und C auf die Distanz von 7,30 m zu gehen,

3.

zwischen A und B eine Distanz von 7,30 m und zwischen B und C eine Distanz von 7,80 m aufzubauen.

Wenn das Pferd diese Kombinationen ohne Schwierigkeiten gesprungen ist, dann läßt man die Distanz der letzten Kombination unverändert und erweitert den letzten Steilsprung zu einem breiteren Oxer.

Dieses Beispiel ist natürlich nur eine der vielen Varianten, die ein Parcoursaufbauer bei der Gestaltung von zwei- und dreifachen Kombinationen wählen kann. Der Reiter sollte deshalb im Training auf einen besonders abwechslungsreichen Aufbau der Kombinationen achten, um das Pferd mit verschiedenartigen Situationen vertraut zu machen. In jedem Fall muß dabei der Hindernisaufbau aber fair für das Pferd sein.

Reiten zusammenhängender Einzelhindernisse.

Die Distanzen sind nicht nur bei Kombinationen sehr wichtig, sondern auch noch bei *Einzelhindernissen, die bis zu circa 30 m auseinanderstehen.* Bis zu dieser Distanz machen im allgemeinen alle Pferde, wenn sie im gleichen Tempo geritten werden, die gleiche Anzahl an Galoppsprüngen, und je nach der Länge des individuellen Galoppsprungs kommen die Pferde unterschiedlich gut an das nächste Hindernis heran.

Der Reiter kann allerdings die Länge der Galoppsprünge verändern und sogar einen Galoppsprung einsparen oder einen Galoppsprung zusätzlich machen, um die Differenz zum idealen Absprungpunkt auszugleichen. Und zwar ist es *bei fünf Galoppsprüngen möglich, einen Galoppsprung einzusparen oder zusätzlich zu machen.* Das er-

Sehr enge zweifache Kombination. Das groß galoppierende Pferd kommt dicht an den zweiten Steilsprung heran, hilft sich aber durch viel Schnick vom Boden, gute Bascule und erstklassige Beintechnik.

wähnte Beispiel, daß ich mit Retina einmal eine Distanz für normalerweise vier Galoppsprünge mit drei Galoppsprüngen geritten bin, ist sicherlich eine ganz seltene Ausnahme.

Den klein galoppierenden Pferden liegen am besten die Distanzen von 20,50 m bis 21 m. Heute kriege ich aber auf 21 m in einem Zeitspringen schon keinen rasanten Sport mehr. 21 m bis 21,50 m mögen noch genügen, wenn vom Ausgang weg gesprungen wird. Zum Ausgang hin kann ich sogar bis zu 22,50 m gehen. Besonders wenn zum Beispiel ein mit Schwung anzureitender breiter Wassergraben zu springen ist und dahinter auf 22,50 m ein einladender Hochweitsprung steht. Umgekehrt ist die Verbindung eines solchen Wassergrabens mit einer auf 20,50 m bis 21 m dahinterstehenden engen Kombination oder mit einem Steilsprung immer ein großes Problem für die Reiter, da sie ihr Pferd nach dem Wassergraben aus sehr großem Schwung heraus stark aufnehmen müssen.

Bei der Messung des Abstandes vom Wassergraben zu einem davor- oder dahinterstehenden Hindernis darf man nicht den Fehler machen, von der Wassergrabenkante zu dem betreffenden Hindernis zu messen. Dieses Messen der lichten Weite von Hindernis zu Hindernis gilt nur, wenn die Pferde im Abstand der Hindernishöhe oder noch früher vor dem Hindernis abspringen. Beim größeren Wassergraben sollen die Pferde aber nur etwa 50 cm vor dem Graben abspringen und knapp hinter der Grabenbegrenzung landen. Eine grobe Faustregel besagt daher, von der Mitte des Wassergrabens auszugehen und bis zum äußersten Teil des davor- oder dahinterstehenden Hindernisses zu messen. Oder man mißt von der wahrscheinlichen Landestelle bei dem davorstehenden Hindernis bis zur Wassergrabenabsprungstelle beziehungsweise vor der Wassergrabenlandestelle bis zur wahrscheinlichen Absprungstelle bei dem dahinterstehenden Hindernis. Das gleiche Problem ergibt sich auch bei Absprüngen von höheren Wällen, da die Pferde vor dem Absprung langsamer werden und teilweise sogar traben, relativ steil abspringen und durch den Aufprall auf dem Boden und die etwas langsamer gewordene Vorwärtsbewegung der erste Galoppsprung nach dem Wall kleiner als normal wird.

Passend aufgebaute zweifache Kombination mit zwei Galoppsprüng

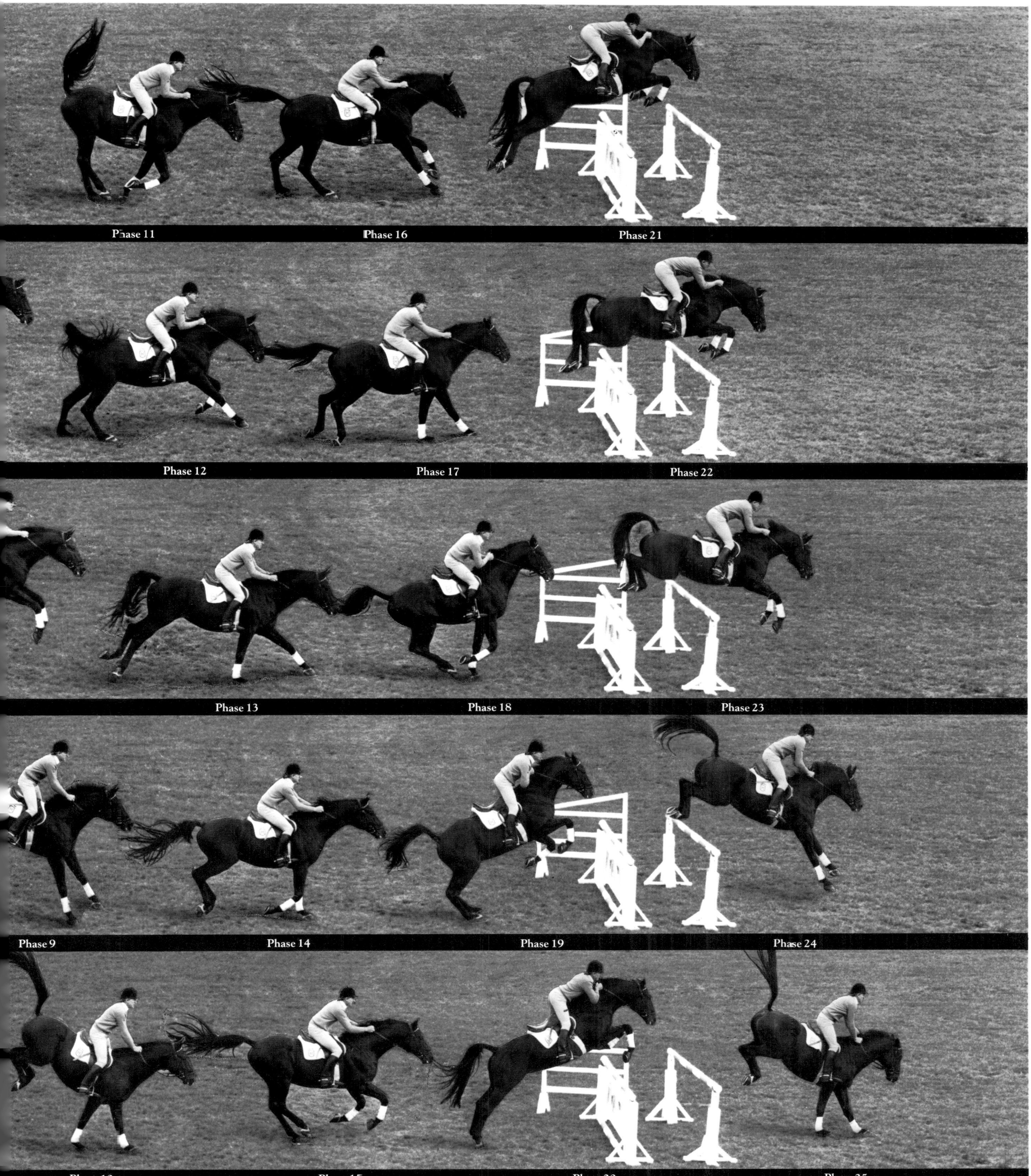

ischenraum. Der Reiter hält das Pferd geschlossen und sorgt für ein gutes Unterspringen der Hinterhand, wirkt aber nicht stark treibend ein. Gute Verbindung zwischen Reiterhand und Pferdemaul. Im Sprung könnte die Hand etwas tiefer sein.

Extrem weit gebauter Doppeloxer mit zwei Galoppsprüngen Zwischenraum.

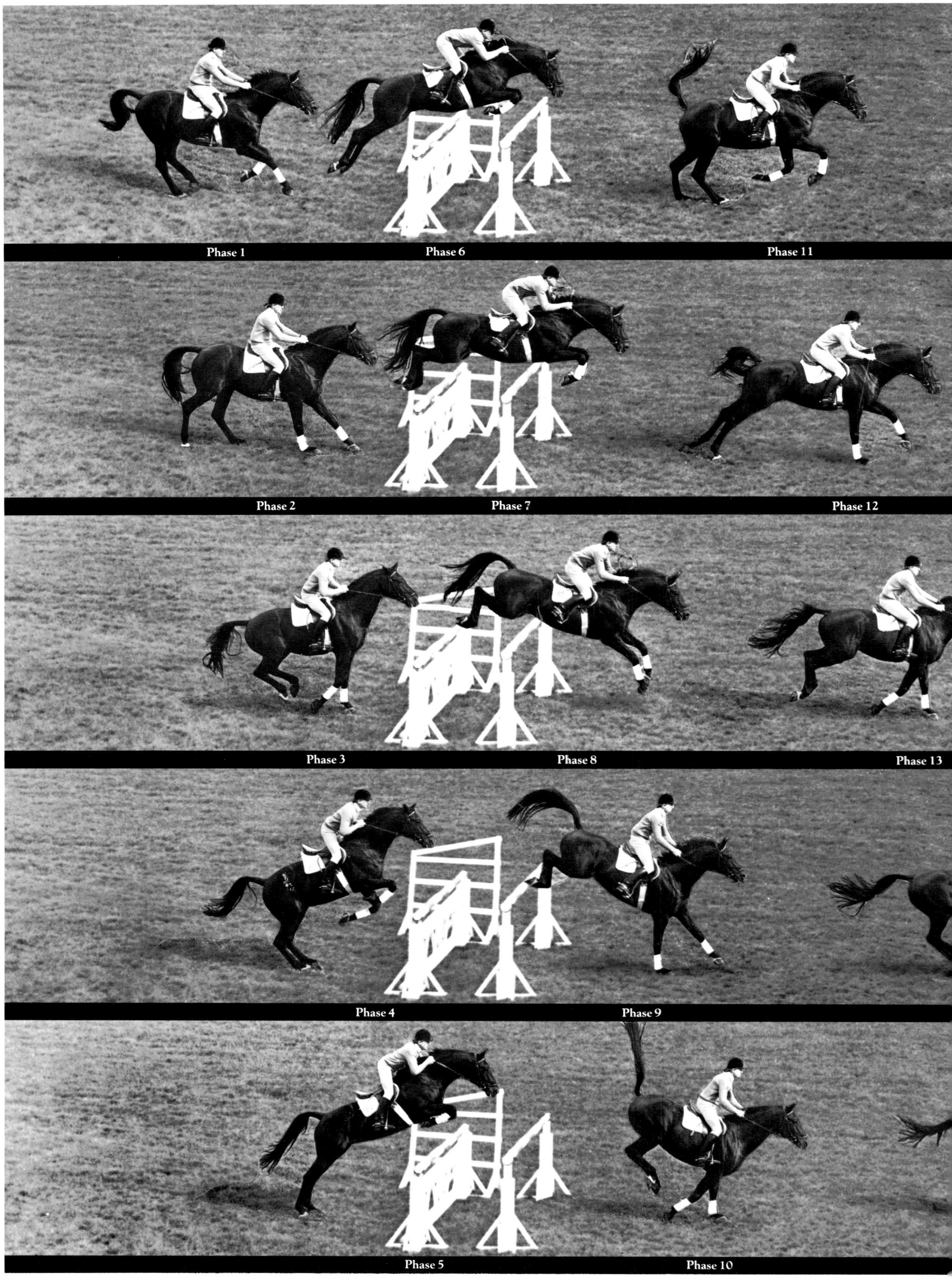

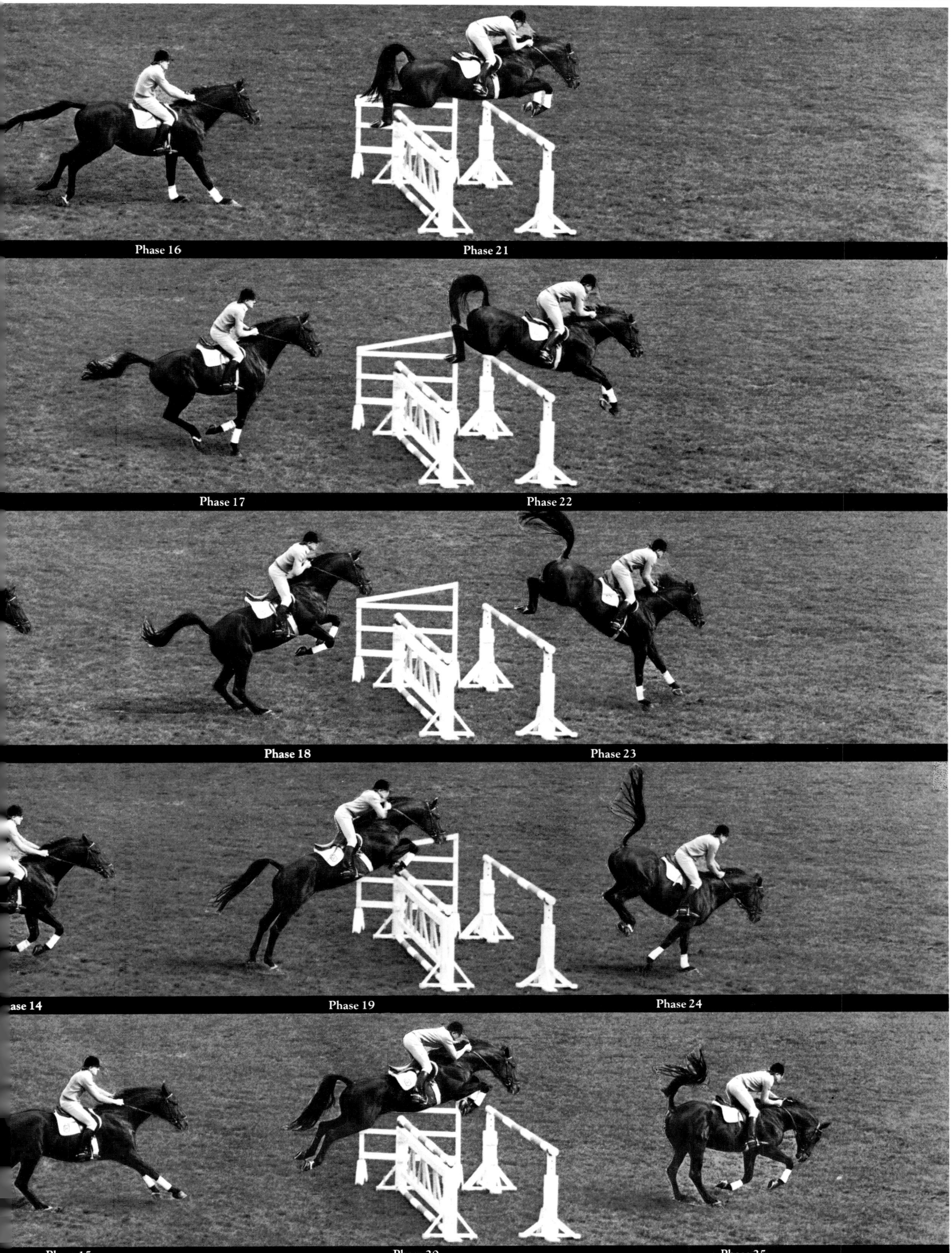

Der Reiter muß stark zureiten. Schon im Landen nach dem ersten Oxer setzen seine treibenden Hilfen wieder ein. Aufgrund seines weiten Galoppsprunges und seines großzügigen und sauberen Springens kommt das Pferd auch bei diesen Abmessungen nicht in Schwierigkeiten.

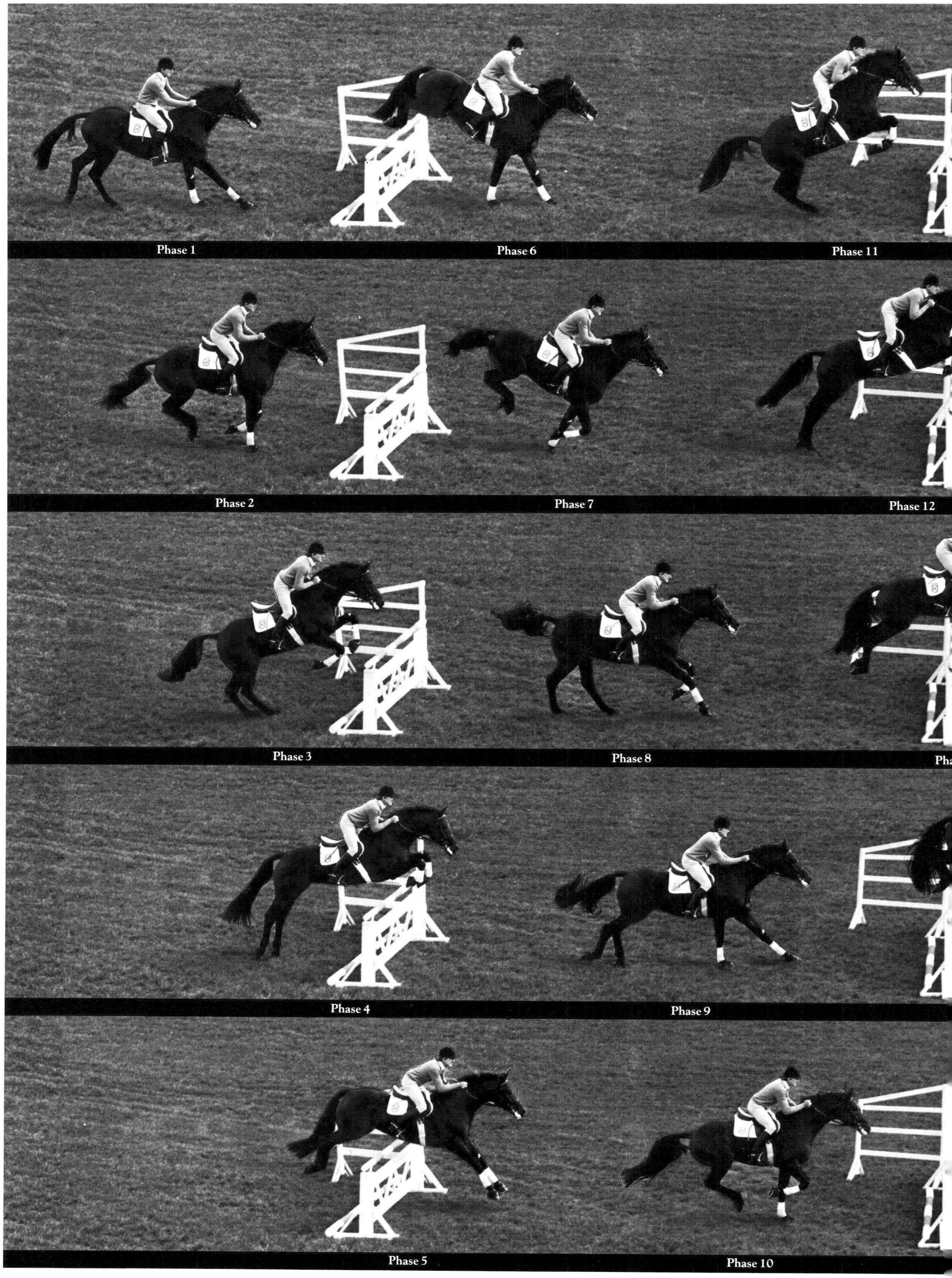

Einfach aufgebaute dreifache Kombination als Steil-Hochweit-Steil mit einem Galoppsprung Zwischenraum. Der Abstand von A zu B ist etwas weiter als von B zu C.

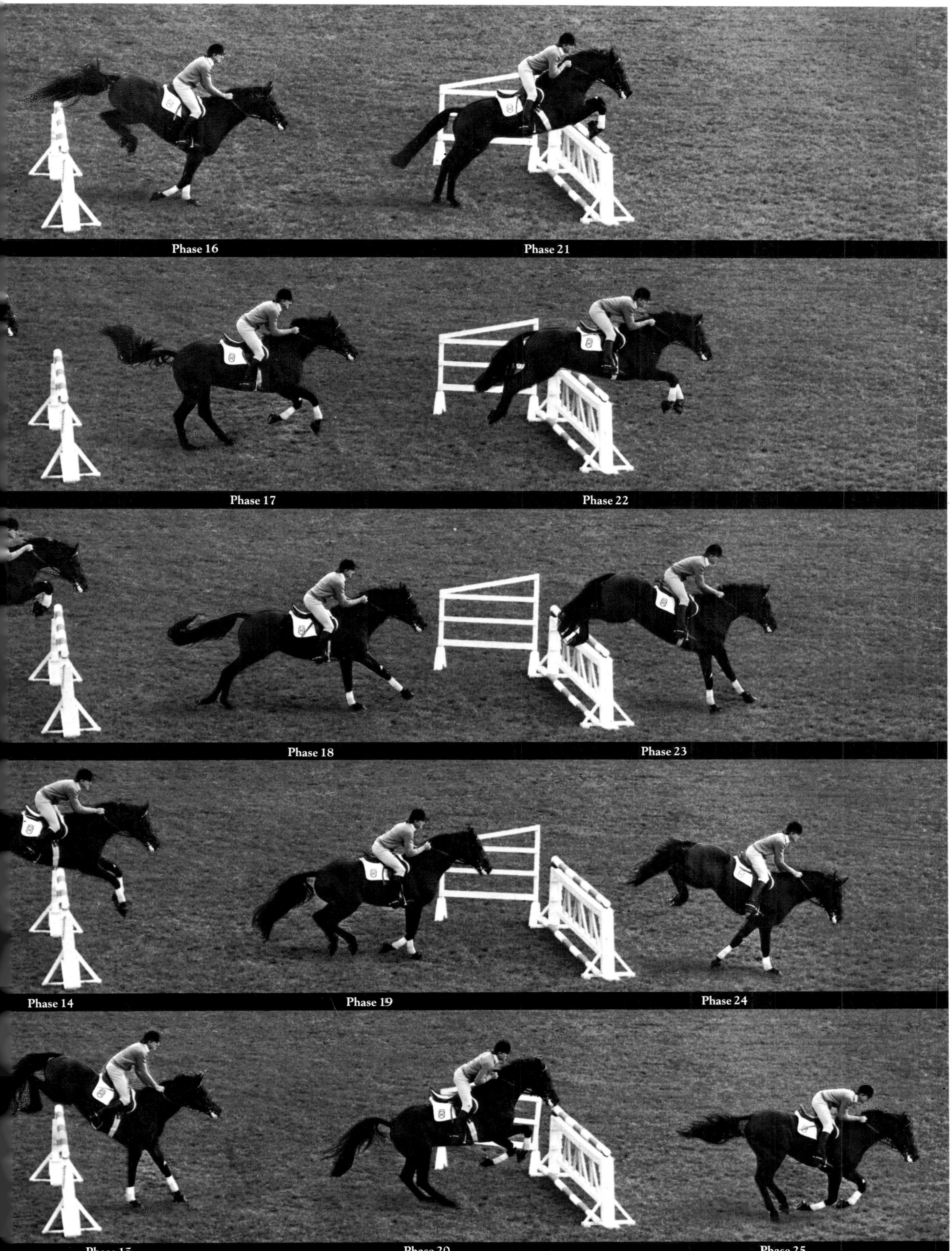

Phase 16 Phase 21

Phase 17 Phase 22

Phase 18 Phase 23

Phase 14 Phase 19 Phase 24

Phase 15 Phase 20 Phase 25

Da aber der abfallende Ast der Springkurve bei dem mittleren Oxer etwas steiler als der aufsteigende Ast ist, ist die Kombination genau passend aufgebaut.

Durch die Triplebarre als ersten Sprung wirkt diese Kombination sehr einladend. Die Abstände von A zu B und von B zu C sind gleich groß. Da bei dem mittleren Steilsprung der aufsteigende und der abfallende Ast etwa gleich groß sind, ist auch diese Kombination passend.

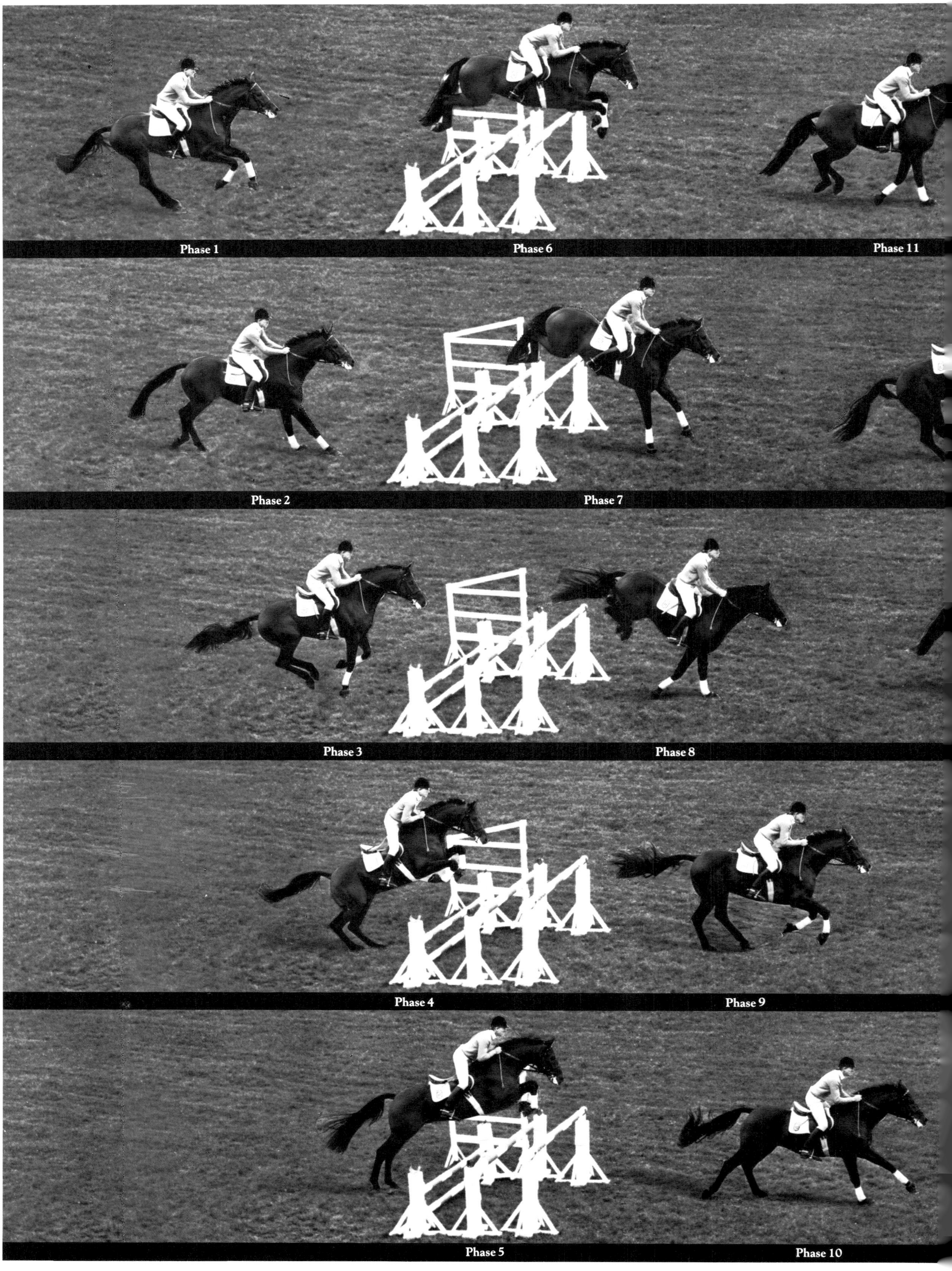

Phase 16 Phase 21

12 Phase 17 Phase 22

Phase 13 Phase 18 Phase 23

Phase 14 Phase 19 Phase 24

Phase 15 Phase 20 Phase 25

Ersetzt man die Triplebarre durch einen Oxer, so wird die Kombination schon etwas schwieriger. Der erste Oxer wird mit mehr Schwung angeritten, wodurch der Reiter etwas weiter in die Kombination hinein und näher an Hindernis B und C herankommt.

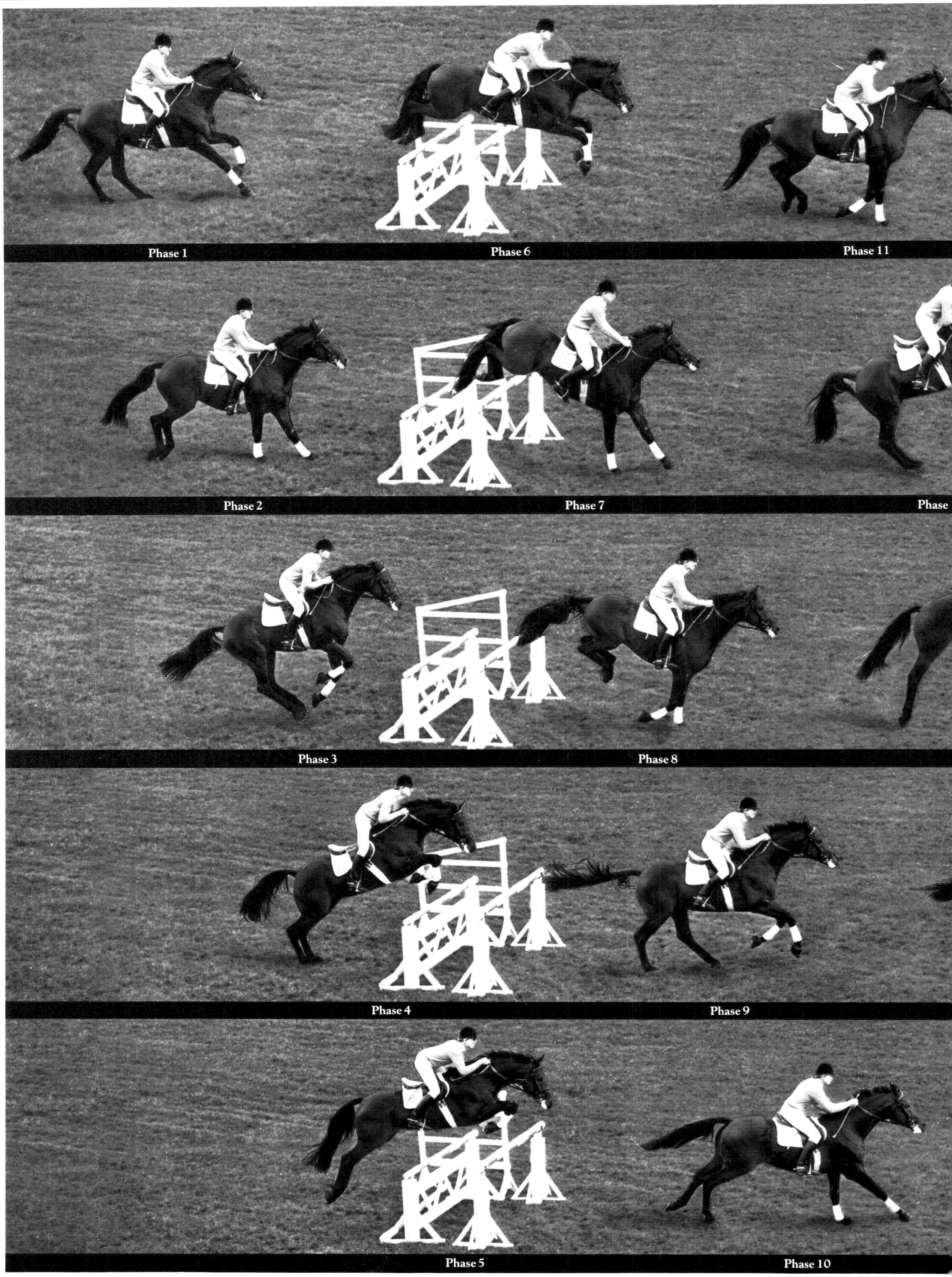

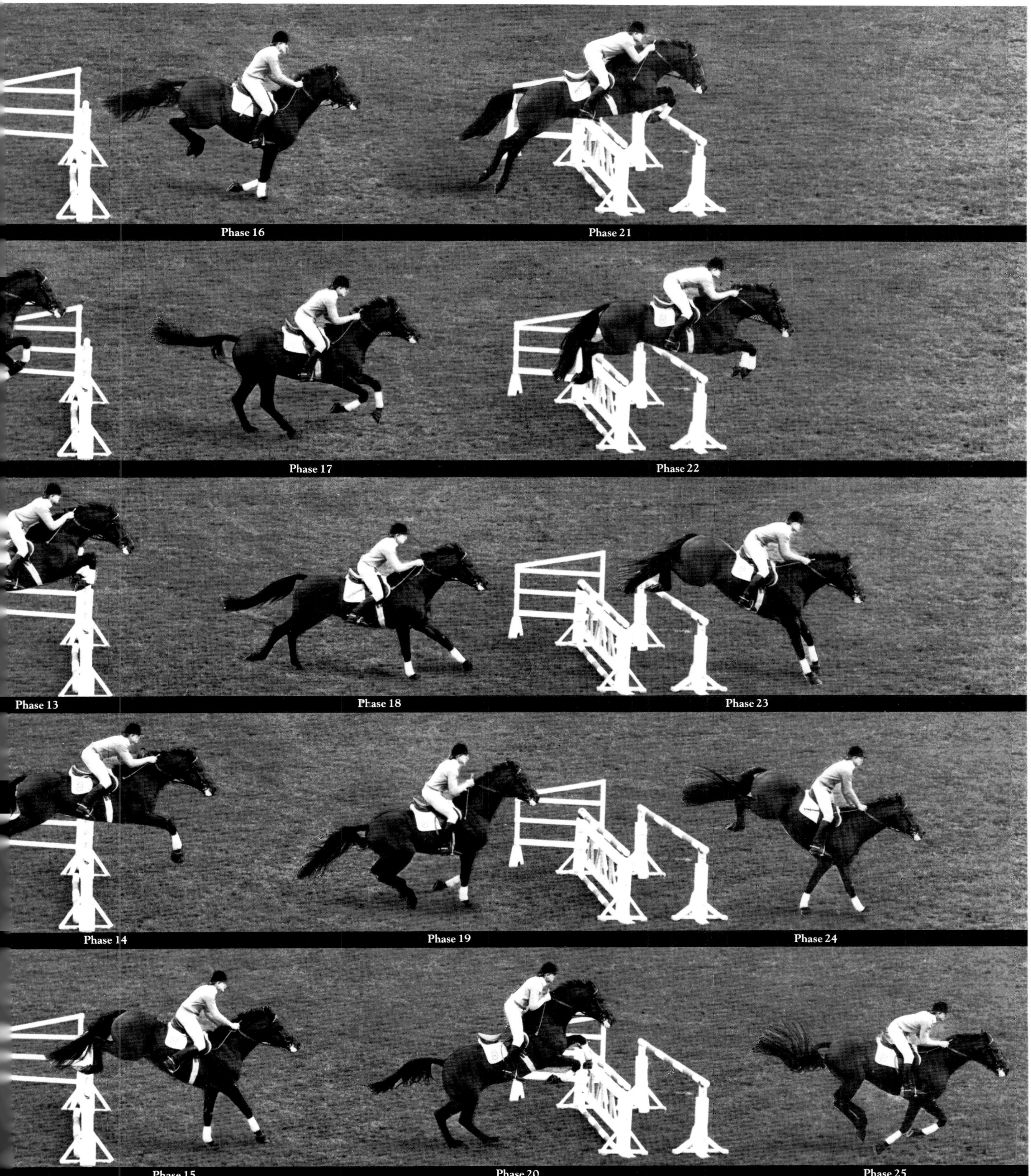
Phase 16
Phase 21
Phase 17
Phase 22
Phase 13
Phase 18
Phase 23
Phase 14
Phase 19
Phase 24
Phase 15
Phase 20
Phase 25

KORREKTUR VON FEHLERN.

Treten bei der Ausbildung eines Pferdes Schwierigkeiten auf, so muß man die Fehler des Pferdes im allgemeinen möglichst frühzeitig korrigieren, bevor man in der weiteren Ausbildung fortschreitet und die Anforderungen erhöht. Hat sich ein Pferd einmal Unarten angewöhnt, oder hat das Pferd eine schlechte Springkurve bekommen, dann ist die Korrektur oftmals auch für einen starken Reiter sehr schwierig. Manche Fehler in der Springtechnik des Pferdes sind aber auch von einem Fachmann nicht mit Sicherheit zu korrigieren, und man sollte in diesem Fall ernsthaft überlegen, ob sich die weitere Arbeit mit diesem Pferd überhaupt lohnt.

STEHENBLEIBEN UND AUSBRECHEN VOR DEM HINDERNIS.

Das Stehenbleiben vor einem Sprung kann zunächst seinen *Grund* darin haben, *daß das Pferd von Natur aus nicht gerne springt.* Wenn es dann nicht ganz genau paßt und diese Pferde müssen etwas früh abspringen oder sind etwas zu nah an ein Hindernis herangekommen, dann bleiben sie stehen oder brechen seitlich vor dem Hindernis aus. Als Springpferd für höhere Anforderungen sind solche Pferde natürlich nicht unbedingt geeignet, obwohl sie ansonsten durchaus angenehme Reitpferde sein können.

Viel ärgerlicher ist es, wenn ein gut veranlagtes Pferd wegen der Unüberlegtheit seines Reiters *durch ein zu häufiges Springen, zu hohes Springen und vor allem durch zu viele Hochweitsprünge „sauer" geritten* worden ist. Gerade bei einem besonders guten Pferd passiert dies sehr leicht. Das Pferd ist vielleicht ein M-Springen sehr gut gegangen, war auch im Stechen noch gut, weil alle guten Momente und eine Portion Glück zusammenkamen, und der Reiter fragt sich, warum dieses Pferd nicht auch schon S-Springen gehen soll. Aber irgendwann kommt der Augenblick, wo es für das Pferd bei seinem derzeitigen Ausbildungsstand zuviel ist, und dann merkt das Pferd, daß es stärker ist als der Reiter.

Daneben kann es auch an der *störenden reiterlichen Einwirkung* liegen, daß die Pferde stehenbleiben. Gerade bei Pferden, die an sich sehr schwungvoll gehen und gut zuspringen, kann es einem weniger geschickten Reiter passieren, daß er mit der Bewegung des Pferdes nicht mitkommt, dem Pferd in den Rücken fällt und im Maul hängt. Wenn sich dann die Pferde beim Springen noch weh tun, darf man sich natürlich nicht wundern, wenn die Pferde einen Ausweg aus dieser Situation suchen.

Ein häufig zu beobachtender Reiterfehler besteht darin, daß die Pferde *im Tempo überfordert* werden, dabei flach werden, Fehler machen und dann irgendwann nicht mehr den Mut zum Abspringen haben. Natürlich sollen die Springpferde ein gewisses Grundtempo gehen. Aber das vom hohen Norden bis zum Bodensee zu hörende „Vorwärtsreiten!" führt nach meinen Beobachtungen dazu, daß die Pferde vielfach einfach zu schnell geritten werden.

Natürlich kann es einem auch einmal passieren, daß man eine Wendung zu scharf geritten ist und dann der Schwung fehlt, vielleicht auch der Abstand nicht paßt und das Pferd stehenbleibt. Aber das ist nicht weiter tragisch und mit einem erneuten Anreiten zu korrigieren.

Hat man ein Pferd „sauer" geritten, dann hat der Reiter eigentlich nur noch die Chance, in den Anforderungen herunterzugehen, wieder ein gutes Verhältnis zum Pferd herzustellen und darauf zu hoffen, daß das Pferd allmählich wieder Vertrauen zum Reiter und zum Springen bekommt. Ein ganz starker Reiter kann es auch einmal anders machen. Aber das ist nicht die Norm.

Bei jungen Pferden kann es auch vorkommen, daß sie bei ihren ersten Turnierstarts einmal stehenbleiben, weil sie die ganze Turnieratmosphäre noch nicht so kennen, dadurch abgelenkt sind und sich vielleicht auch vor einem unbekannten Hindernis erschrecken. Das ist nicht ernst zu nehmen und mit einem erneuten konzentrierten Anreiten zu korrigieren.

Aber auch bei erfahrenen Springpferden kommt es vor, daß sie gelegentlich stehenbleiben. Das sind meistens die sensiblen und sehr beinempfindlichen Pferde. Sie wollen eigentlich springen, erkennen aber im letzten Moment, daß es nicht paßt und sie mit großer Wahrscheinlichkeit mit den Vorder- oder Hinterbeinen in das Hindernis hineinspringen würden, und bleiben dann stehen. Es ist falsch, diese Pferde zu bestrafen. Aber man sollte doch noch einen Korrektursprung machen, damit die Pferde wissen, daß die Arbeit mit diesem Stehenbleiben für sie noch nicht beendet ist.

Das Ausbrechen der Pferde kann im Prinzip die gleichen Ursachen wie das Stehenbleiben haben. Daneben kommt es bei einigen Pferden vor, daß sie stark vom Ausgang angezogen werden und *zum Ausgang hin ausbrechen.* Dieser Fehler ist nur von einem sehr starken Reiter zu korrigieren und tritt häufig erneut auf, wenn das Pferd wieder einen schwächeren Reiter hat.

Ein anderer Grund für das Ausbrechen kann darin liegen, daß das Pferd *zu schräg an das Hindernis herangeritten* wird. Das Pferd weiß eventuell sogar nicht, ob es überhaupt springen soll. Das gleiche kann passieren, wenn ein Pferd aus einer Wendung herausgetragen wird, stark seitlich an das Hindernis herankommt und nicht sicher ist, ob es das Hindernis oder den Fang springen soll. In diesen Fällen liegt es also nicht unbedingt daran, daß das Pferd nicht springen will, sondern das Pferd bricht zur Seite aus, weil die Situation etwas unglücklich für das Pferd ist und der Reiter dem Pferd keine klare Führung gegeben hat.

Auch *in Kombinationen* kann es vorkommen, daß die Pferde seitlich ausbrechen, wenn sie *eine Stange oder ein anderes Hindernisteil zwischen die Beine bekommen* und dann keinen ausreichenden Schwung mehr haben. In diesem Fall hat das Ausbrechen nichts damit zu tun, daß die Pferde feige sind oder nicht springen wollen. Sie spüren lediglich, daß sie das nächste Hindernis nicht mehr überwinden können. Ein guter Reiter wird dann sein Pferd ohnehin aus der Kombination herausnehmen.

OHNE-RÜCKEN-SPRINGEN.

Es gibt Pferde, die sehr hoch springen können und dennoch ohne Rücken springen. Bei guter Bascule würden diese Pferde vermutlich aber noch bessere Leistungen bringen können. Bei Pferden, die über eine solche außergewöhnliche Sprungkraft verfügen, lohnt sich der Versuch, ihnen eine bessere Bascule beizubringen. Aber ob diese Korrektur gelingt, kann man nie wissen. Wenn sie gelingt, dann nur durch eine ganz vorsichtige Ausbildung, und zwar in der allerersten Ausbildungszeit. Wenn die Pferde erst einmal ein Jahr lang oder noch länger ohne Rücken gesprungen sind, kann man sie kaum noch umstellen.

Diese Pferde muß man über nur etwa 80 cm hohe, aber relativ breite Oxer springen. Hinter das Hindernis legt man in 3,50 m Entfernung eine Stange auf den Boden, damit die Pferde im Sprung diese Stange erkennen und dann hoffentlich den Kopf herunternehmen und damit automatisch auch den Rücken aufwölben.

Die Pferde dürfen nicht lernen zu unterlaufen. Man muß deshalb länger als normal mit einer deutlichen Absprungerleichterung arbeiten. Gleichzeitig muß man *die Pferde in einem ruhigen Tempo halten, bei dem sie aus der Kraft der Hinterhand heraus springen müssen und nicht zu groß abspringen können,* da sie dann erfahrungsgemäß wieder ohne Rücken springen.

Ein sinnvoller Versuch kann es sein, diese Pferde im Freispringen zu korrigieren, bei dem sie nicht durch den Reiter gestört werden können. Um die Pferde dabei nicht ins Laufen kommen zu lassen, baut man vor dem Hindernis noch Bodenricks als In-Outs auf. Auch hinter dem Oxer kann man nach einigen Tagen weitere Stangen oder Bodenricks auf den Boden legen. Denn die Pferde müssen immer wieder mit etwas Neuem beschäftigt werden, damit sie Kopf und Hals herunternehmen. Wenn sie über dem Hindernis sind, kann man die Stange dahinter auch etwas mit dem Fuß bewegen, um die Aufmerksamkeit der Pferde zu wecken, oder man wickelt zur Abwechslung einmal eine bunte Tüte oder ein Tuch um diese am Boden liegende Stange.

FEHLER IN DER VORDERBEIN- UND HINTERBEINTECHNIK.

Bei der Korrektur von Pferden, die *die Vorderbeine im Sprung nicht richtig anwinkeln,* sondern sie hängenlassen oder sogar nach hinten wegklappen, gelten ähnliche Regeln wie bei der Korrektur von Pferden, die ohne Rücken springen. Eine Korrektur dieser Pferde ist nur begrenzt möglich, und die Pferde müssen schon über ein enormes Springvermögen verfügen, wenn sich die Ausbildung zum Springpferd überhaupt lohnen soll.

Man muß diese Pferde ebenfalls über kleine und breite Hindernisse mit deutlichen Absprungerleichterungen arbeiten. *Die Pferde sollen mit wenig Schwung und möglichst früh zum Absprung kommen,* damit sie beim Sprung genügend Zeit über dem Hindernis haben und es dadurch eventuell wagen, den Oberarm anzuziehen und mehr nach vorne zu bringen.

Pferde mit dem sogenannten *„langen Hinterbein"*, die also die Hinterhand im Verhältnis zur Vorwärtsbewegung zu langsam anziehen, kann man *kurzfristig überhaupt nicht korrigieren.* Wenn man sich Zeit läßt, dann korrigieren sich diese Fehler nach etwa zwei Jahren aber von selbst. Man muß diese Pferde zu einem frühen Abspringen bringen, damit die Pferde durch die längere Flugkurve mehr Zeit zum Anwinkeln der Hinterbeine haben. Lernen die Pferde dann, im Normalparcours ohne Fehler zu gehen, dann passieren die Hinterhandfehler zunächst leider wieder im Stechen. Im Laufe der weiteren Ausbildung kann man die Pferde dann aber auch im schnelleren Tempo fehlerfrei reiten.

Zu frühes Abspringen und Unterlaufen der Hindernisse.

Pferde, die sehr früh abspringen, korrigieren sich nach einiger Zeit von alleine, da der Absprung irgendwann einmal zu früh ist und die Pferde durch den dann unvermeidlichen Fehler automatisch etwas vorsichtiger werden und sich genauer ansehen, wie hoch und wie breit das Hindernis ist. Der Reiter sollte diese Pferde außerdem nicht in einem zu schnellen Tempo reiten, da gerade das schnelle Tempo sie natürlich zum frühen Abspringen ermutigt.

Pferde, die leicht einmal ein Hindernis unterlaufen, müssen dagegen vom Reiter etwas energischer angefaßt werden. Und zwar sofort nach dem Landen und zwischen den Hindernissen, nicht erst kurz vor dem Absprung. Außerdem sollte man diese Pferde über einladende Hindernisse mit deutlichen Absprungerleichterungen arbeiten.

Stürmen im Parcours.

Daß die Pferde im Parcours regelrecht stürmen und dem Reiter die Hand nehmen, kann mehrere Ursachen haben. Häufig liegt es daran, daß die Pferde unangenehme Erfahrungen mit dem Springen gemacht haben und das Springen schnell hinter sich bringen wollen. Oder die Pferde sind aus Unwissenheit des Reiters vor den Hindernissen zu stark getrieben worden. Außerdem kann das Stürmen noch daran liegen, daß die Pferde von sich aus einen überdurchschnittlichen Vorwärtsdrang haben oder daß sie im Temperament unausgeglichen sind.

Stürmenden Pferden muß man beibringen, daß das Springen etwas Selbstverständliches ist. Man reitet sie deshalb im Training über kleine Hindernisse und *springt die Hindernisse aus dem Trab und aus einer Wendung heraus.* Nach dem Hindernis wendet man ab, lobt, beruhigt mit der Stimme und geht erneut in den Trab über. Dabei muß man sich um eine leichte Anlehnung zum Pferdemaul bemühen, die Pferde nach jedem kleinen Sprung wieder gut an die Hilfen stellen und immer wieder andere Wendungen reiten.

Die Pferde lernen hierdurch, regelrecht auf die Hilfen des Reiters zu warten. Ziehen sie dennoch einmal ein Hindernis zu stürmisch an, so läßt man sie nicht springen, sondern man wendet vor dem Hindernis ab oder pariert zum Halten durch und richtet rückwärts. Aus dem Rückwärtsrichten reitet man nicht gerade gegen das Hindernis, da die meisten Pferde dabei nervös werden, sondern reitet zunächst noch einige Volten, bis die Pferde wieder völlig losgelassen gehen und gut an den Hilfen stehen.

Nachlässiges Springen und Barren der Pferde.

Das Barren war früher bei vielen Pferden eine Notwendigkeit und wurde auch schon zur Zeit der Kavallerieschulen betrieben, heute sollte es jedoch weitgehend der Vergangenheit angehören. Unsere heutigen Pferde sind durch die Blutzufuhr in allen Zuchtgebieten beinempfindlicher geworden, und sie werden, wenn sie einen Fehler machen, praktisch automatisch „gebarrt" und entsprechend vorsichtiger.

Das Barren war früher erforderlich bei älteren Springpferden, die an sich die gestellten Anforderungen leicht bewältigen konnten, aber nachlässig sprangen, und denen es wenig ausmachte, wenn eine Hindernisstange fiel. Mit dem Barren dieser Pferde kann man für kurze Zeit Erfolg haben. Das Barren mußte deshalb, was heute verboten ist, auch vor der Springprüfung auf dem Abreiteplatz und nicht auf dem Übungsplatz zu Hause erfolgen.

Gebarrt wurde früher mit Holz-, Bambus- oder Eisenstangen. Davon war für mich *die runde, etwas höher als die übrigen Hindernisstangen liegende Eisenstange das beste Mittel.* Die nur etwa 2 m lange und 2 cm dicke Eisenstange ist leichter als die 4 m bis 4,50 m lange und 10 cm bis 12 cm dicke Holzstange. Sie trifft das Bein nur an einer ganz kleinen Stelle, ist elastisch und fällt sofort runter. Mit einer Eisenstange bekommt man deshalb keine Verletzungen. Bewährt hat es sich auch, um die Eisenstange einige lose Ringe zu hängen, die beim Berühren der Stange Geräusche verursachen und durch diese akustische Wirkung die Pferde noch vorsichtiger machen.

Ein Barren mit einer Holzstange, mit der ein oder zwei Helfer das Pferd gegen die Vorder- oder Hinterbeine streifen, führt bei einem unsachgemäßen Gebrauch dagegen leichter zu Verletzungen, da die Holzstange starr ist, schwerer runterzuwerfen ist und gleich das ganze Gelenk trifft. Außerdem wissen die Springpferde ohnehin, daß gebarrt wird, wenn sie die Helfer am Hindernis sehen, und sind dementsprechend vorsichtig.

HILFSMITTEL BEI DER SPRINGAUSBILDUNG.

Hilfszügel und die verschiedenen Arten von mehr oder weniger scharfen Gebissen sind weder ein Allheilmittel, noch sollte man sie in Bausch und Bogen ablehnen. Grundsätzlich können diese Hilfsmittel nicht die mangelnde Rittigkeit eines Pferdes ersetzen, sie können auch nicht die Fehler des Reiters auf lange Sicht kaschieren oder ausgleichen, und besonders die immer schärfer werdenden Gebisse sind oft der Anfang vom Ende. Aber einem routinierten Reiter können diese Mittel auf der anderen Seite auch helfen, das Zusammenspiel zwischen Pferd und Reiter zu präzisieren und eventuelle Versteifungen und Verkantungen des Pferdes zu beseitigen.

Natürlich ist es falsch, daß ein weniger erfahrener Reiter unbedingt mit Hilfszügeln und schärferen Gebissen reiten will, nur weil er sieht, daß sich gelegentlich auch die Spitzenreiter dieser Instrumente bedienen. Vielleicht geht sein Pferd viel zufriedener, wenn es ohne Hilfszügel und mit einer normalen Wassertrense geritten wird. Aber ebenso falsch ist es, diese Hilfsmittel nur dem Spitzenreiter zuzubilligen und sie den anderen Reitern bei einem schwierigen Pferd vorenthalten zu wollen und es zu unnötigen Kämpfen zwischen Pferd und Reiter kommen zu lassen. Allerdings sollte der jüngere Reiter, wenn er sich dieser Hilfsmittel bedient, unter der Kontrolle eines erfahrenen Reiters sein. Ebenso kann es vorkommen, daß ein jüngeres Pferd einen Hilfszügel oder ein spezielles Gebiß benötigt, man im Laufe der Ausbildung dieses Pferdes aber ganz auf solche Hilfsmittel verzichten kann.

RINGMARTINGAL.

Das Ringmartingal ist der von den Springreitern am häufigsten benutzte Hilfszügel. Es soll verhindern, daß das Pferd mit dem Kopf nach oben schlägt. Das kann man allerdings nur bedingt erreichen und nur dann, wenn das Martingal *kurz verschnallt* wird. In der Praxis sieht man jedoch immer wieder viel zu lang verschnallte Martingals, die überhaupt keine Wirkung haben.

Mit einem kurz geschnallten Martingal zu reiten bedeutet jedoch eine Schwierigkeit, denn der Reiter muß im Sprung mehr nachgeben, da der Weg von der Hand zum Pferdemaul durch das Ringmartingal verlängert wird. Gibt der Reiter nicht entsprechend mehr nach, dann wirkt das Martingal aufgrund seiner Hebelwirkung verhaltend auf das Pferd ein. Wenn ein Reiter mit diesen Schwierigkeiten nicht fertig wird, sollte er deshalb ganz auf das Martingal verzichten.

Der große Vorteil des kurzen Martingals ist es, daß eine *stetige Verbindung zwischen dem Pferdemaul und den Martingalringen* hergestellt wird und das Pferdemaul dadurch unabhängiger von der Stellung der Reiterhand ist. Wenn die Hand des Reiters zur Seite geht oder einmal ein Zügel etwas durchrutscht oder die Hand etwas unruhig ist, so wird diese Bewegung der Reiterhand durch das Martingal abgeschwächt, das Pferd wird also weniger im Maul gestört.

STANDING MARTINGAL.

Das sogenannte Standing Martingal, auch Stoßzügel genannt, läuft vom Sattelgurt unter dem Pferdebauch zwischen den Vorderbeinen hindurch in den Kinnriemen des Reithalfters. Dieser Hilfszügel stammt vornehmlich von den englischen Reitern. Ich persönlich habe damit auch bei einigen wenigen Pferden Erfolg gehabt, und ebenso ist Hermann Schridde mit Standing Martingal geritten.

Das Standing Martingal kann bei Pferden sinnvoll sein, die vor einem Sprung plötzlich losstürmen und dem Reiter die Hand nehmen und sich dann an diesem starren Zügel stoßen. Bedingt kann das Standing Martingal bei Pferden Erfolge haben, die ohne Rücken springen.

Aber man muß unbedingt darauf hinweisen, daß dieser Hilfszügel sehr hinderlich werden kann, da er den Pferden bei Rumplern und Stürzen wenig Bewegungsfreiheit läßt. Man darf das Standing Martingal deshalb beim Springen nur dann verwenden, wenn man den Absprung ganz genau bestimmen kann. *Den meisten Reitern ist dieser Zügel nicht zu empfehlen,* und es ist eigentlich zu begrüßen, daß das Standing Martingal heute offiziell nicht erlaubt ist.

Schlaufzügel.

Der Schlaufzügel wird beim Springen selbst nur wenig benutzt, obwohl er auch da seine Berechtigung haben kann. Bei der dressurmäßigen Arbeit ist der Schlaufzügel aber ein wahrer Wunderzügel, wenn man richtig damit umgehen kann.

Die Wirkung des Schlaufzügels ist am stärksten, wenn man ihn unter den Sattelblättern am Gurt verschnallt und dann durch die Trensenringe in die Hände des Reiters laufen läßt. Etwas schwächer ist die Wirkung, wenn der Schlaufzügel unter dem Pferdebauch in den Sattelgurt geschnallt wird und zwischen den Vorderbeinen hindurch zu den Trensenringen läuft.

Dem jungen Pferd kann man mit dem Schlaufzügel den Weg nach vorwärts-abwärts weisen. Dem älteren Pferd kann man mit dem Schlaufzügel einen Widerstand geben, wenn es mit Kopf und Nase höher kommt, als es der Reiter wünscht. Der Schlaufzügel kann das Pferd nach oben also auf den Zentimeter begrenzen. Geht das Pferd aber in der gewünschten Haltung, so muß der Schlaufzügel sofort ausgeschaltet sein. Will man beispielsweise im Trab oder Galopp im Tempo zulegen und muß man befürchten, daß das Pferd dabei etwas gegen den Zügel geht, so läßt man den Schlaufzügel einen Moment, bevor die treibenden Hilfen einsetzen, etwas anstehen und gibt dann sofort wieder mit dem Schlaufzügel nach, wenn das Pferd durchs Genick tritt, im Rücken schwingt und die treibenden Hilfen durchkommen. Das gleiche gilt, wenn man das Pferd versammelt und das Pferd dazu neigt, über den Zügel zu gehen.

Das Reiten mit Schlaufzügel erfordert daher eine ständige Selbstkorrektur des Reiters. Der Schlaufzügel darf immer nur ganz kurz anstehen. In der Praxis erlebt man allerdings, daß viele Reiter schon nach wenigen Minuten nur noch mit dem Schlaufzügel reiten und die Pferde dann enger im Hals werden und mehr auf die Vorhand kommen. Der Schlaufzügel ist dann kein Wunderzügel mehr, sondern das berühmte „Rasiermesser in der Hand eines Affen".

Köhlerzügel oder Thiedemannzügel.

Dieser Hilfszügel kommt aus Spanien, wurde dort von Helga Köhler entdeckt, dann von mir sehr häufig benutzt und erhielt daher bei uns diesen Doppelnamen. Im Prinzip handelt es sich um eine Art Schlaufzügel, der jedoch nicht direkt in der Hand des Reiters landet, sondern in einen der drei Ringe eingehängt wird, die am Trensenzügel angenäht sind.

Der Reiter hat nur den Trensenzügel in der Hand. *Die Wirkung des Schlaufzügels setzt automatisch ein, wenn das Pferd mit Kopf und Hals zu sehr nach oben kommt, der Schlaufzügel ist dagegen ohne Wirkung, wenn die Pferdenase leicht vor der Senkrechten steht.* Gerade für den jüngeren Reiter ist dieser Hilfszügel deshalb von großem Vorteil, da sich der Reiter nicht immer um die Korrektur seines Schlaufzügels kümmern muß. Ich persönlich habe diesen Hilfszügel aber auch sehr häufig in Springprüfungen benutzt und damit nur gute Erfahrungen gemacht. Es kam nie zu Differenzen zwischen Reiterhand und Pferdemaul, und ich bedauere eigentlich, daß dieser Zügel heute in Springprüfungen verboten ist.

Gebisse und Reithalfter.

Das normale Gebiß für ein Springpferd sollte das altbewährte Wassertrensengebiß sein. Und zwar ein dickes, laut LPO mindestens 16 mm starkes und damit weich wirkendes Gebiß. Sehr wichtig ist es, daß man das Gebiß nicht zu groß wählt. Bei zu großen Gebissen, wie man sie immer wieder sieht, kommt die Mitte des Gebisses im Pferdemaul zu weit nach vorn, die Pferde nehmen dadurch leicht die Zunge übers Gebiß, und der Unterkiefer wird zusätzlich noch eingeklemmt.

Bei heftigen Springpferden kann es zweckmäßig sein, ein schärferes Gebiß zu verwenden, wobei der Reiter im Einzelfall ausprobieren muß, welches Gebiß für sein Pferd am zweckmäßigsten ist. Erwähnen möchte ich in erster Linie die Spring- oder Thiedemannkandare und das Pelham. Die Springkandare ist ein Stangengebiß mit mehr oder weniger Zungenfreiheit, das Pelham ein gebrochenes Trensengebiß mit Kandarenanzügen und Kinnkette. *Die Springkandare ist nach meiner Erfahrung weniger scharf als das Pelham und diesem auf jeden Fall vorzuziehen.* Wenn man mit der Springkandare keinen Erfolg hat, kann man ohne weiteres wieder auf die Wassertrense zurückgreifen. Bei Pferden, die längere Zeit auf Pelham geritten werden, ist das kaum noch denkbar, da die Pferde zu unempfindlich im Maul geworden sind. Generell sollte man die schärferen Gebisse, wenn sie bei einem Pferd erforderlich sind, nur auf Turnieren verwenden und bei der täglichen Arbeit mit einer normalen Wassertrense reiten.

Mit einem Hackamore, das kein Gebiß, sondern ein von den Cowboys übernommenes „Lenkinstrument" ist, habe ich persönlich keine Erfahrungen gemacht. Ich glaube jedoch, daß ein Hackamore, wenn überhaupt, nur in Extremfällen sinnvoll sein kann und nur von einem Reiter mit einer äußerst gefühlvollen Hand benutzt werden sollte, da der Pferdekopf beim Hackamore stark eingeklemmt ist und der Reiter durch die große Hebelwirkung des Hackamores einen sehr starken Druck auf Nasenrücken und Unterkiefer des Pferdes ausüben kann.

Bei Pferden mit Zungenschwierigkeiten wird bisweilen empfohlen, ein Löffelgebiß zu benutzen. Es soll verhindern, daß die Pferde die Zunge über das Gebiß nehmen. Der Löffel ist aber starr mit dem Trensengebiß verbunden, und wenn das Gebiß einmal durch die Zügeleinwirkung mehr zur Seite gezogen wird, geht auch der starr damit verbundene Löffel entsprechend mit zur Seite, was für die Pferde sehr unangenehm ist und häufig mit Kopfschlagen quittiert wird. Ich habe mit diesem Gebiß keine guten Erfahrungen gemacht, und sobald man die Pferde wieder mit einer normalen Wassertrense reitet, stellt sich die alte Angewohnheit meistens wieder ein. Viel sinnvoller ist nach meiner Erfahrung *ein separater Zungenstrecker,* der also nicht mit der darunterliegenden Wassertrense verbunden ist. Hiermit kann man eventuell sogar den Erfolg haben, daß die Pferde dieses Gebiß nach einiger Zeit gar nicht mehr brauchen.

Als Halfter hat sich heute im Springsport das *englische Reithalfter mit Sperriemen* durchgesetzt. Dieses Halfter läßt die Nüstern des Pferdes frei und ermöglicht es dennoch, daß das Pferdemaul nicht unnötig aufgesperrt werden kann. Bei dem an sich gut bewährten Hannoverschen Reithalfter kann es dagegen vorkommen, daß das Gebiß bei Pferden mit einer relativ kurzen Maulspalte zu sehr nach oben gezogen wird, wenn man den Nasenriemen vorschriftsmäßig über den oberen Nüsternrand verschnallt. Verschnallt man das Halfter dann etwas länger, so liegt es zu weit auf den Nüstern und engt die Atemwege unnötig ein.

VORBEREITUNG AUF DIE SPRINGPRÜFUNGEN.

Die sorgfältige Vorbereitung auf die Springprüfungen ist eine unbedingte Voraussetzung für dauerhafte Erfolge im Springsport. Dauerhafte Erfolge zu haben bedeutet, nicht unbedingt jede Prüfung gewinnen zu wollen, denn ein Pferd kann selbstverständlich nicht immer in Höchstform gehen. Sondern dauerhafte Erfolge bedeuten Erfolge über möglichst viele Jahre hinweg. Man kann die guten Springpferde auch noch im hohen Alter im großen Sport starten. Halla und Meteor gingen noch im 17. beziehungsweise 18. Lebensjahr mit Erfolg auf Olympischen Spielen. Aber das setzt voraus, daß man die ganze Turniersaison richtig plant und systematisch auf die wirklichen Höhepunkte hinarbeitet.

PLANUNG DER TURNIERSAISON UND VORBEREITUNG AUF DIE TURNIERE.

Die Planung der Turniersaison ist bei einem Reiter, der in den unteren Klassen startet, noch nicht so wichtig, da die Startmöglichkeiten begrenzt sind. Der Reiter wird auch nach einigen Starts eventuell sein Pferd noch einmal korrigieren müssen, bevor er erneut auf Turnieren startet. Der erfahrene Turnierreiter mit einem größeren Springstall muß dagegen möglichst schon für den Zeitraum eines ganzen Jahres überlegen, auf welchen Turnieren er mit welchen Pferden startet.

FESTLEGUNG DER TURNIERPLÄTZE.

Für den erfahrenen Springreiter gibt es immer bestimmte Plätze, bei denen er sozusagen zum Start verpflichtet ist, und zwar mit seinen routinierten Pferden. Handelt es sich dabei um Auslandsstarts, so sollte man berücksichtigen, welche Pferde auf welchen Turnieren am besten gehen. Neben diesen Turnieren kann der Reiter sich Turniere aussuchen, auf denen auch die Nachwuchspferde zum Einsatz kommen. Das sollen möglichst Turniere sein, bei denen erfahrungsgemäß einladend und nicht immer bis zu den erlaubten Höchstmaßen aufgebaut wird und die Bodenverhältnisse voraussichtlich gut sind, damit die Nachwuchspferde nicht gleich zu schwere Aufgaben vorgesetzt bekommen.

Ich habe früher nur etwa 15 bis 20 Turniere im Jahr besucht und bin in den Wintermonaten möglichst wenig gestartet. Die Starts bei den Hallenturnieren in den Wintermonaten habe ich weitgehend auf einen Zweijahresrhythmus beschränkt. Heute starten viele Spitzenreiter wesentlich mehr. Ob das den Pferden besser bekommt, bezweifle ich sehr. Wenn die guten Pferde ein langes Sportlerleben haben sollen, brauchen sie meines Erachtens auf jeden Fall *längere Turnierpausen,* in denen man sie wenig arbeitet und keine großen Leistungen fordert, andererseits aber gerade bei den älteren Pferden dafür sorgt, daß sie nicht „einrosten", sondern durchgymnastiziert bleiben.

Wieviel Turniere man einem Pferd pro Jahr zumuten kann, hängt neben der individuellen Härte der einzelnen Pferde auch davon ab, ob die Pferde gut reisen und sich in fremden Ställen gut ausruhen können. Zwar lernen das nach einiger Zeit mehr oder weniger alle Turnierpferde. Aber es gibt doch immer sensiblere Pferde, die an den ersten Tagen eines Turniers nicht richtig fressen, sich nachts nicht hinlegen oder nach einer längeren Reise auffallend ermüdet sind. Ein wesentlicher Faktor für den Turniereinsatz sind auch starke Klimaumstellungen. Unseren schweren Springpferden machten deshalb immer die Turniere in den südlichen Ländern besonders zu schaffen. Die Pferde waren nach den langen Reisen im Eisenbahnwaggon und bei dem sehr warmen Klima schlapper als bei uns im Norden. Als ich Meteor bei 40° im Schatten im Alter von 17 Jahren bei seinen dritten Olympischen Spielen 1960 in Rom ritt, haben wir ihn deshalb am ganzen Körper geschoren und mit Eiswasser abgerieben, um ihn frisch an den Start zu bringen.

Wenn man die ganz guten Springpferde auf die wirklich großen Prüfungen wie Olympische Spiele und Weltmeisterschaften vorbereitet, sollte man idealerweise schon etwa ein bis zwei Jahre vorher auf diese Ereignisse hinarbeiten. Man sollte in dieser Vorbereitungszeit auf weniger bedeutende Starts verzichten und nicht immer auf Sieg reiten, da die Pferde sonst zu oft aus ihrem Normaltempo herausgenommen werden müssen und leicht flach werden. Es besteht die Gefahr, daß die Pferde ihre gute Springkurve verlieren und man sie nicht mehr rechtzeitig umstellen kann.

Eine andere Problematik ergibt sich aus den frühzeitigen Sichtungsprüfungen zur Qualifikation für die großen Ereignisse. Mathematisch sind die Verantwortlichen bei einem solchen Punkteverfahren „aus dem Schneider". Für die Sache ist es meistens falsch. Denn die ganz guten Springpferde sind ja im allgemeinen die schon etwas älteren Pferde, und wenn diese Pferde schon frühzeitig auf Hochtouren laufen müssen, halten sie ihre Hochform oftmals nicht die ganze Saison durch. Außerdem können die Reiter mit den eigentlich weniger großen Chancen mit vollem Risiko und ohne Belastung reiten. Und am Ende hat man dann eine Mannschaft, die man eigentlich nicht haben wollte.

TRAINING IN DEN TURNIERPAUSEN.

Die Turnierpausen nutzt man bei jüngeren Pferden zur Verbesserung ihrer Rittigkeit und zur Korrektur ihrer im Parcours gezeigten Schwächen. *Bei den routinierten Pferden erspart man sich jeden unnötigen Sprung.* Aber ich habe gute Erfahrungen damit gemacht, die älteren Pferde nach der dressurmäßigen Arbeit bisweilen unverhofft über ein höheres Hindernis zu reiten, auf das sie nicht vorbereitet waren, um die Aufmerksamkeit des Pferdes zu erhalten.

Nach einer längeren Turnierpause kann es bei schwerfälligen und etwas phlegmatischen älteren Pferden zweckmäßig sein, sie vor einem Turnier auch einmal über einen kurzen Übungsparcours gehen zu lassen. Bei nervigen älteren Springpferden ist das kaum erforderlich, da sie auf den Turnieren meistens schon sofort voll da sind und sich sehr schnell einlaufen.

Wenn man dagegen weiß, daß auf einem Turnier mit ganz bestimmten typischen Schwierigkeiten zu rechnen ist, zum Beispiel mit vielen Steilsprüngen und engen Kombinationen oder mit gewaltigen Hochweitsprüngen und weiten Kombinationen, dann wird man die Pferde kurz vor einem Turnier hierauf einstellen. Aber auch hierbei gilt der Grundsatz, daß man im Training mit möglichst wenigen Sprüngen auskommen soll, damit es für die Pferde immer eine Freude ist, wenn sie wieder springen dürfen.

Ein Spezialtraining für Mächtigkeitsspringen halte ich dagegen nicht für zweckmäßig. Ein solches Training kostet nur Pferdebeine, und es besteht außerdem die Gefahr, daß die Pferde dann Hindernisse in normaler Höhe nicht mehr so ernst nehmen. Ein guter Reiter wird ohnehin abschätzen können, über welche Reserven sein Pferd hinsichtlich der Höhe noch verfügt.

Konditionell sollten die Pferde in den Turnierpausen nicht abflachen. Dazu genügt es aber im allgemeinen, wenn die Pferde ihr normales dressurmäßiges Training haben. Bei Pferden, die einen Konditionsrückstand haben, bezieht man in die Turniervorbereitung ruhige Canter über 1000 m bis 1500 m ein. Oder man verbessert die Kondition durch ein Intervalltraining mit kurzen schnellen Galopps im Wechsel mit ruhigen Galopp-Phasen. In ganz seltenen Fällen kann es auch sinnvoll sein, die Pferde zweimal täglich, aber jeweils kürzer als normal zu arbeiten.

Das wichtigste Anzeichen einer guten Kondition ist die schnelle Beruhigung der Atmung nach dem Galopptraining. Der Schweißbruch ist dagegen nicht unbedingt ein Indikator für die Kondition, da die Pferde wie die Menschen unterschiedlich stark schwitzen und Umwelt- und Witterungseinflüsse natürlich auch einen starken Einfluß auf den Schweißausbruch haben.

FESTLEGUNG DER TAKTIK FÜR EIN TURNIER.

Welche Taktik ich mir für ein Turnier ausdenke, hängt ganz davon ab, ob man ein jüngeres oder ein erfahrenes Springpferd an den Start bringt. Die jüngeren Pferde sollen auf dem Turnier lernen und mit einer schönen Springmanier gehen. Mit den erfahrenen Pferden will man natürlich weit vorn plaziert sein. Aber man darf und kann ein Pferd nicht immer voll ausreiten, und wann und wie ich mein Pferd auf einem Turnier fordern soll, hängt vom Typ des Pferdes, von seiner Tagesform, von der Konkurrenz und von der Art der vorhergegangenen und nachfolgenden Springprüfungen ab.

Ein etwas langsames Pferd werde ich gegen schnell galoppierende Pferde nicht auf Sieg reiten. Ich würde mir dann nur die Springkurve verderben und könnte ohnehin kaum auf einen der ersten Plätze kommen. Reite ich dagegen vorsichtiger, so kann ich eventuell noch mit einer Plazierung rechnen.

Manche Pferde gehen die ersten Parcours eines Turniers erfahrungsgemäß besser, da alles noch neu für die Pferde ist und sie sich dann mehr Mühe geben. Diese Pferde kann man von Anfang an etwas frecher reiten. Andere Pferde brauchen dagegen erst ein oder zwei Parcours, um sich einzulaufen. Das kommt besonders bei Springprüfungen im Freien zum Tragen; sensible Pferde brauchen dieses Einlaufen aber auch bei Hallenturnieren. Bei diesen Pferden wird man deshalb zunächst auf Schnelligkeit verzichten, alles tun, um Springfehler zu vermeiden, und nur auf eine saubere Springkurve achten. Behalten die Pferde dabei einen klaren Kopf, dann kann man das Tempo steigern und so reiten, daß man möglichst in den Hauptprüfungen an den letzten Tagen eines Turniers am erfolgreichsten ist.

Hat man mehrere Pferde am Start und kann man, was bei den großen Turnieren heute allerdings nicht mehr möglich ist, die Startfolge seiner Pferde selbst bestimmen, dann startet man mit dem wahrscheinlichen „Siegpferd" möglichst weit am Ende der Prüfung, da man dann den Parcours bereits im Sattel kennengelernt hat. Erfahrungsgemäß werden die Springen nach Fehlern und Zeit meistens auch von einem der letzten Starter gewonnen.

BEURTEILUNG DES PARCOURS.

Bei der Beurteilung eines Parcours sind vor allem die Abstände in den Kombinationen und zwischen zusammenhängenden Einzelhindernissen sowie die Wendungen, die Festigkeit der Einzelhindernisse und eventuell noch die Bodenverhältnisse von Bedeutung. Bereits beim Abgehen des Normalparcours sieht man sich die Linienführung des Stechparcours an und überlegt, wo die entscheidenden Zehntelsekunden einzusparen sind, da vor dem Stechen dazu keine Gelegenheit mehr besteht.

Beim Ausmessen der Distanzen schreiten manche Reiter von Fuß zu Fuß der Hindernisse, andere Reiter messen vom wahrscheinlichen Landepunkt bis zum wahrscheinlichen Absprungpunkt, wobei man die Schrittlänge so einteilt, daß sie ziemlich genau 1 m beträgt. Welche Art des Ausmessens man wählt, ist eine reine Geschmacks- und Gewohnheitssache. Wichtig ist es, für die Kombinationen und die zusammenhängenden Einzelhindernisse die für das jeweilige Pferd richtige Reittaktik zu finden und dabei die Länge des Galoppsprunges und die Art der Pferde, mehr in die Höhe oder mehr in die Weite zu springen, zu berücksichtigen.

Erfahrungsgemäß kann man gegen ein schnelles Kurvenreiten nicht anreiten. Andererseits kann bei einem zu engen Reiten der Kurven der Schwung für das nächste Hindernis verlorengehen. Der Reiter muß sich daher bei jeder Wendung überlegen, wieweit er ausholen muß, um noch genügend Schwung für das nächste Hindernis zu haben, und so die für das jeweilige Pferd richtige Linienführung zwischen den Hindernissen herausfinden.

Gegen schwere Gatter, gefüllte Kästen, schwere Stangen und relativ feste Auflagen kann man, wenn es erforderlich ist, zügiger reiten, da ein Touchieren noch nicht unbedingt zum Abwurf führt. Ältere trockene Stangen fallen dagegen sehr leicht, und der Reiter muß entsprechend vorsichtiger reiten. Das ist auch erforderlich, wenn das Hindernismaterial an sich fest ist, das Hindernis aber leicht wirkt.

Die Bodenverhältnisse sind am gefährlichsten, wenn der Boden glatt, aber nicht tief ist. Die Pferde rutschen dann in den Wendungen mit den Hinterbeinen leicht weg. Wird der Boden tief, so kostet er die Pferde mehr Kraft, aber die Rutschgefahr ist geringer. Dauert ein Turnier mehrere Tage, so sind oftmals bestimmte Stellen des Turnierplatzes besonders strapaziert. Diese Stellen muß man kennen und dort entsprechend vorsichtiger reiten.

Das Urteil über den Parcours, das man eventuell noch durch die Beobachtung der Konkurrenz erhärten kann, gibt dem Reiter wichtige Hinweise für seine Reittaktik, kann jedoch nie die oftmals noch im Parcours erforderlichen schnellen Entscheidungen ersetzen. Hat das Pferd schon beim ersten Hindernis eine gute Springkurve, so kann man es sich vielleicht erlauben, etwas flüssiger als geplant zu galoppieren. Wird das Pferd flüchtiger, so muß man es wieder vermehrt an die Hilfen stellen und vermehrt versammeln. Hat man vier Fehlerpunkte, so muß man eventuell mehr riskieren, als man vorhatte, um vielleicht noch plaziert zu werden, oder man erspart dem Pferd den weiteren Parcours, wenn man nur noch eine geringe oder keine Chance mehr für eine Plazierung hat.

ABREITEN UND EINREITEN ZUM START.

Beim Abreiten für eine Springprüfung wird häufig der Fehler gemacht, daß die Reiter den Pferden zuviel zumuten und die Pferde dann leicht die Freude am Springen verlieren. Bei den guten Reitern wird man dagegen feststellen, daß sie die erfahrenen Pferde im Laufe der Zeit weitgehend alle auf ihr persönliches System des Abreitens eingestellt haben und versuchen, mit einer *möglichst kurzen Abreitezeit* und mit *möglichst wenigen Probesprüngen* auszukommen. Ich persönlich bin, ohne das etwa zur Norm erheben zu wollen, sogar so weit gegangen, daß ich bei sehr heißem Wetter die erfahrenen Pferde praktisch überhaupt nicht abgeritten habe. Ich wollte den Pferden in solchen Extremsituationen keine zusätzliche Belastung mehr zumuten, und die Pferde waren so gut geritten und hatten ein solches Vertrauen zu mir, daß sie vom Stall bis zum Eingang des Turnierplatzes schon gelöst waren.

Natürlich kann man das nur mit Pferden machen, die man schon lange in der Ausbildung hat und mit denen man sehr gut eingespielt ist. Bei jüngeren Pferden muß man sich mehr auf die individuellen temperamentsmäßigen Eigenarten des Pferdes einstellen.

Bei jüngeren Pferden, die sehr nervös sind und beim Abreiten eher noch nervöser werden, hat es sich bewährt, sie einige Stunden vor dem Start dressurmäßig leger zu reiten oder sie lang ausgebunden beziehungsweise ohne Ausbinder zu longieren und sie dann ohne ein weiteres Abreiten „kalt" an den Start zu bringen.

Dagegen ist es bei guckrigen jungen Pferden sinnvoll, sie möglichst lange vor dem Start abzureiten. Das Abreiten dieser Pferde darf aber keine Ermüdungstherapie, sondern muß eine Beschäftigungstherapie sein. Die Pferde sollen sich alles so lange ansehen dürfen, bis es ihnen schließlich langweilig wird. Man reitet sie dabei vorwiegend im Schritt am langen Zügel. Im Trab versucht man, eine leichte Verbindung zum Pferdemaul herzustellen und die Pferde zur Losgelassenheit zu bringen. Damit die Pferde dabei nicht eilen, muß man sie im Trab immer wieder abwenden. Galoppieren sollte man die Pferde nur sehr kurz, nur auf gebogenen Linien und nur in Verbindung mit Probesprüngen. Es dürfte schließlich selbstverständlich sein, daß man gerade diese Pferde viel lobt, um ihnen eine innere Gelassenheit und Zufriedenheit zu geben.

Ganz anders behandelt man phlegmatische Pferde. Man reitet sie kurz, aber energisch ab. Die Probesprünge müssen von Anfang an etwas höher sein, damit sie die Pferde ernst nehmen. Bei kleinen lösenden Probesprüngen würden die Pferde dagegen nur noch uninteressierter.

Die Probesprünge macht man erst kurz vor dem Start. *Idealerweise erfolgt der letzte Probesprung dann, wenn man schon aufgerufen wird.* Eine Ausnahme bilden hierbei sehr nervöse Pferde. Sie beruhigt man nach den Probesprüngen noch einmal im Schritt.

Bei jungen Pferden beginnt man mit einladenden Hindernissen, um die Pferde zu lösen und möglichst keine Fehler zu bekommen. Bei erfahrenen Pferden kann man dagegen gleich mit schweren Steilsprüngen oder Oxern beginnen, und zwar sollte man immer mit der Art von Sprüngen beginnen, bei denen das betreffende Pferd seine Schwächen hat.

Enthält der Parcours besonders enge Kombinationen, so wird man versuchen, die Pferde möglichst gut in die Hand zu bekommen. Man wird die Pferde etwas langsamer reiten, sie vermehrt versammeln und etwas näher an die Hindernisse heranreiten. Bei Parcours mit weiten Kombinationen und dominierenden Hochweitsprüngen muß man die Pferde dagegen schon beim Abreiten etwas flüssiger reiten.

Ob und wieviel Probesprünge vor einem Stechen erforderlich sind, hängt wesentlich davon ab, wann man im Normalparcours gestartet ist. Die Probesprünge vor dem Stechen wird man höher als vor dem Normalparcours aufbauen. Außerdem macht man die Pferde etwas lebhafter und reitet etwas frischer vorwärts. Die erfahrenen Pferde merken dann schon beim Abreiten, daß der neue Parcours schneller wird.

Ob man dann im Schritt, Trab oder Galopp einreitet, ist weitgehend eine Gewohnheitssache des Reiters. Mit älteren Pferden reitet man meistens im Trab oder Galopp ein. Jüngere Pferde wird man eher im Schritt oder Trab einreiten. Falls es zeitlich möglich ist, kann man die jüngeren Pferde auch etwas weiter auf den Platz reiten, ohne den Pferden dabei aber die Hindernisse zeigen zu dürfen. Allerdings sollte es dabei nicht zu einer Verzögerung im Ablauf des Springens kommen, denn den Turnierveranstaltern sitzt bei den großen Teilnehmerzahlen heute ohnehin die Zeit im Nacken. Zwar hat der Reiter laut Reglement nach dem Gruß noch 60 Sekunden Zeit bis zum Passieren der Startlinie. Aber recht zu haben bedeutet nicht immer richtig zu handeln.

Vor dem Start richten viele Reiter ihre Pferde noch einmal rückwärts. Dies hat einen Sinn bei jüngeren Pferden und Pferden, die leicht losstürmen. Bei meinen älteren Pferden habe ich es nie gemacht, und ich glaube auch, daß viele Reiter dieses Rückwärtsrichten vor dem Start aus reiner Gewohnheit machen und weil sie es bei anderen Reitern gesehen haben, ohne sich zu überlegen, wann dies zweckmäßig ist.

Wird der Start dann freigegeben, so reitet man so an, daß das Pferd schon beim Passieren der Startlinie in dem Tempo ist, das sich der Reiter für diesen Parcours vorgenommen hat.

Parcours-Gestaltung.

Das Interesse am Springsport und die Spannung, die dieser Sport erzeugen kann, liegt nicht zuletzt an der Gestaltung ideenreicher Parcours. Während der Dressurreiter seine Aufgabe genau kennt, erfährt der Springreiter erst kurz vor seinem Start, was auf ihn und sein Pferd im einzelnen zukommt. Zudem hat jedes Land seine Besonderheiten in der Parcoursgestaltung.

Es hat jedoch kaum einen Sinn, die Vielfältigkeit der Parcoursgestaltung nun anhand einer Vielzahl von Parcoursskizzen demonstrieren zu wollen. Denn man muß den jeweiligen Springplatz im einzelnen kennen, um ein treffendes Urteil über die Schwierigkeiten und Besonderheiten eines Parcours abgeben zu können. Nur anhand einer Parcoursskizze ist ein solches Urteil nicht möglich. Selbst wenn jemand eine Parcoursskizze vom Turnier kopiert und diesen Parcours auf seinem Trainingsplatz aufbaut, so hat er dennoch einen ganz anderen Parcours vor sich.

Parcoursgestaltung kann man deshalb nach meiner Einschätzung nur ganz bedingt theoretisch erlernen, sondern wird sie nur praktisch erproben und durch Erfahrung verbessern können. Nicht zuletzt sind deshalb die besten Parcoursaufbauer sehr oft erfahrene Springreiter gewesen. Aus diesem Grund will ich hier mehr auf die Grundzüge der Parcoursgestaltung und deren praktische und technische Aspekte eingehen.

DER SPRINGPLATZ.

Bei der Anlage eines Springplatzes für Turnierveranstaltungen ist man natürlich hinsichtlich der Größe, der Bodenverhältnisse und der sonstigen Eigenarten des Platzes immer stark an die jeweiligen örtlichen Gegebenheiten gebunden. Dennoch lassen sich einige allgemeine Regeln aufstellen, die man bei der Planung der Anlage berücksichtigen sollte.

ABMESSUNGEN EINES TURNIERPLATZES.

Der Turnierplatz sollte idealerweise so groß sein, daß er dem Parcoursgestalter großzügige und variantenreiche Linienführungen ermöglicht, gleichzeitig der Zuschauer aber nahe genug am Geschehen ist. Ein rechteckiger oder ovaler Turnierplatz ist interessanter als ein quadratischer Platz, bei dem der Parcoursgestalter künstlich lange und kurze Seiten in den Parcours einbauen muß, um eine interessante Linienführung zu erzielen. *Für einen Außenplatz sind Abmessungen von etwa 100 m bis 120 m Länge und 80 m bis 100 m Breite als sehr günstig anzusehen.* Bei Plätzen, die 130 m bis 150 m lang sind, geht die Wirkung der Springprüfungen trotz hoher Tribünen zum Teil etwas verloren. Das gleiche ist bei solchen Turnierplätzen der Fall, die im Innenraum einer Rennbahn liegen und bei denen durch das Rennbahngeläuf schon die erste Zuschauerreihe zu weit von den Hindernissen entfernt ist.

NATURHINDERNISSE.

Durch Baumbestand und Naturhindernisse kann der Turnierplatz einen typischen Charakter bekommen und sehr reizvoll wirken. Nachteilig ist jedoch, daß den Zuschauern dadurch teilweise die Sicht versperrt ist. Aus diesem Grund sieht man auch nur selten hohe Wälle auf den Turnierplätzen. Wenn man dennoch einen hohen Wall plant, sollte man ihn möglichst an der Seite des Platzes errichten. Niedrige Billards, Pulvermanns Grab und Gräben sind nicht störend, und einige solcher Naturhindernisse kann man sehr schön in fast jeden Parcours einbeziehen. Ein Nachteil ergibt sich jedoch, sobald die Absprung- und Landestellen dieser Hindernisse bei Regen weich werden. Die beweglichen Hindernisse braucht man dagegen bei schlechten Wetterverhältnissen nur etwas zu verschieben, um für die nächste Springprüfung wieder bessere Bedingungen zu schaffen.

BODENVERHÄLTNISSE.

Der Boden des Turnierplatzes sollte möglichst eben sein und aus *gutem Mutterboden, Rasen oder nicht zu tiefem Sandboden* bestehen. Ist der Boden wasserundurchlässig, empfiehlt es sich, eine Drainage anzulegen. Mutterböden oder nicht zu tiefe Sandböden sind leicht glatt zu schleppen und sind weich genug, können bei heißem Wetter jedoch staubig sein und müssen dann in den Pausen gesprengt werden. Ein gepflegter Rasen ist natürlich optisch am schönsten, allerdings wird die Grasnarbe bei schlechtem Wetter schnell strapaziert. Ein Turnierplatz mit Rasen kann deshalb eigentlich nur während der Turniertage benutzt werden.

Problematisch sind Turnierplätze mit Lehmböden. Bei trockenem Wetter sind diese Plätze hart, und besonders die älteren Pferde gehen nicht gerne auf diesen Böden. Man kann sich in diesem Fall zu helfen versuchen, indem man die Absprung- und Landestellen mit Sand, Sägemehl, Sägespänen oder Torfmull etwas elastischer und rutschfester macht, was aber nur bedingt möglich ist. Bei nassem Wetter sind die Lehmböden glitschig, bei längerem Regen werden sie tief. Man kann dann versuchen, durch Auftragen von feinem Kies und Sand den Boden etwas sicherer für die Pferde zu machen.

Bei unebenen Plätzen wird man in den leichteren Springprüfungen keine Hindernisse auf die abschüssigen Stellen des Platzes setzen. In den schwereren Springprüfungen kann man dagegen erwarten, daß Reiter und Pferde mit solchen Klippen fertig werden, indem der Reiter bei einem leicht bergauf zu springenden Hindernis das Pferd vermehrt durch treibende Hilfen unterstützt und indem er bei einem etwas bergab zu springenden Hindernis dafür sorgt, daß das Tempo und der Galoppsprung nicht zu groß werden.

ANLAGE EINES TRAININGSPLATZES.

Für Trainingszwecke ist ein Springplatz *in der Größe von etwa 80 m x 60 m* ausreichend. Da man bei der Anlage eines Trainingsplatzes keine Rücksicht auf die Zuschauer zu nehmen braucht, kann man mehrere Natursprünge aufbauen, wenn die finanziellen Mittel dazu vorhanden sind und der Trainingsplatz groß genug ist. Mit einem *stufenförmigen Billard* und einem *Pulvermanns Grab* hat man bereits einen Springplatz, auf dem man die Springpferde sehr vielseitig trainieren kann. Wer noch mehr Natursprünge wünscht, kann zusätzlich vielleicht noch einen *Trakehner Graben* und einen *Irischen Wall* aufbauen.

Daneben benötigt man möglichst *zwei Wassergräben* auf dem Turnierplatz. Für die jungen Pferde einen etwa 1,50 m breiten Graben, für die erfahreneren Pferde einen 3 m bis 3,50 m breiten Graben, den man durch Vorziehen einer Buschhürde noch verbreitern kann. Die Wassergräben baut man nebeneinander auf, damit nur ein Wasseranschluß erforderlich ist. Der günstigste Platz für die Wassergräben ergibt sich im allgemeinen daraus, wo der nächste Wasseranschluß ist. Man sollte jedoch einplanen, daß man den Wassergraben von beiden Seiten anreiten kann.

Die Wassergräben legt man am zweckmäßigsten aus Beton an und befestigt am Betonrand rundum eine imprägnierte Holzbohle. Im Mittelpunkt soll der Graben etwa 30 cm bis 35 cm tief sein. Auf den Betonboden schüttet man eine 10 cm bis 15 cm dicke Schicht aus grobem Kies, damit der Graben bei einem eventuellen Hineintreten des Pferdes rutschfester ist. An der Landestelle des Grabens wird eine Gummi- oder Kokosmatte befestigt, die auf der einen Seite im Wasser liegt und auf der anderen Seite etwas über die Holzbohle hinausragt.

Zum Gymnastikspringen ist es zweckmäßig, ein bis zwei *Gymnastikreihen als feste Hindernisse* aufzubauen. Ich würde empfehlen, einmal eine Gymnastikreihe aus 50 cm hohen Hindernissen in den Abständen von 4 m, 3,50 m, 3 m, 2,50 m, 3 m, 3,50 m, 4 m einzuplanen. Daneben käme noch eine Gymnastikreihe mit laufend wechselnden Höhen und Distanzen in Betracht, die von der einen Seite im Trab und von der anderen Seite im Galopp anzureiten ist.

Bei einem 80 m x 60 m großen Platz ist bei den genannten festen Hindernissen noch genügend Platz für bewegliche Hindernisse. Die festen Hindernisse baut man dabei mindestens 5 m bis 6 m entfernt von der Begrenzung des Springplatzes auf, so daß man auf der Außenbahn bewegliche Hindernisse aufstellen kann. Außerdem hat man dann die Möglichkeit, die Außenbahn des Trainingsplatzes als Galoppierbahn zu benutzen, die ein flotteres Galoppieren ermöglicht.

DER HINDERNISPARK.

Der Hindernispark für ein Turnier sollte mindestens so groß sein, daß man für die vorgesehenen Springprüfungen als Faustregel jeweils die Hälfte der Hindernisse als Steilsprung und als Hochweitsprung aufbauen kann. Sehr zweckmäßig ist es, wenn der Parcoursgestalter gleichzeitig einen zweiten Parcours ganz oder teilweise

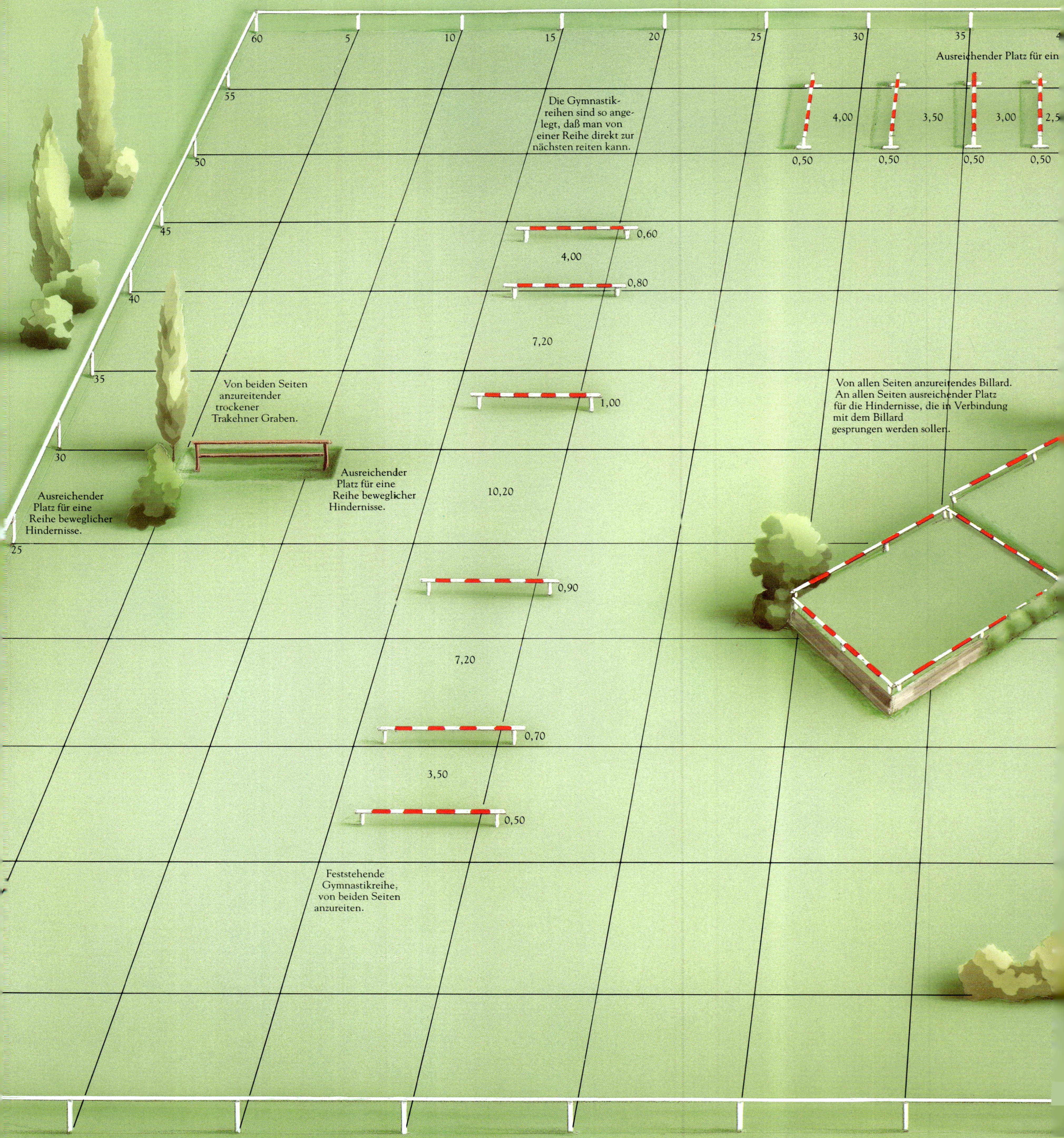

Beispiel für die Anlage eines Trainingsplatzes mit feststehend

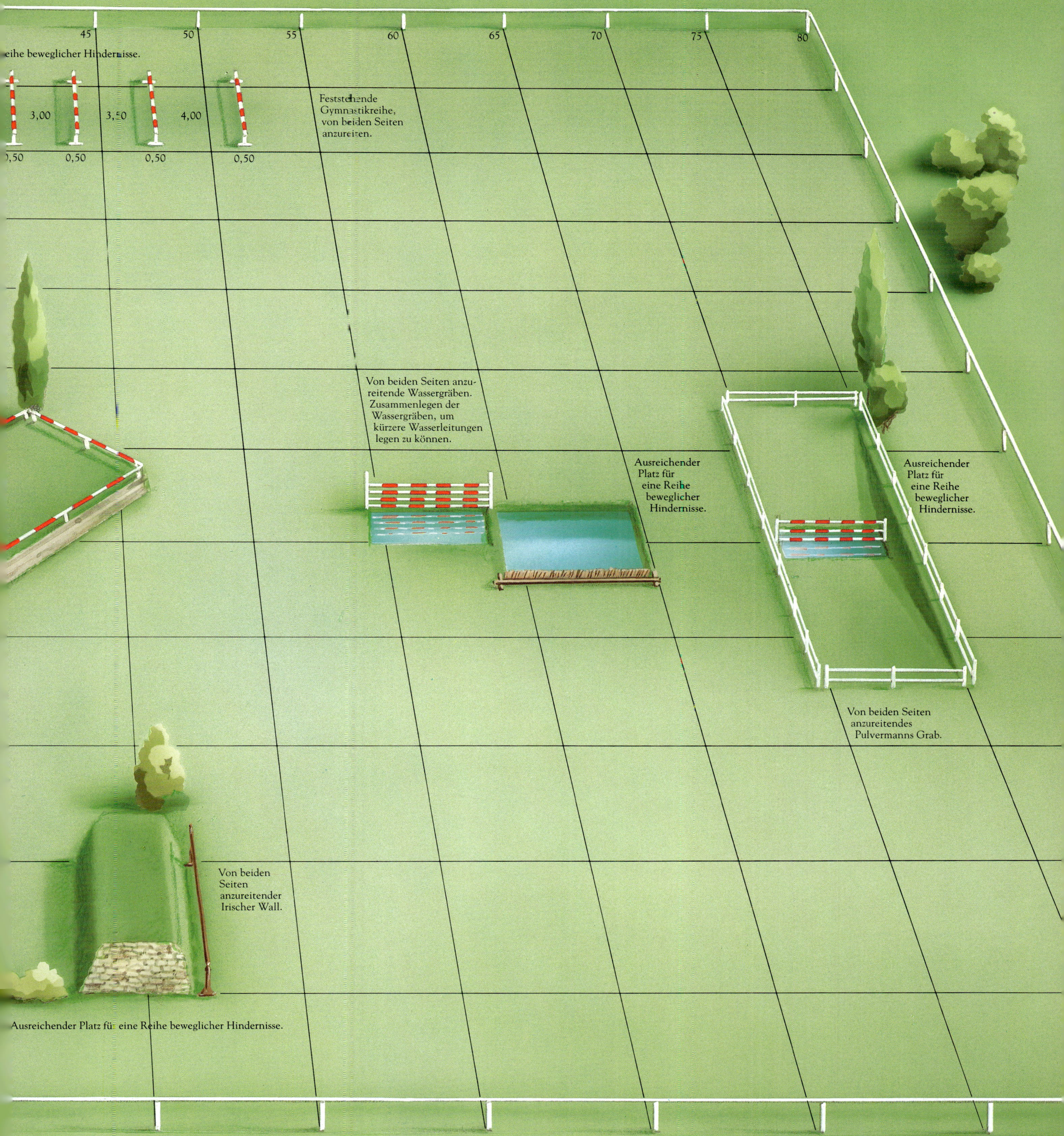

ndernissen. Platzgröße: 80 m x 60 m. Planquadrat: 5 m x 5 m.

aufbauen kann, um einen schnelleren und reibungsloseren Programmablauf erreichen zu können. Außerdem muß man etwa 10% bis 20% an Ersatzmaterial einplanen.

Für die *Grundausrüstung* genügen Ständer, Stangen, Planken, Gatter, Mauern, Begrenzungsflaggen und Fänge. Zusätzlich sollten noch Blumenkästen, einige Hecken oder Buschhürden und ausreichend Birkengrün, kleine Tannen, Lorbeerbäume oder ähnliches Buschwerk vorhanden sein, um den Parcours einladend und für das Auge gefällig und schön gestalten zu können. Ist diese nicht gerade billige Grundausrüstung vorhanden, so kann der Turnierveranstalter im Laufe der Jahre versuchen, noch einige ausgefallenere und für sein Turnier typische Hindernisse anfertigen zu lassen, wie sie auf den folgenden Seiten dargestellt sind.

Für einen Turnierveranstalter, der noch nicht über einen größeren Hindernispark verfügt, ist es zweckmäßig, sich nicht in zuviel Farbvarianten für das Hindernismaterial zu verzetteln, da das unnötig viel Ersatzmaterial erforderlich macht. Aus dem gleichen Grund sollte man auch die erforderlichen Stangen und Planken einheitlich auf ein bis zwei Längenmaße ausrichten.

Zwischen den Turnieren sollten die Hindernisse trocken gelagert werden. Beschädigte Teile sollten möglichst sofort repariert werden. Vor einem Turnier muß der Veranstalter dann das ganze Hindernismaterial noch einmal überprüfen. Meistens ist es auch erforderlich, die Hindernisse neu zu streichen.

Bei der Wahl zwischen *naturfarbenen und bunten Hindernissen* entscheiden sich die Parcoursaufbauer heute mehr für die bunten Hindernisse. Sie bringen erfahrungsgemäß auch den besseren Sport, denn die Pferde sehen aufmerksamer hin und werden entsprechend vorsichtiger. Dennoch ist es für den Parcoursaufbauer interessant, auch einige naturfarbene Hindernisse verwenden zu können, da sie oftmals die besonderen Klippen eines Parcours sind. So waren beispielsweise die Akazienholzstangen in Rom immer sehr schwierig für unsere Pferde, da diese dünnen, aber sehr harten Naturstangen von unseren Pferden nicht ernst genommen wurden. Ähnliche Schwierigkeiten gibt es mit den Naturhindernissen auf dem Hamburger Derbyplatz.

Bei den bunten Hindernissen entstehen leicht Fehler, wenn Teile der Hindernisse wie ein *Blickfänger* wirken und die Konzentration der Pferde zu sehr auf diesen Blickfänger gerichtet ist. Das ist zum Beispiel bei einem Gatter mit kleiner werdenden Rahmen der Fall, bei dem das innere Viereck mit einer kräftigen Farbe bemalt ist und wie ein Farbklecks wirkt, die äußeren Rahmen dagegen hell sind. Eine ähnliche Wirkung ergibt sich, wenn man auf eine rote Backsteinmauer noch einige graue Kästen legt, auf die die Pferde dann weniger achten. Den gleichen Effekt haben Wappensprünge, wenn das Wappen besonders deutlich zur Wirkung kommt und der übrige Teil des Hindernisses hell angestrichen ist. Auch in einer Kombination kann man die Pferde irritieren, wenn man hinter einem etwas luftigen Steilsprung mit weißen Stangen eine leuchtende rote Mauer oder ein anderes sehr farbenkräftiges und optisch wuchtiges Hindernis aufbaut.

Inwieweit die in den letzten Jahren entwickelten Kunststoffhindernisse zweckmäßig sind, läßt sich noch nicht abschließend beurteilen. Sie sind zwar pflegeleichter als Holzhindernisse, sind optisch aber glänzender und greller und wirken auf dem Turnierplatz doch noch wie ein Fremdkörper.

GRUNDSÄTZE DER PARCOURSGESTALTUNG.

Das erste Ziel eines jeden Parcoursgestalters muß es sein, *einen fairen Parcours aufzubauen.* Das bezieht sich einmal auf den Bau der einzelnen Hindernisse und zum anderen auf die Abstände in Kombinationen und bei zusammenhängenden Einzelhindernissen.

Ein fairer Parcoursaufbau, bei dem Stürze und Verletzungen vermieden werden, erfordert gut ausgefüllte Hindernisse und, zumindest in den leichteren Prüfungen, eine deutliche Grundlinie der Hindernisse. Bei Hochweitsprüngen soll hinten immer nur eine Stange oder Planke liegen, damit die Pferde bei einem Rumpler nicht unnötig viele Stangen oder Planken zwischen den Beinen haben. Wassergräben dürfen an der Landestelle nicht steil sein. Schlechte Bodenverhältnisse bei den Absprung- und Landestellen sind möglichst zu vermeiden. Ist das schlecht möglich, so muß man bei schlechten Bodenverhältnissen die Abmessungen eventuell niedriger halten. Die Hindernisstangen schließlich sollen nicht zu leicht fallen, und das Hindernis selbst soll nicht zu leicht gebaut sein, damit dem Pferd bei einem Fehler möglichst nicht die Hindernisteile zwischen die Beine kommen.

Die Distanzen in Kombinationen und bei zusammenhängenden Einzelhindernissen sind an anderer Stelle bereits ausführlich behandelt worden. Alle Distanzen, die über die genannten Abmessungen für enge und weite Kombinationen hinausgehen, sind als unfair zu bezeichnen. Zwar wird es immer wieder Pferde geben, denen auch ungewöhnliche Distanzen kaum etwas ausmachen, aber der Parcoursaufbauer baut schließlich für das gesamte Teilnehmerfeld und nicht nur für einige Ausnahmepferde.

Der Parcours soll aber nicht nur fair sein, sondern *den Anforderungen der jeweiligen Prüfung entsprechend reell aufgebaut* sein und das Teilnehmerfeld so differenzieren, daß es möglichst nicht einen Zufallssieger gibt, sondern die wirklich guten Reiter und Pferde nach vorn kommen. Das erfordert vor allem, daß der Parcours dem Reiter die Möglichkeit gibt, eine bestimmte Reittaktik für das Reiten von Kombinationen und zusammenhängenden Einzelhindernissen entwickeln zu können und durch enge Wendungen und Schrägspringen einzelner Hindernisse Zeit zu gewinnen und dabei die Rittigkeit des Pferdes unter Beweis zu stellen.

Neben der Erfüllung dieser beiden Zielsetzungen für den Aufbau eines Parcours muß der Aufbauer auch noch beachten, *daß die Springprüfung möglichst in der im Turnierprogramm vorgesehenen Zeit durchgeführt werden kann.* Der Parcoursaufbauer hat hierauf insofern einen Einfluß, als er über die Anzahl der Hindernisse und die Länge des Parcours im Rahmen der Leistungsprüfungsordnung entscheiden kann. Ebenso hat die Anzahl und die Art der Wendungen einen Einfluß auf die benötigte Zeit.

Sofern mehrere Springprüfungen hintereinander stattfinden, sollte der Parcoursaufbauer schließlich noch daran denken, *daß die einzelnen Hindernisse für den nächsten Parcours möglichst wenig umgestellt zu werden brauchen,* sofern nicht ohnehin schon der nächste Parcours auf dem Platz steht. Der Aufbauer benötigt dafür ein Grundkonzept des Parcours, das er dann bei den verschiedenen Springprüfungen durch die Linienführung und Abmessungen der Hindernisse variiert. Bei größeren Turnieren ist dies zwar nicht so wichtig, da in der Regel schon die Aufbauten für zwei oder sogar drei Parcours auf dem Platz stehen. Für die kleineren Turniere mit oftmals nur wenigen freiwilligen Helfern im Parcours und weniger Hindernismaterial halte ich ein solches Vorgehen jedoch für unerläßlich, um den Helfern nicht unnötig viel Arbeit beim Umbau zuzumuten.

PRAKTISCHES VORGEHEN AUF EINEM TURNIER.

Bevor sich der Aufbauer mit dem Entwurf der verschiedenen Parcours beschäftigt, sollte er sich zunächst am Turnierplatz mit den örtlichen Gegebenheiten vertraut machen. Danach kann er die Linienführung und den Aufbau der einzelnen Parcours entwickeln, sollte sich zweckmäßigerweise jedoch nach jeder Springprüfung noch mögliche Veränderungen an den folgenden Parcours vorbehalten.

BERÜCKSICHTIGUNG DER ÖRTLICHEN GEGEBENHEITEN.

Hinsichtlich der konkreten örtlichen Gegebenheiten sind für den Parcoursgestalter folgende Fragen wichtig:

1.

Welches Hindernismaterial und welche Ersatzteile stehen zur Verfügung? Sind neue Hindernisse gestiftet worden, die unbedingt verwendet werden sollen? Gibt es für diesen Turnierplatz einige typische Hindernisse? Sind so viele Hindernisse vorhanden, daß man bei verschiedenen Springprüfungen unterschiedliche Hindernisse verwenden kann?

2.

Welche Ausmaße hat der Turnierplatz? Wie sind die Bodenverhältnisse? Wo ist der Platz uneben? Wo sind der Richterturm, die Haupttribüne und der Ein- und Ausgang? Welche Naturhindernisse stehen zur Verfügung und können in den Parcours einbezogen werden? Wird den Zuschauern durch Bäume oder Wälle an einigen Stellen die Sicht genommen?

3.

Wieviel und welche Teilnehmer haben für

die einzelnen Prüfungen genannt? Wieviel Teilnehmer werden voraussichtlich starten?

4.

Wieviel Zeit hat der Veranstalter für die Prüfung vorgesehen?

Reist ein Aufbauer dagegen schon mit einer fertigen Parcoursskizze an, ohne diese Faktoren zu berücksichtigen, so kommt es wahrscheinlich zu Pannen und man erlebt keinen guten Sport. Allerdings kann sich ein Parcoursgestalter, wenn er auf einem Turnier schon mehrfach aufgebaut hat, durchaus schon zu Hause gewisse Grundstrukturen für die Parcours zurechtlegen, die er dann aber den konkreten Verhältnissen, und zwar insbesondere der Teilnehmerzahl und dem Teilnehmerniveau, anpassen muß.

FESTLEGUNG DER LINIENFÜHRUNG UND DER HINDERNISFOLGE.

Bevor man die Hindernisse aufstellen läßt, ist es für den noch nicht so erfahrenen Parcoursaufbauer zweckmäßig, zunächst nur Ständer an den für die Hindernisse vorgesehenen Stellen aufzustellen, um ein unnötiges Auf- und Abbauen zu vermeiden. Noch einfacher ist es, kleine Stöckchen an diesen Stellen in den Boden zu stecken.

Danach sieht man sich von der Haupttribüne und vom Richterturm die geplante Linienführung an und überprüft noch einmal, ob der Platz gut ausgenützt ist, die Linienführung großzügig ist und die Zuschauer auf jeder Seite nahe an das Geschehen herankommen. Vom Richterturm sollen möglichst alle Hindernisse eingesehen werden können, damit sich die Richter nicht auf die Handzeichen der Hilfsrichter an den Hindernissen verlassen müssen und es eventuell zu Mißverständnissen und Protesten kommt.

Die einzelnen Hindernisse sollen möglichst einige Meter von der äußeren Begrenzung des Turnierplatzes entfernt sein, um ausreichend Platz für Ehrenrunden und Fahrprüfungen zu haben. Allerdings wird dies nicht möglich sein, wenn der Turnierplatz zu klein ist.

Die Start- und Ziellinien sollen zweckmäßigerweise in der Nähe des Richterturms sein, damit die Richter trotz der heute üblichen elektrischen Zeitmessung zur Sicherheit auch noch mit der Hand mitstoppen können. Die Startlinie darf bis zu 25 m, jedoch nicht weniger als 6 m vor dem ersten Hindernis liegen. Die Ziellinie darf ebenfalls bis zu 25 m, jedoch nicht weniger als 15 m – bei Hallenturnieren nicht weniger als 6 m – hinter dem letzten Hindernis sein.

Nachdem die Linienführung feststeht, überlegt sich der Parcoursaufbauer, welche Hindernisse an welcher Stelle stehen sollen. Dabei sollen sich Steil- und Hochweitsprünge in etwa abwechseln, wobei Steilsprünge leichter vom Ausgang weg und Hochweitsprünge leichter zum Ausgang hin zu springen sind. Die Höhepunkte oder besonderen Schwierigkeiten des Parcours sollen im zweiten und dritten Drittel des Parcours stehen, um das Springen spannend zu machen.

ÜBERWACHUNG DES AUFBAUS.

Der Parcoursaufbauer überwacht danach das Aufstellen der Hindernisse und beschäftigt sich selbst mit den Feinheiten des Aufbaus. Jedes Hindernis wird genau ausgerichtet, mit der Meßlatte ausgemessen und mit Blumen oder Sträuchern ausgeschmückt. Bei Steil- und Hochweitsprüngen muß mindestens das obere Drittel des Hindernisses abwerfbar sein. Wassergräben müssen auf der Absprung- und Landeseite durch Holzlatten, Gummi- oder Kunststoffbänder begrenzt sein. Auf der Absprungseite kann statt dessen auch eine bis zu 50 cm hohe Hürde oder Stange als Absprungbegrenzung stehen, die in die Weite des Grabens einbezogen wird, im übrigen aber nicht als Teil des Hindernisses gilt, so daß ein Abwerfen kein Fehler ist.

Die Hindernisse werden durchnumeriert, wobei in Kombinationen zusätzlich die Buchstaben A, B und/oder C stehen müssen. Die Start- und Ziellinie und die äußeren Begrenzungen der Hindernisse werden so ausgeflaggt, daß rechts vom Teilnehmer die roten Flaggen und links die weißen Flaggen stehen. Hindernisse, die nicht zu der betreffenden Springprüfung gehören, werden durch gekreuzte rote und weiße Flaggen gesperrt. Die Distanzen in Kombinationen werden mit einem Stockmaß, einem Bandmaß oder mit dem Meßrad ausgemessen. Abschließend mißt man mit dem Meßrad die Länge des Parcours, wobei über die Mitte der Hindernisse gemessen wird und die Wendungen nicht zu eng gemessen werden sollen.

ANLEGEN DER PARCOURSSKIZZE.

Spätestens bis dahin muß der Aufbauer auch die Parcoursskizze angefertigt haben, die in der Nähe des Eingangs für die Teilnehmer ausgehängt wird. Die Richter und der stellvertretende Parcourschef erhalten eine Kopie. Die Parcoursskizze enthält: Start- und Ziellinie, die numerierten und mit Richtungspfeilen versehenen Hindernisse, Länge des Parcours, Richtverfahren und Geschwindigkeit, erlaubte Zeit, Höchstzeit und eventuelle Wendepunkte.

Bei Kombinationen ist anzugeben, ob es sich um offene, geschlossene oder teils offene, teils geschlossene Kombinationen handelt. Bei einer offenen Kombination ist nach einem Sturz oder Ungehorsam die ganze Kombination neu zu reiten, bei einer geschlossenen Kombination, wie bei Wällen und Pulvermanns Grab, nur der noch nicht überwundene Hindernisteil. Bei einer teils offenen, teils geschlossenen Kombination ist bei einem Sturz oder Ungehorsam innerhalb des offenen Teils auch der eventuell schon überwundene geschlossene Teil zu wiederholen. Ist nicht angegeben, ob die Kombination offen oder geschlossen ist, so gilt sie als offen.

Ist ein Stechen vorgesehen, muß die Parcoursskizze auch die Nummern der dafür vorgesehenen Hindernisse und die Länge und erlaubte Zeit des Stechparcours enthalten. Der Stechparcours ist kürzer als der Normalparcours, muß jedoch mindestens 6 Hindernisse enthalten, wobei das Herausnehmen eines Hindernisses aus einer Kombination erlaubt ist. Die ausgewählten Hindernisse müssen aus dem Normalparcours stammen und in der gleichen Richtung, jedoch nicht unbedingt in der gleichen Reihenfolge gesprungen werden. Ihr Standort, ihr Profil und ihr Aussehen dürfen nicht verändert werden. Bei Strafpunktfreiheit der qualifizierten Reiter können die Hindernisse bis zu 10 cm erhöht werden.

EINWEISEN DER HELFER.

Vor dem Start muß der Parcoursaufbauer die Hilfsrichter im Parcours in ihre Aufgaben einweisen und sicherstellen, daß bei einem Abwurf das Hindernis wieder in den gleichen Abmessungen aufgebaut wird. Hierzu hat es sich als zweckmäßig erwiesen, die Höhe der Hindernisse und der einzelnen Stangen und Planken durch farbigen Tesafilm an den Ständern zu kennzeichnen. Die genaue Position und die Breite eines Hindernisses sollte man durch kleine Holzpflöcke kennzeichnen, falls die Begrenzungsflaggen nicht ausreichend genau aufgestellt werden können.

Am Wassergraben muß während der Prüfung ein anerkannter Richter sein, da schon ein Berühren des weißen Bandes hinter dem Wasser ein Fehler ist, der aber vom Richterturm oftmals kaum zu erkennen ist. Außerdem können sich hinter dem Wassergraben Pfützen gebildet haben, und beim Landen spritzt das Wasser in der Pfütze oder in tiefen Hufspuren auf, obwohl das Pferd keinen Fehler gemacht hat.

Ein Richter muß weiterhin auch auf dem Turnierplatz sein, wenn vom Richterturm aus nicht alle Hindernisse eingesehen werden können, weil Bäume oder Wälle die Sicht versperren.

ÜBERWACHUNG DER SPRINGPRÜFUNG UND PLANUNG DES NÄCHSTEN PARCOURS.

Der Parcourschef oder sein Stellvertreter sollten während der Prüfung auf dem Turnierplatz sein. Ist ein Hindernis durch einen schweren Rumpler zerstört, so muß der Parcourschef den gesamten Wiederaufbau kontrollieren. Da man auch damit rechnen muß, daß ein Hindernis zerstört werden kann und kein entsprechendes Ersatzmaterial zur Verfügung steht, müssen für die erforderlichen Reparaturen auch einige Handwerker in greifbarer Nähe sein. Der Aufbauer gibt den Parcours erst dann wieder frei, wenn sich das Hindernis wieder in einem gleich guten oder annähernd gleich guten Zustand befindet wie bei den vorherigen Startern.

Werden die Hindernisse nach einer Springprüfung abgebaut, so läßt der Parcourschef, falls dies möglich ist, die Hindernisse außerhalb des Turnierplatzes so abstellen, wie er sie für die nächste Prüfung benötigt.

Bei der Parcoursgestaltung für die nächsten Springprüfungen wird der Parcoursaufbauer auch die Erfahrungen der letzten Prüfung mit in Erwägung ziehen. Er kennt dann die Form des Teilnehmerfeldes genauer und weiß, ob er möglicherweise zu leicht oder zu schwer aufgebaut hat.

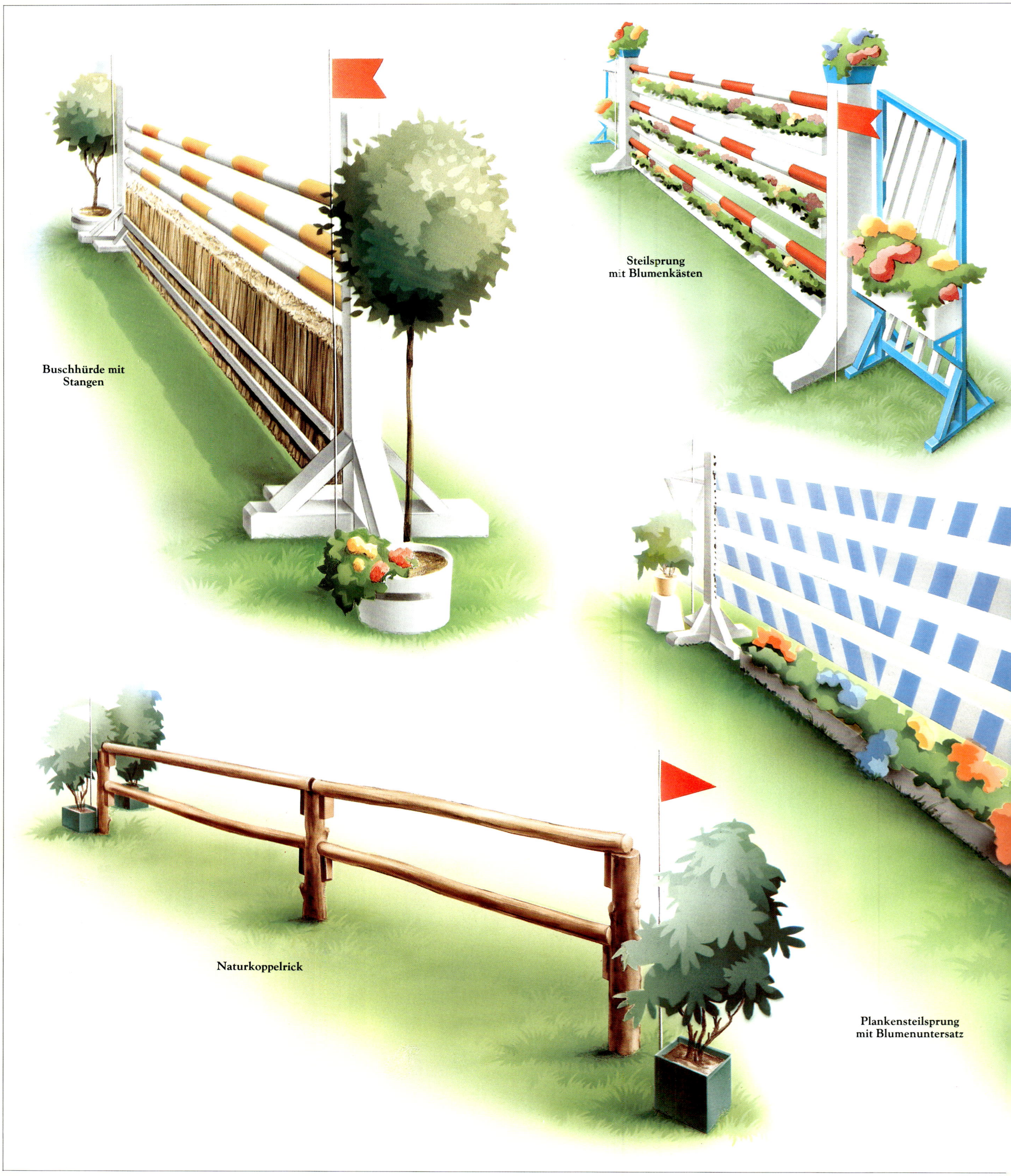
Buschhürde mit Stangen
Steilsprung mit Blumenkästen
Naturkoppelrick
Plankensteilsprung mit Blumenuntersatz

Stangensteilsprung

Kuvertsteilsprung

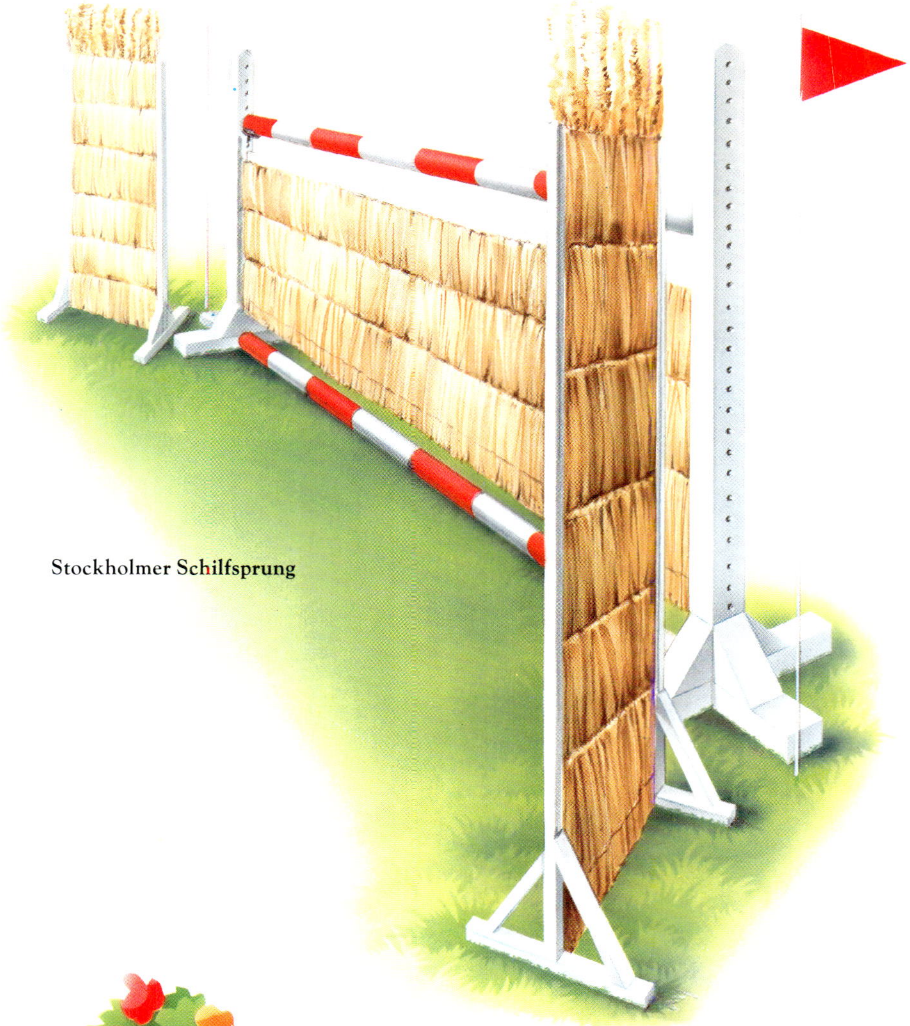

Stockholmer Schilfsprung

Tränke

Wolfsburger Olympiasprung

Elefantensprung

Lagenser
Wappensprung

Göteborger Gatter

Koppeltor

Helsinki-Gatter

Stockholmer Gatter

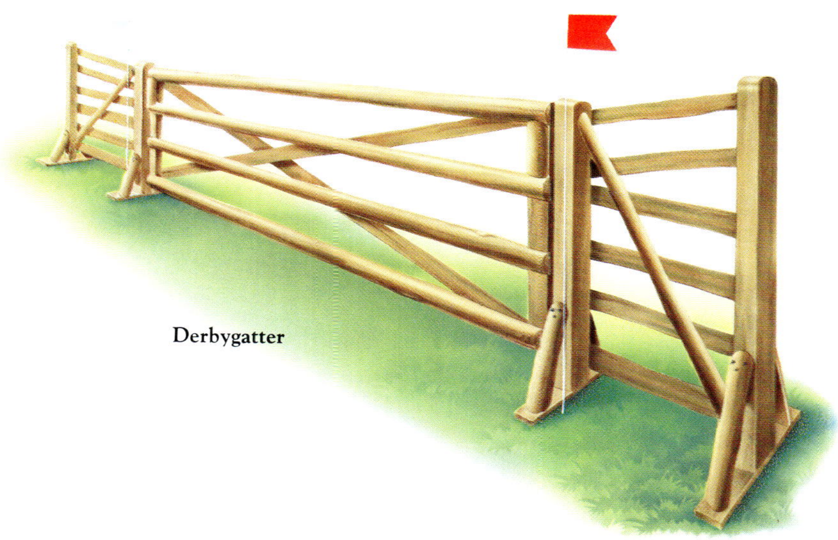

Derbygatter

Palisadenzaun
Amsterdamer Tor
Bayern-Tor

Ziegelmauer mit Schindeln

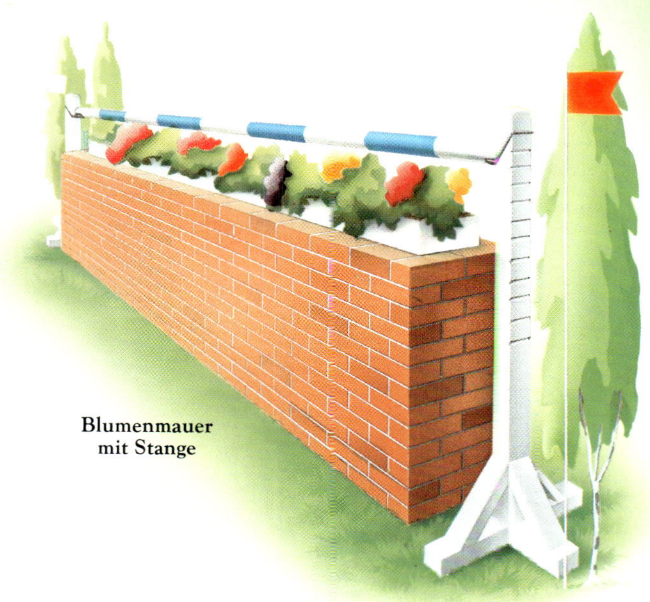

Blumenmauer mit Stange

Rote Ziegelmauer

Graue Feldsteinmauer mit abgeschrägtem Sockel

Dreifache Mauer

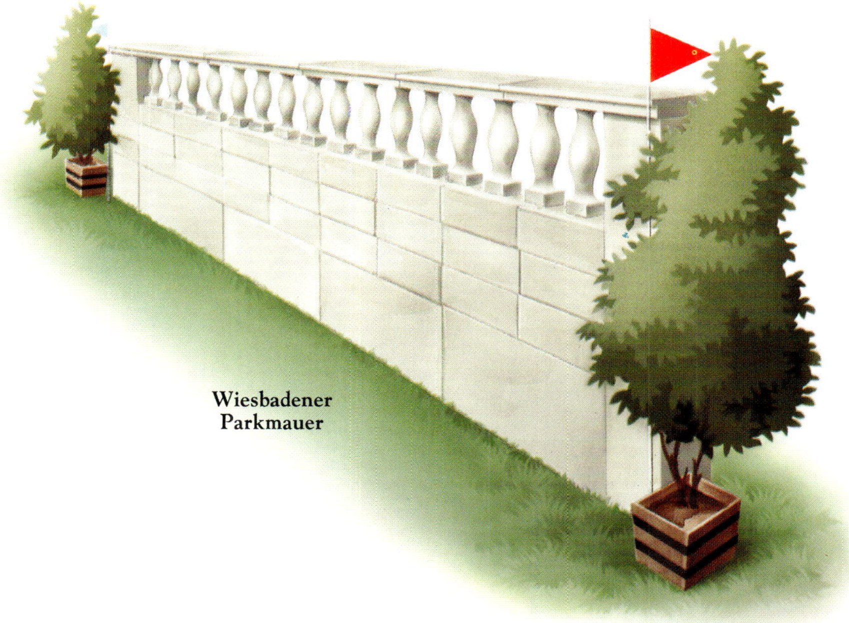

Wiesbadener Parkmauer

Brückenmauer

Luzerner durchbrochene Mauer

Stangenoxer

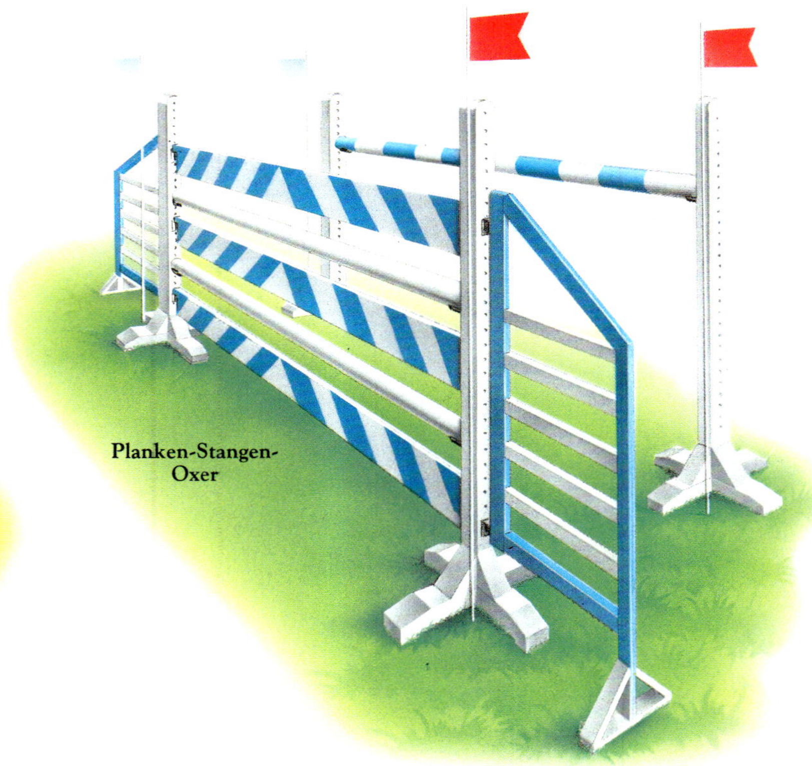

Planken-Stangen-Oxer

Elmshorner Birkenoxer

Buschoxer mit Naturhecke

Gatteroxer

Brückenmaueroxer

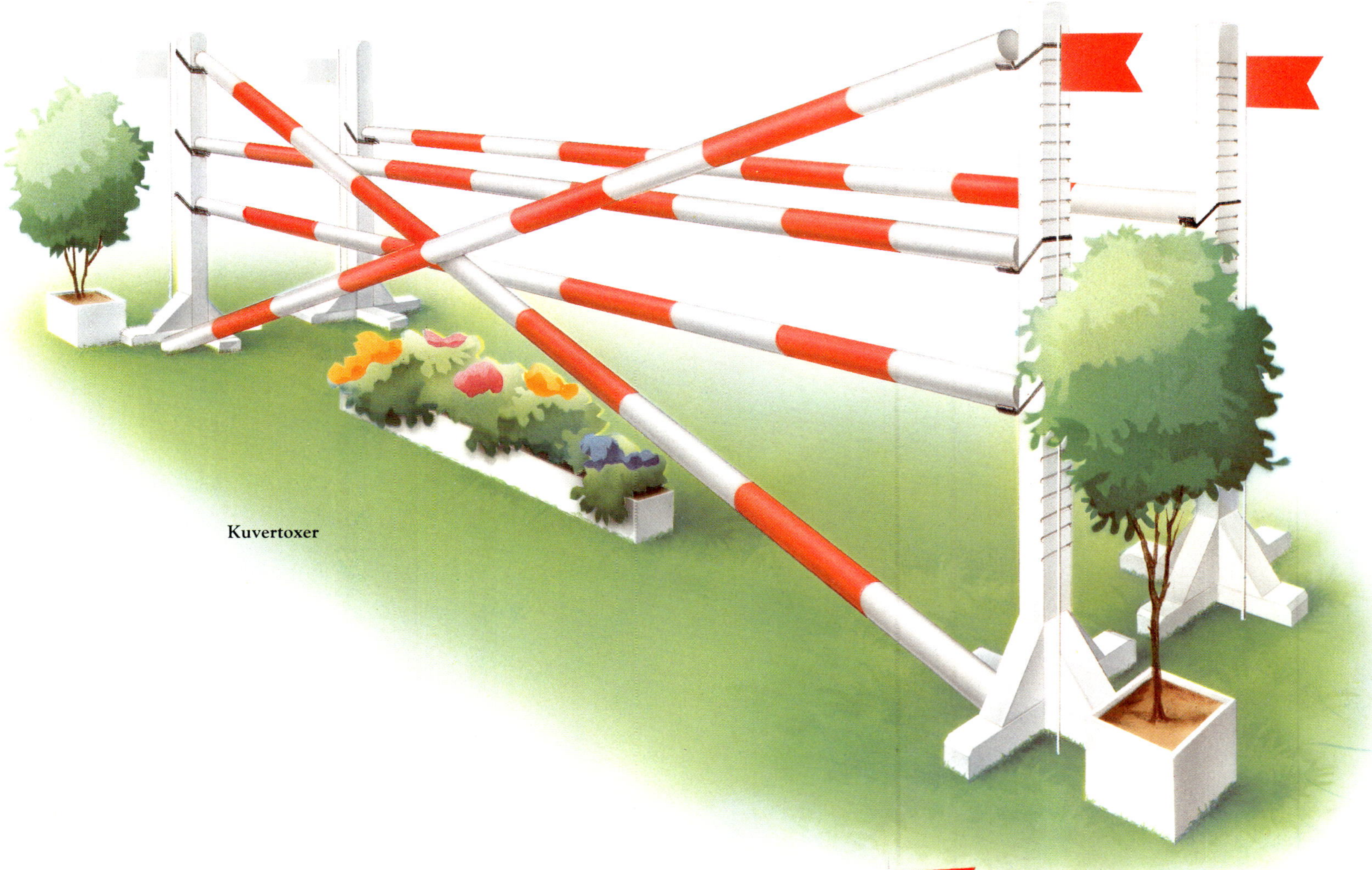

Kuvertoxer

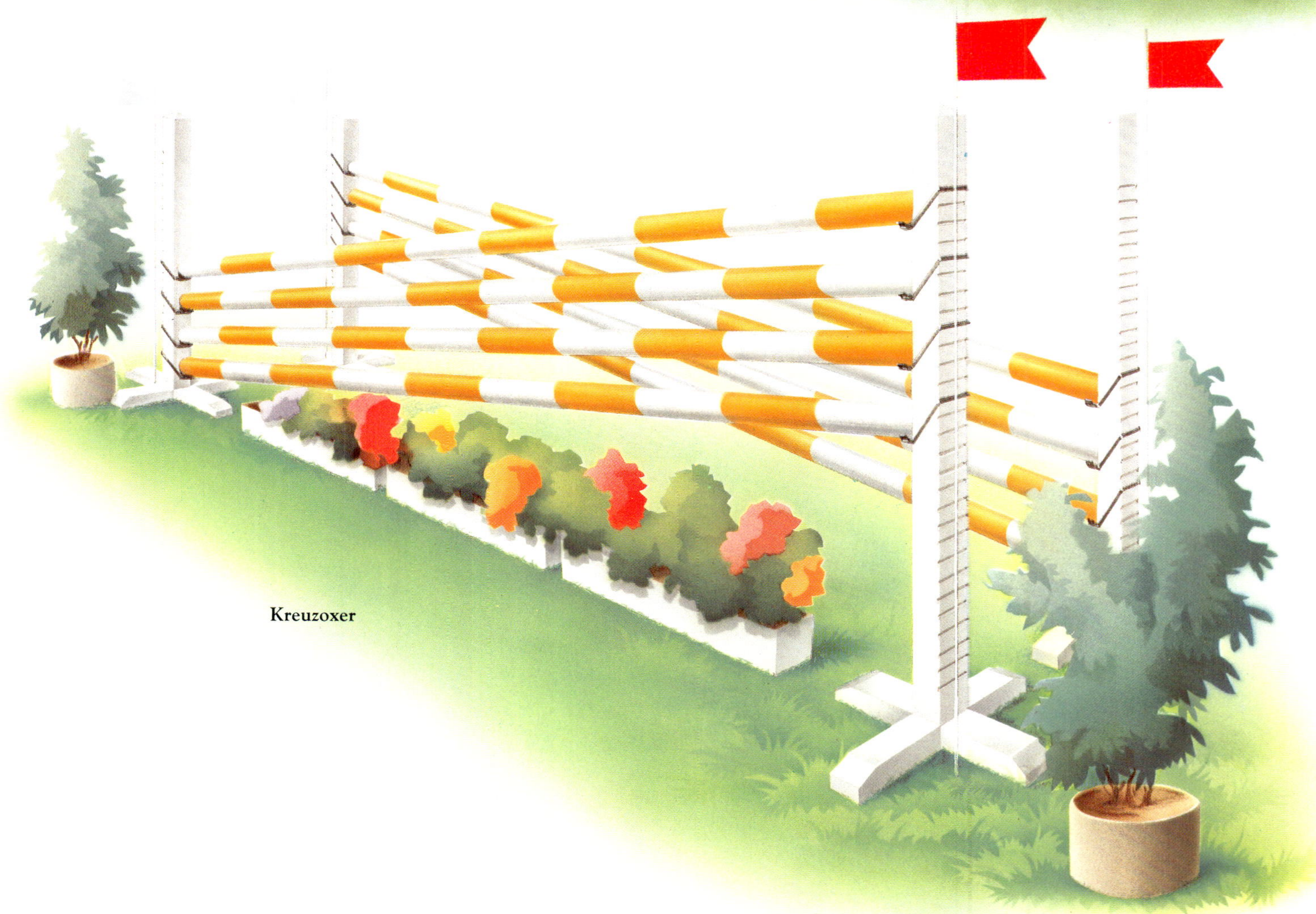

Kreuzoxer

Einfache Triplebar

Hannoversche
Elefantentriplebarre

Staccionata-Triplebarre

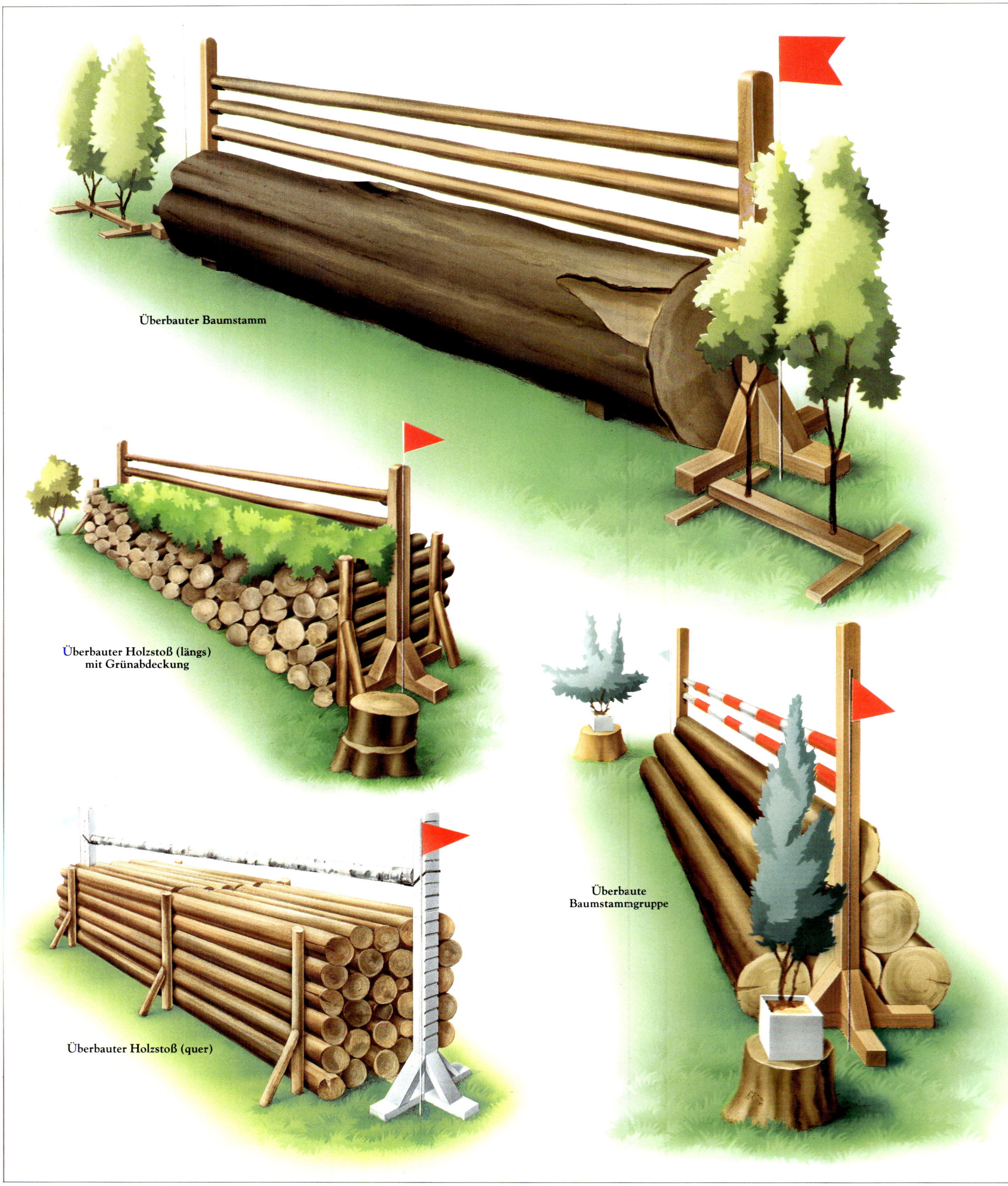
Überbauter Baumstamm
Überbauter Holzstoß (längs) mit Grünabdeckung
Überbaute Baumstammgruppe
Überbauter Holzstoß (quer)

Steilsprung vor Wassergraben

Triplebarre über Wassergraben

Wassergraben

Oxer über Wassergraben

Fässersprung

Steilsprung hinter Wassergraben

Tonnensprung

Überbaute Feldsteinmauer

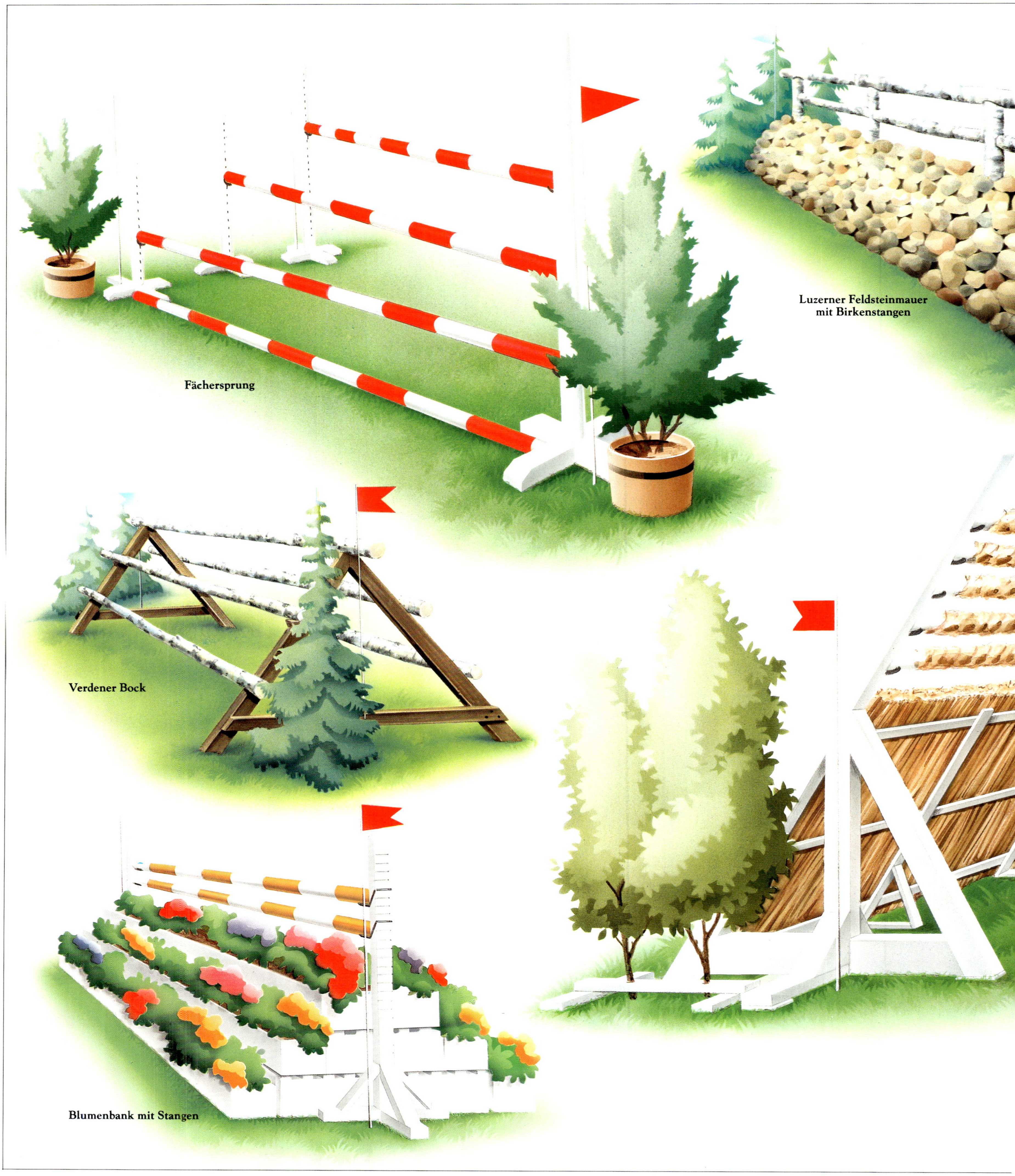

Fächersprung

Luzerner Feldsteinmauer mit Birkenstangen

Verdener Bock

Blumenbank mit Stangen

Stockholmer Schweinestall

Rekordhochsprunggestell

Verdener Bank

Holsteiner Wegesprung

Derbywall

Holsteiner Wall

Aachener Tafelsprung

Aachener Wall

Irische Bank

Rom-Wall

Amsterdamer Wall

Insterburger Wall

Großer Luzerner Wall

Kleiner Luzerner Wall

Warendorfer Wall

Doppelpiano von Tor di Quinto

Pau-Wall

Münsteraner Wall

Das Deutsche Springderby: Mass-Stab seit 1920.

Als Eduard F. Pulvermann 1920 auf dem Hamburger Poloplatz den Parcours für das Deutsche Springderby schuf, hat er sicherlich nicht geahnt, daß dieser Parcours in der Welt des Springreitens eine einzigartige Bedeutung bekommen sollte. Seine Idee war es, daß sich die deutschen Springreiter in der Zeit nach dem Ersten Weltkrieg, als sie vom internationalen Turniersport noch ausgeschlossen waren, einmal im Jahr unter schwersten Bedingungen messen sollten. Der Sieger sollte analog zum Derby des Galoppsports das blaue Band des Springsports erringen.

Eduard F. Pulvermann, der schon vor dem Ersten Weltkrieg bei einem Turnierbesuch in Spa die ersten Anregungen zu diesem Parcours erhalten und die verschiedenen Derbyhindernisse dann auf seinem Springplatz in der Nähe der Elbchaussee ausprobiert hatte, baute eine Springbahn mit dem Herzen des Jagdreiters. Ungekünstelt, der norddeutschen Landschaft nachempfunden, mit langen geraden Linien und weiten Strecken zum freien Galoppieren. Ein Naturparcours von seltener Vielseitigkeit.

Zum fünfzigsten Mal sind die Springreiter 1979 über den Hamburger Derbyparcours geritten. Fast alle großen Springreiter waren hier am Start. Obwohl der Parcoursaufbau in den vergangenen Jahrzehnten ganz andere Wege gegangen ist und der 1350 m lange Derbyparcours mit seinen 17 Hindernissen und 24 Sprüngen heute eigentlich ein Anachronismus sein müßte, hat dieser Parcours seine Attraktivität für Zuschauer und Reiter eigentlich nie verloren. In England und Frankreich wird inzwischen sogar ebenfalls ein Springderby über ähnliche Naturparcours geritten.

Man sagt, daß der Hamburger Derbyparcours immer noch der schwerste Parcours der Welt sei. Darüber läßt sich sicherlich streiten. Aber unbestritten dürfte es sein, daß es heute noch genauso schwer ist, fehlerlos über diesen Parcours zu reiten wie vor nunmehr fast sechzig Jahren. Außenseiter hatten hier kaum eine Chance, und obwohl unsere Springpferde durch die gezieltere Sportpferdezucht heute besser geworden sind und die Zahl der fehlerlosen Derbyritte in den letzten Jahren gestiegen ist, stellt dieser Parcours noch immer jeden Springreiter vor Probleme.

Der große Reiz des Derbyparcours liegt deshalb auch darin, daß er der einzige Vergleichsmaßstab für die Leistungen im Springsport über die Jahrzehnte hinweg ist. Es bedeutet deshalb auch nicht Tradition um der Tradition willen, sondern es hat einen hohen Stellenwert, wenn der Derbyparcours seit 1920 praktisch unverändert geblieben ist. Kleine Variationen in den Abmessungen der Hindernisse hat es zwar gegeben, aber diese Abweichungen sind tolerierbar, wenngleich ich mir persönlich am liebsten einen völlig unveränderten Parcours gewünscht hätte.

DIE SCHWIERIGKEITEN DES DERBYPARCOURS.

Wenn man die einzelnen Derbyhindernisse betrachtet, so dürften sie von den Abmessungen

her unseren heutigen Springpferden keine besonderen Schwierigkeiten machen. In vielen S-Parcours wird gewaltiger aufgebaut. Mancher Derbyneuling ist denn auch schon zu leichtsinnig losgeritten und mußte hinterher feststellen, daß überall der Fehler lauert. Denn die Schwierigkeiten des Derbys liegen in der Länge des Parcours und in der Eigenart, der Verschiedenartigkeit und der Zusammensetzung der einzelnen Hindernisse. Pferde mit überragendem Springvermögen braucht man im Derby nicht unbedingt. Und es kommt im Derby eigentlich auch mehr als in anderen schweren Parcours auf den Reiter an, ob er hier erfolgreich ist oder nicht.

Die Linienführung des Derbyparcours unterscheidet sich total von den meisten unserer heutigen Parcours. Unkompliziert, ohne enge Wendungen, mit weit auseinanderstehenden Hindernissen. Ein Parcours, auf dem die Pferde ihren Strich gehen können. Der Reiter hat vergleichsweise viel Zeit zwischen den einzelnen Hindernissen. Aber er muß sein Pferd immer wieder auf sehr verschiedenartige Hindernisse einstellen, und er braucht ein Pferd, das dabei sehr gut an den Hilfen steht.

Mit 1350 m ist der Derbyparcours etwa doppelt so lang wie normale Springparcours. Pferde, die nicht genug Kondition haben, lassen in der zweiten Hälfte des Parcours nach und machen dann ihre Fehler. In früheren Derbytagen fehlte den Pferden häufiger das erforderliche Stehvermögen, heute haben es die Pferde aufgrund ihres besseren Galoppiervermögens im allgemeinen leichter. Aber die Überlänge des Parcours ist auch heute noch ein Schwierigkeitsfaktor, zumal die Pferde durch die Wälle aus ihrem Atemrhythmus herauskommen und Pferd und Reiter außerdem über die ganze Distanz voll konzentriert bleiben müssen. Und das bei 17 Hindernissen mit 24 Sprüngen.

Während wir im heutigen Hindernisbau gut ausgefüllte Hindernisse vorfinden, sind viele Derbyhindernisse ausgesprochen luftig gebaut. Das beginnt schon beim ersten Koppelrick neben dem großen Derbywall, das nur 1,30 m hoch ist. Die Pferde kennen von den normalen Parcours nur gut ausgefüllte und dadurch klobiger wirkende Hindernisse, haben vor einem solchen simplen Koppelrick einfach keinen Respekt und machen dann einen Flüchtigkeitsfehler.

Den gleichen „luftigen" Aufbau haben das als zweites Hindernis folgende Doppelrick, das Koppelrick mit Graben hinter dem weißen Plankenzaun, die Eisenbahnschranken, die Ricks bei Pulvermanns Grab und der Holsteiner Wegesprung. Besonders schwierig zu taxieren sind dabei die Eisenbahnschranken. Die Pferde wissen mit den beiden einzelnen in der Luft hängenden Hindernisstangen einfach nichts anzufangen. So gab es auch beim fünfzigsten Derbyturnier in den Qualifikationsprüfungen, bei denen die Pferde mit den Derbyhindernissen vertraut gemacht werden, wieder zahlreiche Verweigerungen an diesem Hindernis, und in zwei Fällen tauchten die Pferde einfach unter der Stange hinweg anstatt zu springen.

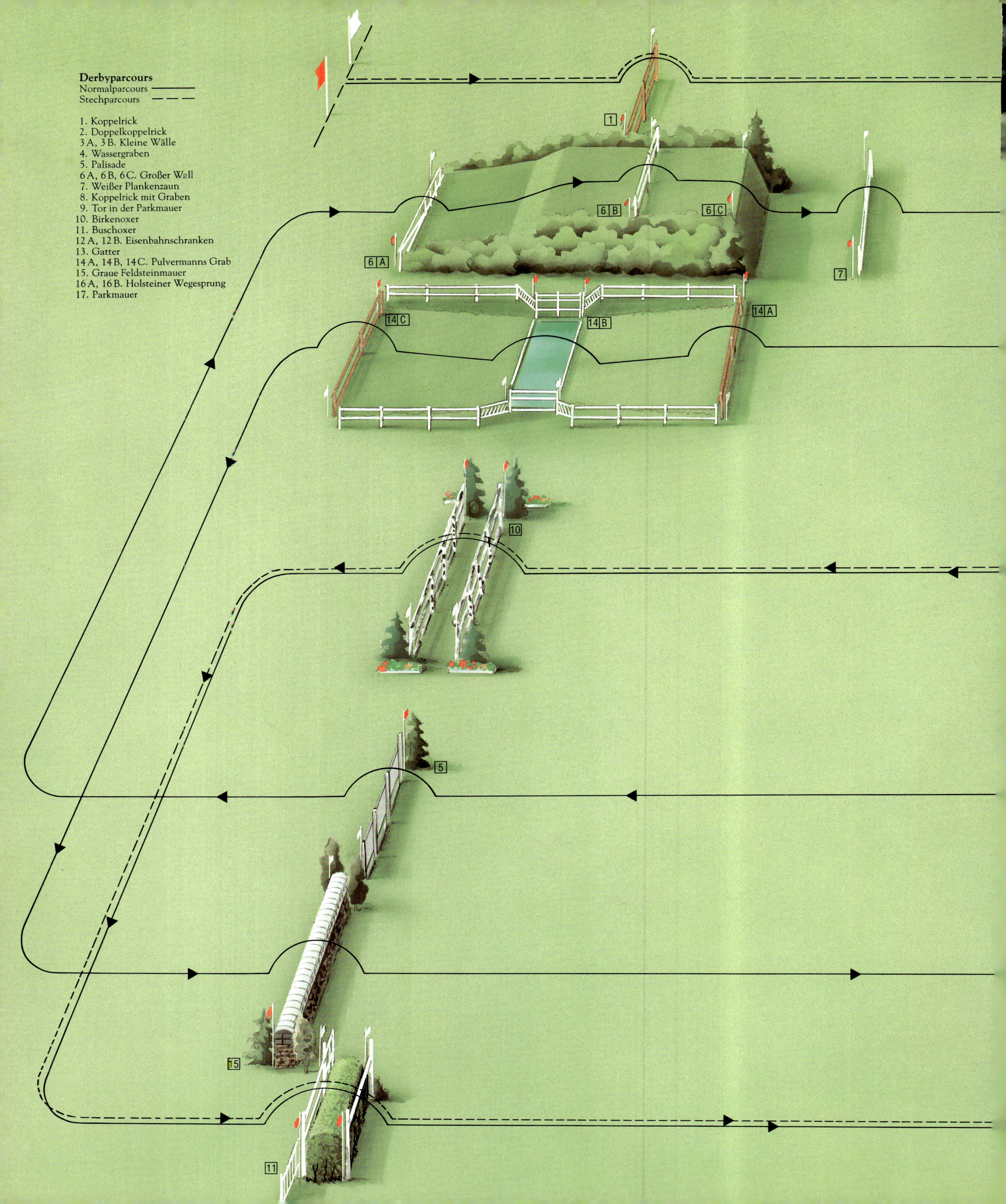
Derbyparcours
Normalparcours
Stechparcours
1. Koppelrick
2. Doppelkoppelrick
3 A, 3 B. Kleine Wälle
4. Wassergraben
5. Palisade
6 A, 6 B, 6 C. Großer Wall
7. Weißer Plankenzaun
8. Koppelrick mit Graben
9. Tor in der Parkmauer
10. Birkenoxer
11. Buschoxer
12 A, 12 B. Eisenbahnschranken
13. Gatter
14 A, 14 B, 14 C. Pulvermanns Grab
15. Graue Feldsteinmauer
16 A, 16 B. Holsteiner Wegesprung
17. Parkmauer
1
6 A
6 B
6 C
7
14 A
14 B
14 C
10
5
15
11

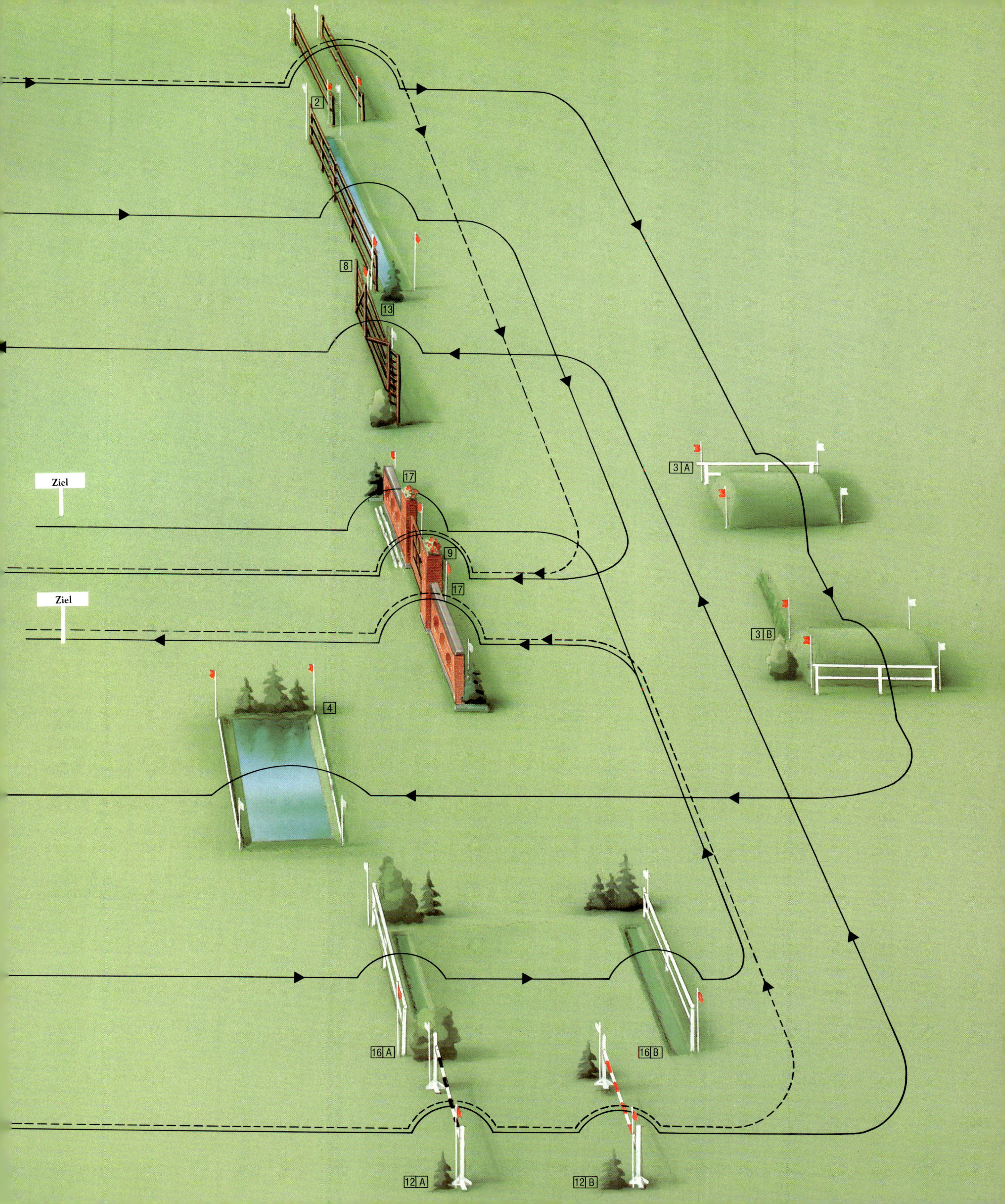

2
8
13
Ziel
17
9
17
Ziel
4
3 A
3 B
16 A
16 B
12 A
12 B

Eine weitere Besonderheit des Derbyparcours sind die teilweise sehr breiten Hindernisse. 10 bis 12 m breit sind das Koppelrick mit Graben, der Birkenoxer, die graue Feldsteinmauer, die Parkmauer mit Tor und der Holsteiner Wegesprung. Diese Hindernisse wirken optisch nicht so hoch wie gleich hohe Hindernisse in der normalen Breite von 4 m bis 4,50 m. Und die Pferde sind dann natürlich bei diesen Hindernissen dementsprechend unvorsichtiger und vertaxieren sich leicht einmal in der Höhe.

Auf Pulvermanns Grab als eine typische Fehlerquelle des Derbyparcours bin ich bereits im Ausbildungskapitel eingegangen. Eine ähnliche Klippe sind die beiden kleinen Wälle. Pferde, die solche Wälle nicht kennen, kommen hier leicht aus ihrem Bewegungsrhythmus, zögern beim Absprung vom ersten Wall, galoppieren nicht zügig genug zwischen den beiden Wällen, springen beim zweiten Wall gegen die Böschung und springen fast aus dem Stillstand vom zweiten Wall ab. Manche Pferde machen zwischen den Wällen auch drei anstatt zwei Galoppsprünge und finden dann nicht mehr den Mut und Schwung zum Aufsprung auf den zweiten Wall. Stünden diese Wälle in der Mitte des Platzes und wären sie in Richtung Ausgang zu springen, so gäbe es wahrscheinlich weniger Schwierigkeiten. Aber da die Wälle direkt neben dem Ein- und Ausgang stehen, sind viele Pferde hier zusätzlich auch noch abgelenkt und schielen sozusagen mit dem linken Auge zum Ausgang hin.

Die Naturfarbe einiger Hindernisse ist eine andere Besonderheit und Schwierigkeit des Derbyparcours. Unsere Pferde kennen solche Hindernisse heute nicht mehr und nehmen sie oftmals nicht ernst genug. Das gilt auch für die unscheinbare graue Oberkante der Parkmauer, bei der sich die Pferde leicht vertaxieren.

Bei anderen Hindernissen konzentrieren sich die Pferde wieder auf die verkehrte Stelle des Hindernisses. Bei der Palisade registrieren die Pferde das „Loch" zwischen dem Unterbau des Hindernisses und der Palisade. Beim Koppelrick mit dem dahinterliegenden Graben lassen sich die Pferde vielfach durch den Wassergraben irritieren, den sie im letzten Moment wahrnehmen, unterlaufen sehr leicht oder bleiben auch schon einmal stehen. Das gleiche gilt für den ersten trockenen Graben beim Holsteiner Wegesprung.

Beim Holsteiner Wegesprung ist die Distanz von 13 m ungewöhnlich. Man muß flüssig über A reiten und dann zureiten, um glatt über B zu kommen. Die Gefahr dabei ist natürlich, daß die Pferde flach werden und dann die erforderliche Höhe nicht bekommen.

Der Birkenoxer war früher eine Derby-Schwierigkeit. Den heutigen Springpferden machen die Abmessungen dieses Oxers aber nicht mehr so viel aus. Anders der Buschoxer, der schmaler, aber tiefer als der Birkenoxer ist und vor allem direkt neben den Zuschauern steht. Reitet man den Buschoxer im Stechen schräg an, so haben die Pferde das Gefühl, in die Zuschauer hineinzuspringen, und machen, dadurch irritiert, leicht einen Fehler.

Das größte Problem für jeden Derbyreiter aber ist der große Wall mit dem folgenden 1,60 m hohen weißen Plankenzaun. Beim Wallabstieg muß der Reiter versuchen, ganz vorsichtig und so weit wie möglich den Wall herunterzureiten, möglichst weit unten vom Wall abzuspringen, um danach mit aller Energie, das Pferd gut geschlossen haltend, in einem weiteren Galoppsprung auf den weißen Plankenzaun zuzureiten und sich über diesem Hindernis ganz leicht zu machen. Dieses „Bremsen – Bremsen – Bremsen – Vollgas" gibt eine gewisse Garantie, um ohne Fehler über diese Derbyklippe zu kommen. Eine große Portion Glück muß aber hinzukommen. Ganz schwierig wird es, wenn der Wallabstieg glitschig ist und die Pferde ins Rutschen kommen. Überhaupt keine Chance hat man, wenn die Pferde zu früh vom Wall abspringen, beinahe senkrecht landen, auf die Vorhand kommen und beim nächsten Galoppsprung die Hinterbeine nicht weit genug unter den Schwerpunkt bringen können. Kommt man schräg vom Wall herunter, so kann man auch versuchen, nach dem Wallabsprung mit zwei kurzen Galoppsprüngen schräg auf den Plankenzaun zuzureiten. Das geht allerdings nur mit Pferden, die ganz kurz galoppieren können und die man praktisch senkrecht unter einen Steilsprung stellen kann.

DIE GESCHICHTE DES DERBYS.

Die Geschichte des Derbys soll hier noch einmal Revue passieren. Die Derbysieger von Paul Heil bis Gerd Wiltfang, von Cyrano bis Roman. Die Exklusivität der frühen Derbyjahre, die Zeiten des Massenbesuchs und die mageren Jahre sinkender Zuschauerzahlen. Die Derbyrekorde und die Ereignisse am Rande. Die Regenderbys und die Jahre, in denen man trocken über den großen Wall reiten konnte.

1920.

Bereits das erste Deutsche Springderby bringt den guten Sport, den sich Eduard F. Pulvermann gewünscht hatte, und verläuft in einer solchen Spannung, daß das Derby aus dem gesellschaftlichen Leben Hamburgs schon bald nicht mehr wegzudenken ist. Allerdings bleibt das Springderby noch lange ein rein gesellschaftliches Ereignis. Hohe Eintrittspreise verhindern den Besuch eines breiteren Publikums. Zudem wird das Springderby am Sonnabend während der Horner Rennwoche ausgetragen, um gleichzeitig die Möglichkeit zum Besuch des am Sonntag stattfindenden Galoppderbys bieten zu können.

Ob der Name „Springderby" richtig gewählt ist, wird in diesen Tagen heftig diskutiert. Viele wollen diesen Begriff auf die klassische Prüfung des Rennsports begrenzt wissen.

Vom sportlichen Standpunkt betrachtet ist dieses erste Springderby eine Sensation. Paul Heil siegt mit Cyrano und belegt mit Hexe und Grey Lad den zweiten und dritten Platz; eine Leistung, die in der ganzen Derbygeschichte von keinem anderen Reiter wieder erreicht wird. Insgesamt kann Paul Heil fünf Pferde plazieren.

1921.

Auf den großen Wall wird ein Rick gesetzt, das im Vorjahr noch fehlte. Viele bekannte Pferde machen diesmal gleich einen Fehler beim ersten grün gestrichenen Koppelrick, das sich farblich kaum vom Boden abhebt und zudem noch im Schatten des Walls liegt.

Mit Teufel, geritten von Hans J. Andreae, siegt zum zweiten Mal ein irisches Pferd. Freiherr von Langen auf dem Trakehner Seidenspinner und Hauptmann Martins auf der Holsteiner Stute Döllnitz haben wie der Sieger ebenfalls 11 Fehlerpunkte, sind aber langsamer.

1922.

Hauptmann Martins gewinnt auf der Holsteinerin Döllnitz ohne einen Springfehler und mit nur einem Verweigern am Plankensprung. Döllnitz ist vorher systematisch auf das Derby vorbereitet worden, wobei ihr Reiter besonderen Wert auf ein spezielles Galopptraining gelegt hat.

1923.

Hauptmann Martins gewinnt mit Döllnitz zum zweiten Mal. Diesmal liegt die Stute noch deutlicher vor dem mit vielen Fehlern nach Hause reitenden übrigen Teilnehmerfeld.

1924.

Nach seiner erfolgreichen Expedition nach Italien krönt Freiherr von Langen dieses Turnierjahr mit dem Derbysieg auf Hanko und dem zweiten Platz auf Goliath, den er zusammen mit Willy Spillner auf Morgenglanz belegt. Grey Lad, der Dritte des ersten Derbys, wird von Paul Heil zum fünften Mal im Derby gestartet und war bisher jedesmal plaziert.

1925.

Mit Kreon xx unter Christoph von Wietersheim wird zum ersten und seitdem auch einzigen Mal ein Vollblüter Sieger im Springderby. Der Trakehner Morgenglanz unter Willy Spillner kann seinen zweiten Platz vom Vorjahr wiederholen. Pulvermanns Grab bekommt in diesem Jahr seinen Namen, als Eduard F. Pulvermann hier baden geht und sein Zylinder auf dem Wassergraben schwimmt.

1922/23 Hauptmann Martins

1924 Freiherr von Langen

1926.

Die Leistungen dieses Derbys liegen deutlich unter dem Niveau der Vorjahre. Graf Hohenau, Pechvogel früherer Derbytage, siegt mit Apoll, mit dem Freiherr von Langen zwei Jahre vorher bei seinen Auslandsstarts in Rom, Pinerolo und Luzern so erfolgreich gewesen war. Mit Apoll wird zum ersten Mal ein Pferd der hannoverschen Zucht Derbysieger.

1927.

„Herr des Himmels, schließe deine Schleusen! Muß denn alles ertrinken?" schreibt Gustav Rau zum achten Springderby. Ein Wetter also, wie es das Derby leider noch häufig erleben sollte. Freiherr von Langen gewinnt in diesem Jahr

Die Fehlerbewertung nach § 27 der früheren Turnierordnung, abgedruckt im Programmheft von 1927, zeigt, daß die Fehlerbewertung der Derbyhindernisse von 1920 bis heute nicht völlig vergleichbar ist.

zum zweiten Mal das Springderby. Willy Spillner muß sich zum dritten Mal mit dem zweiten Platz zufriedengeben.

§ 27 der T.O. Richtverfahren bei Jagdspringen.

Beurteilung nach Fehlern und Zeit (s. auch § 36) – Es gelten:

erstes Verweigern	4 Fehler
zweites Verweigern, gleichgültig vor welchem Hindernis im Verlauf der Springbahn	8 Fehler
drittes Verweigern, gleichgültig vor welchem Hindernis im Verlauf der Springbahn	schließt aus
Umwerfen des Hindernisses mit Hinterbeinen oder mit Hinterbeinen im Graben	3 Fehler
Umwerfen des Hindernisses mit Vorderbeinen oder mit Vorderbeinen im Graben	5 Fehler
Fallen von Reiter oder Pferd im Umkreis von 15 m vom Hindernis	5 Fehler
Aufenthalt länger als 2 Minuten vor der Startlinie nach dem Aufruf zum Springen. Auslassen eines Hindernisses aus der vorgeschriebenen Reihenfolge oder eines der die Bahn bestimmenden Wendezeichen, fremde Hilfeleistung (§ 36 c)	schließen aus

(Beim Springen eines zur Springbahn gehörigen Hindernisses außerhalb der vorgeschriebenen Reihenfolge werden alle dabei gemachten Fehler, mit Ausnahme des Verweigerns, nach obiger Tafel angerechnet.) Zum vorschriftsmäßigen Zurücklegen der Springbahn zwischen Start- und Ziellinie ist eine Höchstzeit entsprechend einem Tempo von 250 bis 400 m in der Minute zu bestimmen.

Überschreiten der Höchstzeit	schließt aus

1928.

Der Veranstalter steht vor der schwierigen Situation, daß der Poloplatz, auf dem die bisherigen Derbyturniere abgehalten wurden, nicht mehr für das Turnier benutzt werden darf. In dem nahegelegenen Jenisch-Park findet man schließlich einen Ersatz. Der von alten Eichen umgebene neue Turnierplatz ist sogar noch idealer für das Derbyturnier. Das Clubhaus auf dem Poloplatz wird abgerissen und im Jenisch-Park neu aufgebaut. Der ursprüngliche Derbyparcours wird originalgetreu nachgebaut. Das Derbyturnier hat damit seinen jetzigen Stammplatz gefunden.

Freiherr von Langen stellt in diesem Jahr einen neuen Derbyrekord auf. Er siegt zum dritten Mal und ist damit der erfolgreichste Derbyreiter der zwanziger Jahre.

1929.

Zum ersten Mal sind amerikanische Reiter dabei. Sie haben allerdings auf dem für sie völlig ungewohnten Parcours keine großen Chancen. Mit 18 Fehlerpunkten kommen ihre beiden besten Paare Leutnant Argo mit Miss Amerika und Leutnant Thompson mit Saint Paul gemeinsam auf den achten Platz.

Mit 53 Startern hat das Derby eine Rekordbeteiligung erreicht. Viele Pferde sind dem Derbyparcours aber nicht gewachsen. Die Frage nach schärferen Handicaps wird aufgeworfen.

Sieger im zehnten Deutschen Springderby wird Marten von Barnekow auf dem Hannoveraner Derby, der ein Jahr zuvor auf der ersten Amerikareise deutscher Springreiter das amerikanische Publikum geradezu begeistert hatte.

1930.

Ein Derby mit vielen Fehlern. Der Sieger hat 17 Fehlerpunkte, der schlechteste Ankommer bekommt sogar 75 Fehlerpunkte. Erneut wird von vielen Fachleuten kritisiert, daß die Hälfte der Starter nichts im Derby zu suchen hat.

Auf den ersten beiden Plätzen sind diesmal zwei Trakehner plaziert. Morgenglanz, unter Willy Spillner zweimal Zweiter und zweimal Vierter, gelingt endlich der langersehnte Derbysieg. Geritten wird Morgenglanz diesmal von dem jungen Herbert Frick, der später einer meiner Lehrer in Berlin werden sollte.

1931.

Die Reiter der Kavallerieschule Hannover, die

im Vorjahr wegen der Teilnahme am Turnier in London nicht in Hamburg waren, belegen diesmal die ersten Plätze. Nach Döllnitz und Falkner ist Derby, diesmal mit seinem Stammreiter Ernst Hasse im Sattel, das dritte Pferd, das zum zweiten Mal das Derby gewinnt.

1932.

Noch immer findet das Derby am Sonnabend statt, noch immer wird über hohe Eintrittsgelder geklagt, und es fehlt dem Derby das Interesse des breiten Publikums. Der Geldpreis wird von 10000 Reichsmark in den Vorjahren auf 5000 Reichsmark herabgesetzt. Die besten Springpferde der Kavallerieschule fehlen in diesem Jahr. Das Springderby, jahrelang im Mittelpunkt des deutschen Springsports stehend, verliert an Bedeu-

tung. Marten von Barnekow gewinnt auf dem Iren General, dem auf dem regennassen Boden erst am letzten Hindernis ein Fehler unterläuft.

1933.

Wieder ein Regenderby. Die gesamte deutsche Spitzenklasse ist diesmal am Start. Harald Momm mit Baccarat und Finette, Axel Holst mit Egly und Freiherr von Nagel mit Wotan kommen mit je 4 Fehlerpunkten ins Stechen. Harald Momm bleibt mit Baccarat im Stechen als einziger fehlerlos und verzichtet dann, nachdem ihm der Sieg sicher ist, auf seinen Start mit Finette.

1934.

Mit Irmgard von Opel auf dem Graditzer Nanuk siegt zum ersten Mal eine Frau im Springderby. Sie ist zusammen mit Harald Momm auf Baccarat und Heinz Brandt auf Baron IV ins Stechen gekommen. Baccarat bleibt am Tor in der Parkmauer stehen, Baron IV wirft das Tor. Irmgard von Opel reitet als einzige fehlerlos.

1935.

In diesem Jahr werden die Auflagen der Hindernisse fester gemacht. Und Herbert Neckelmann gelingt mit Raubritter der erste fehlerfreie Ritt in der Geschichte des Derbys. Derbysieger wird jedoch Günter Temme mit Egly. Er startet zum ersten Mal im Derby, reitet fehlerfrei und legt auch im Stechen noch eine Nullrunde hin.

1936.

Zunächst sieht es so aus, als wenn Käthe Metzger und Irmgard von Opel das Derby unter sich ausmachen. Dann schiebt sich Goerdt Schlickum zwischen die beiden Amazonen, und als einem der letzten Starter gelingt Oberwachtmeister Nippe auf Landrat der einzige Nullfehlerritt. Allerdings werden für ihn zunächst vier Fehlerpunkte angezeigt, da sich eine Auflage am Koppelrick leicht verschoben hat. Das Publikum pfeift, das Schiedsgericht entscheidet dann doch auf einen fehlerfreien Ritt, und Oberwachtmeister Nippe wird unter dem großen Beifall des Publikums zum Sieger erklärt.

1937.

Wie schon im Vorjahr erlebt das Derby trotz hoher Eintrittspreise und einer begrenzten Anzahl an Sitzplätzen einen Massenbesuch.

Von den Spitzenspringpferden sind in diesem Jahr nur wenige am Start. Mit Schorsch unter Hermann Fegelein und Kampfer unter Herbert Frick machen zwei Pferde der ostpreußischen Zucht das Derby unter sich aus.

1938.

Wieder ist eine große Zuschauermenge in den Jenisch-Park gekommen. Die Kavallerieschule ist mit einem großen Aufgebot am Start. Derbysieger aber wird Günter Temme mit der Stute Nordland aus dem Hamburger Stall Glahn.

1939.

Im letzten Derby vor dem Krieg siegt mit

Nordrud zum ersten Mal ein Pferd der westfälischen Zucht. Waldemar Fegelein startet mit der achtjährigen Stute als drittletzter und bleibt als einziger fehlerlos.

1949.

Von dem schönen alten Turnierplatz im Jenisch-Park ist in den Nachkriegsjahren nicht mehr viel übriggeblieben. Es steht praktisch nur noch das Clubhaus und ein Teil der Zuschauertribüne. Alles, was brennbar war, ist in die Öfen frierender Hamburger gewandert.

Um so erstaunlicher ist es, in wie kurzer Zeit der Norddeutsche und Flottbeker Reiterverein unter der Leitung von Hugo Jansen, Eduard A. Schründer und Dr. Carl Kober den traditionsreichen Derbyplatz wieder herrichtet. Eine neue Tribüne entsteht, der alte Derbyparcours wird von Herbert Neckelmann wieder aufgebaut, und schon 1948 soll das erste Nachkriegsderby wieder stattfinden, wird dann aber wegen der Währungsreform um ein Jahr verschoben.

Über 950 Nennungen gehen zu diesem ersten Nachkriegsderby vom 23. – 26. Juni 1949 ein. In 6 Prüfungen des Turniers übertreffen die Nennungsergebnisse sogar noch die Zahlen von 1939. Zum Springderby haben 62 Teilnehmer gemeldet, von denen schließlich 28 starten.

Das Turnier wird ein Riesenerfolg. Was vor dem Krieg erst in der zweiten Hälfte der dreißiger Jahre gelang, wird jetzt auf Anhieb erreicht. Das Hamburger Springderby wird zum Magnet für das breite Publikum.

Das reiterliche Niveau der Vorkriegszeit ist natürlich noch nicht wieder erreicht. Obwohl die Anforderungen im Derby etwas niedriger gehalten werden, fallen 11 der 28 Starter aus. Siegerin wird Käthe Schmidt-Metzger auf Fenek, die 1936 schon einmal an zweiter Stelle plaziert war. Zum zweiten Mal hat damit eine Reiterin das Deutsche Springderby gewonnen.

1950.

20000 Zuschauer werden am Derbysonntag gezählt. Den Veranstaltern ist es gelungen, die Spanische Hofreitschule zu einem Gastspiel nach Hamburg zu holen. Zum ersten Mal findet das Deutsche Fahrderby statt. Zu Ehren von Eduard F. Pulvermann wird am Derbysonntag eine

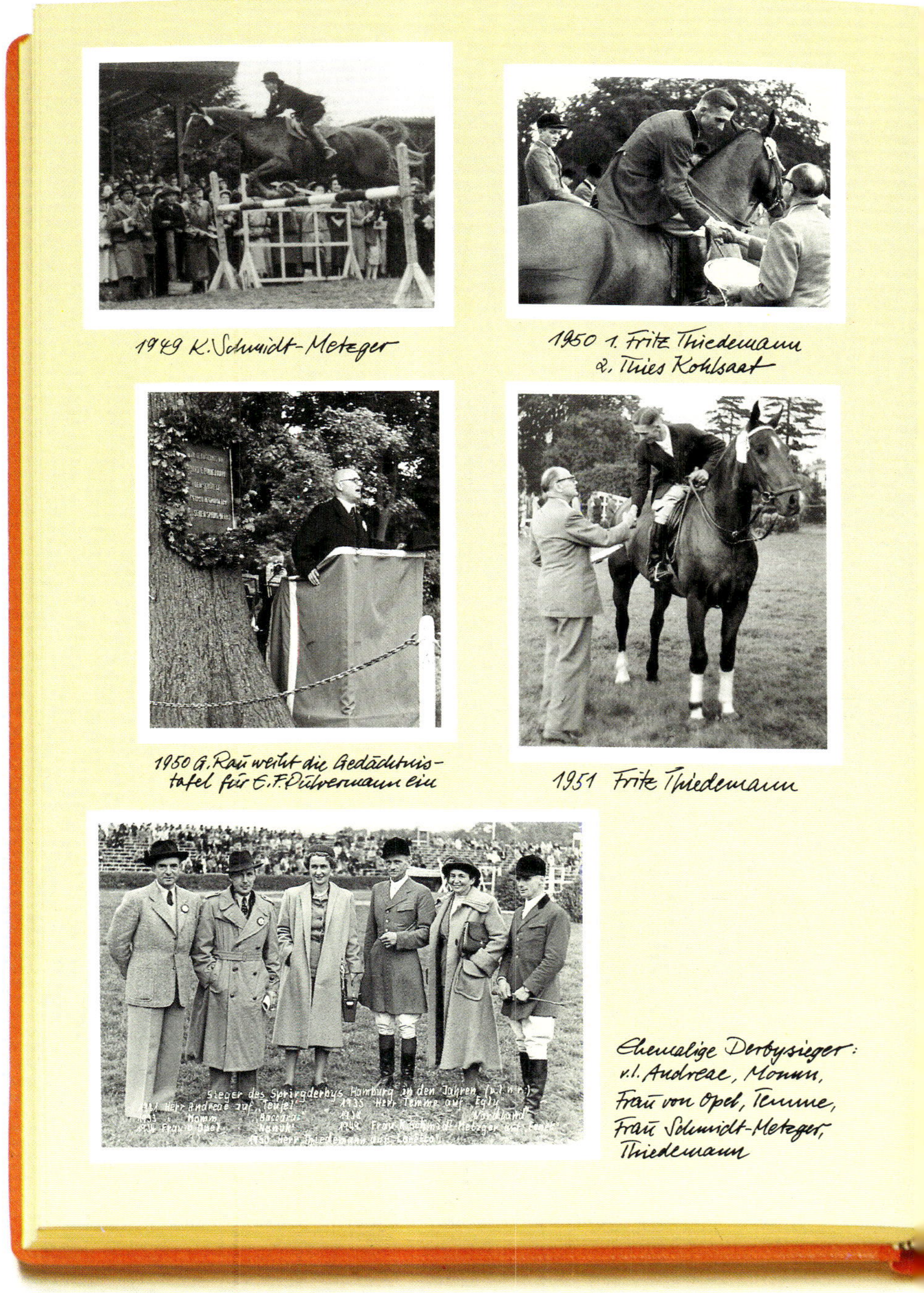

Gedächtnistafel eingeweiht. Am Springderby beteiligen sich schon wieder Reiter aus England, Frankreich, Amerika und Spanien. Die Anforderungen sind bei verschiedenen Hindernissen immer noch etwas niedriger als in der Vorkriegszeit.

Dieses Springderby wird das Derby der Holsteiner. Allein zehn der zwölf plazierten Pferde kommen aus der Holsteiner Zucht. Mit Loretto, dem ich vorher ein intensives Galopptraining verordnet hatte, gewinne ich mein erstes Springderby. Ein krasser Außenseitersieg, denn kein Fachmann hatte Loretto, der vorher in Warendorf ausprobiert worden war, zugetraut, daß er den langen Derbykurs konditionell durchhalten würde. Zweiter wird der erst vierzehnjährige Thies Kohlsaat aus Marne/Kreis Dithmarschen auf der Stute Arnika, die übrigens wochentags wie viele

der damaligen Pferde ihr Brot in der Landwirtschaft verdienen mußte.

1951.

70 Pferde starten diesmal im Springderby. Das ist ein bis heute nicht mehr erreichter Teilnehmerrekord. Allerdings sind viele Pferde doch noch nicht reif für diese Prüfung, und es mehren sich die Stimmen, die für strengere Handicaps plädieren. Das Fahrderby hat sich bewährt und wird zum festen Bestandteil der Derbytage. Bei den Amazonen gewinnt Maria Günther den Sonderehrenpreis für diejenige Reiterin, deren Kopfbedeckung im Verlauf der Springparcours einen ordentlichen Sitz behält. Mir gelingt am Sonntag mit Meteor, der als einziges Pferd fehlerlos bleibt, mein zweiter Derbysieg.

1952.

Wieder ein Regenderby (26 Liter pro qm), aber das hält die Zuschauer nicht davon ab, in großen Scharen nach Klein-Flottbek zu kommen und bis zur Siegerehrung auszuharren. Stolz sind die Hamburger Veranstalter auf die neue Pressetribüne und die zweite, allerdings noch nicht überdachte Zuschauertribüne. Das Derbyturnier ist inzwischen als CHI anerkannt worden, und zum ersten Mal beteiligen sich offizielle Mannschaften aus Chile und den USA. Die Handicaps sind verschärft worden, und dementsprechend gibt es auch weniger Ausfälle im Derby.

Mit Major Russel gewinnt zum ersten Mal ein Ausländer das Springderby. Mir nehmen die Zuschauer ein wenig übel, daß ich nicht in Hamburg starte, aber die Vorbereitung auf die Olympischen Spiele in Helsinki hat diesmal Vorrang.

1953.

Auch beim 25. Derbyturnier geht am Sonntag ein Wolkenbruch über dem Derbyplatz nieder. Wen wundert das noch in Hamburg, wo einem Schnack zufolge die Kinder ihren Regenmantel schon mit in die Wiege bekommen.

Ein spannendes Stechen liefern sich diesmal der junge Walter Schmidt und der frisch gebackene Weltmeister Paco Goyoaga. Walter Schmidt reitet mit Caesar als erster, bleibt wieder fehlerlos und das mit 48,6 sec in der bisher schnellsten Zeit, die jemals im Stechen geritten wurde. Paco Goyoaga setzt nunmehr alles auf eine Karte, aber sein kleiner Schimmelhengst Vergel rutscht vor der zweiten Eisenbahnschranke und findet den Absprung nicht.

Zu den Kuriositäten des Derbys 1953 gehört der Ritt von Helga Köhler. Beim Abstieg vom großen Wall fällt sie auf den Hals von Armalva und überwindet in dieser Lage dennoch den Plankenzaun ohne Fehler.

Zum ersten Mal findet am Montag nach dem Derbytag ein Kostümspringen statt, bei dem das „Derby des kleinen Mannes" entschieden wird, wie diese Prüfung unter den Teilnehmern heißt.

1954.

Das Schlammderby. Schwerer für die Pferde konnte es nicht mehr werden. Der Turnierplatz ist durch den tagelangen Regen regelrecht in einen Morast verwandelt worden, der Abreiteplatz ist überhaupt nicht mehr zu benutzen, Pulvermanns Grab steht unter Wasser und muß aus dem Parcours herausgenommen werden, die Mindestzeit wird auf 240 Sekunden erhöht.

Dabei haben die Veranstalter alles darangesetzt, um ihr Derby noch attraktiver zu machen. Zusätzliche Stehplätze für etwa 5000 Besucher sind geschaffen worden, die Tribünen wurden um 1500 Sitzplätze erweitert und endlich gibt es auch wieder einen erhöhten Richterturm, diesmal über dem Eingang zum Abreiteplatz. Sollte sich das alles nicht gelohnt haben?

Doch das Publikum bleibt dem Derbyturnier trotz des Unwetters treu. 15000 Zuschauer sind erschienen. Und als wir nach dem Stechen, das ich mit Diamant vor Hans-Heinrich Lammerich mit Nemo gewinne, zur Siegerehrung einreiten, strömen Hunderte begeisterter Menschen auf den Platz, obwohl sie im Schlamm fast steckenbleiben. Frau Pulvermann, die mir den Ehrenpreis überreicht, wird von starken Händen über den Platz getragen. Andere Offizielle laufen einfach barfuß durch den Schlamm.

1955.

Strahlende Sonne und eine schon fast tropische Hitze erlebt das Derbyturnier in diesem Jahr. Hans Günter Winkler gelingt mit Halla der einzige Nullfehlerritt des Tages. Zum ersten Mal findet das Dressurderby statt, das durch den Pferdewechsel im Finale zu einer besonderen Attraktion der Hamburger Turniertage wird.

1956.

Im Olympiajahr findet das Derbyturnier kurz nach den Olympischen Spielen in Stockholm und vor der Weltmeisterschaft in Aachen statt. Reiter aus Argentinien, England, Frankreich, Italien, Japan, Spanien und Venezuela sind in Hamburg am Start. Drei Ausländern – Carlos Delia mit Discutido, Paco Goyoaga mit Toscanella und Raimondo d'Inzeo mit Posillipo – gelingt im Derby eine Nullrunde. Im Stechen geht als einziger Discutido wiederum fehlerfrei.

Ich erfahre in diesem Jahr, wie schlecht sich mit einem Hexenschuß reiten läßt. Mit Meteor muß ich beim Abstieg vom Wall aus dem Sattel.

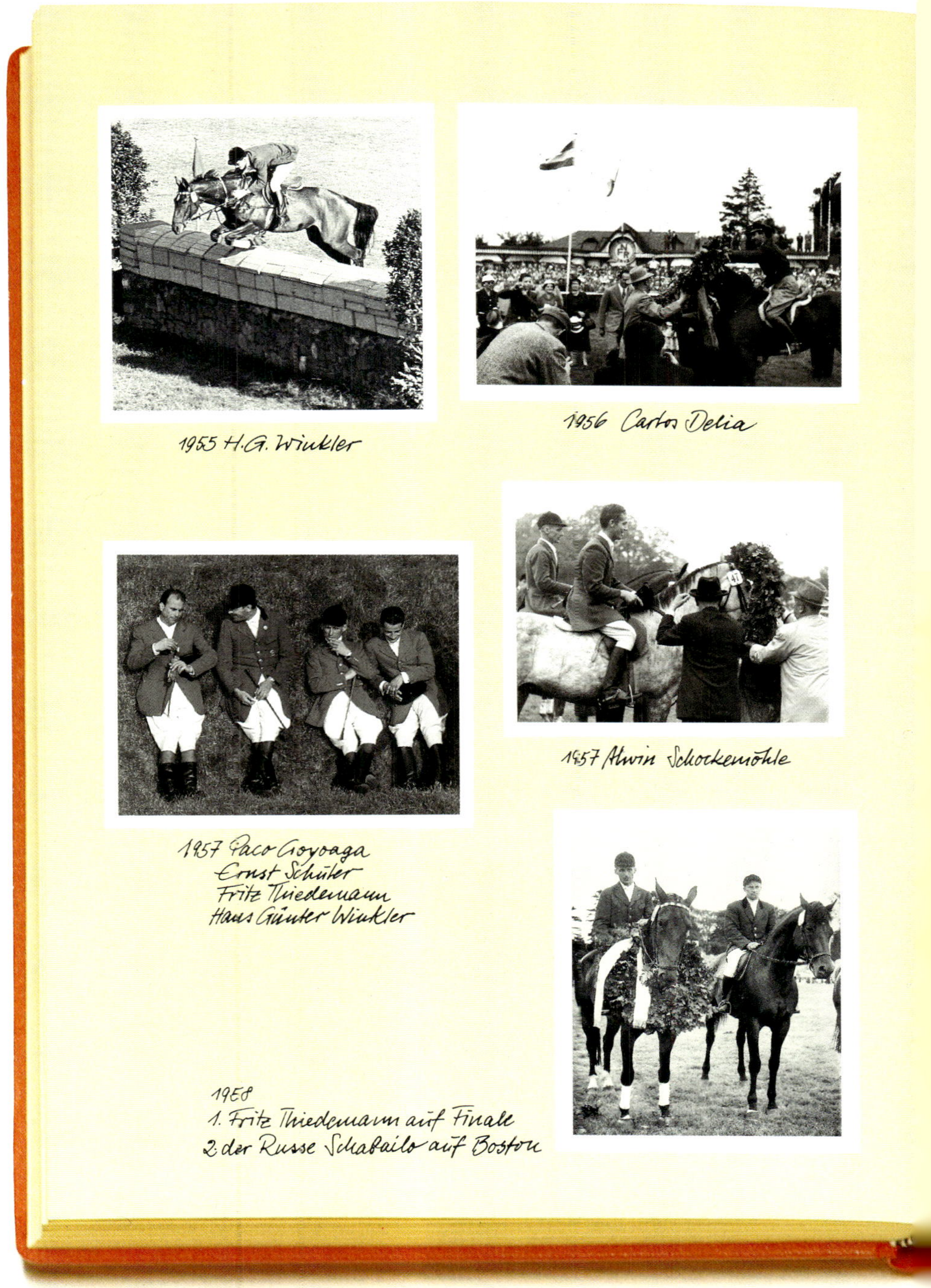

1957.

Bei Regen und glattem Boden gibt es diesmal keinen fehlerfreien Ritt. Mit je 4 Fehlerpunkten kommen Alpenjäger, Bachus, Finale und Godewind ins Stechen. Der erst zwanzigjährige Alwin Schockemöhle steuert schließlich den schwierigen Bachus als einziger fehlerlos über den Stechparcours und wird damit in seinem zweiten Derbyjahr schon Derbysieger.

1958.

Reiter aus 10 Nationen beteiligen sich beim dreißigsten Deutschen Springderby, darunter zum ersten Mal auch Reiter aus der Sowjetunion. Bei der Parade der Derbyteilnehmer reiten erstmalig die noch lebenden früheren Derbysieger voran.

Gleich als zweitem Starter gelingt Ernst Schabailo aus der Sowjetunion mit Boston ein fehlerfreier Ritt. Und die richtige Derbystimmung ist da. Lange sieht es so aus, als wäre dies schon der Derbysieg. Bis ich dann als 42. und 55. Starter Finale und Meteor fehlerfrei über den Parcours reiten kann. Meteor stellt damit einen neuen Derbyrekord auf. Er ist zum dritten Mal fehlerlos geblieben. Und ein weiterer Rekord kommt auch für mich hinzu; denn bisher ist noch kein Reiter in einem Jahr mit zwei Pferden fehlerlos gewesen.

Im Stechen bleibt Ernst Schabailo wiederum fehlerfrei, aber auch Finale geht ohne Fehler und bleibt 7,7 sec unter der Zeit von Boston.

1959.

6 Pferde sind in diesem Jahr ohne Fehler über den Derbyparcours gegangen: Ramona mit Alwin Schockemöhle, Heidschnucke mit Edmund Müller, The Rock mit Piero d'Inzeo und Godewind, Meteor und Retina mit mir. Das hat es bisher noch nicht gegeben.

Das Stechen macht dieses Derby zu einem Derby der Schimmel. Im Stechen habe ich Retina gewaltig aufgedreht. Mit 46,7 sec erreichen wir eine Zeit, die erst 1978 von Eddie Macken mit Boy noch einmal unterboten wird. Auch Alwin Schockemöhle reitet Ramona auf Biegen und Brechen vorwärts, kommt an Retinas Zeit aber nicht ganz heran. Damit ist die erst siebenjährige Retina die bis heute jüngste Derbysiegerin, und ich bin zum fünften Mal, jedesmal auf einem anderen Pferd, Derbysieger geworden.

1960.

Das Derby der Schimmel scheint sich zu wiederholen. Die erste Qualifikationsprüfung gewinne ich im Renntempo mit Retina, bei der zweiten Qualifikationsprüfung ist die jetzt erst siebenjährige Ramona noch schneller und verweist Retina auf den zweiten Platz.

Im Derby kommt es dann anders als erwartet. Der einzige Nullfehlerritt gelingt unerwartet Kurt Jarasinski mit Raffaela. Die beiden schnellen Schimmelstuten werden Zweiter und Vierter.

Zum siebten Mal wird in diesem Jahr Helga Köhlers Armalva plaziert. Immer war die Stute mit vorn. Aber zum Derbysieg, den ihr jeder gegönnt hätte, hat es leider nie gereicht.

Erfolgreichster ausländischer Teilnehmer ist der Koreaner Kwan Ki Min. Mit 12 Fehlern kommt er mit Domfee über den Parcours.

1961.

Weltmeister und Olympiasieger war Raimondo d'Inzeo bereits geworden. Jetzt gelingt ihm nach mehreren Anläufen auch der Derbysieg. Nur knapp im Stechen geschlagen, kommt in diesem Jahr ein junger Brasilianer namens Nelson Pessoa, der von nun an Derbygeschichte schreiben wird, auf den zweiten Platz.

Für mich bedeutet dieses Jahr der Abschied vom Derby. Ich freue mich über den vierten Platz im Stechen mit Godewind, aber noch mehr über den sechsten Platz des jetzt achtzehnjährigen Meteor. Seit seinem Derbysieg von 1951 ist er mit

Ausnahme des Olympiajahres 1952 und wegen einer Lahmheit im Jahr 1953 immer im Derby dabeigewesen, war insgesamt achtmal plaziert und wurde nur 1956 aufgrund meines Sturzes nicht plaziert, obwohl er ohne einen Springfehler gegangen war. Fünfmal, und das bei jedem Start, hat er außerdem den Preis der Freien und Hansestadt Hamburg auf diesem Platz gewonnen.

1962.

Die beiden Erstplazierten des Vorjahres machen auch 1962 das Springderby unter sich aus. Diesmal bleibt Nelson Pessoa im Stechen mit Espartaco fehlerfrei und verweist Raimondo d'Inzeo mit Merano und Posillipo auf den zweiten und dritten Platz. Ein Bilderbuchritt gelingt Nelson Pessoa mit Gran Geste, bis er den wunderbaren kleinen Schimmel am letzten Hindernis etwas zu sehr verhält und der Schimmel stehenbleibt. Gran Geste wird in den kommenden Jahren das erfolgreichste Derbypferd aller Zeiten.

Helga Köhler gewinnt in diesem Jahr zum siebten Mal den seit 1949 ausgetragenen Stilpreis. Eine Leistung, die bis heute noch kein anderer Reiter erreicht hat.

1963.

Einen Doppelsieg erzielt Nelson Pessoa mit Espartaco und Gran Geste. Die Jury verzichtet in diesem Fall auf ein Stechen, da beide Pferde im Besitz von Arline Givaudan sind. Espartaco wird damit nach Döllnitz, Falkner und Derby das vierte Pferd mit zwei Derbysiegen.

Mein Godewind, der jetzt von Kurt Jarasinski geritten wird, kann sich in diesem Jahr zum sechsten Mal im Derby plazieren.

1964.

Im Olympiajahr ist die internationale Beteiligung in Hamburg gering. Als Stammgast dabei sind aber Arline Givaudan und Nelson Pessoa. Zum ersten Mal reitet in Hamburg Janou Lefèbvre, und Pierre Jonquères d'Oriola gewinnt mit seinen überzeugenden Ritten auf Lutteur den Stilpreis. Fertiggestellt ist in diesem Jahr die Überdachung der großen Tribüne. Der einzige Nullfehlerritt im Derby gelingt Hermann Schridde mit Dozent, der damit seine gute Form für Tokio nachhaltig unter Beweis stellt.

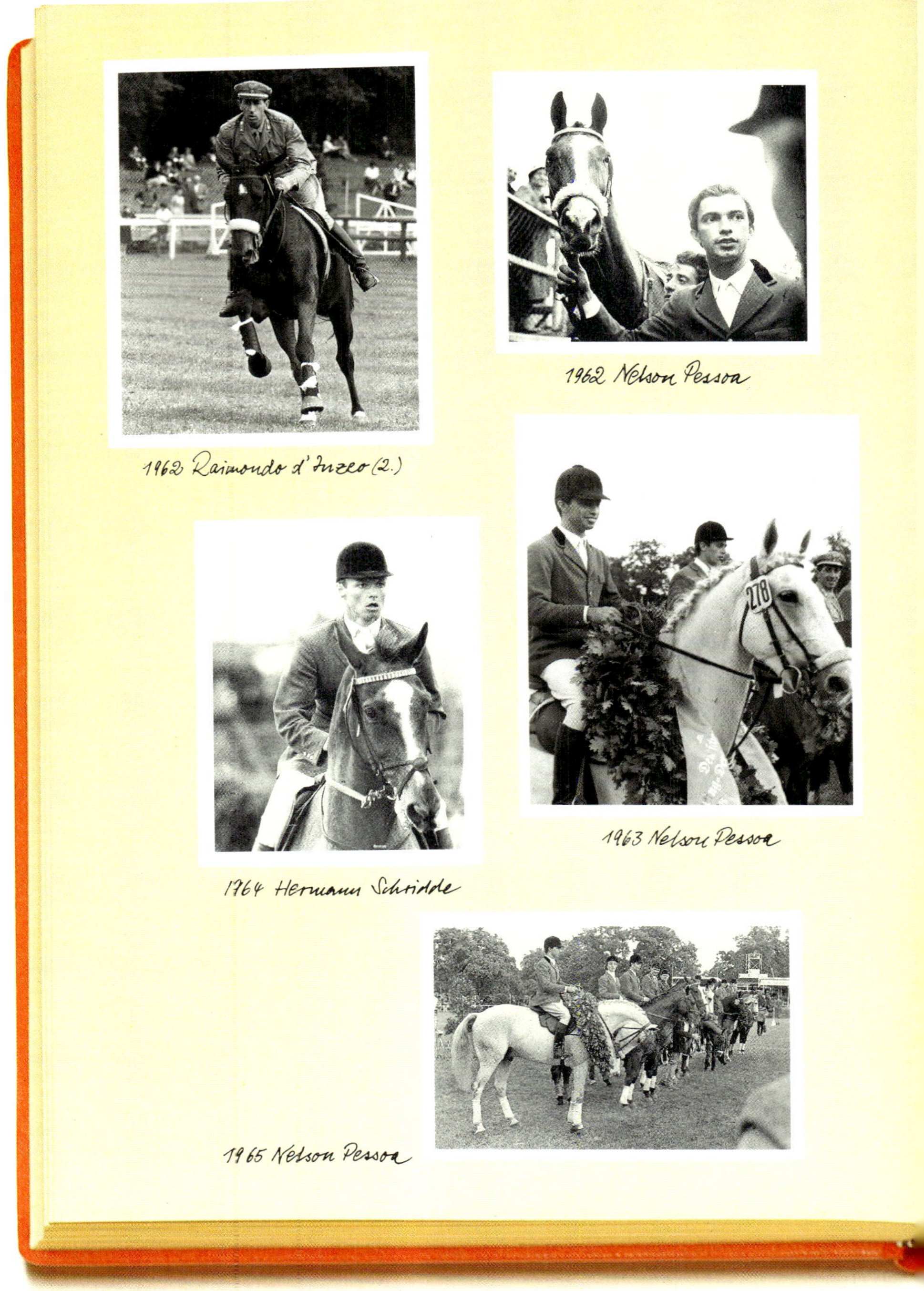

1965.

Ganz überlegen ist in diesem Jahr der Stall Givaudan-Pessoa. Neco Pessoa gewinnt das erste Ausscheidungsspringen, Arline Givaudan das zweite Ausscheidungsspringen, Pessoa wird Dritter. Im Derby reitet Arline Givaudan mit einer Wirbelsäulenverletzung und kann Caribe und Huipil dennoch auf dem zweiten und vierten Platz plazieren. Sieger im Springderby wird Nelson Pessoa mit Gran Geste. Ein klarer Favoritensieg, den die 20000 Zuschauer begeistert feiern.

1966.

Wieder sind 20000 Zuschauer nach Klein-Flottbek gekommen. Kurt Jarasinski, Hermann Schridde und Hartwig Steenken reiten ohne

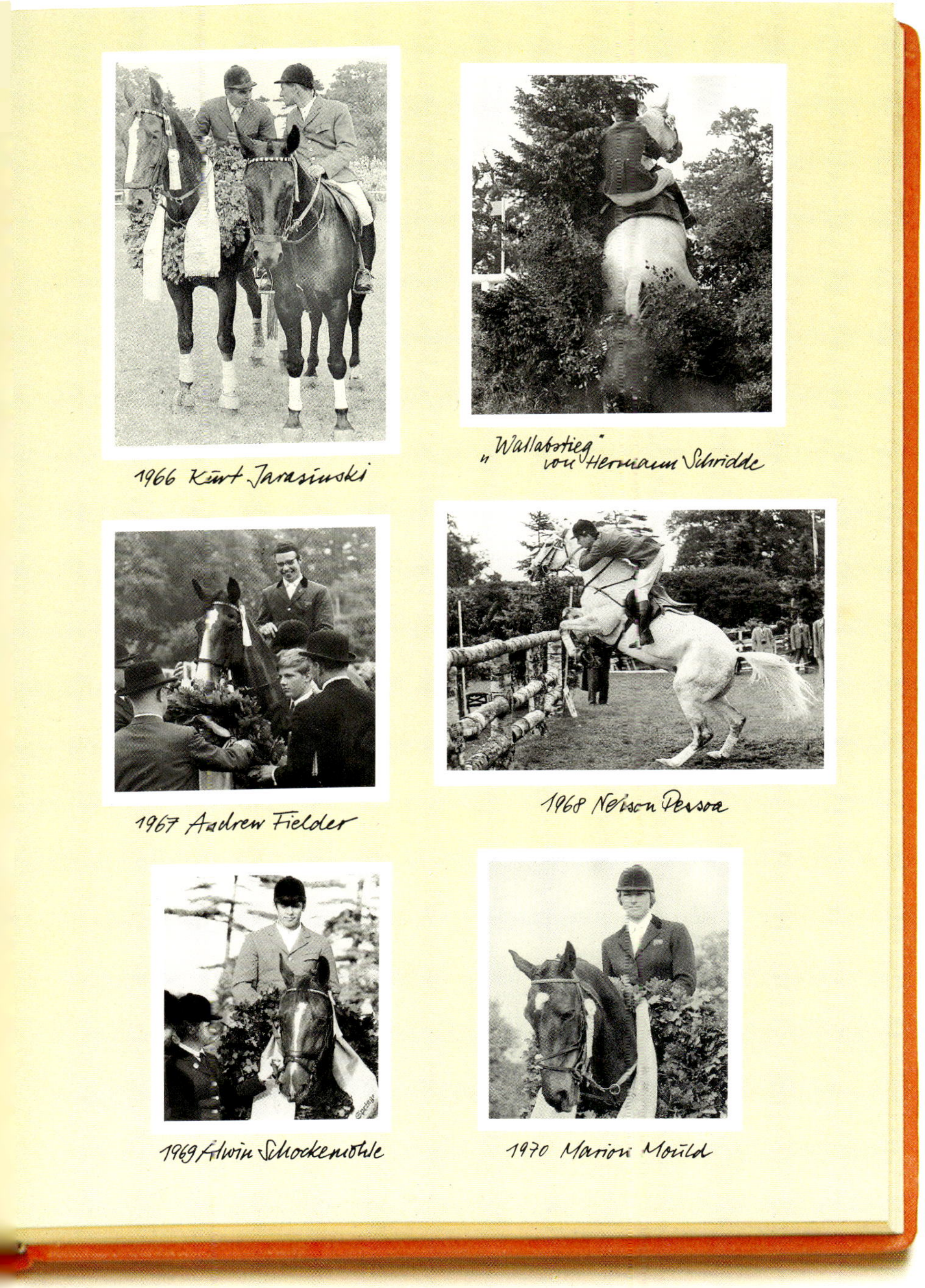

Fehler über den Derbyparcours. Im Stechen bleibt Kurt Jarasinski mit Torro wiederum fehlerlos. Die Zeit von 51 sec zwingt zum schnellen Reiten. Dozent von Hermann Schridde wirft dabei das Doppelrick und das Tor in der Mauer. Fairneß, von dem mit gebrochenem Schlüsselbein reitenden Hartwig Steenken sehr schnell gemacht, reißt eine der Eisenbahnschranken.

1967.

Zum ersten Mal gewinnt in diesem Jahr mit Andrew Fielder auf Vibart ein Engländer das Derby. Er ist zusammen mit dem Brasilianer José Fernandez auf Cantal und Hans Günter Winkler auf Saila ins Stechen gekommen. Cantal reißt den Birkenoxer und die beiden Eisenbahnschranken. Saila unterläuft zweimal die Eisenbahnschranken, kommt beim zweiten Mal zu Fall, und Hans Günter Winkler bricht sich den Unterarm. So kann der Engländer mit nur einem Springfehler in Ruhe nach Hause reiten.

1968.

Beim 40. Derbyturnier sind, wie schon 1959, wieder sechs Reiter mit fehlerlosen Ritten ins Stechen gekommen. Hartwig Steenken mit Porta Westfalica, Hermann Schridde mit Dozent, Bernd Kuwertz mit Ferrara, Hans Emslander mit Passat, Lutz Merkel mit Sir und Nelson Pessoa mit Gran Geste. Das Stechen wird unwahrscheinlich spannend. Die ersten drei Reiter reiten auf Tempo, aber jeder bekommt dabei 4 Fehlerpunkte. Dann Hans Emslander. Der Bayer läßt sich Zeit und bleibt fehlerfrei. Ein großer Erfolg für ihn. Lutz Merkel legt wieder einen Temporitt hin. 8 Fehlerpunkte. Nelson Pessoa kann sich jetzt auf einen fehlerfreien Ritt konzentrieren. Das gelingt und Neco hat zum vierten Mal das Springderby gewonnen. Gran Geste wird zum dritten Mal Derbysieger. Im nächsten Jahr kann sich dieses Ausnahmepferd noch einmal an dritter Stelle plazieren und kommt damit wie Meteor auf insgesamt acht Derbyplazierungen.

1969.

Lange sieht es bei diesem Derby so aus, als gäbe es nach langer Zeit wieder einmal ein Stechen der Reiter, die mit 4 Fehlern über den Kurs gekommen sind. Pessoa führt mit Gran Geste vor Hauke Schmidt mit Freeman. Dann schiebt sich Hermann Schridde mit Wartburg durch einen schnelleren 4-Fehler-Ritt vor Gran Geste. Als letzter Starter reitet Alwin Schockemöhle mit Wimpel ein. Und ihm gelingt dann doch noch mit einem überlegten und sicheren Ritt der einzige fehlerfreie Umlauf des Tages.

1970.

Fünfzig Jahre nach dem ersten Derby 1920 geht Marion Mould mit dem kleinen Stroller als erste Reiterin an den Start. Sie hatte schon zwei Mal das englische Springderby in Hickstead gewonnen, startet in Hamburg aber zum ersten Mal. Marion Mould kommt ohne einen Fehler nach Haus. Sie ist damit die erste fehlerfreie Amazone im Deutschen Derby, ihr Ritt war der fünfzigste fehlerfreie Ritt in der Derbygeschichte. 34 weitere Pferde muß sie noch abwarten. Aber keinem anderen gelingt an diesem Tag eine Nullrunde. Damit ist Marion Mould auch die dritte Amazone, die das Derby gewinnt.

1971.

Alwin Schockemöhle und Wimpel wiederholen die Geschichte des Derbys von 1969. Kein Reiter ist bisher mit 0 Fehlern über den Parcours gekommen. Hugo Simon führt mit 3 Fehlern, die ihn das Verweigern von Fair Lady am weißen Plankenzaun gekostet haben. Alwin reitet als vorletzter Starter ein, bringt Wimpel ohne Fehler über den Kurs und gewinnt damit zum dritten Mal das Springderby. Zum letzten Mal hat in diesem Jahr ein Kostümspringen stattgefunden.

1973.

Wegen der Olympischen Spiele in München ist das Derby 1972 ausgefallen. 1973 reitet zum ersten Mal Paul Weier in Hamburg. Der Schweizer kann sich mit nur einem Springfehler gut behaupten. Am Krückstock kommt Hartwig Steenken nach Hamburg. Er hatte einige Monate vorher einen schweren Sturz in der Halle Münsterland. Mit noch vernageltem Bein startet er im Derby und gewinnt auf Simona mit dem einzigen fehlerfreien Ritt des Tages.

1974.

Ein absolutes Rekordjahr. 7 Pferde kommen fehlerfrei über den Derbykurs. Und im Stechen gibt es nochmals vier fehlerfreie Ritte. Hartwig Steenken erzielt einen Doppelerfolg mit Kosmos und der jetzt schon sechzehnjährigen Simona. Hinter ihm bringt der bis dahin noch wenig bekannte junge Ulrich Meyer zu Bexten seine Pferde Floto und Wembley auf die Plätze drei und vier.

1975.

In diesem Jahr sind auf Wunsch der Reiter die Parcours für die Derby-Qualifikationen verkürzt worden. Man will die Pferde mit den Besonderheiten des Derbys vertraut machen, ihnen aber keine unnötigen Galoppstrecken abverlangen. Auch für die Zuschauer werden die Springprüfungen vor dem Derbysonntag dadurch komprimierter und interessanter.

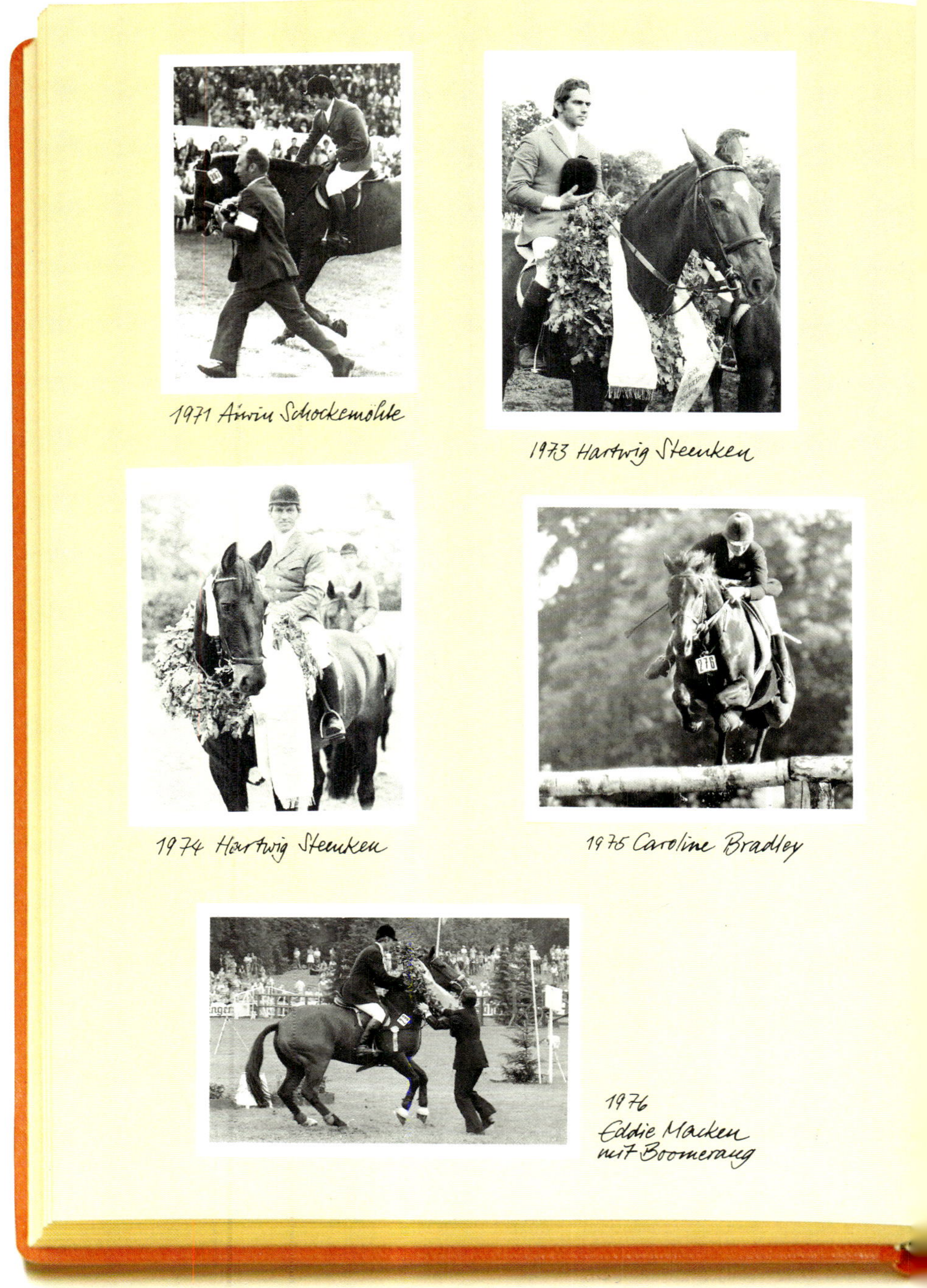

Im Stechen des Derbys, das Caroline Bradley mit New Yorker und Sönke Sönksen mit Kwept bestreiten, gibt es einen unerfreulichen Zwischenfall, als Sönke nach dem Birkenoxer ein Fotograf über den Weg läuft. In seiner ruhigen und sportlichen Art macht Sönke Sönksen aber kein Aufheben um die Sache. Mit Caroline Bradley siegt zum zweiten Mal eine englische Amazone im Derby. Drei englischen Reiterinnen ist damit bisher ein Nullfehlerritt gelungen.

1976.

Nach mäßigen Zuschauerzahlen in den letzten Jahren kommen diesmal wieder über 20000 Zuschauer zum Derby. Beim Dressurderby haben die Veranstalter wieder den Modus des Pferdewechsels im Finale gewählt, von dem man in den

Vorjahren abgekommen war. Für die Zuschauer und auch für die Reiter sicherlich die interessantere Lösung.

Im Springderby kommen 5 Pferde ins Stechen. Eddie Macken reitet mit Boy einen schnellen Stechparcours und forciert mit Boomerang das Tempo noch mehr. Aber mit beiden Pferden bekommt er einen Springfehler. Hans Quellen, Nelson Pessoa und Paul Schockemöhle reiten vorsichtiger. Aber keiner kommt ohne Fehler nach Hause. Eddie Macken ist Doppelsieger.

1977.

Mit einem dramatischen Stechen endet auch dieses Derby. Hugo Simon reitet Little One in einem höllischen Tempo. Der Hengst geht fehlerfrei und erzielt mit 48,2 sec die zweitschnellste Zeit, die jemals im Stechparcours des Derbys geritten wurde. Hartwig Steenken versucht, mit dem sechsjährigen Gladstone noch schneller zu sein. Aber Gladstone ist nervlich überfordert, macht Fehler und Hartwig gibt auf.

Alwin Schockemöhle verabschiedet sich in diesem Jahr vom aktiven Turniersport. Hartwig Steenken als der Vertreter der deutschen Springreiter und David Broome als der Vertreter der internationalen Springreiter ehren ihren alten Reiterkameraden in kurzen Ansprachen vor dem Hamburger Publikum.

1978.

Die Rennjagd im Stechen des Vorjahres wird in diesem Jahr noch überboten. Asterix mit Hendrik Snoek schafft 46,8 sec, und auch Sanyo Music Center mit Harvey Smith ist in 48,1 sec noch schneller als Little One im Vorjahr. Eddie Macken aber legt mit Boy in einem fehlerlosen Ritt die unglaubliche Zeit von 44 sec vor und unterbietet damit Retinas alte Rekordmarke gleich um 2,7 sec. Da ich bei meinem damaligen Ritt auf Retina auch schon das Gefühl hatte, die maximale Geschwindigkeit herausgeritten zu haben, sieht man, wie unsere Pferde durch die züchterischen Maßnahmen in ihrer Galoppade doch noch wesentlich verbessert worden sind.

1979.

Am 24. bis 27. Mai 1979 findet das Derbyturnier zum fünfzigsten Mal statt. Die Rekordbesuche der fünfziger und sechziger Jahre erreicht auch dieses Jubiläumsderby nicht. Aber obwohl es am Derbysonntag wieder einmal wie aus Eimern regnet und das Springderby außerdem in voller Länge im Fernsehen übertragen wird, kann man mit dem Besuch doch noch zufrieden sein.

Nach seinem Weltmeisterschaftserfolg sichert sich Gerd Wiltfang mit Roman in diesem Jahr seinen ersten Derbysieg. Er ist im Stechen als erster geritten und in 49,69 sec fehlerlos geblieben. Paul Schockemöhle mit El Paso und Heinrich-Wilhelm Johannsmann mit Chico versuchen, seine Zeit zu unterbieten, bekommen aber beide einen Springfehler.

Damit sind seit 1920 bis heute 1887 Starter über den Derbykurs gegangen, und nur 75mal gelang dabei ein fehlerloser Ritt.

Beim fünfzigsten Deutschen Springderby müssen die Zuschauer wieder einmal die Regenschirme aufspannen. Fritz Peyer, Derbyfotograf seit den fünfziger Jahren, hat inzwischen seine eigene Methode, um mit dem Hamburger Wetter fertig zu werden.
Das Fernsehen überträgt das Springderby diesmal in voller Länge. Trotzdem kommen auch heute noch genügend Zuschauer nach Klein-Flottbek, um das Derby direkt zu erleben, und harren bis zum letzten Ritt im Regen aus.

„Wie reitet man am besten über den Derbyparcours?" In jedem Jahr stellen die Reiter diese Frage von neuem. Der Abstieg vom Wall und der folgende weiße Plankenzaun stehen dabei im Mittelpunkt des Interesses. Wer hier fehlerlos bleibt, hat Chancen auf eine gute Plazierung.

Nelson Pessoa mit Monsieur Moet über Hindernis 1, dem braunen Koppelrick neben dem großen Derbywall. Der „luftige" Aufbau und der braune Anstrich führen leicht dazu, daß die Pferde diesen nur 1,30 m hohen Steilsprung nicht ernst nehmen. Beim Jubiläumsderby 1979 unterlief allerdings nur Colombo mit Franke Sloothaak schon hier ein Fehler.

Hendrik Snoek und Rochus über dem als zweites Hindernis folgenden Naturoxer. Von den Abmessungen her bietet dieses Doppelkoppelrick, wie es in der offiziellen Derby-Sprache heißt, den heutigen S-Springpferden keine Schwierigkeit. Aber aus den gleichen Gründen wie beim ersten Koppelrick kann es auch hier leicht zu Flüchtigkeitsfehlern kommen.

Absprung vom zweiten der beiden Wälle vor dem Ein- und Ausgang. Franke Sloothaak hat mit dem Derbyroutinier Rex the Robber keine Probleme, aber für weniger wallerfahrene Pferde ist dies die erste echte Derbyklippe.

Die Pferde zögern häufig vor den Wallauf- und -absprüngen, galoppieren nicht zügig genug zwischen den Wällen und werden durch den Ein- und Ausgang neben den Wällen zusätzlich abgelenkt.

Die weniger wallerfahrenen Pferde kommen nach den beiden Wällen erst allmählich wieder in den richtigen Atem- und Bewegungsrhythmus. Allerdings haben die Pferde bis zum Wassergraben, den hier Achaz von Buchwaldt mit Calvados und Nelson Pessoa mit Monsieur Moet überspringen, ausreichend Zeit.

Und zudem ist der Wassergraben nicht besonders schwierig, da die Absprungstelle etwas höher als die Landestelle ist.

Zu den sehr breiten Derbyhindernissen gehört die folgende Palisade, die optisch nicht so hoch wie ein entsprechendes Hindernis in der normalen Breite von 4 m bis 4,50 m wirkt. Zusätzli
Obere Reihe: Bernhard Kamps auf Soltau. Zweite Reihe: Karl Heinz Giebmanns auf Gabrie

rden manche Pferce auch durch das „Loch" zwischen der Palisade und dem Unterbau des Hindernisses irritiert und konzentrieren sich darauf mehr als auf den oberen Teil der Palisade.
itte Reihe: Hasso Wagner auf Mac Merry. Untere Reihe: Paul Schockemöhle auf El Paso.

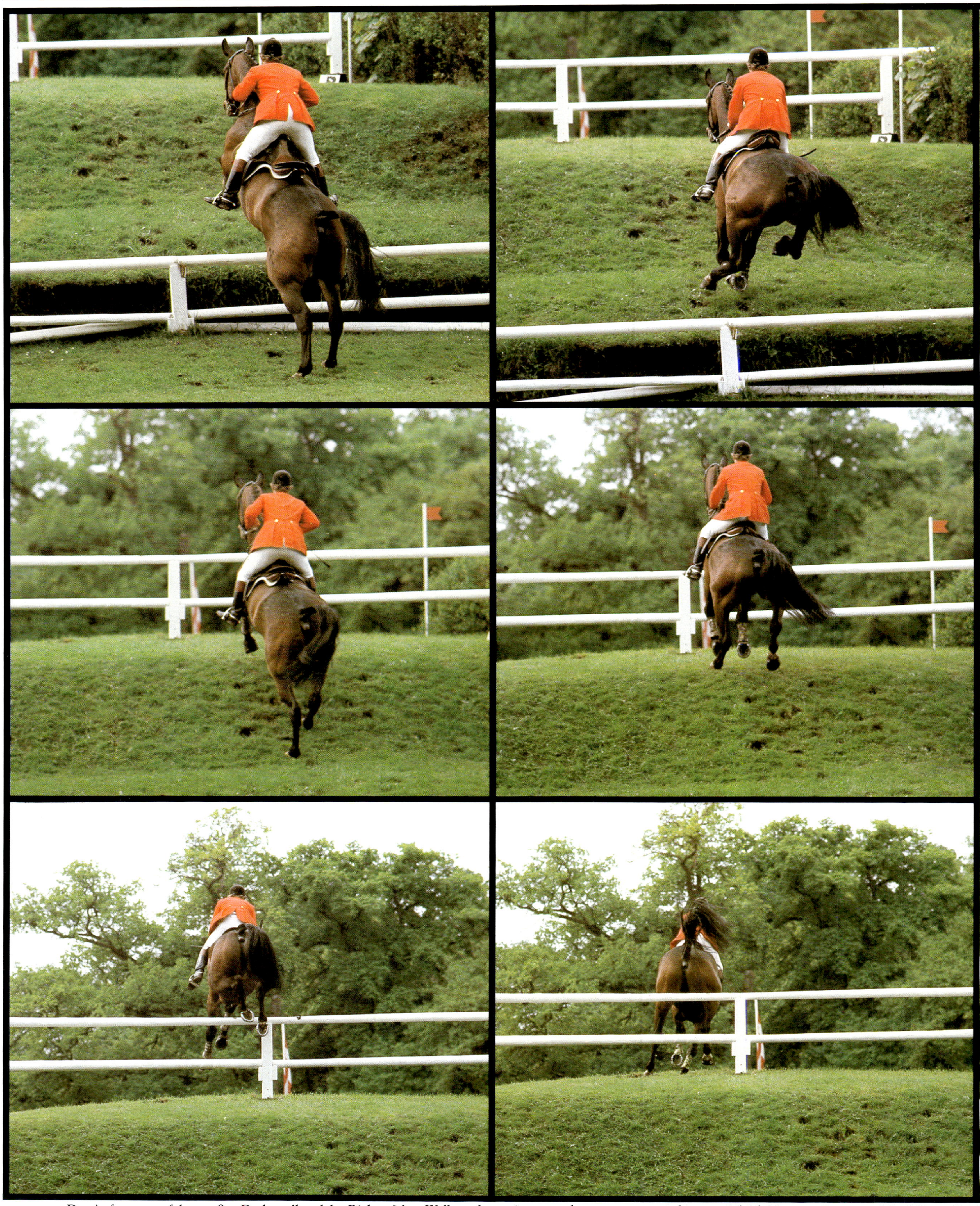

Der Aufsprung auf den großen Derbywall und das Rick auf dem Wall werden meistens so glatt genommen wie hier von Ulrich Meyer zu Bexten auf Graf Sieno. Bei dem nur 1
So machten auch beim Derby 1979 wieder vier Pferde hier einen Fehle

hen Rick auf dem Wall kann es aber Fehler geben, wenn die Pferde überm Sprung plötzlich den Wallabstieg bemerken und sich dann nicht mehr auf das kleine Rick konzentrieren. wohl sie in den Tagen vor dem Derby bereits über den großen Wall gegangen waren.

Meisterhaft demonstriert hier Gerd Wiltfang, wie man die schwierigste Derbypassage überwindet. Obwohl Roman beim Wallabstieg etwas wegrutscht, gelingt es Gerd, den Wall so langsam und so weit wie möglich herunterzureiten. Nach dem Absprung vom Wall fordert er Roman zu einem weiteren energischen Galoppsprung auf, macht sich im Absprung ganz leicht und kommt so fehlerfrei über den Plankenzaun.

Ein Mißgeschick, das hier schon viele Reiter traf und typisch für den großen Derbywall ist. Thomas Bartels' Day Dream springt zu früh ab, kommt im Landen stark auf die Vorhand und kann dadurch mit dem nächsten Galoppsprung nicht mehr genug Schwung für den Plankenzaun gewinnen. Thomas kommt hinter die Bewegung und belastet dadurch die Hinterhand des Pferdes überm Sprung.

Weit übersprungen wird das Koppelrick mit Wassergraben von Heinrich-Wilhelm Johannsmann mit Chico, der nach dem Sprung gut geschlossen weitergaloppiert.

Nicht immer springen die Pferde hier so großzügig. Sie erkennen den Wassergraben erst im letzten Moment, konzentrieren sich dann oftmals zu sehr auf das Wasser, springen schwächer als gewöhnlich ab oder unterlaufen das Hindernis oder bleiben sogar stehen.

Keine Schwierigkeit bereitet Tüttjes Tanzsalon, das Tor in der großen Mauer, das hier Hasso Wagner und Mac Merry vorsichtig aber sehr sicher angehen.

Die beiden Derbyneulinge kommen mit nur einem Abwurf am weißen Plankenzaun über den Derbykurs und können sich damit auf Anhieb plazieren.

Der Birkenoxer war früher von den Abmessungen her eine der größten Schwierigkeiten des Derbyparcours. Unsere heutigen Springpfer
Hier hilft sich David Broomes Red A nach einem zu frühen Absprung, indem er die Hinterbei

…ben es aufgrund ihres im allgemeinen größeren Springvermögens einfacher, aber passend herankommen an diesen Oxer müssen sie schon.
…eit unter den Bauch zieht und sich in Schräglage über das Hindernis rettet.

Noch früher springt Livius unter Peter Luther in der letzten Qualifikationsprüfung zum Derby vor dem Birkenox

und landet mitten im Hindernis, was ihn am Derbysonntag zu einer besonderen Vorsicht im Parcours veranlaßt.

Der Buschoxer vor der großen Tribüne, den hier Franke Sloothaak mühelos mit Rex the Robber überfliegt, wird im Normalparcours im allgemeinen gerade und mit ausreichendem Schwung vor dem Oxer angeritten.

Im Stechen hat der Buschoxer aber seine Tücken, wenn ihn die Reiter, um Zeit zu gewinnen, aus der Wendung heraus springen und die Pferde das Gefühl haben, in die Zuschauer hineinzuspringen. Beim Derby 1979 holte sich hier El Paso unter Paul Schockemöhle seinen einzigen Springfehler im Stechparcours.

Tauchen sollen die Pferde schon, aber nicht unter dem Hindernis hindurch. Hier hat Hans Quellens Santa Claus nicht begriffen, daß er die Eisenbahnschranken eigentlich springen sol befinden sich bei diesen einzelnen Hindernisstangen in einer ganz ungewohnten Situation. Sehr flüssig kommt dagegen Heinri

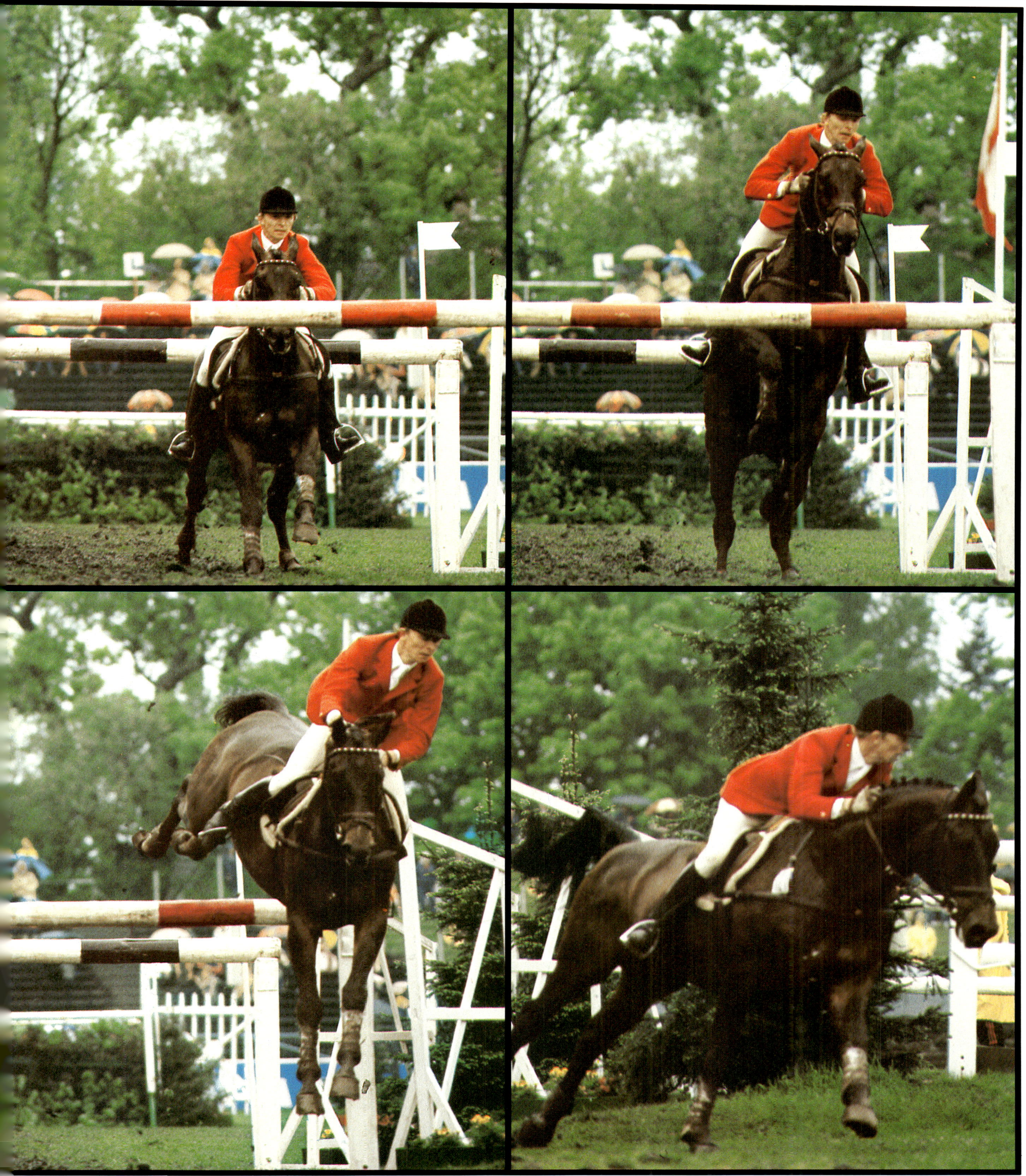

nliche Szenen oder Verweigerungen gibt es an diesem Hindernis immer wieder, denn die Pferde sind von den normalen Parcours gut ausgefüllte und einladende Hindernisse gewohnt und
ilhelm Johannsmann im Stechparcours über die Eisenbahnschranken, um danach sofort auf die Mauer hin abzuwenden.

Peter Luther mit Livius über dem großen Gatter. Dieser Steilsprung stellt keine besonderen Anforderungen dar. Aber es kann passieren, daß jetzt im letzten Drittel des Derbyparcours die Kräfte schon etwas nachlassen.

Möglicherweise richtet sich die Aufmerksamkeit des Reiters hier auch schon mehr auf das nachfolgende Pulvermanns Grab als der nächsten großen Derbyklippe, und das Gatter wird nicht voll konzentriert angeritten.

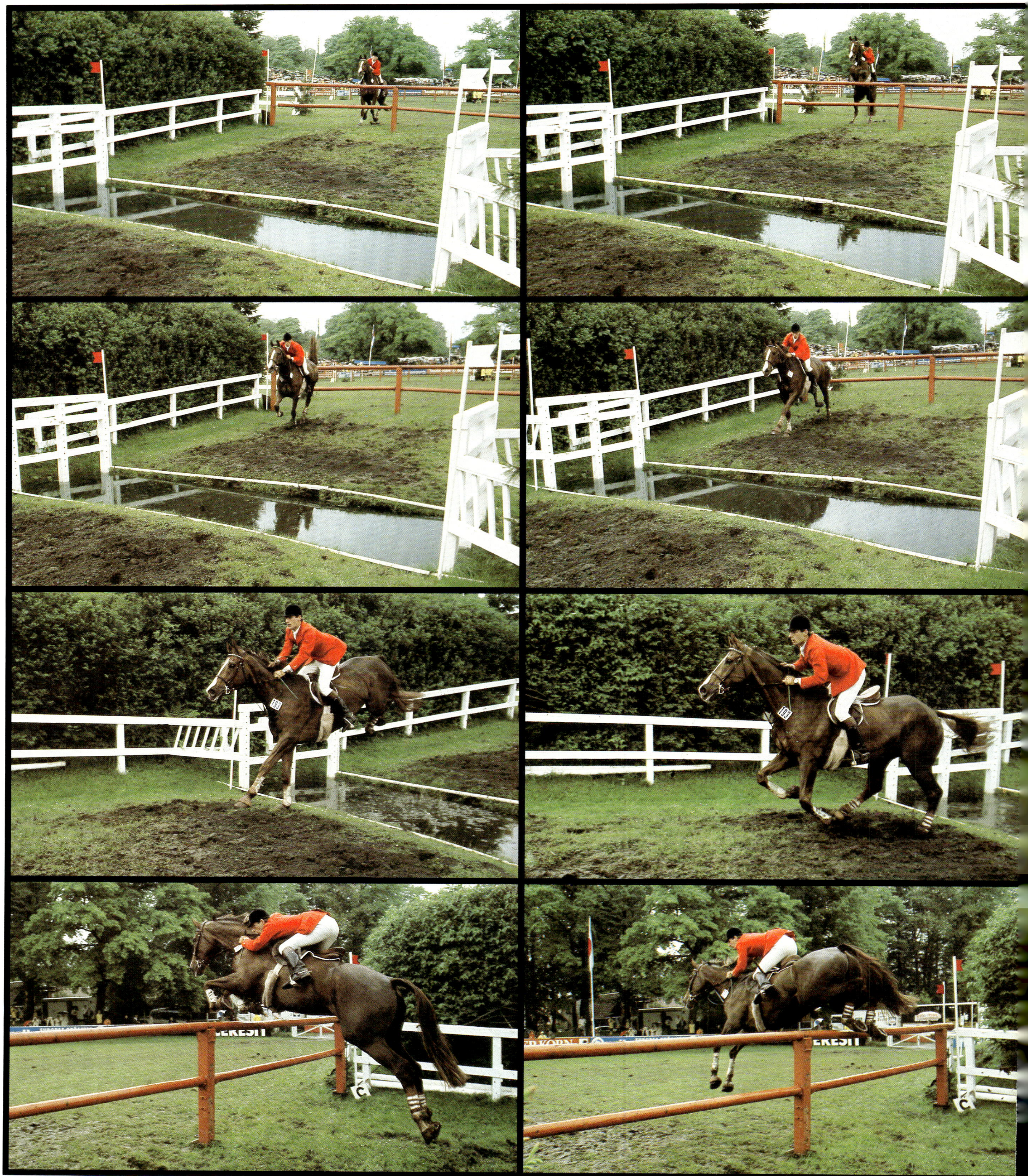

Aufmerksam, zügig und ohne einen Moment der Unsicherheit galoppiert Mac Merry unter Hasso Wagner durch Pulvermanns Grab. Häufig unterläuft den Pferden dagegen ein Fehler bei
Der Wassergraben und der Ausspru

nsprung in Pulvermanns Grab, wenn sie überm Sprung plötzlich den Wassergraben sehen, das Gefühl haben, zu nahe an den Wassergraben heranzukommen, und dann die Beine hängen lassen.
d dagegen problemloser.

Ohne einen Zentimeter zu verschenken springt Cats Whiskers mit Henk Nooren im Sattel die graue Feldsteinmauer. Hier machen die Pferde nur selt

nen Fehler, obwohl auch die graue Feldsteinmauer zu den überbreiten Hindernissen gehört, die optisch niedriger wirken als sie tatsächlich sind.

Beim Holsteiner Wegesprung, den hier Fritz Ligges mit Fatinitza und Henk Nooren mit Pluco mit viel Schwung passieren, beträgt die Distanz zwischen Ein- und Aussprung 13 m. Man muß flüssig über A reiten und zureiten, um glatt über B zu kommen. Groß galoppierende und großzügig springende Pferde haben es natürlich leichter.

Und aufgrund der besseren Galoppade unserer Springpferde ist der Holsteiner Wegesprung heute auch nicht mehr eine so große Schwierigkeit wie in früheren Derbyzeiten. Aber eine typische Fehlerquelle bleibt der Wegesprung auch weiterhin, da die Pferde durch den größeren Schwung leicht flach werden und dann nicht mehr die erforderliche Höhe gewinnen.

Derbysieger 1979 werden Gerd Wiltfang und Roman mit diesem letzten Sprung über die rote Mauer. An diesem nicht sehr schwierig wirkenden Hindernis hat schon mancher Reiter noch einen Flüchtigkeitsfehler einstecken müssen, nachdem er den Derbyritt bereits sicher beendet wähnte.

Denn die graue Oberkante der Mauer wird von den Pferden bisweilen nicht richtig wahrgenommen, und sie steht außerdem noch um einige Zentimeter vor.

Das fünfzigste Springderby klingt aus. Es bleibt zu hoffen, daß um das blaue Band des Springsports auch in den nächsten fünfzig Jahren noch geritten wird. Der Nachwuchs steht in Hamburg schon bereit, um die Derbytradition fortzusetzen.

SIEGER UND PLACIERTE IM DEUTSCHE

Platz	1920	1921	1922	1923	1924	1925	1926	1927	1928	1929	1930	1931
1.	Paul Heil Cyrano 3	Hans J. Andreae Teufel 11	H. Martins Döllnitz 6	H. Martins Döllnitz 4	Frhr. Carl Friedr. v. Langen Hanko 5	Christoph v. Wietersheim Kreon xx 6	Graf Wilhelm v. Hohenau Apoll 11	Frhr. Carl Friedr. v. Langen Falkner 11	Frhr. Carl Friedr. v. Langen Falkner 5	Marten v. Barnekow Derby 7	Herbert Frick Morgenglanz 17 (Stechen 6)	Ernst Hasse Derby 7
2.	Paul Heil Hexe 4	Frhr. Carl Friedr. v. Langen Seidenspinner 11	Ragnar Olson Centaur 8	v. Homeyer Walküre I 13	Willy Spillner Morgenglanz 11	Willy Spillner Morgenglanz 8	Axel Holst Centaur 12	Willy Spillner Baron III 11	Graf Rudolph v. Görtz Hannepü 16	B. Schmalz Benno 8	R. Lotz Provinz 17 (Stechen +)	Günter A. v. Nostitz Chinese 8
3.	Paul Heil Grey Lad 5 (3. Platz)	H. Martins Döllnitz 11	Christoph v. Wietersheim Kreon xx 10	Frhr. Carl Friedr. v. Langen Hanko 16	Frhr. Carl Friedr. v. Langen Goliath 11	Graf Wilhelm v. Hohenau Semper Avanti 10	Graf Wilhelm v. Hohenau Semper Avanti 19	Kurt Christoph v. Knobelsdorff Partner 16	Willy Spillner Baron III 18	Hanns Körfer Baron III 10	Axel Holst Meerkönig 18	Harald Momm Baccarat 8
4.	Graf Rudolf v. Schaesberg Krieger 5 (3. Platz)	Frhr. Carl Friedr. v. Langen Hanko 15	Graf Rudolph v. Görtz Schwertlied 10	Willy Spillner Morgenglanz 20	H. Martins Romeo III 13	Axel Holst Centaur 13	Willy Spillner Baron III 21	Frhr. Carl Friedr. v. Langen Hartherz 19	Willy Spillner Morgenglanz 22	Francke Cornet 12	Marten v. Barnekow Serpolat 21	Schunck Bullo 16
5.	Frhr. v. Zobel Herero I 5 (3. Platz)	Paul Heil Grey Lad 16	Graf Rudolph v. Görtz Piccolo 10	Frhr. Carl Friedr. v. Langen Seidenspinner 23	Christoph v. Wietersheim Kreon xx 16	Frhr. Carl Friedr. v. Langen Nosoza 13	Frhr. Carl Friedr. v. Langen Goliath 22	Graf Wilhelm v. Hohenau Ursus 21	B. Schmalz Benno 25	Marten v. Barnekow Semper Avanti 16	Adolf v. Salviati Else 21	Axel Holst Diana 18
6.	Eduard F. Pulvermann Tristan 8 (6. Platz)	Graf Rudolph v. Görtz Romantilo 22	Paul Heil Grey Lad 11	Graf Rudolph v. Görtz Schwertlied 23	Paul Heil Grey Lad 19	Christoph v. Wietersheim Bajazzo II 14	R. Lotz Olnad 22	R. Lotz Negroponte 21	Frhr. v. Waldenfels Mignon 25	Kurt Christoph v. Knobelsdorff Minnerie 16	Hanns Körfer Baron III 23	Schunck Nelke 18
7.	Oscar v. Caminnecci Derana 8 (6. Platz)	Eduard F. Pulvermann Tristan 24	H. Martins Ritz 12	Graf Wilhelm v. Hohenau Tommy 23	Eduard F. Pulvermann Weißer Hirsch 20	Prinz Friedrich Sigism. v. Preußen Heiliger Speer 15	Frhr. Carl Friedr. v. Langen Falkner 23	Graf Wilhelm v. Hohenau Imperator 23	R. Lotz Olnad 26	Christoph v. Wietersheim Bajazzo 17	R. Lotz Poppäa 24	Eduard F. Pulvermann Pichels d. T. 19
8.	Graf Wilhelm v. Hohenau Luttine 8 (6. Platz)	Frhr. Erich v. Buddenbrock Ultimus 25	Hans J. Andreae Teufel 13	Paul Heil Grey Lad 24	Treek Geko 21	Graf Wilhelm v. Hohenau Imperator 15	Ernst Punge Jolly Royal 23	Graf Wilhelm v. Hohenau Apoll 23	Krüger Donauwelle 31	Argo Miss America 18	Wilhelm Schaeffer Else 25	Willy Brandt Der Mohr 20
9.	Frhr. Erich v. Buddenbrock Ursula 9	Ragnar Olson Erik 26	Frhr. v. Lüttwitz Erich 15	Graf Rudolph v. Görtz Krieger 25	Eduard F. Pulvermann Flieg. Holländer 23	Frhr. Carl Friedr. v. Langen Goliath 16	Herbert Frick Romanze 23	Herbert Frick Romanze 25	R. Lotz Provinz 33	Thomson St. Paul 18	v. Hülsen Harald 25	Richard Sahla Wotan 21
10.	Frhr. Erich v. Buddenbrock Ultimus 10 (10. Platz)	Paul Heil Hexe 37	v. Oertzen Cyrano 16	Frhr. Carl Friedr. v. Langen Goliath 26	Martini Sylvester 25	Prinz Friedrich Sigism. v. Preußen Goldelse 18	Frhr. Carl Friedr. v. Langen Hartherz 24	Willy Spillner Morgenglanz 26	Kurt Christoph v. Knobelsdorff Partner 33	Graf Wilhelm v. Hohenau Apoll 20	W. H. Schmidt Sigrid 28	Kurt Christoph v. Knobelsdorff Partner 22
11.	Paul Heil Hubertus 10 (10. Platz)	Eduard F. Pulvermann			Christoph v. Wietersheim Zinasko 28	Perske Geko 19	Hans J. Andreae Nosoza 24	Lungershausen Anfang 27	Graf Rudolph v. Görtz Harras 35	Hans J. Andreae Bingo 21	Alfred Betzel Alexander 28	Eduard F. Pulvermann Weißer Hirsch 23
12.	Paul Heil Präsident 10 (10. Platz)				Eduard F. Pulvermann Imperator Nero 28	v. Choltitz Hartmannsdorf 20	Kurt Christoph v. Knobelsdorff Partner 28	Frhr. Carl Friedr. v. Langen Cyrano 27	Richard Sahla Ursus 35	Willy Spillner Morgenglanz 21	Graf Wilhelm v. Hohenau Hasso 30	F. Mergell Colombine 24
13.	Oscar v. Caminnecci Email boy 10 (10. Platz)				Frhr. Carl Friedr. v. Langen Apoll 29			Herbert Frick Liebling 30			Eduard F. Pulvermann Weißer Hirsch 32	Ernst Hasse Bosco 24
Starter	27	21	29	31	39	40	33	28	25	53	38	32

Platz	1954	1955	1956	1957	1958	1959	1960	1961	1962	1963	1964	1965
1.	Fritz Thiedemann Diamant 8 (Stechen 8)	Hans Günter Winkler Halla 0	Carlos Delia Discutido 0 (Stechen 0)	Alwin Schockemöhle Bachus 4 (Stechen 0)	Fritz Thiedemann Finale 0 (Stechen 0)	Fritz Thiedemann Retina 0 (Stechen 0)	Kurt Jarasinski Raffaela 0	Raimondo d'Inzeo Fosillipo 0 (Stechen 0)	Nelson Pessoa Espartaco 0 (Stechen 0)	Nelson Pessoa Gran Geste 0	Hermann Schridde Dozent II 0	Nelson Pessoa Gran Geste 0
2.	Hans-Heinrich Lammerich Nemo 8 (Stechen 12)	Magnus v. Buchwaldt Tabitha 4	Francisco Goyoaga Toscanella 0 (Stechen 4)	Fritz Thiedemann Godewind 4 (Stechen 4)	E. Schabailo Boston 0 (Stechen 0)	Alwin Schockemöhle Ramona 0 (Stechen 0)	Fritz Thiedemann Retina 4	Nelson Pessoa Orfeu Negro 0 (Stechen 3)	Raimondo d'Inzeo Merano 0 (Stechen 7)	Nelson Pessoa Espartaco 0	Alwin Schockemöhle Freiherr 3	Arline Givaudan Caribe 4
3.	J. Rohwer Luftikus 12	Hans-Heinrich Lammerich Nemo 4	Raimondo d'Inzeo Posillipo 0 (Stechen 8)	Paula Elizalde Alpenjäger 4 (Stechen 4)	Fritz Thiedemann Meteor 0 (Stechen 4)	Fritz Thiedemann Godewind 0 (Stechen 4)	Fritz Thiedemann Meteor 4	Lutz Merkel Fidelitas 0 (Stechen 4)	Raimondo d'Inzeo Posillipo 0 (Stechen 12)	Alwin Schockemöhle Freiherr 4	Nelson Pessoa Espartaco 4	Heinz v. Opel Odette 4
4.	Helga Köhler Armalva 15	Hans Günter Winkler Skala 4	Helga Köhler Armalva 4	Fritz Thiedemann Finale 4 (Stechen 8)	Dag Nätterquist Pontus 4	Edmund Müller Heidschnucke 0 (Stechen 4)	Alwin Schockemöhle Ramona 4	Fritz Thiedemann Godewind 0 (Stechen 4)	Arline Givaudan Huipil 3	Raimondo d'Inzeo Posillipo 4	Peter Schmitz Fee 4	Arline Givaudan Huipil 4
5.	Fritz Thiedemann Meteor 16	Walter Günther Sonnenglanz 4	Paula Elizalde Alpenjäger 4	Francisco Goyoaga Fahnenkönig 7	Piero d'Inzeo His Exellency 4	Fritz Thiedemann Meteor 0 (Stechen 8)	Helga Köhler Armalva 7	Helga Köhler Cremona 4	Nelson Pessoa Gran Geste 3	Kurt Jarasinski Godewind 4	Heinz v. Opel Odette 4	Sönke Sönksen Odysseus 4
6.	Ernst Schüler Fayme 16	Pierre Jonquères d'Oriola Ali Baba 7	Alwin Schockemöhle Freya 4	Fritz Thiedemann Meteor 8	Helga Köhler Armalva 4	Piero d'Inzeo The Rock 0 (Stechen aufgegeben)	Alwin Schockemöhle Ferdl 8	Fritz Thiedemann Meteor 4	Hermann Schridde Ilona 4	Alwin Schockemöhle Dozent II 8	Nelson Pessoa Gran Geste 4	H. H. Köneke Heika 4
7.	Rolf Bartels Amneris 16	Fritz Thiedemann Meteor 8	Alfons Lütke- Westhues Goldanger 4	Francisco Goyoaga Toscanella 8	Raimondo d'Inzeo The Quiet Man 4	Hermann Schridde Flagrant 3	Helga Köhler Cremona 8	Thomas Bagusat Bajazzo 4	Hans Günter Winkler Romanus 4	Raimondo d'Inzeo Merano 8	Herbert Meyer Frega 7	Nelson Pessoa Espartaco 8
8.	Magnus v. Buchwaldt Jaspis 19	Alfons Lütke- Westhues Ala 8	Alwin Schockemöhle Marsalla 8	Hans Günter Winkler Halla 8	Wicman Good Luck xx 4	Helga Köhler Armalva 4	Fritz Thiedemann Godewind 8	Raimondo d'Inzeo Merano 4	Walter Schmidt Togo 7	T. Brennan Kilrush 8	Hermann Schridde Kamerad IV 8	Hartwig Steenken Fairness III 8
9.	Jochen Matz Heinke 20	Inge Fellgiebel Sturmwind 11	Carlos de la Serna Oleander 8	Hermann Schridde Alibi 8	Piero d'Inzeo The Rock 4	Hermann Schridde Fugosa 4	Alwin Schockemöhle Bachus 9	Mc Nicholl Kilmoon 4	Thomas Bagusat Goldmädel 7	Bernd Bagusat Wolfgang xx 8	Alwin Schockemöhle Dascha 8	Marian Mc Dowell Sweet Control 8
10.	Walter Günther Friedland 20	Frhr. Werner v. Spörcken Marsalla 11	Carlos Delia Betsabe 8	Raimondo d'Inzeo Champion 8	Aranda Pillan 4	Rolf Bartels Axel 4	Klaus Pade Rauhbautz 11	Nelson Pessoa Espartaco 4	Lutz Merkel Fidelitas 7	Hans Günter Winkler Fidelitas 8	Peter Schmitz Amsella 8	Karl-Heinz Giebmanns Spritzer 8
11.	Frhr. Werner v. Spörcken Allerlei 24	Francisco Goyoaga Fahnenkönig 12	Hauke Schmidt Leander 8	Alfons Lütke- Westhues Flagrant 8	Alfons Lütke- Westhues Flagrant 4	Klaus Pade Domherr 4	Klaus Pade Fröhlich 12	Kurt Jarasinski Ramzes XIII 4	Helga Köhler Cremona 8	Lutz Merkel Schlagetta 8	Sönke Sönksen Tamino 8	Lutz Merkel Schlagetta 8
12.	Henri François- Poncet Bojola 24	Hans Günter Winkler Orient 12	Hans-Heinrich Lammerich Nemo 8	Francisco Goyoaga Thora 11	Peter Stackfleth Frechdachs 4	Hans Günter Winkler Halla 4	Lutz Merkel Akazie 12	Alwin Schockemöhle Ferdl 4	Kurt Jarasinski Godewind 8	Hermann Schridde Ilona 8	Herbert Meyer Freier III 8	Gerd Wiltfang Dämon II 8
13.					Hans Günter Winkler Fahnenjunker 4							
Starter	34	46	46	40	61	44	37	46	43	37	27	45

SPRINGDERBY VON 1920 BIS 1979

1932	1933	1934	1935	1936	1937	1938	1939	1949	1950	1951	1952	1953
Marten v. Barnekow General 4	Harald Momm Baccarat 4 (Stechen 0)	Irmgard v. Opel Nanuk 4 (Stechen 0)	Günter Temme Egly 0 (Stechen 0)	Nippe Landrat 0	Hermann Fegelein Schorsch 0 (Stechen 4)	Günter Temme Nordland 0	Waldemar Fegelein Nordrud 0	Käthe Schmidt- Metzger Fenek 4	Fritz Thiedemann Loretto 0	Fritz Thiedemann Meteor 0	Major Russel Rattler 4 (Stechen 4)	Walter Schmidt Cäsar 0 (Stechen 0)
Axel Holst Donner 8	Axel Holst Egly 4	Harald Momm Baccarat 4 (Stechen 3)	Herbert Neckelmann Raubritter 0 (Stechen 7)	Käthe Metzger Marer 4	Herbert Frick Kampfer 0 (Stechen 8)	Hans-Heinrich Brinckmann Baron IV 4	K. Scharfetter Bianca 4	Kurt Capellmann Hartherz 8	Thies Kohlsaat Arnika 4	Hans Hermann Evers Baden 4	Hans Hermann Evers Baden 4 (Stechen 8)	Francisco Goyoaga Vergel 0 (Stechen +)
Richard Sahla Wotan 8	Frhr. Hermann v. Nagel Wotan 4	Heinz Brandt Baron IV 4 (Stechen 4)	Fritz Weidemann Preisliste 4	Goerdt Schlickum Wange 4	Günter Temme Nordland 4	Fritz Weidemann Olaf 4	Nelke Neudeck 4	Heinrich Schneider Alpenstrauß 11	Georg Eppelsheimer Hasso 4	Magnus v. Buchwaldt Jaspis 8	Francisco Goyoaga Vergel 8	Maj. Ordovas Bohemio 4
Richard Sahla Baron IV 12	Harald Momm Firette 4	Rita Marwede Der Aar 7	Nippe Landrat 4	Irmgard v. Opel Arnim 4	v. Taysen Kakadu 7	v. Caminnecci Gletscher 4	v. Canstein Hansbursch 4	H. Strähle Torero 12	Hans-Jürgen Huck Toni 8	Kurt Labs Ingo 8	Hansen Blitz 8	Helga Köhler Armalva 4
Axel Holst Anleihe 12	S. v. Sydow Abendglanz 8	Irmgard v. Opel Arnim 8	Marten v. Barnekow Hermelin 8	Alfred Betzel Ferro 7	Nelke Libelle 8	Hermann Fegelein Galgenstrick 4	Waldemar Fegelein Ottokar 4	Helga Gohde Armalva 16	Rolf Bartels Konus 8	Georg Loy Heidi 8	William Steinkraus Hollandia 8	Hans Günter Winkler Orient 4
F. O. Rolff Oberst 12	Ernst Hasse Bosco 8	Adolf v. Salviati Senator 8	Graf Üxküll Zukunft 8	Günter Temme Amneris 8	Günter Temme Tasso 8	Harald Momm Alchimist 4	Waldemar Fegelein Feldpilot 4	Gerhard Sester Teddy 16	Fritz Thiedemann Origin. Holsatia 8	Klaus Wagner Serenade 12	Georg Höltig Fink 12	Walter Günther Calua 4
Schunck Nelke 16	Adolf v. Salviati Senator 8	S. v. Sydow Abendglanz 8	Schunck Nelke 8	Schunck Nelke 8	Günter Temme Bianka 8	Herbert Kanehl Schneemann 4	Nelke Libelle 8	Major Carr Pontius Pilate 23	Max Huck Sonja 8	Ernst Schüler Zibet 12	Herbert Frick Farina 12	Walter Günther Losander 4
Schunck Bullo 16	Willy Brandt Tora 8	Axel Holst Bianka 11	Irmgard v. Opel Ahoy 8	Goerdt Schlickum Fanfare 8	Hermann Fegelein Jäger 8	Hans-Jürgen Huck Norne 4	W. Günther Burggraf 8	Rolf Bartels Konus 23	Käthe Schmidt- Metzger Fenek 11	H. D. Hinrichsen Amsel 12	A. Mc. Cashin Miss Budweiser 12	Alfons Lütke- Westhues Fink 7
Irmgard v. Opel Nanuk 16	G. Baade Wange 8	Großkreuz Harras 12	Richard Sahla Bismarck 8	Herbert Neckelmann Raubritter 12	K. A. Röchling Diana 8	Harald Momm Baccarat 4	K. Scharfetter Hochberg 8	H. S. Petersen Axel 24	F. Hellmann Flora 12	Cpt. de. Bonal Ecusson 12	Anton Przybylski Arnica 15	Francisco Goyoaga Menorca xx 8
Heinz Brandt Chinese 16	Ernst Hasse Derby 11	Irmgard Georgius Fürstin 15	v. Taysen Kakadu 8	Ernst Hasse Senator 12	H. v. Caminnecci Nora 8	Witt Mampe 8	Waldemar Fegelein Diana 8	Major Carr Lucky Dip 25	Gerhard Sester Teddy 12	H. Schneider Fee 12	Carlos Figueroa Graxieux 16	Hans-Hermann Evers Baden 8
B. Schmalz Benno 20	Frhr. Hermann v. Nagel Benno 12	Goerdt Schlickum Wange 15	Günter Temme Bianka 11	Großkreuz Harras 12	R. Funke- Rasmussen Hermelin 11	Schönfeldt Jäger 8	Hans-Jürgen Huck Norne 8	Fritz Thiedemann Goldjunge 28	Herbert Frick Flak 16	Hans Günter Winkler Rebell 16	Frhr. Wilhelm Ernst v. Cramm Fehland 16	Hans-Heinrich Brinckmann Falko II 8
G. Baade Wange 25	Frhr. Hermann v. Nagel Dedo 12	Richard Sahla Ublick 15	Richard Sahla Posidonius 12	Irmgard v. Opel Ahoy 12	Nelke Monhott 12	Lehmann Landrat 8		Georg Eppelsheimer Flak 29	Fritz Thiedemann Schmu 16	Ludwig Destrée Tereck 16	H. Schneider Altmeister 16	Major Ordovas Mister B 8
			Dr. Bartram Amneris 17					Prinz Karl zu Salm Garant 31	Gustav R. Pfordte Elan 16	G. Hinrichsen Cosima 16	Francisco Goyoaga Menorca xx 17	
19	33	29	31	36	36	48	37	28	57	70	40	50

1966	1967	1968	1969	1970	1971	1973	1974	1975	1976	1977	1978	1979
Kurt Jarasinski Torro 0 (Stechen 0)	Andrew Fielder Vibart 0 (Stechen 4)	Nelson Pessoa Gran Geste 0 (Stechen 0)	Alwin Schockemöhle Wimpel III 0	Marion Mould- Coakes Stroller 0	Alwin Schockemöhle Wimpel III 0	Hartwig Steenken Simona 0	Hartwig Steenken Kosmos 0 (Stechen 0)	Caroline Bradley New Yorker 0 (Stechen 0)	Eddie Macken Boomerang 0 (Stechen 4)	Hugo Simon Little One 0 (Stechen 0)	Eddie Macken Boy 0 (Stechen 0)	Gerd Wiltfang Roman 0 (Stechen 0)
Hartwig Steenken Fairness 0 (Stechen 4)	J. R. Fernandez Cantal 0 (Stechen 12)	Hans Emslander Passat VII 0 (Stechen 0)	Hermann Schridde Wartburg 4	Gerd Wiltfang Goldika 4	Hugo Simon Fair Lady 3	Karl-Heinz Giebmanns Gabriela 3	Hartwig Steenken Simona 0 (Stechen 0)	Sönke Sönksen Kwept 0 (Stechen 4)	Eddie Macken Boy 0 (Stechen 4)	Hartwig Steenken Gladstone 0 (Stechen aufgegeben)	Hendrik Snoek Asterix 0 (Stechen 0)	Paul Schockemöhle El Paso 0 (Stechen 4)
Hermann Schridde Dozent II 0 (Stechen 8)	Hans Günter Winkler Saila 0 (i. Stechen gest.)	Bernd Kuwertz Ferrara IV 0 (Stechen 4)	Nelson Pessoa Gran Geste 4	Alwin Schockemöhle Wimpel 4	Lutz Merkel Sir 4	Gerd Wiltfang Eros 4	Ulrich Meyer zu Bexten Floto 0 (Stechen 0)	Karl-Heinz Giebmanns Gabriela 4	Nelson Pessoa Moet et Chandon II 0 (Stechen 4)	Paul Schockemöhle Alkazar 4	Harvey Smith Sanyo Music- Centre 0 (Stechen 4)	Heinrich-Wilhelm Johannsmann Chico 0 (Stechen 4)
Alwin Schockemöhle Exakt 3	Peter Schmitz Monodie 3	Hartwig Steenken Porta Westfalica 0 (Stechen 4)	Hauke Schmidt Freeman 4	Lucia Faria Rush du Camp 4	Hendrik Snoek Shirokko 4	Johan Heins Antrieb 4	Ulrich Meyer zu Bexten Wembley 0 (Stechen 0)	Hugo Simon Flipper 4	Paul Schockemöhle Talismann 0 (Stechen 4)	Eddie Macken Boomerang 4	Franke Sloothaak Rex the Robber 0 (Stechen 4)	Nelson Pessoa Monsieur Moet 4
Allegria Simoes Samurai 4	Hauke Schmidt Wolfdieter 4	Hermann Schridde Dozent II 0 (Stechen 4)	Kurt Jarasinski Imperial II 8	Hermann Schridde Wartburg 4	Conrad Homfeld Triple Crown 4	Fritz Ligges Genius 4	Gerd Wiltfang Eros 0 (Stechen 4)	Gerd Wiltfang Eros 4	Hans Quellen Santa Monica 0 (Stechen 8)	Gerd Wiltfang Davos 4	Paul Schockemöhle Alkazar 3 (4. Platz*)	Franke Sloothaak Rex the Robber 4
H. H. Köneke Hallo 4	Gerd Wiltfang Athlet 8	Lutz Merkel Sir 0 (Stechen 8)	Karl-Heinz Giebmanns Saphir IX 8	Sönke Sönksen Palisander 4	Marion Mould- Coakes Stroller 4	Paul Weier Havanna Royal 4	Jabeena Maslin Blue Sand 0 (Stechen 4)	Gerd Wiltfang Firlefanz 4	Fritz Ligges Fatinitza 4	Fritz Ligges Fatinitza 4	Paul Schockemöhle El Paso 3	Fritz Ligges Fatinitza 4
Bernd Kuwertz Hussan II 4	Nelson Pessoa Gran Geste 8	Alwin Schockemöhle Wimpel 4	Hugo Simon Czardaz 8	Gerd Wiltfang Eros 4	Johan Heins Golden Dream 4	Paul Schockemöhle Grande 4	Peter Schmitz Panama 0 (i. Stechen aufgegeben)	Hartwig Steenken Winnetou 4	Gerd Wiltfang Davos 4	Hartwig Steenken Goya 4	Eddie Macken Boomerang 4	Henk Nooren Cats Whiskers 4
Alwin Schockemöhle Athlet 4	Achaz v. Buchwaldt Athene V 8	Alwin Schockemöhle Donald Rex 4	Hartwig Steenken Porta Westfalica 8	Michael Gockel Cherio 8	Hartwig Steenken Kosmos 7	Hauke Schmidt Trumpf 4	Hugo Simon Flipper 4	Eddie Macken Boomerang 4	Hendrik Snoek Asterix 4	Caroline Bradley Tric-Trac 4	Peter Sünkel Sinclair 4	Peter Luther Gardist 4
Nelson Pessoa Gran Geste 4	Michael Gockel Spritzer 8	Willibert Mehlkopf Fidelus 4	Lucia Faria Rush du Camp 8	Alwin Schockemöhle Donald Rex 8	Gerd Wiltfang Eros 7	Paul Weier Fink 4	Paul Weier Fink 4	Hauke Schmidt Trumpf 4	Fritz Ligges Genius 8	Paul Darragh Heather Honey 4	Achaz v. Buchwaldt Pims 4	David Broome Tabac Original 4
Michael Gockel Doll III 7	Allegria Simoes Samurai 12	Herbert Meyer Fontanus 4	Josef Frank Herold XI 8	Hauke Schmidt Espartaco 8	Kurt Jarasinski Revale 8	Hauke Schmidt Manolito 4	Lutz Merkel Bandalero 4	Paul Weier Flash 4	Hugo Simon Lavendel 8	Karsten Huck Waconda 4	Hendrik Snoek Rochus 4	Peter Luther Livius 4
Karl-Heinz Giebmanns Spritzer 7	Sönke Sönksen Tamino 12	Lutz Goessing Heika IV 4	Fritz Ligges Alk 11	Nelson Pessoa Pass Op 8	Hans Günter Winkler Jägermeister xx 8	Johan Heins Golden Dream 7	Johan Heins Antrieb 4	David Broome Jägermeister 4	Gustav Bauer Typhaine 8	Henk Nooren Pluco 7	Ulrich Meyer zu Bexten Ralf 4	Lene Nissen- Lemke Mowgli 4
Fritz Ligges Alk 8	Hermann Schridde Dozent II 12	José Fernandez Cantal 4	Gerd Wiltfang Fresko 11	Kurt Jarasinski Revale 8	Hendrik Snoek Feiner Kerl 8	Alwin Schockemöhle Wimpel 8	Hauke Schmidt Trumpf 4	Hans Quellen El Chico 4	Peter Schmitz Atempo 8	Paul Schockemöhle Talismann 8	Hugo Simon Flipper 4	Hasso Wagner Mac Merry 4
											Paul Darragh Heather Honey 4	
41	35	36	38	35	37	35	34	39	35	35	36	35

* gemeinsamer 4. Platz, da Rex the Robber nachträglich gemeldet und zusätzlich placiert wurde

M

N

O

P

Q

R